böhlau

Anton Pelinka

Faschismus?

Zur Beliebigkeit eines politischen Begriffs

Böhlau Verlag Wien Köln

Bibliografische Information der Deutschen Bibliothek:
Die Deutsche Nationalbibliothek verzeichnet diese Publikation in der Deutschen Nationalbibliografie; detaillierte bibliografische Daten sind im Internet über https://dnb.de abrufbar.

Umschlagabbildung: Michael Haderer unter Verwendung einer Adobe Stock-Grafik/Kebox

Umschlaggestaltung: Michael Haderer, Wien
Korrektorat: Christoph Landgraf, St. Leon-Rot
Satz: le-tex publishing services GmbH, Leipzig
Druck und Bindung: FINIDR, s.r.o., Český Těšín
Printed in the EU

Vandenhoeck & Ruprecht Verlage | www.vandenhoeck-ruprecht-verlage.com

ISBN 978-3-205-21584-4

Inhalt

Einleitung ... 9

Faschismus - Mehr als eine Leerformel? ... 13
Die Instrumentalisierung der Begriffe ... 16
Faschist ist immer der andere ... 19
Die Suche nach dem Gemeinsamen aller Faschismen ... 24
Faschismus – die höchste und letzte Stufe des Kapitalismus? ... 29
Faschismus – die höchste (letzte?) Stufe des Nationalismus ... 33

Italien, 1922–1943: Der Real Existierende Faschismus ... 38
Der Zauberer von Oz ... 42
Die Schwäche der Demokratie ... 47
Die Lateranverträge: (k)ein Gang nach Canossa ... 52
Mussolini und Hitler – vom Wettbewerb zur Abhängigkeit ... 57
1939, 1940, 1941: Selbsttäuschung als Anfang vom Ende ... 59
Der Große Faschistische Rat ... 65
Nostalgie – Sehnsucht wonach? ... 70

Deutschland, 1933–1945: Faschismus, aber mehr ... 75
November 1923 – kein „Marsch auf Rom“ ... 79
Januar 1933: Die traditionellen Eliten glauben, sich Hitler kaufen zu können ... 81
Juni 1934: Arturo Ui, unchained ... 85
Der NS-Staat: Idealtypus eines totalitären Systems? ... 90
September 1939, Juni und Dezember 1941 – der Weg in die Selbstzerstörung beginnt ... 93
Der Holocaust: Das Alleinstellungsmerkmal des Nationalsozialismus ... 97
Der „totale Krieg“ ... 100

Österreich, 1933–1938: Faschismus, aber weniger ... 104
Machtergreifung – nicht von „unten“, sondern von „oben“ ... 106
Habsburg-Trauma und Habsburg-Nostalgie ... 109
Faschismus? Ja, aber ... 111
Die Vaterländische Front: ein autoritäres Konstrukt ... 116
Repressionsintensität ... 118
„Das kleinere Übel“? ... 120

Hilflos und reaktiv ... 125
Die Unfähigkeit, zu überleben ... 128
Der „Anschluss“ als Systemversagen ... 132

Japan, 1937–1945: Militärdiktatur, aber kein Faschismus ... 139
Vom Feudal- über den Verfassungs- zum Militärstaat ... 142
Die „Achse“ – eine Chimäre ... 146
Ein „notwendiger“ Krieg, der nicht zu gewinnen war ... 150
Terror, Repression, Totalitarismus ... 155
Rassismus, aber kein Holocaust ... 158
Die Unfähigkeit, Halt zu machen ... 162
Die Unfähigkeit, zu kapitulieren ... 165
Hirohito – die Ambivalenz der Reservemacht ... 168

Spanien, 1939–1975: Die begrenzte Überlebensfähigkeit des Faschismus ... 174
Macht aus den Gewehren ... 176
Der Bürgerkrieg ... 178
Der Caudillo, der kein Duce und kein Führer war ... 182
Eine Militärdiktatur – aber was sonst? ... 186
Hendaye und die Anfänge der Westorientierung: der lernfähige Faschismus ... 189
1945: Der opportunistische Faschismus ... 191
Die Helden des Rückzugs ... 194

Merkmale des (eines) realen Faschismus ... 200
Faschismus ist Diktatur ... 202
Faschismus ist Zerstörung ... 205
Faschismus ist Populismus ... 207
Das revisionistische Ressentiment des Faschismus ... 210
Vorwärts, zurück in die Vergangenheit ... 213
Ersatzreligion und Liturgie ... 216
Weltpolitik als Roulettespiel ... 219
Faschismen im Vergleich ... 224
Die Faschismus-Frage und/oder die Nazi-Frage ... 227

Antifaschismus: Die Banalität des Guten ... 232
Der anständige Massenmörder ... 233
Die Beliebigkeit des Antifaschismus ... 238
Faschismus als Neigung und Versuchung ... 240
Jenseits des banalen Antifaschismus: Zerstörung von Scheinwissen ... 243

Was tun? ... 247
Die Dekonstruktion von „Volk“ und „Nation“ ... 249
Die Notwendigkeit, zu differenzieren ... 252
Die Stärke der Demokratie ist die Schwäche des Faschismus ... 254
Die Demokratie ist nie garantiert – und ein Faschismus kann immer drohen ... 260

Literatur ... 261

Personenregister ... 269

Einleitung

Dieses Buch ist die Folge zweier Irritationen. Die eine betrifft die intellektuelle Unschärfe, mit der „Faschismus“ als eine Etikette zur Kennzeichnung von allem und jedem und des Gegenteils von allem und jedem verwendet wird. Gerade für die Darstellung der Geschichte des Zweiten Weltkriegs trifft dies zu: Die militärische Allianz zwischen Deutschland, Italien und Japan wird immer wieder als ein Bündnis faschistischer Länder dargestellt. Der Begriff Faschismus kann mit gewissen Einschränkungen für die beiden europäischen Mächte verwendet werden – für die mit den Namen Mussolini und Hitler verbundenen Staaten. Diese waren durch einige zentrale Gemeinsamkeiten verbunden: eine Massenbewegung, die zur Monopolpartei einer Diktatur wurde; und die Konzentration politischer Macht in den Händen einer einzigen Person, die allein über Krieg und Frieden entschied – wie Hitler 1939, wie Mussolini 1940.

Aber Japan? Da gab es keine Massenbewegung und keine Monopolpartei, die im Zentrum der japanischen Politik in den 1930er und frühen 1940er Jahren gestanden wären; und es gab auch keinen „Duce“, keinen „Führer“, der alle Macht für sich beanspruchen konnte: Japan wurde in einem komplexen System der Machtteilung von militärischen Eliten regiert. Der Kaiser war ein manipuliertes Aushängeschild einer Militärdiktatur, die Premierminister des Landes waren von der Gunst der führenden Generäle und Admiräle abhängig. Wenn Faschismus nicht zum Sammelbegriff für alle Repressionssysteme des 20. Jahrhunderts werden soll, dann war Japan am Vorabend und während des Zweiten Weltkriegs kein faschistisches System. Wenn aber Faschismus zu einem solchen Sammelbegriff gemacht wird, dann war die UdSSR (und zwar nicht nur zu Stalins Zeit) ebenso faschistisch wie die Volksrepublik China. Faschismus ist nicht Faschismus, und nicht alle Systeme und Bewegungen und Strömungen, die sich gegen die universellen Menschenrechte richten, sind faschistisch. Eben deshalb hält Eric Hobsbawm fest – bemüht um die Rettung des Faschismus-Begriffes: „Japan was not fascist“. (Hobsbawm 1996, 132)

Die zweite Irritation ist der Streit um den Begriff Austrofaschismus. In Österreich und im Diskurs über die österreichische Zeitgeschichte wurde und wird es vielfach zu einem Glaubensbekenntnis, wie man das sich „Ständestaat“ nennende Regime – den „Bundesstaat Österreich“ – etikettiert; ob man die von Dollfuß 1933 und 1934 errichtete und von Schuschnigg bis 1938 geführte Diktatur „faschistisch“ nennt. Die Zugehörigkeit zu einem bestimmten akademischen Milieu wird oft dadurch demonstriert, ob man bereit ist, Dollfuß einen Faschisten zu nennen – oder ob man diese Qualifikation des österreichischen Diktators nicht teilt. Eine differenzierte Betrachtungsweise, die zunächst beim Begriff Faschismus einsetzen müsste, wird erschwert, wenn als Voraussetzung für die Beteiligung an einer geschichts- oder sozialwissenschaftlichen Debatte über das Österreich der 1930er Jahre von der einen Seite ein klares „Ja", von der anderen ein ebenso klares „Nein" verlangt wird. Das Beispiel des Disputes um die Einordnung eines unbestritten antidemokratischen Regierungssystems unterstreicht, wie sehr „Faschismus" zu einem Kampfbegriff geworden ist.

Das gilt auch für den Antifaschismus: Eine Ablehnung des real existierenden Faschismus der Vergangenheit ist für alle, die sich zu Rechtsstaat, Demokratie und Menschenrechten bekennen, die größte Selbstverständlichkeit. Das sollte in politischen und akademischen Debatten einfach vorausgesetzt werden. Dennoch wird Antifaschismus oft als eine Art Kampfruf verwendet; als ein Ritual, das emotional ein- und ausschließen soll.

Faschismus und Antifaschismus gleichen einander in der Beliebigkeit, in der diese beiden Begriffe im Alltag gebraucht und missbraucht werden. Und das ist nicht ungefährlich – für die real existierende Demokratie, wie sie sich in Europa (zunächst in Westeuropa) ab 1945 entwickelt und stabilisiert hat; gefährlich auch für einen rational geführten Diskurs, der auf Erfahrung, nicht auf Glauben setzt. Denn die Demokratie braucht den offenen intellektuellen Streit – und nicht Bekenntnisrituale.

Die semantische Wurzel von Faschismus ist klar: Sie ist ein Rückgriff auf die Symbole der Römischen Republik, auf die Rutenbündel des alten Roms. Die Faschistische Partei Italiens, die sich neu und revolutionär gab, wollte nach dem Ersten Weltkrieg Nostalgie und Nationalstolz ansprechen, Neues und Traditionelles verbinden. Jede Beschäftigung mit Faschismus muss mit dieser Partei beginnen, die so etwas wie ein „Trendsetter" auch für andere antidemokratische und nationalistische Parteien war, die zumeist revolutionäres Auftreten mit reaktionären Rückgriffen auf Vergangenes verbanden.

Der italienische Faschismus ist immer auch in Verbindung mit dem Nationalsozialismus zu sehen, der sich selbst nie als faschistisch bezeichnete, der aber – auch wegen Hitlers anfänglicher Bewunderung für Mussolini und der in den 1930er Jahren entwickelten italienisch-deutschen Allianz – aus nachvollziehbaren Gründen als zweites historisches Muster für Faschismus gilt.

In diesem Buch werden der italienische Faschismus und der deutsche Nationalsozialismus in einen Vergleich mit drei anderen Beispielen gebracht, bei denen die Etikette Faschismus wenig oder gar nicht überzeugend ist: Österreich, das zwischen 1933/1934 und 1938 zwischen den Großmachtansprüchen der beiden faschistischen Nachbarstaaten eingeklemmt war und dessen autoritäres Regime wesentliche Anleihen beim System Mussolini machte; Japan, dessen Militärregime zwar nicht den Kriterien eines faschistischen Systems entsprach, das aber durch das Militärbündnis der „Achse" eine Schicksalsgemeinschaft mit dem europäischen Faschismus einging; und das Spanien Francos, dessen Sieg im Bürgerkrieg gegen die spanische Republik auch und wesentlich der Unterstützung Italiens und Deutschlands zu verdanken war, während des Zweiten Weltkriegs insgesamt halbherzig die Achsenmächte unterstützte, sich aber der Umarmung des Deutschen Reiches entzog. Das spanische Regime – faschistisch oder doch nicht – überlebte als einziges der in diesem Buch behandelten Beispiele das Jahr 1945 und ist allein schon aus diesem Grund für eine vergleichende Analyse des Faschismus von besonderem Interesse.

Italien, Deutschland, Österreich, Japan und Spanien dienen als Fallstudien für die antidemokratischen (faschistischen?) Tendenzen in den 1930er und 1940er Jahren. Andere autoritäre Systeme – Rumänien und Ungarn, Portugal und Kroatien und die Slowakei – werden in den folgenden Ausführungen immer in Verbindung zu den fünf Fallstudien gebracht, um Gemeinsamkeiten und Unterschiede der Faschismen herauszuarbeiten.

Mussolinis Italien, Hitlers Deutschland, Dollfuß' Österreich, Francos Spanien und auch die japanische Militärdiktatur hatten eine zentrale Gemeinsamkeit: Sie unterdrückten die Demokratie, die in allen fünf Staaten vor der „Machtergreifung" der Diktatoren existiert hatte, aber ihre Wehrfähigkeit nicht beweisen konnte. Der Untergang der Demokratie in diesen fünf Staaten in der „Zwischenkriegszeit" genannten Periode war nicht nur Zeichen der Zerstörungskraft der Faschismen, sondern auch der Schwäche der Demokratie.

Die liberale, „westliche" Demokratie ist eine zarte Pflanze. Die Faschismen der Vergangenheit haben zwischen den Weltkriegen in weiten Teilen Europas die Demokratie zerstört. Die Bedrohung der Demokratie durch aktuelle Formen des Faschismus war real, ist weiterhin real und wird immer real bleiben. Dieser Bedrohung muss widerstanden werden, soll die Zukunft der Demokratie gesichert werden.

Eine inflationäre Beliebigkeit der Begriffe Faschismus und Antifaschismus ist dabei nicht hilfreich. Wenn mit Faschismus-Vorwürfen und Antifaschismus-Bekenntnissen alltäglich um sich geworfen wird, um damit im politischen Alltag zu punkten, wird die Wehrfähigkeit der Demokratie nicht gestärkt, ja sogar geschwächt; auch, weil alles, was sich antifaschistisch nennt, nicht notgedrungen demokratisch ist – ebenso weil nicht alles, was sich demokratisch gibt, wirklich demokratisch ist.

Es ist im Interesse einer wehrhaften Demokratie, dass politisches Scheinwissen zerstört wird; dass das Wortgeklingel um Faschismus und Antifaschismus nüchternen Analysen Platz macht. Das Buch will dazu einen Beitrag leisten.

Der besondere Dank des Autors gilt Ellen Palli, die – in bewährter und freundschaftlicher Form – bei der Texterstellung und Formatierung zur Fertigstellung des Buches beigetragen hat. Ein besonderer Dank geht auch an die Damen und Herren des Verlages Böhlau für die gute Zusammenarbeit.

Anton Pelinka, 7. Juni 2022

Faschismus – Mehr als eine Leerformel?

> What the various brands of fascism had in common … is not easy to discern. Theory was not a strong point of movements devoted to the inadequacies of reason and rationalism and of the superiority of instinct and will. … Fascism cannot be identified either with a particular form of state organization.
> (Hobsbawm 1996, 117)

> The attempt to arrive at a satisfactory definition of fascism has been likened to the mystical quest for the Holy Grail …, to the prospector's devotion to 'unearthing of a finally pure lode' of lexical gold …, and, even more, dispiritingly, to 'searching for a black cat in a dark and possibly empty room'.
> (Griffin 2018, 10)

> Fascism was not a traditional autocracy, of a Middle Eastern or historic Latin America nature. It was not merely an extreme case of bourgeois liberalism, the last stage of capitalism, as various Marxists claimed, in which the façade of democracy is stripped and the true nature of capitalist society is cruelly exposed. Racism was not an essential characteristic of fascism. German racism was not matched by Italian racism.
> (Kogan 1968, 17)

> Der Schoß ist fruchtbar noch, aus dem dies kroch.
> (Brecht, Der aufhaltsame Aufstieg des Arturo Ui)

Faschismus: Das war ein Begriff, der bald nach 1918 Aufbruch, Zukunft, Optimismus zu signalisieren schien – für die einen. Anderen war Faschismus eine Bedrohung – sowohl für die „westliche", die liberale Demokratie, als auch für den Sozialismus, wie er von Moskau aus sich als die beste aller möglichen Optionen für die Zukunft offerierte. In einer Zeit, in der sich die von den Pariser Friedensverträgen etablierte Ordnung in explosiver Form aufzulösen begann; in der das „Selbstbestimmungsrecht der Völker" gescheitert war – vor allem an der Unmöglichkeit, die Frage zu beantworten, was ein Volk ausmacht – in dieser „Zwischenkriegszeit" ließ Faschismus niemanden kalt.

Die Faschisten Europas, die ab 1918 den Zeitgeist hinter sich zu haben schienen, waren vor allem jung, sie kamen aus dem Militär und waren – nicht nur in der Sicht der Zeit, sondern auch ein spezifisch faschistisches Verständnis reflektierend – männlich und agierten in einem Stil, den man später „macho" nennen würde. (Mann 2004, 212–214) Aufmärsche in Uniform – in Uniformen der Armeen der Jahre bis 1918 und in den neu geschaffenen Uniformen der Parteimilizen prägten das Erscheinungsbild des Faschismus der Zwischenkriegszeit.

Die in Versailles, St. Germain und Trianon formulierte Ordnung war zum Untergang verurteilt, sobald die immanente Widersprüchlichkeit des Grundsatzes „nationaler Selbstbestimmung" deutlich wurde; und als ein vor 1914 langfristig und in den 1920er Jahren wiederum kurzfristig steigender Wohlstand in die Krise gekommen war – verursacht von einem ungebremsten Kapitalismus. Dessen Krise provozierte Antworten, die – wie die Enge nationalstaatlich bestimmter Handelsschranken und einer ebenso nationalstaatlich und kurzfristig orientierten Politik der Schuldenbekämpfung („austerity") – erst recht die politische Krise beschleunigten. Verstärkt wurde die damit verbundene Katastrophenstimmung von den Vorzeichen eines Endes der Herrschaft des „weißen Mannes"; einer Zeitenwende, die der „weiße Mann" aber nicht erkennen konnte oder akzeptieren wollte: In dieser Zeit stand Faschismus für den – naiven – Glauben, dass mehr Autorität und weniger Demokratie das Rezept der Zukunft wäre; und dass diese Zukunft eine Abkehr von den Grundsätzen der Aufklärung erfordere – und nicht deren konsequente Umsetzung.

Faschismus war vielen auch die Antwort auf eine vage gefühlte Zivilisationskrise, auf die „Dekadenz", die im Westen dem Westen zugeschrieben wurde. Faschismus war im „Abendland" vielen die notwendige Reaktion auf den wahrgenommenen „Untergang des Abendlandes". Die Moderne sollte zerstört werden – nötigenfalls mit den Mitteln der Moderne, um die „Authentizität" von Volk und Vaterland zu retten.

Diese Zukunft schien von „starken Männern" bestimmt zu sein. Und die waren eben Männer – und noch dazu weiße Männer. Doch dass die gelegentlich zu „Ehrenariern" erklärten Japaner an der Gestaltung dieser (faschistischen?) Zukunft zentral Anteil haben sollten, zeigte schon die Brüchigkeit, die innere Widersprüchlichkeit dieses (faschistischen?) Wunschdenkens. Auch, dass die Kriegsanstrengungen der Diktatoren in Rom und Berlin und Tokio gerade das vorantreiben mussten, was eigentlich nicht der Idylle von Blut und Boden entsprach – eine wissenschaftlich-technologische Modernisierung, eine schon aus der Logik der Militarisierung erzwungene Industrialisierung, eine verstärkte Eingliederung der Frauen in die industrielle Produktion, und dazu noch eine (zumeist erzwungene) Massenmigration: Das alles unterstrich das Fatale an dem Konzept, das sich, höchst unscharf, unter dem Sammelbegriff „Faschismus" entwickelte hatte. Faschismus war antimodernistisches Ressentiment und Modernisierung, war nationalistische Verengung und Globalisierung zugleich.

Der von Anfang an naiven Vorstellung, dass in Rom und Tokio und Berlin die Zukunft sichtbar wäre, ist 1945 mit katastrophaler Deutlichkeit jede Realität abhandengekommen – in Form der bedingungslosen Kapitulation der „Achsenmächte", denen (in grober Vereinfachung) die Etikette Faschismus zugeschrieben wurde. Die Sieger von 1945 wollten alles Mögliche, nur nicht faschistisch sein; und auch Franco-Spanien wollte ab 1945 nichts mehr mit dem Faschismus der „Achse" zu tun gehabt haben. Die UdSSR (und bald auch die Volksrepublik China) verstanden sich als Vorboten einer ganz anderen Zukunft, die sie als „Antifaschisten" sozialistisch gestalten wollten. Und die von den USA geführte „freie Welt" beanspruchte die Demokratie für sich, die vom italienischen Faschismus, vom deutschen Nationalsozialismus und vom japanischen Militarismus als ein dekadenter Restbestand einer Welt von gestern verachtet worden war.

Die Kräfte, die der „Achse" ihren Willen aufgezwungen hatten, waren keineswegs von einem gemeinsam vertretenen, in sich schlüssigen Antifaschismus geprägt. Das Vereinigte Königreich war 1939 – wie Frankreich auch – aus einer Verpflichtung gegenüber Polen fast widerwillig in den von Deutschland begonnenen Krieg gestolpert. Die UdSSR hätte – wie zwischen 1939 und 1941 – dem gegen die westlichen Demokratien kämpfenden NS-Staat auch weiterhin kriegswichtige Rohstoffe geliefert, hätte nicht die Führung (der „Führer") Deutschlands in selbstzerstörerischer Verblendung die Sowjetunion überfallen. Und Präsident Roosevelt wäre noch lange vor einem Kriegseintritt zurückgewichen, hätten nicht Japan und das Deutsche Reich dem US-Präsidenten den Gefallen getan und den Krieg gegen die USA begonnen.

Was die „Achse" verband, das war kein gemeinsames Konzept zur Gestaltung der Welt. Es war ein Zweckbündnis der Raubtiere, die in zeitlich begrenzter Abstimmung die Welt unter sich aufteilen wollten. Es war ein Bündnis, dem jede klare Vorstellung von einer geopolitischen Ordnung fehlte; eine Allianz, deren Partnerschaft voll von Widersprüchen war: NS-Deutschland war auch 1941 noch bereit, die britische Herrschaft über Indien zu garantieren. Japan hingegen profilierte sich als Befreier der „nicht weißen" Völker vom europäischen Kolonialismus. Die drei Achsenmächte waren auch außer Stande, eine rationale Bündnispolitik gegenüber anderen Staaten zu verfolgen: Italien stellte sich gegen jedes Entgegenkommen gegenüber Vichy-Frankreich, das den Staat Philippe Petains (wie von deutscher Seite gewünscht) enger an die „Achse" gebunden hätte. Die deutsche Besatzungspolitik in Ost-Europa machte es unmöglich, das antisowjetische Potential in Polen oder der Ukraine militärisch zu nutzen. Und die japanische Führung sprach zwar von der Errichtung einer ganz Ost- und Südostasien umspannenden „Wohlfahrtszone" („Prosperity Sphere"), aber China (auch die von Japan eingesetzte Marionettenregierung in Nanking) wurden von Japan schlechter behandelt und brutaler ausgebeutet als dies die Kolonialmächte in Süd- und Südostasien zur selben Zeit taten.

Und die „Vereinten Nationen", wie sich die Gegner der „Achse" bald nannten – was hatten sie gemeinsam? Sie waren letztlich durch nichts anderes verbunden als durch die ihnen von Deutschland und Japan aufgezwungene Notwendigkeit, sich und ihre Interessen vor dem Größenwahn der Achsenmächte zu schützen. Mehr als die gemeinsame Gegnerschaft gegen die drei Achsenmächte war da nicht: Roosevelts Konzept einer auf der Errichtung der UNO aufbauende Friedensordnung wurde weder von Churchill noch von Stalin wirklich ernst genommen.

Der Zweite Weltkrieg war nicht die Konfrontation zweier in sich schlüssiger Zukunftsvorstellungen. Faschismus war eine Überschrift ohne Inhalt, und der Antifaschismus der Vereinten Nationen war nichts als das verständliche und grundsätzlich defensive Interesse, sich gegen die Aggressivität der „Achse" zu verteidigen, sich vor den Raubtieren zu retten.

Die Instrumentalisierung der Begriffe

Nur wenige Begriffe provozierten im 20. Jahrhundert so viel Leidenschaft wie der des Faschismus. Als Benito Mussolini 1922 von König Vittorio Emanuele III zum Ministerpräsidenten Italiens bestellt wurde und Mussolini und die Faschistische Partei innerhalb von zwei Jahren den italienischen Parlamentarismus und jede Form des politischen Pluralismus zerstört hatten, spaltete schon das Wort Faschismus die Welt. Die NSDAP berief sich in Deutschland während ihres Aufstiegs zur Macht auf das Vorbild des italienischen Faschismus, und als 1936 die Revolte eines Teils des Militärs der spanischen Republik den Bürgerkrieg startete, wurde dieser weltweit als eine vorweggenommene Entscheidungsschlacht zwischen Faschismus und Antifaschismus interpretiert.

Spanien wurde als eine Art Generalprobe für den Zweiten Weltkrieg wahrgenommen. Und die sich in diesem zerstörerischsten aller Kriege gegenüberstehenden Allianzen wurden als entweder faschistisch oder antifaschistisch gedeutet – eine grobe, eigentlich groteske Verfälschung, berücksichtigt man die Rolle der UdSSR zwischen September 1939 und Juni 1941 und mehr noch die bedeutende Rolle Japans, das von einer totalitären Militärdiktatur regiert wurde, die allen Kriterien des Faschismus nicht entsprach. Faschismus war zu einem plakativen Schlachtruf geworden – und Antifaschismus zu einer Heroismus signalisierenden Überschrift. Faschismus und Antifaschismus waren simplifizierende Etiketten – und sie sind es noch immer, viele Jahrzehnte nach der Kapitulation der Achsenmächte.

1945 war weltweit Faschismus out und Antifaschismus war in. In den 1945 triumphierenden Antifaschismus mischten sich authentische Erinnerungen an die Opfer der real vorhandenen Heldinnen und Helden mit einem rasch erkennbaren opportunistischen Vergessen. Gedacht wurde der eigentlichen Sieger über Nationalsozialismus, Faschismus und japanische Militärdiktatur – der Streitkräfte der Alliierten, der Partisanen in den Dschungeln Vietnams und in den Schluchten des Balkans. Gedacht wurde auch der zivilen Opfer – etwa bezogen auf die fast zu hundert Prozent zerstörten Städte Warschau und Stalingrad. Möglichst vergessen sollte „München" werden – das Zurückweichen der westeuropäischen Demokratien vor der militärischen Erpressung durch Hitler-Deutschland. Und erst recht vergessen wollte die UdSSR den Pakt, den die Sowjetunion mit Hitler geschlossen hatte. Vergessen sollte sein, dass zwischen September 1939 und Juni 1941 die UdSSR und die Moskau-hörigen kommunistischen Parteien den Verteidigungskrieg, den Polen, Frankreich und das Vereinigte Königreich führten, als „imperialistischen Krieg" denunziert hatten. „Antifaschistisch" wurde dieser Krieg ja erst, als auch die Sowjetunion sich zur Wehr zu setzen hatte.

Kaum wahrgenommen wurde 1945 und in den Jahren danach, dass die Ausmordung derer, die vom NS-Regime als Jüdinnen und Juden punziert worden waren, von einer besonderen, einer erstmaligen Qualität des Bösen war. Der Holocaust war kein Kriegsverbrechen – und kein Verbrechen des Faschismus schlechthin. Diese Erst- und (bisherige) Einmaligkeit bewusst zu machen, das hätte die vor allem von der UdSSR benutzte generelle Kategorie „Faschismus" in Frage gestellt. Gestört hätte es auch die Traditionen des europäischen, des christlichen Antisemitismus, weil so dessen Vor- und Weiterleben thematisiert worden wäre. Das aber wollten viele, die den Antifaschismus im Munde führten, gerade nicht: nicht die kommunistischen Parteien Europas, die sich bald – unter Nutzung der Etikette „Zionismus" und „Kosmopolitismus" – des Antisemitismus bedienten. Und das wollten ebenso wenig die christlichen Kirchen, denen wohl deshalb zum Holocaust nichts eingefallen war, weil dieser eine explizit christliche Vorgeschichte hatte.

Opportunistisches Vergessen war angesagt, wenn es um die zwischen Hitler und Stalin vereinbarte Aufteilung Mittel- und Osteuropas ging; oder auch um den politischen Hintergrund der Konkordate, die zwischen dem Papst auf der einen und Mussolini, Hitler, Dollfuß, Franco auf der anderen Seite geschlossen worden waren. Da wurde die Sicherung der pastoralen Freiheit der Kirche als rechtfertigendes Motiv angeführt – nicht aber, dass diese Konkordate auch Produkte der demokratiefeindlichen Soziallehre der Päpste waren; auch nicht, dass die Verträge zwischen Kirche und Diktatoren diesen als Propagandamittel dienten. Wäre Antifaschismus als die unbedingte Gegnerschaft zu den von Hitler und den japanischen Militärdiktatoren repräsentierten Systemen verstanden worden, hätten die Antifaschisten die eigenen Verbrechen nicht mehr geheim halten können – etwa die Morde von Katyn, als die UdSSR noch als faktischer Verbündeter Hitler-Deutschlands agierte; etwa die europäischen Kolonialsysteme in Asien, deren Beendigung der japanischen Aggression als Rechtfertigung diente.

Ein von politischen Interessen geprägter, höchst selektiver Umgang mit den „Faschismus" genannten Realitäten zeigte sich auch bei den Kräften, die 1945 Deutschland und Japan (und davor schon Italien) zur „bedingungslosen Kapitulation" gezwungen hatten. Nur verschämt und verspätet stellten sich die USA dem Widerspruch, dass sie gegen den deutschen und japanischen Rassismus mit nach „rassischen" Kriterien segregierten Streitkräften gekämpft hatten. Churchill hatte bis 1945 sicherstellen wollen, dass die zwischen ihm und Roosevelt 1941 feierlich verkündete „Atlantic Charta" nur für „weiße" Menschen gelten sollte, nicht aber für die „farbigen" Völker des britischen Weltreiches. Im Herrschaftsbereich Stalins kam es zu ethnischen Säuberungen, die sich nicht gegen Anhänger NS-Deutschlands richteten, sondern gegen ethnisch definierte Bevölkerungsgruppen – Krim-Tartaren, Sudetendeutsche und andere. Die dabei verwendeten Kriterien (ethnische Zugehörigkeit) entsprachen den Grundsätzen des Nationalsozialismus.

Der Faschismus der „Achse" war eine Fassade, hinter der sich unterschiedliche Varianten politischer Ordnung verbargen – verbunden nur durch ihre entschiedene Frontstellung gegen Aufklärung, Demokratie und Menschenrechte; vereint freilich auch durch zufällig gegebene geopolitische Interessen. Diese reichten aber nicht aus, um eine gemeinsame globale Strategie zu entwickeln, eine gemeinsam abgesprochene Militärstrategie der „Achse", wie dies die USA und das Vereinigte Königreich (und teilweise auch unter Einbindung der UdSSR) vermocht hatten. Hitler wurde 1940 von Mussolinis Angriff auf Griechenland ebenso überrascht wie Japan vom deutschen Überfall auf die UdSSR – wie auch Mussolini und Hitler im selben Jahr von Pearl Harbor. Die fehlende Gemeinsamkeit in allen zentralen Bereichen der Geopolitik zeigte sich auch darin, dass das faschistische (falangistische) Spanien sich nicht der „Achse" anschloss. Franco hatte in Hendaye im Herbst 1940 gegenüber Hitler offenbar bewusst Forderungen gestellt, die mit den Interessen Mussolinis unvereinbar waren. Das halbfaschistische Portugal hingegen kooperierte de facto militärisch mit den westlichen Alliierten – bot aber nach 1945 halbfaschistischen und faschistischen Diktatoren wie Miklos Horthy und Ante Pavelic Asyl. Was war da Gemeinsames, das die Faschismen verbunden hatte?

Der Antifaschismus erwies sich allerdings ebenso als Fassade, hinter der vollkommen unvereinbare Systeme zunächst Lippenbekenntnisse antifaschistischer Art abgaben, bald aber sich einander vorzuwerfen begannen, die Tradition der gemeinsamen Gegner von gestern fortzuführen. Und diese Vorwürfe hatten ja auch nicht nur eine propagandistische Funktion, sondern auch – teilweise – Substanz: NS-Weltraumexperten, die davor noch an Techniken zur Zerstörung Londons und New Yorks gearbeitet hatten, entwickelten bald nach 1945 nicht nur Raketen für den Flug zum Mond, sondern auch Waffensysteme für die US-Air Force, deren strategischer Gegner die UdSSR war; und dem Unterdrückungsapparat der UdSSR konnte zu Recht vorgehalten werden, seine gegen tatsächliche oder vermeintliche politische Feinde gerichtete Repressionsenergie stünde der des SS-Staates in nichts nach.

Ein besonders groteskes Beispiel für die Beliebigkeit des Antifaschismus lieferte die Politik der UdSSR. Nach dem sechsten Kongress der Kommunistischen Internationale, 1928, wurden Sozialdemokraten weltweit als „Sozialfaschisten" gebrandmarkt. Wenige Jahre später waren sie der Komintern als Partner im strategischen Konzept der „Volksfront" willkommen – im Kampf gegen den Faschismus. 1939 verschwand, bis 1941, der Begriff Faschismus zur Gänze aus dem Vokabular der sowjetischen Propaganda (Kolakowski 1978, 127, 134) – nur um ab Juni 1941 mit aller Macht wiederzukehren, zur Kennzeichnung des Nationalsozialismus, nachdem Deutschland seinen Vernichtungskrieg gegen die UdSSR begonnen hatte. Antifaschismus war gerade für kommunistische Parteien ein sekundärer Faktor in ihrer unbedingten Loyalität gegenüber der Sowjetunion. Der Antifaschismus der UdSSR aber war ein Propagandaballon, der je nach der aktuellen Interessenlage der sowjetischen Außenpolitik hoch- oder niederging.

In den Moskauer Schauprozessen 1937 und 1938 war den Angeklagten aus dem „trotzkistisch-sinowjewistischen terroristischen Zentrum" und dem „sowjetfeindlichen trotzkistischen Zentrum" noch vorgeworfen worden, eine „Agentur der faschistischen Spionagedienste" zu sein. (Wyschinski 1951, 632) „Faschismus" war ein – in den konkreten Fällen der Moskauer Prozesse – erfundenes Verbrechen, das den Mitkämpfern Lenins vorgehalten wurde und zur Begründung für deren Hinrichtung diente. Dieser strafrechtliche Tatbestand war vergessen, als Stalin und Molotow im August 1939 Joachim Ribbentrop in Moskau willkommen hießen. Doch schon bald konnte niemand mehr die der UdSSR hörigen kommunistischen Parteien in ihrem Antifaschismus übertreffen.

An die Köpenickiade (besser: an die zynische Komödie) des sowjetischen Antifaschismus wollten sich die kommunistischen Parteien nicht mehr erinnern, als nach 1945 im Zusammenhang mit dem Ost-West-Konflikt ein anderer Wettlauf einsetzte: Welche Seite wäre glaubwürdiger, wenn es um einen Trennungsstrich gegenüber den Gegnern von gestern, den Faschisten, der „Achse" ging? Und auf beiden Seiten gab es Gründe, statt einer differenzierten Debatte auf plakative Slogans zu setzen.

Faschist ist immer der andere

Faschismus und faschistische Bewegungen existierten überall – jedenfalls in Europa. Ernst Nolte zählt faschistische Parteien und Bewegungen in allen Staaten des Kontinents auf: Mit Ausnahme der UdSSR und Jugoslawien (nicht aber Kroatien) gab es überall Faschismus; freilich nur in einer Minderheit dieser Staaten kam der Faschismus „an die Macht". Nolte verwendete auch demonstrativ den Begriff „Faschismen", um damit zu unterstreichen, dass die Vielfältigkeit des Faschismus einen umfassenden Faschismusbegriff, der alle faschistischen Phänomene umfassen würde, eigentlich nicht zulässt – alle die Bewegungen, Parteien, Regierungen, auf die mehr oder minder schlüssig ein solcher Begriff angewendet werden könnte. (Nolte 1966)

1945 und danach wollten die meisten, die sich in faschistischen Bewegungen und Parteien engagiert hatten, nichts mehr davon wissen. Zu sehr hatte die Geschichte ein faktisches und ein moralisches Urteil gesprochen. Faschismus wurde zu einem Vorwurf, zu einem Schimpfwort geradezu, das man – vor allem auch im Zusammenhang mit dem „Kalten Krieg" – einander an den Kopf warf. Kaum jemand, kaum eine Partei, kaum ein Staat wollte diesen Vorwurf auf sich sitzen lassen. Aber gerne zeigte man mit dem Finger auf andere und nannte sie Faschisten.

In der Bundeswehr des neu gegründeten westdeutschen Staates dominierten Offiziere der Wehrmacht, und der westdeutsche Geheimdienst – der BND (Bundesnachrichtendienst) – wurde anfangs von Spionage-Experten des NS-Staates geleitet. Staatssekretär im Bundeskanzleramt Konrad Adenauers war ein schwer belasteter „ehemaliger" Nationalsozialist – Hans Globke. Der DDR diente deshalb der Antifaschismus als Versuch zur Identitätsstiftung, in Abgrenzung zu der – angeblich, tatsächlich – von früheren Nationalsozialisten beherrschten oder zumindest beeinflussten Bundesrepublik.

In der Gedenkstätte des Konzentrationslagers Buchenwald wurde der Kommunisten und der anderen Patrioten gedacht – die Besonderheit der Opferrolle der Jüdinnen und Juden wurde, wie im gesamten sowjetischen Einflussbereich, einfach übergangen. Die Uniformen der NVA – der „Nationalen Volksarmee" der DDR – erinnerten an die der Wehrmacht. Sie hoben sich demonstrativ von den Uniformen der westdeutschen Bundeswehr ab, die sich an den US-Streitkräften orientierten. „Nazis" und Kriegsverbrecher gab es – nach herrschender DDR-Diktion – nur im Westen, und die Bundesrepublik leistete diesem Argument auch Vorschub, indem sie bis in die 1960er Jahre hinein einer strafrechtlichen Auseinandersetzung mit dem NS- und SS-Staat auswich.

Als im Sommer 1961 die DDR West-Berlin mit einer Mauer einschloss, wurde diese von den ostdeutschen Kommunisten als „antifaschistischer Schutzwall" gerechtfertigt. Der Antifaschismus wurde bemüht, um eine vom antinazistischen Spanienkämpfer Willy Brandt regierte Stadt zu isolieren; eine Stadt, in der nach wie vor Truppen der USA, des Vereinigten Königreiches und der Französischen Republik die oberste Autorität besaßen. Sollte die DDR (und Ost-Berlin) von den bis 1945 mit der UdSSR verbündeten antifaschistischen Mächten geschützt werden, die einen Antifaschisten von den anderen? Das war natürlich ein Unsinn, der niemanden überzeugen konnte und nicht einmal als Propaganda geeignet war – der aber vernebeln sollte, dass die Aufgabe dieses antifaschistischen Walls die Verhinderung der Massenflucht aus der DDR war.

Die Inflation des Faschismusbegriffes floss auch in die Debatte über die Einschätzung der mit dem Jahr 1968 identifizierten Protestbewegung in Westeuropa, aber auch in den USA und Japan ein. Die „68er Bewegung" machte viele ratlos, die dieses Phänomen einer rebellierenden Jugend, die nicht proletarisch, sondern in ihrer Gesamtheit eher bürgerlich privilegiert war, begreifen wollten. Wie sollte man die „68er" einordnen? Da bot sich „faschistisch" an – zur Kennzeichnung von etwas, was sich „links" gab, aber nicht Arbeiterbewegung, nicht „links" in einem traditionellen Sinn war. „One reason why liberal and conservative observers were quick to speak of 'left-wing fascism' in the face of student rebellion was the apparent return of anti-parliamentarism …" (Müller 2011, 183)

Als ab 2020 die Corona-Pandemie Regierungen in aller Welt veranlasste, Schutzmaßnahmen verpflichtend vorzuschreiben, die den individuellen Freiheitsraum der Menschen einschränkten, sprachen Kritiker rasch von einem „Corona-Faschismus". Das war dieselbe Beliebigkeit, die hinter dem Begriff „Links-Faschismus" um 1968 stand. Diese Unschärfe, diese Gedankenlosigkeit des Umgangs mit dem Faschismus-Begriff zeigte, dass Faschismus und Faschist zu einem Schimpfwort verkommen waren.

Zum Faschismus wollte sich nach 1945 niemand bekennen, wer im politischen Diskurs ernst genommen werden sollte. Der Faschismus konnte nicht verteidigt werden. Aber es war möglich, die Realität des Faschismus in unterschiedlichem Licht darzustellen; zu relativieren, zu verharmlosen. Der Faschismus war überwunden, aber seine Wurzeln waren noch vorhanden. Seine Wiederkehr konnte nicht ausgeschlossen werden.

In Italien begannen bald in von Renzo De Felice dominierten akademischen Diskussionen Versuche, die vorhandenen Unterschiede zwischen Faschismus und Nationalsozialismus als Argumente für eine Relativierung der Diktatur Mussolinis zu nutzen. (Beikircher 2003, 76–86). Hitler hätte sich völlig zu Unrecht auf Mussolini berufen, dieser hätte „bloß" den Fehler begangen, sich von Hitler in die Katastrophe des Weltkrieges hineinziehen zu lassen. Diese Versuche eines partiellen Neuzugangs zum (italienischen) Faschismus fanden vor dem Hintergrund der diskutierten Einbindung der postfaschistischen „Alleanza Nazionale" in ein breites Mitte-Rechts-Regierungsbündnis statt: eine weitere Bestätigung des Phänomens, dass das aktuelle Verständnis von Faschismus und Antifaschismus immer auch politischen Opportunitätserwägungen folgt.

In Japan ermöglichte die Kontinuität der Monarchie – trotz der von den USA durchgesetzten radikalen Demokratisierung anderer, entscheidender Teile des politischen Systems – eine Rechtfertigung, über die Kriegsverbrechen Japans (vor allem die in China) zu schweigen. Das wiederum ermöglichte Stimmen in Korea und China, nationale Empörung gegen das japanische Vergessen abzurufen. In Österreich sorgte ein nur an der Oberfläche akademischer Disput über den faschistischen Charakter des Dollfuß-Schuschnigg-Regimes für die Möglichkeit, jederzeit einen Streit zwischen den beiden Parteien aufflammen zu lassen, die 1945 und in den Jahren danach gemeinsam die demokratische Republik (wieder) aufgebaut hatten: Der Streit über den Austrofaschismus, über den faschistischen Charakter der Dollfuß-Schuschnigg-Diktatur, funktionierte und funktioniert noch immer wie auf einen Knopfdruck, der die Wiederholung längst bekannter Argumente auslöst.

In Japan förderten auch die katastrophalen Folgen des US-amerikanischen Bombenkrieges die Neigung, das Land (und indirekt damit auch das für den Aggressionskrieg verantwortliche System) als Opfer zu sehen. Hiroshima und Nagasaki wurden zum Symbol für die Verwerflichkeit des Krieges schlechthin. Hinter dieser Funktionalisierung konnte die Verantwortung für den Ausbruch des Krieges ebenso relativiert werden wie auch die Kriegsverbrechen Japans und die Brutalität der Militärdiktatur.

Insgesamt freilich war Faschismus, mit Ausnahme der Mussolini-Nostalgie einer kleinen Zahl Unverbesserlicher in Italien und insgesamt kleiner Terrorzellen (wie des NSU, des „Nationalsozialistischen Untergrunds" in Deutschland), zum Unwort geworden; besser – zu einem Schimpfwort, zu einem Begriff, den man sich wechselseitig an den Kopf werfen konnte. Diejenigen, die in Österreich den Unrechtscharakter des „Ständestaates" relativieren, wollen diesen nicht faschistisch genannt sehen. Die konservativen Kräfte des wieder demokratischen Spaniens verweisen auf die Fähigkeit der in ihrer Sicht eben nicht faschistischen Diktatur, sich im Weltkrieg nicht von Mussolini und Hitler instrumentieren zu lassen – und auf das Geschick Francos, durch die Weichenstellung in Richtung Monarchie eine friedliche Transformation ermöglicht zu haben. Und in der Bundesrepublik Deutschland sehen zwar viele den Nationalsozialismus als eine Art Betriebsunfall der deutschen Geschichte und weichen so einer tieferen Debatte aus – aber die unbedingte Abgrenzung zum NS-Staat ist innerhalb der parlamentarisch wirkenden Kräfte Deutschlands unbestritten.

Jeder und jede hat seinen, hat ihren Faschismus und verwendet ihn zumeist als grobe Schlagwaffe gegen politische Gegner. Und jede, jeder nützt ihren und seinen Antifaschismus nach Belieben. Damit droht aber Faschismus aufzuhören, ein sinnvoller Begriff zu sein, verwendbar für eine Typologie nicht-demokratischer politischer Systeme. Für eine solche Kategorisierung kann der Begriff „Faschismus" kaum noch einen sinnvollen Beitrag leisten. Wenn, dann dürfte nicht vom Faschismus schlechthin gesprochen werden, sondern von einem Faschismus à la Italien; von den Analogien und Unterschieden zwischen den verschiedenen Faschismen; aber auch von Gemeinsamkeiten zwischen Faschismen auf der einen, anderen Systemen – demokratischen wie auch nicht-demokratischen – auf der anderen Seite.

Aber weil der Faschismus zu einem im politischen Alltag bewusst eingesetzten Billigwort verkommen ist, schon vor 1939, und das auch nach 1945 geblieben ist, kann dieser Begriff trotz seiner Unschärfe und Beliebigkeit nicht ignoriert werden

– vor allem, weil ihm ja eine Fülle historischer Erfahrungen zugrunde liegt. Dass der Begriff Faschismus nicht einfach abgelegt werden kann, bedeutet aber nicht, ihn als beliebig verwendbare Leerformel zu akzeptieren. Es geht vielmehr um die Differenzierung, und das heißt auch um die Dekonstruktion des Begriffes.

Die historischen Beispiele der ersten Hälfte des 20. Jahrhunderts weisen eine Fülle von Gemeinsamkeiten aller Faschismen auf: ein militanter Affekt gegen die Aufklärung und das damit verbundene Bemühen um eine rationale Sicht der Welt; eine ebenso militante Neigung zu nationalistischen Opfernarrativen; eine extreme Neigung, als „fremd" definierte Menschen aus der Gemeinschaft auszuschließen; auf die Tendenz, die gesellschaftliche Rollendifferenzen zwischen Frauen und Männern als naturgegeben und unaufhebbar festzuschreiben; auf eine geradezu hasserfüllte, emotionale Ablehnung über multinationale politische Verflechtungen eine transnationale Politikebene (wie die Europäische Union) aufzubauen und am unbedingten Vorrang nationalstaatlicher Souveränität festzuhalten.

Die in der politischen Realität aber wesentliche Gemeinsamkeit der sich mehr oder weniger auf das italienische Beispiel berufenden Systeme war die Ablehnung der (liberalen, „westlichen") Demokratie. Doch dieses Merkmal der prinzipiellen Absage an die liberale Demokratie lässt sich auch für die deklariert antifaschistischen Systeme des (späteren) 20. Jahrhunderts feststellen: Es war die DDR, die – trotz ihres Anspruches auf den Antifaschismus – ein latent totalitäres Einparteiensystem errichtete; es war Kuba, in dem nach 1959, dem sowjetischen Muster folgend, jede Form organisierter politischer Opposition unterdrückt wurde – und dennoch von vielen „Antifaschisten" insbesondere auch in Europa bewundert wurde. Waren Walter Ulbricht und Fidel Castro „Antifaschisten" – oder wurde ihnen diese Etikette zugestanden, um die Diktaturen zu rechtfertigen, für die sie standen? Was bedeutet dies für eine sinnvolle Verwendung des Begriffes Antifaschismus, wenn ihn sowohl Demokraten als auch Antidemokraten in Anspruch nehmen können?

Besonders eindringlich wird die Beliebigkeit des Begriffes Faschismus demonstriert, wenn unter dem Deckmantel „Achse" auch Japan für einen „globalen Faschismus" in Anspruch genommen wird – als Teil einer „faschistischen Weltverschwörung". (Hedinger 2021, 223–265, 365–408) Das Japan, das militärisch sich China zu unterwerfen versuchte; das Japan, das 1939 an der Grenze zwischen der Mandschurei und der UdSSR in Kämpfe mit der sowjetischen Armee verstrickt war, Schlachten, die eigentlich schon den Charakter eines nicht deklarierten Krieges aufwiesen; das Japan, das 1941 einen Angriffskrieg gegen die USA und das Vereinigte Königreich startete: Dieses Japan wies die zentralen Kriterien nicht auf, die generell für spezifisch faschistisch galten und gelten. Das japanische politische System baute auf keiner Massenbewegung und keiner Einheitspartei; es kannte keinen „Duce" oder „Führer" oder „Caudillo". Hinter der Fassade einer konstitutionellen Monarchie, in der dem Tenno, dem Kaiser, ausschließlich eine symbolische

Legitimationsfunktion zukam, diktierten Generäle und Admiräle eine aggressive, expansionistische Politik nach außen und eine repressive Politik nach innen. Wenn diese Merkmale der japanischen Diktatur ausreichen, um das Japan der Jahre 1937 bis 1945 faschistisch zu nennen, dann wird der Faschismusbegriff sinnentleert; dann steht Faschismus für jedes Unrechtsregime, für jede Diktatur; oder, besser, für alles, was gerade abgelehnt wird.

Das war und ist offenkundig das Schicksal des Faschismus: Er ist zu einem sinnentleerten Begriff geworden, der – nach 1945 fast ausschließlich negativ konnotiert – auf alles angewendet werden kann, was eindeutig nicht Demokratie, was eben Diktatur ist. Damit aber verlieren Faschismus und Antifaschismus jede sozial- und politikwissenschaftlich sinnvolle Funktion: Sie können nicht mehr zur Differenzierung der gesellschaftlichen, der politischen Realität verwendet werden. Sie sind zu beliebig einsetzbaren plakativen Slogans geworden.

Dass Faschismus und Antifaschismus zu intellektuell billigen Propagandavehikeln geworden sind, muss nachdenklich stimmen. Die Reduktion von Faschismus und Antifaschismus auf eine Phraseologie verlangt nach rationalen Antworten auf Fragen wie: Was ist gemeint, wenn von Faschismus und Antifaschismus gesprochen wird? Was verbirgt sich hinter der Nebelwand solcher Formeln? Wie kann man hinter dem Krieg der Worte deren Funktion als politisch instrumentierte Leerformeln ausmachen?

Die Suche nach dem Gemeinsamen aller Faschismen

Zu den Gemeinsamkeiten aller Faschismen wird gezählt, dass eine Machtergreifung des Faschismus eine Massenbewegung voraussetzt, die zur Monopolpartei wird. Das gilt sicherlich für Italien und Deutschland – das gilt aber ebenso eindeutig nicht für Japan. In Österreich wandelte sich 1933 die Christlichsoziale Partei, die als Partei des Politischen Katholizismus schon im Rahmen der Verfassung der demokratischen Republik regierte, in die Monopolpartei Vaterländische Front um: Die Regierungspartei wechselte ihre Etikettierung und zerstörte die Demokratie – blieb aber in der Substanz dieselbe. In Spanien bediente sich die Militärdiktatur der bereits bestehenden, antidemokratischen, aber zur Bedeutungslosigkeit herabgesunkenen Falange, um – ex post – dem Modell des italienischen Faschismus zu entsprechen. Es war nicht die Falange, die Franco zum Sieg geführt hatte. Franco siegte im Bürgerkrieg mit militärischen Mitteln – und bediente sich dann der Falange. Die japanische Diktatur hatte überhaupt keinen Bedarf für eine Massenbewegung und eine Massenpartei: Erst als Japan schon im Krieg verstrickt war, wurde von den regierenden Militärs eine Art von Partei und Massenbewegung ins Leben gerufen, deren politische Bedeutung aber gleich null war.

Als ein weiteres Merkmal des Faschismus schlechthin gilt die Personalisierung der Macht – die Machkonzentration in einer Person: der „Duce", der „Führer", der „Caudillo". Dieses Merkmal wurde beispielhaft von Benito Mussolini und Adolf Hitler entwickelt. Engelbert Dollfuß versuchte – ebenso wie Kurt Schuschnigg – mit eher begrenztem Erfolg sich als unbestrittene „Führer" des österreichischen „Ständestaates" zu profilieren. In Japan fehlte überhaupt jedes Äquivalent zur Personalisierung – sieht man von dem als mythische Figur der Öffentlichkeit entrückten Tenno ab.

Hitler-Plätze und Mussolini-Büsten erfüllten Pflichtaufgaben in deutschen und italienischen Städten. Aber weder in Italien noch in Deutschland gab es ein Äquivalent zu Leningrad und Stalingrad, und überlebensgroße Statuen, die an Diktatoren erinnern, gibt es noch im 21. Jahrhundert in Teilen Russlands – und im kommunistischen Nordkorea. Auch die USA haben ihre Hauptstadt nach einer Person benannt – nach dem ersten US-Präsidenten. In mehreren nordamerikanischen Staaten finden sich Städte, die nach anderen Präsidenten benannt sind: Jefferson, Madison, Monroe, Jackson, Lincoln. Personalisierung und Personenkult – ein Merkmal des Faschismus? Ja, aber.

Was die drei Achsenmächte und Spanien und mit gewissen Einschränkungen auch das Österreich der Jahre 1934 bis 1938 gemeinsam hatten, das war ein auf Repression und Terror errichtetes System. Alle fünf der faschistischen oder unter Faschismusverdacht stehenden Staaten verstanden sich als Antithese zu den Werten der (bürgerlichen) Revolution und des demokratischen Rechtsstaates. Was immer Faschismus bedeutet – er war und ist die prinzipielle Ablehnung von Demokratie, verstanden als ein offenes, pluralistisches System der Machtverteilung auf eine Mehrzahl von Institutionen. Doch diese liberale Demokratie bekämpften und bekämpfen die sich auf den Marxismus-Leninismus berufenden Systeme auch: in der UdSSR und deren Einflussbereich, in der Volksrepublik China, in Nordkorea, in Kuba. Sollte man deshalb den Herrschaftskommunismus „faschistisch" nennen?

Die real existierenden Faschismen benötigten Feindbilder, gegen die Emotionen mobilisiert werden konnten. Diese Feindbildfunktion erfüllte beispielhaft das „Weltjudentum" und die „jüdische Rasse" – beides ein Konstrukt des Nationalsozialismus, zögerlich und verspätet übernommen vom italienischen Faschismus. Die österreichische und die spanische Diktatur kamen ohne dieses spezifische Feindbild aus. Und in Japan gab es ab 1941 ein anderes Feindbild: das des arroganten und gleichzeitig dekadenten Westens, repräsentiert von Franklin D. Roosevelt und Winston Churchill. Der Westen war das Fremde, das Dämonische, das sich anschickte, die „Yamato Rasse" zu vernichten – das von der göttlichen Vorsehung zur Herrschaft bestimmte Japan. (Dower 1986, 203–292) Dass in den USA zur Aufschaukelung der Kriegsbereitschaft ebenfalls antijapanische Klischees unter Nutzung vorhandener rassistischer Ressentiments genützt wurden, unterstreicht noch zusätzlich die

Einsicht, dass Rassismus kein spezifisches oder gar ein ausschließliches Merkmal von Faschismus ist.

Die von Japan genutzten Feindbilder waren in den Bereich durchaus traditioneller politischer Propaganda einzuordnen – wie sie kriegführende Staaten schon im Ersten Weltkrieg verwendet hatten. Ein wirkliches Äquivalent zu dem vom Nationalsozialismus konstruierten Bild einer jüdischen Weltverschwörung – ein Bild, das auch schon davor politisch instrumentalisiert worden war (etwa im zaristischen Russland) – und die damit verbundene Reduktion aller NS-Gegner („Bolschewiken“ und/oder „Plutokraten“) zu Marionetten des Judentums sucht man vergeblich – im Italien Mussolinis, im Österreich Dollfuß', im Japan der Militärdiktatur, im Spanien Francos. Feindbilder wurden in allen diesen Staaten genutzt – etwa die antikommunistischen Bedrohungsszenarien der Franco-Diktatur. Aber keine andere Konstruktion von Feindbildern führte zu einem Holocaust. Dieser bleibt ein Alleinstellungsmerkmal des Nationalsozialismus.

Der Bedarf an Feindbildern verbindet Faschismus und Nationalismus. Dieser baut auf einem übersteigernden Bewusstsein nationaler Identität – und für eine solche Übersteigerung braucht es ein „Defining Other“. Im 19. und frühen 20. Jahrhundert war für den deutschen Nationalismus das „Defining Other“ Frankreich – und für den französischen Nationalismus Deutschland. Für den irischen Nationalismus erfüllte England diese Funktion, für den polnischen Nationalismus Deutschland und Russland, und für den griechischen die Türkei. Tatsächlich waren die Faschismen des 20. Jahrhunderts und auch der japanische Expansions- und Eroberungsdrang durchwegs von einem ausgeprägten, ja extremen Nationalismus bestimmt – von einer scheinbar vorgegebenen Abgrenzung des nationalen „Wir“ gegenüber den anderen. Roger Griffin sieht daher den Faschismus – auch – als eine revolutionäre Form des Nationalismus. (Griffin 2018, 37–62)

Was den Faschismus, was die Faschismen auch charakterisierte, das war ein expansiver Imperialismus. Das Deutsche Reich musste zum „Großdeutschen Reich“ werden und Osteuropa als Siedlungsraum beanspruchen, um den nationalsozialistischen Zielvorstellungen gerecht zu werden. Mussolini setzte auf das „Imperium Romanum Secundum“ – ohne Rücksicht darauf, was die Menschen in Abessinien oder Albanien davon hielten. Japan kontrollierte ab 1933 die Mandschurei, ein wirtschaftliches Zentrum Chinas, das in das scheinsouveräne Kaiserreich Mandschukuo verwandelt wurde – von Japans Gnaden. Und die letzten Versuche, im Herbst 1941 doch noch einen Krieg zwischen Japan und den USA zu vermeiden, scheiterten an der Frage China: Japan war nicht bereit, einen Rückzug aus den bereits von Japan eroberten und besetzten Teilen Chinas auch nur zu diskutieren.

Aber Spanien? Francisco Franco ging auf Hitlers Anregungen nicht ein, sich territorial zu bereichern – auf britische Kosten (Gibraltar), auf französische Kosten (Nordafrika). Auch Ribbentrops Lockangebot, Portugal müsse doch nicht auf Dauer unabhängig sein, stieß bei der Führungsspitze der spanischen Diktatur auf taube Ohren. Und Österreich? Das pflegte zwischen 1934 und 1938 eine höchst unverbindliche Habsburg-Nostalgie, die aus mehreren Gründen keine politischen Konsequenzen haben konnte. Die militärische und wirtschaftliche Schwäche des kleinen Landes war eine Ursache für das Defensivgehabe, und die Rücksicht auf den Schutzpatron Italien eine andere: Hätte doch jeder Grenzrevisionismus sich zuallererst auf das Italien zugesprochene Südtirol beziehen müssen.

Was expansiven, kriegerischen Imperialismus betrifft: Da lieferte die sowjetische Expansion in Richtung Polen, das Baltikum und Bessarabien mehr Analogien zum deutschen und italienischen Faschismus als das halbfaschistische Österreich und das falangistische Spanien. Macht es Sinn, deshalb die Sowjetunion faschistisch zu nennen?

Der Faschismus in allen seinen Varianten nützte in seinem Aufstieg zur Macht nationale Opfernarrative – und auch nach der Erringung der Regierungsmacht wurden solche Narrative genutzt, um die bereits gewonnene Macht abzusichern. Die Erfolge der NSDAP waren nicht vorstellbar ohne den Versailles-Mythos, der in Deutschland ab 1918 herrschte – und nicht nur in rechtsextremen Zirkeln. „Im Felde unbesiegt" – das Deutsche Reich wäre nicht militärisch geschlagen, sondern durch Intrigen hinterrücks erdolcht worden. (Krumeich 2018) Der Vertrag, der 1919 in Versailles den Vertretern der deutschen Republik diktiert worden war, wurde von vielen (wohl den meisten) in Deutschland als ein besonderer Unrechtsvertrag gesehen. Übersehen wurde nur allzu gerne, dass der 1917 von deutschen Interessen geprägte Vertrag von Brest-Litowsk sich in seiner Rücksichtslosigkeit gegenüber dem Verlierer mit der Rücksichtslosigkeit des Vertrages von Versailles durchaus messen kann. In Italien und in Japan spielte das Narrativ, in der 1919 formulierten Friedensordnung hätten einige Siegernächte – vor allem das Vereinigte Königreich und die Französische Republik – andere Siegermächte (eben Italien und Japan) übervorteilt, eine wichtige Rolle bei der Mobilisierung weiter Teile der Gesellschaft gegen Parlamentarismus und Demokratie. Für Spanien freilich lässt sich kein Äquivalent zur Rolle solcher Opfererzählungen feststellen – außer man bemüht den nostalgischen Rückblick auf die Zeit, in der Spanien die Weltmacht Nummer eins war und weite Teile der westlichen Hemisphäre beherrschte.

Was die Faschismen aber sicherlich gemeinsam auszeichnete, das war der Affekt gegen die Moderne; gegen den Geist, der – gerade auch in der Sicht Benito Mussolinis, aber auch Engelbert Dollfuß' – mit der Französischen Revolution einsetzte. Die Vorstellung der Gleichheit aller Menschen, unabhängig von Geschlecht und Ethnizität und Religionsbekenntnis; eine Vorstellung, die in der amerikanischen und der französischen Revolution als eine abstrakte Norm zwar formuliert, aber (jedenfalls zunächst) nicht umgesetzt wurde, war wie ein Stachel, der die Faschismen reizte. Hitler hatte in seinen Erinnerungen formuliert, ihn hätte die Ablehnung des Gedankens, auch Juden wären Deutsche, schon in Wien um 1900 beeinflusst und politisch mobilisiert. Mussolini hatte für den Feminismus nichts als Verachtung übrig. Und die katholischen Diktatoren Österreichs und Spaniens konnten und wollten nicht akzeptieren, dass der Katholizismus keine privilegierte Vorrangstellung mehr einnehmen sollte – eben deshalb nutzten Dollfuß und Franco ihre nicht demokratisch kontrollierte Macht, der Kirche ihre Privilegien zu bestätigen oder zurückzugeben.

Mussolini, der einstmals sozialistische Revolutionär, der sich auch als Faschist zu einer – nebulosen – permanenten Revolution bekannte, stilisierte sich als „Duce" in einem oft die Grenze der Peinlichkeit berührenden Weise: mit nacktem Oberkörper am Strand, als Sportler auf dem Tennis Court oder in Fechtposition, oder aber auf dem Balkon des Palazzo Venezia, den kahlen Schädel in einer Cäsaren-Imitation nach vorne gestreckt: Mussolini gab auch körperlich den starken Mann. Diese Inszenierung faschistischer Männlichkeit war dem nie für irgendeine sportliche Betätigung bekannten Hitler nicht möglich, und auch nicht dem eher klein gewachsenen und erkennbar übergewichtigen Francisco Franco. Bei Dollfuß war die auffallende Kleinwüchsigkeit Grund genug, ihn nicht in irgendeiner physischen Heldengeste zu filmen – und Schuschnigg war zu sehr der Typus des intellektuellen Bücherwurms, um in großen Gesten à la Mussolini glaubwürdig zu sein. Miklos Horthy benützte für die politische Selbstdarstellung immer ein weißes Pferd, auf dem er – reitend – Erfolge seines halbfaschistischen Regimes darstellte, immer in Uniform. Und der slowakische Diktator Jozef Tiso war durch die klerikale Kleidung, die er als katholischer Priester auch an der Staatsspitze nie ablegte, für Heldenposen wenig geeignet, die männliche Körperlichkeit betonen sollten. Die japanischen Militärdiktatoren wären wohl eher für Bilder in demonstrativ männlicher Siegerpose in Frage gekommen – aber allein der kollektive Charakter der japanischen Diktatur erlaubte es nicht, einen einzigen aus dem Kartell der Generäle und Admiräle als Duce oder Führer oder Caudillo hervorzuheben In der Rolle des körperlichen Supermans hatte Mussolini innerhalb der faschistischen Diktatoren eine Ausnahmestellung.

Mussolini hatte eine offenbar tief sitzende Abneigung gegen körperliche Behinderungen. Den US-Präsident Franklin D. Roosevelt, der nach einer Kinderlähmung an den Rollstuhl gefesselt war, überschüttete Mussolini mit hasserfülltem Spott. Niemals in der Geschichte wäre ein Volk von einem teilweise Gelähmten regiert worden. Es hätte kahlköpfige und fettleibige, hübsche oder auch dumme Könige gegeben – aber niemals einen König, den man auf die Toilette hätte tragen müssen. (Bosworth 2002, 381) Dass dieser US-Präsident aber – unabhängig von seiner Behinderung – für die Kriegsniederlage des sich als Cäsar stilisierenden Mussolini verantwortlich werden sollte, das war eine besondere List der Geschichte.

Hitler konnte sich zwar persönlich kein Vorbild an Mussolinis physischer Selbstdarstellung nehmen, aber die das Körperliche betonenden Erziehungsprinzipien – etwa innerhalb der Hitler-Jugend: („Flink wie die Windhunde, zäh wie Leder, hart wie Kruppstahl") – zeigen, dass das Macho-Gehabe Mussolinis auch Parallelen im Anti-Intellektualismus der NSDAP hatte. Die Betonung der „natürlichen" Rollentrennung von Frauen und Männern war jedem der Faschismen immanent.

Japan war da widersprüchlich auch in einem anderen Sinn: Der Aufstieg Japans zur Großmacht, schon vor dem Ersten Weltkrieg, war begleitet von der Ablehnung der Vormachtsstellung des „weißen Mannes", der europäischen Kolonialmächte. Das männliche Prinzip Japans vor und während des Zweiten Weltkrieges war die Vorherrschaft des Mannes, aber des „gelben Mannes". Die antikolonialistische Komponente, die Japan auch zur Rechtfertigung seines Angriffs auf die USA und die europäischen Kolonialgebiete in Südostasien nutzte, entsprach der Gleichheitsnorm der Moderne. Aber im Widerspruch dazu beanspruchte Japan eine nationale Sonderstellung, die das „Land der aufgehenden Sonne" zur Herrschaft der von europäischen Mächten befreiten Territorien berechtigen sollte und zur Hegemonie über Korea und China. Der aggressive japanische Nationalismus widersprach der Gleichheitsnorm, die Japan in der Auseinandersetzung mit „weißen" Mächten für sich in Anspruch nahm.

Michael Mann hat für die faschistischen oder dem Faschismus nahestehenden Regierungsformen Europas eine Typologie entwickelt, die deutlich macht, wie vielfältig die Systeme waren, die mehr oder weniger nachvollziehbar in den Jahren und Jahrzehnten nach 1918 faschistisch genannt wurden. Er unterscheidet – unter dem Überbegriff „Autoritarismus" – halb-autoritäre, halb-reaktionäre, korporative und die im engsten Sinn faschistischen Herrschaftsformen. Diese begründete Differenzierung, die viele Formen des Übergangs zwischen dem einen und dem anderen Regime beinhaltet, unterstreicht nur die Unschärfe von Faschismus als Herrschaftsform und als politischer Begriff. (Mann 2004, 44–48)

Faschismus – die höchste und letzte Stufe des Kapitalismus?

Deutschland, Italien, Japan waren verspätete Reiche. Spanien und Portugal hatten durch Eroberungen und Besiedlungen schon ab dem 16. Jahrhundert Kolonialreiche aufgebaut, deren Grundlage Vertreibung und/oder Ausbeutung indigener Völker war. Die Niederlande, Frankreich und Großbritannien folgten. Deutschland und Italien waren verspätete Kolonialmächte, die sich mit dem begnügen mussten, was die anderen europäischen Staaten auf dem afrikanischen Kontinent noch übrig gelassen hatten. Japan begann noch später zu expandieren – als Großmacht, die sich auf Kosten asiatischer Staaten bereicherte. Es ist dieses Gefühl, bei der Verteilung der Welt „zu kurz" gekommen zu sein, das sich mit dem Komplex verband, in Paris hätten 1919 Frankreich, das Vereinigte Königreich und die USA sowohl Japan als auch Italien übervorteilt – und Deutschland zutiefst gedemütigt.

Aber ein koloniales Besitzdenken kann Faschismus nicht erklären: Die Niederlande und England wurden zu Vorreitern einer Entwicklung, die zu Parlamentarismus und (einer zunächst noch sehr unvollkommenen) Demokratie führte; und beide Staaten wurden von der faschistischen Welle nicht überrollt, die in Italien und in Deutschland die Demokratie zerstörte. Die imperiale Vergangenheit war verbunden mit einem Rassismus, der sich in der als „natürlich" angenommenen Vorherrschaft der „weißen" Völker manifestierte. Aber eine solche Vergangenheit führte nicht mit innerer Logik zum Faschismus. (Ferguson 2007, 277–311)

Der Imperialismus europäischer Staaten hatte eine ökonomische Komponente – es ging um die Nutzung der Ressourcen in allen Teilen der Welt. Und Deutschland, Italien, Japan fühlten sich als verspätete Kolonialmächte in der Liga der alten Imperien nicht willkommen. Der aggressive Expansionsdrang der aufsteigenden Mächte richtete sich daher gegen die alten Mächte – freilich zuallererst gegen die Völker, die es zu unterwerfen galt, um „Lebensraum" für das eigene Volk zu gewinnen.

Nicos Poulantzas bringt den Aufstieg des Faschismus in einen ursächlichen Zusammenhang mit ökonomischer Verspätung. Deutschland und mehr noch Italien waren im Vergleich mit England und Schottland in Westeuropa wirtschaftliche Spätentwickler – „late-comers…to capitalism". (Poulantzas 1974, 25) Deutschlands Ökonomie entwickelte sich aber schnell und wurde bald weltweit die Nummer zwei hinter den USA, noch vor dem Vereinigten Königreich und Frankreich. Italien jedoch blieb Nachzügler. Von allen größeren Staaten Europas aber war Russland das Schlusslicht der ökonomischen Entwicklung. Was ist davon abzuleiten – für den vermuteten Zusammenhang zwischen Kapitalismus und Faschismus? Das Schlusslicht brach aus der kapitalistischen Entwicklungslogik aus und versuchte, eine systematische Antithese zum Kapitalismus zu etablieren – den Sozialismus. Italien, das mit verzögertem Erfolg in Richtung Kapitalismus unterwegs war, und Deutschland, das sehr rasch in eben diese Richtung voranschritt, wurden faschistisch. Die USA, die Nummer eins im kapitalistischen Ranking, blieb der liberalen Demokratie verpflichtet, den ökonomischen Krisen und der Massenarbeitslosigkeit zum Trotz. Das galt auch für das Vereinigte Königreich und – jedenfalls bis 1940 – auch für Frankreich. Daraus, so sollte man meinen, ist kein unmittelbarer Kausalzusammenhang zwischen Kapitalismus und Faschismus abzuleiten.

Von allen Faschismustheorien hat keine andere so viel Einfluss auf den ideengeschichtlichen Faschismus-Diskurs genommen wie die Theorie, die vom Marxismus ausging, um den Faschismus zu erklären. Für den orthodoxen Marxismus ist die politische Ordnung immer Überbau über die ökonomische Ordnung, und diese ist Ausdruck der Produktionsverhältnisse. In der Ära des Feudalismus, in der die Verfügungsgewalt über Grund und Boden die Machtverhältnisse bestimmte, entsprach die politische Ordnung den Bedürfnissen der ökonomisch herrschenden Klasse, der Feudalaristokratie. Innerhalb dieser Ordnung entwickelten sich neue gesellschaftliche Verhältnisse. Im Gefolge von Industrialisierung und Urbanisierung wurde die alte herrschende Klasse (die Aristokratie) durch eine neue ersetzt – die Bourgeoisie. Deren Primärinteresse war und ist die Maximierung der Profite. Wenn diesem Interesse eine liberaldemokratische politische Ordnung dienlich ist, lässt die herrschende Klasse Demokratie zu. Demokratie ist in diesem orthodox-marxistischen Verständnis nichts als Schönwetterkapitalismus.

Sobald aber im Gefolge der insgesamt unausweichlichen Krisen des Kapitalismus sich die Nützlichkeit einer auf politischem Pluralismus bauenden Ordnung nicht mehr zeigt – etwa im Zuge der Verschärfung des Klassenkampfes, hat die Demokratie ihre Nützlichkeit verloren. Die Bourgeoisie greift, zur Wahrung ihrer Primärinteressen, zu den Mitteln der Diktatur. Diese kommt nicht mehr in Form der feudalen Herrschaft der Vergangenheit, sondern in Gestalt eines Bündnisses zwischen Kapitalismus und den Teilen der Gesellschaft, die sich – mangels Einsicht in ihre wahren Interessen – dem Fortschritt in Richtung Sozialismus entgegenstellen. Der Bündnispartner der Herren über das Kapital ist vor allem das Kleinbürgertum, das seinen Klassenstatus nicht klar auszumachen versteht. Mit anderen Worten: Die Bourgeoisie braucht eine ihr dienende Massenbewegung, um den Ansturm der proletarischen Massenbewegung abzuwehren. Und diese dem Kapitalismus nützliche Bewegung ist der Faschismus. Faschismus ist Schlechtwetterkapitalismus. (Griffin 2018, 11–13)

Für diesen Erklärungsansatz liefert die Geschichte einiges an Evidenz. Wesentliche Exponenten des Industriekapitals finanzierten den Aufstieg der Faschistischen Partei Italiens und der NSDAP. Trotz diverser Lippenbekenntnisse zu Sozialismus und Planwirtschaft änderten weder Mussolini noch Hitler etwas am Wesen des Kapitalismus und dessen an privaten Profitinteressen ausgerichteten Ordnung. Damit entsprach der an die Macht gekommene Faschismus den wirtschaftlichen Interessen der Bourgeoisie. 1939 startete Deutschland, 1940 begann Italien den Zweiten Weltkrieg mit einer kapitalistischen Wirtschaftsordnung. In Japan konnte sich die Militärdiktatur auf die enge Kooperation mit den Kartellen stützen, die Japans Markt unter sich aufgeteilt hatten und sich auch von einer militärisch-politischen Expansion exponentielles Wachstum und Maximierung der Profite erwarten konnten.

Allerdings erforderte die Kriegswirtschaft aller kriegführenden Mächte staatliche Planungsvorgaben, die den Grundsätzen eines konsequenten Laissez-faire-Kapitalismus nicht mehr entsprachen. Die Rüstungsindustrie und auch die Versorgung sowohl des Militärs wie auch der Zivilbevölkerung konnten nicht einfach nur am Mechanismus von Angebot und Nachfrage ausgerichtet werden. Im Laufe des Krieges wurden planwirtschaftliche Elemente auf allen Seiten – auch bei den westlichen Alliierten – immer stärker.

Vor allem aber ist eines festzuhalten: Wenn das deutsche, das italienische, das japanische Industriekapital auf Maximierung der Profite gesetzt hatten, dann hatten sie die falsche Option gewählt. Denn 1945 waren die deutsche und die japanische (weitgehend auch die italienische) Industrie zerstört. Profit war dort nicht mehr zu erwarten.

Der Kapitalismus war nun auf der Suche nach etwas Neuem. Andere, neue Erfahrungen waren zu machen: Da die Option, sich des Faschismus als eines Instruments zur Sicherung der Profite zu bedienen, ins Nichts geführt hatte, war nach neuen Bündnispartnern und neuen Formen politischer Ordnung Ausschau zu halten. Nach 1945 – nach einer vor allem auch von den West-Alliierten bestimmten Phase – setzten nun der (west)deutsche, der italienische und der japanische Kapitalismus auf die liberale Demokratie. In der zweiten Hälfte des 20. Jahrhunderts erwies sich diese Option als die weitaus bessere als die in der ersten Hälfte des 20. Jahrhunderts gewählte: Die Profite stiegen – und mit ihnen der allgemeine Wohlstand, gerade auch in den vormals faschistisch regierten Staaten. Demokratie machte sich „bezahlt".

Von marxistischer Seite wird immer wieder versucht, diese Erfahrung mit dem Verweis auf die weiter bestehende Krisenanfälligkeit des Kapitalismus zu konterkarieren oder zumindest zu relativieren. Und tatsächlich zeigt die jüngste Geschichte, dass der Kapitalismus nicht vollkommen krisenfrei sein kann. Aber eine kapitalistische Ordnung ist lernfähig: Gelernt wurde, dass eine liberal-demokratische Ordnung, in der die Freiheiten politischer Bewegungen und wirtschaftlicher Interessengruppen gewährleistet werden, die vermutlich beste Option ist, um eine wirtschaftliche Dynamik zu ermöglichen. Den Profitinteressen der wenigen und den Wohlstandsinteressen der vielen kann am besten die Demokratie dienen. Der Faschismus hat versagt – auch in seiner Funktion, in einer Schlechtwetterphase den kapitalistischen Interessen nützlich zu sein.

Alle Faschismen haben versagt – auf allen Ebenen. Die Demokratien aber können bleibende Erfolge vermelden: Die Realität hat sich den in den bürgerlichen Revolutionen des späten 18. Jahrhunderts formulierten Grundwerten, die zunächst noch so unerreichbar fern schienen, erkennbar angenähert. Individuelle Freiheit und soziale Gleichheit (definiert als Chancengleichheit) sind effizienter als zentrale Planwirtschaft oder auch eine Ordnung, die auf der Knute des Faschismus baut.

Am Ende des 20. Jahrhunderts konnte auch festgestellt werden, dass der traditionelle Kolonialismus Geschichte ist. Kein Volk, keine Nation, keine „Rasse" kann den Anspruch erheben, über andere zu herrschen – und ein solcher Anspruch wäre, viele Jahrzehnte nach dem Untergang der Faschismen à la Mussolini und à la Hitler, auch gar nicht zu verwirklichen. Die Gleichheit zwischen Frauen und Männern ist rechtlich kaum bestritten und gesellschaftlich der Realität näher gerückt als je zuvor. Nicht in allen Regionen der Welt ist die Religionsfreiheit voll anerkannt und auch praktiziert. Aber diese Freiheit, die ja auch Gleichheit mit einschließt, war noch nie so weit verbreitet wie im 21. Jahrhundert. Und der Anteil der des Lesens und Schreibens Unkundigen an der Weltbevölkerung geht permanent zurück.

Was immer unter Faschismus verstanden wird – in einem sind sich alle Befunde einig. Unabhängig davon, dass Spielarten des Faschismus wiederkommen und auch Regierungsmacht erreichen können: Der große Verlierer des 20. Jahrhunderts war der Faschismus.

Faschismus – die höchste (letzte?) Stufe des Nationalismus

Nation, das ist – nach Ernest Gellner – ein Produkt der Moderne. (Gellner 1983) Eine entscheidende Rolle bei der Entstehung der Nationen kam naturwissenschaftlichen und ökonomischen Qualitätssprüngen zu: Maschinen halfen, Distanzen zu überwinden, und neue Techniken ermöglichten die Herstellung neuer Produkte. Damit wuchs das Interesse, neue Märkte zu erschließen. Neue Formen der Kommunikation – Presse, Radio, Fernsehen – förderten neue Ideen und die Möglichkeit, um des persönlichen Fortkommens willen die Welt von gestern gegen eine neue einzutauschen.

Die Beherrschung von Lesen und Schreiben, bis weit in die Neuzeit hinein ein Privileg einer Minderheit, wurde zur Notwendigkeit – für die Ökonomie, die Arbeitskräfte brauchte, die lesen und schreiben konnten; und für alle Menschen, die an der neuen Beweglichkeit teilhaben wollten. Alphabete und Sprachen wurden vereinheitlicht, und damit wurde die Wahrnehmung von Gemeinsamkeit gefördert: Es entstanden „Wir"-Gefühle jenseits von Familie oder Dorfgemeinschaft. Das „Wir" wurde zu einer großen Gemeinschaft – eben zu einer Nation, die sich durch Sprache und/oder Kultur, Religion und/oder gemeinsamen Erzählungen verbunden fühlte. Dieses „Wir" erlaubte Einschluss – aber es verlangte ebenso auch Ausschluss: Wer nicht zu „uns" zählte, zählte zu den „Anderen". Die Identität des „Eigenen" erweiterte sich, aber ebenso die des „Fremden".

Politische Organisiertheit in Form von Staatlichkeit musste sich immer mehr auf die Gemeinschaft, auf das Volk, auf die Nation berufen. Es reichte nicht mehr, in einem Vertrag – mit dem etwa ein Krieg beendet wurde – die Grenzen eines vom Fürsten beherrschten Staates zu verschieben, unabhängig vom Willen der Betroffenen. Schritt für Schritt wurden Volk und Nation zur Quelle der Legitimation von Herrschaft. Der politische Feudalismus war im Absterben. In Europa entstanden Nationalstaaten, die sich auf die Gemeinsamkeit einer – ihrer – Nation beriefen.

Italien und Deutschland waren – verglichen mit Frankreich oder Spanien – verspätete Nationalstaaten. In Italien musste die Herrschaft der Habsburger, der Bourbonen und des Papstes erst 1859 dem Bündnis des Königreiches Piemont mit den Revolutionären à la Garibaldi weichen. In Deutschland gelang die nationalstaatliche Einigung erst 1871, und zwar ohne revolutionäres Zutun: Unter Führung des Königreiches Preußen errichteten die deutschen Fürsten das Deutsche Kaiserreich als Nationalstaat. In beiden Staaten, in Italien und in Deutschland, musste das nunmehr erreichte oder erzwungene politische Einigungswerk kulturell unterfüttert werden. Wie es ein nicht belegtes, aber oft zitiertes Bonmot eines Beraters von Camillo Cavour, des Regierungschefs von Piemont und dann des Königreiches von Italien ausdrückte: „Wir haben Italien geschaffen. Jetzt müssen wir daran gehen, Italiener zu schaffen."

„Nation Building" war angesagt – in Italien und Deutschland, aber auch im Fernen Osten. In Japan musste eine agrarische Feudalgesellschaft nach der Öffnung des Landes und der Meiji-Restauration, die Japan in relativ kurzer Zeit zu einer, ja zu der führenden politischen Macht Ostasiens gemacht hatte, durch ein zentral gesteuertes Erziehungssystem in eine politisch gefestigte Einheit verwandelt werden. In Spanien, das sich am Beginn der Neuzeit noch als Weltmacht Nummer eins hatte verstehen können, war „Nation Building" konfrontiert mit der relativen Rückständigkeit der nationalen Ökonomie, aber auch mit der Unklarheit des Begriffes „Spanier": Waren auch die Menschen Spanierinnen und Spanier, die in Alltag und Beruf Katalanisch oder Baskisch sprachen?

Um 1900 hatten Italien und Deutschland ihr „Nation-Building"-Programm weit vorangebracht. Anders als vor 1859 konnten Menschen aus Sizilien mit Menschen aus der Lombardei in ein- und derselben Sprache kommunizieren – die zu Dialekten herabgestuften Regionalsprachen waren so abgeschliffen, dass „Italienisch" als einigende Staatssprache Wirklichkeit geworden war. In Deutschland waren diejenigen, deren Muttersprache nicht deutsch war – etwa die Millionen polnischsprechender Bürgerinnen und Bürger in Pommern und Westpreußen und Schlesien –, die bis 1918 auf den Status tolerierter, aber nicht wirklich integrierter Minderheiten verwiesen waren, dank der in Versailles diktierten Grenzrevisionen Polen oder auch, in Elsass-Lothringen, Franzosen. Auch das war „Nation Building" – diktiert nicht von oben, sondern von außen.

Im Fall Japan war der Prozess des mentalen Zusammenwachsens aus einem Grund verhältnismäßig einfach: Die Insellage Japans erlaubte ein leicht vermittelbares Verständnis von Nation, weil die Grenzen des Staates geographisch vorgegeben waren. Das änderte sich allerdings mit dem Beginn der Expansionspolitik, die Japan schon am Ende des 19. Jahrhunderts einzuschlagen begann: Formosa (Taiwan), Korea, und – nach dem Ersten Weltkrieg – die Mandschurei und immer weitere Teile Chinas machten Japan zu einem Vielvölkerreich, in dem aber als selbstverständlich vorausgesetzt wurde, dass nur die Söhne und Töchter Nippons sich wirklich als Japaner qualifizieren konnten. Die anderen – Koreaner und Chinesen – waren bestenfalls Bündnispartner zweiter Qualität, schlimmstenfalls Arbeitssklaven.

Was aber sollte Österreich mit der modernen Idee „Nation" anfangen, das Kaiserreich, in dem – innerhalb der vom Wiener Kongress gezogenen Grenzen – kein über eine Sprache definiertes Volk, keine Nationalität eine Mehrheit hatte und auch keine Hegemonie beanspruchen konnte? Dieses Österreich wurde zunächst noch durch die Herrschaft der Habsburger zusammengehalten – eine Form der

Legitimität, die auf Dauer nicht mehr in Einklang mit dem Zeitgeist zu bringen war.

Das hatte sich 1918 geändert. Österreich war der „Rest" – ein Staat, der die Regionen umfasste, in der die Deutschsprechenden die Mehrheit bildeten; und nicht einmal alle diese Regionen waren Teil des klein gewordenen Österreich – nicht Nordböhmen und Nordmähren, nicht Südtirol. Österreich, das große Kaiserreich und auch die kleine Republik, konnte mit der aus der Moderne kommenden Idee „Nation" zunächst nichts anfangen – außer, sich ab 1918 als Republik dem Deutschen Reich in die Arme zu werfen. Das war das Grunddilemma Österreichs, zwischen 1918 und 1938 – ein Dilemma, das Österreich in eine so ganz andere Lage versetzte als die, in der sich Italien oder Deutschland, Japan oder Spanien befanden. Nationalismus – das war in Österreich ein Programm, das auf die Auflösung österreichischer Staatlichkeit hinauslief. Nationalismus – das war in Österreich Deutschnationalismus.

Dass Italien und Deutschland in den 1930er Jahren nicht zur Gründung einer Faschistischen Internationale aufriefen, war Ausdruck einer nationalistischen Grundströmung. Mussolini und Hitler lehnten grundsätzlich jede Einbindung in ein die nationale Souveränität auch nur potentiell beschränkendes Regelwerk ab. Deutschland verließ im Oktober 1933 den Völkerbund. Einen solchen Schritt hatte Japan schon davor gesetzt – und Italien sollte bald folgen. Diese nicht miteinander abgestimmten Entscheidungen waren aber Ausdruck einer Gemeinsamkeit. Die wurde 1936 durch den zwischen Deutschland und Japan geschlossenen Anti-Komintern-Pakt, dem Italien etwas später beitrat, noch unterstrichen.

Der Anti-Komintern-Pakt war eine demonstrative und programmatische Gegenposition zur Kommunistischen Internationale. Die Rhetorik des Paktes war ideologisch. Eben deshalb bemühte sich Joachim von Ribbentrop bei seinem Besuch in Moskau im August 1939, als Deutschland dringend eine Vereinbarung mit der UdSSR suchte, die Bedeutung des Paktes herunterzuspielen. Der Pakt, so der deutsche Außenminister zu Stalin, sei nicht antisowjetisch, sondern antibritisch. Und Ribbentrop erzählte dem sowjetischen Diktator von einem Witz, der – angeblich – in Berlin zirkulierte: Demnächst werde Stalin dem Anti-Komintern-Pakt beitreten. (Bloch 1994, 249)

Dem Anti-Komintern-Pakt folgte 1939 der Stahl-Pakt, abgeschlossen zwischen Deutschland und Italien, und 1940 der Drei-Mächte-Pakt – die „Achse", das Bündnis zwischen Japan, Italien und Deutschland. 1939 und 1940 ging es schon nicht primär um programmatisch-ideologische Festlegungen. Es ging um die Zusicherung militärischer Kooperation. Aber Zusammenarbeit – in welche Richtung, mit welchem Ziel? Das blieb vollkommen vage – wie ja auch die Kooperation der Alliierten in Teheran, Jalta und Potsdam davon bestimmt war, den Gegner zu besiegen und dabei den Gedanken an das Danach aufzuschieben. Nur Roosevelts Drängen, der Zukunft auch ein Gesicht zu geben und zur Sicherung des Weltfriedens die

Vereinten Nationen ins Leben zu rufen – ein Plan, der von Churchill und Stalin nicht allzu ernst genommen wurde –, gab dem Bündnis der Alliierten auch eine Perspektive, die über den Sieg im Weltkrieg hinausging.

Der Faschismus in allen seinen Ausprägungen war immer Ausdruck des Nationalismus; einer übersteigerten Wertung der eigenen nationalen Identität gegenüber anderen. Nationalismus war und ist potentiell fundamentalistisch – aufgebaut auf einer vorausgesetzten Gemeinsamkeit. Der Faschismus war aber – darüber hinaus – ein mörderischer Nationalismus. Freilich: nicht jeder Nationalismus war oder ist faschistisch. Die Befreiungsnationalismen wie die der antikolonialistischen Bewegung in Asien und Afrika bekämpften die Herrschaftsansprüche der kolonisierenden Nationen, die sich über die Interessen der Kolonisierten einfach hinwegsetzten. Der griechische Nationalismus des 19. Jahrhunderts war gegen die Osmanische Herrschaft gerichtet – und das Griechenland, das Resultat dieses nationalen Freiheitskampfes, war kein faschistischer Staat. Der irische Nationalismus setzte im Kampf gegen die britische Vorherrschaft auch Mittel der Gewalt ein. Am Ende stand aber ein unabhängiges, demokratisches Irland, das in keiner irgendwie denkbaren Form als „faschistisch" interpretiert werden kann. Nicht jeder Nationalismus ist faschistisch. Aber jeder Faschismus ist nationalistisch.

Der Nationalismus, Ausdruck der Modernisierung und Pate der Nations- und Nationalstaatswerdung Italiens und Deutschlands im 19. Jahrhundert, wird im 21. Jahrhundert von einem postnationalen Modernisierungsschub herausgefordert. Ökonomische und kulturelle Globalisierung relativieren nationale Einschluss- und Ausschlusskriterien. Die Enkel und Urenkel der um 1860 zu Italienern „gemachten" Sizilianer haben begonnen, neben dem längst standardisierten Italienisch eine zweite Sprache zu beherrschen und sich nicht nur als Italienerinnen und Italiener, sondern auch als Europäerinnen und Europäer zu sehen. Der Horizont einer wachsenden Minderheit der jüngeren Generation definiert sich – weltweit – nicht primär über eine nationale Identität. „As bilingual intelligentsias … had access, inside the class-room and outside, to models of nation, nation-ness, and nationalism distilled from the turbulent, chaotic experiences of more than a century of American and European history." (Anderson 2006, 140)

Globalisierung bedeutet auch Multikulturalismus. Das belegt das Leben der an englischen Universitäten studierenden indischen Freiheitskämpfer des frühen 20. Jahrhunderts wie Mohandas Gandhi, Jawaharlal Nehrus, Subhas Chandra Bose, Indira Gandhi und andere. Das zeigen die Karrieren Barack Obamas und Kamala Harris' im späten 20. und frühen 21. Jahrhundert; aber auch die Absolventinnen und Absolventen des deutsch-französischen Austauschprogramms und die Studierenden des Erasmus-Programms der Europäischen Union. Franklin D. Roosevelt hatte in jungen Jahren Europa bereist, Winston Churchill sprach Französisch und war auf seine partiell vorhandenen amerikanischen Wurzeln stolz.

Multikulturelle Erfahrungen – auf solche konnte Dollfuß nicht verweisen, der das katholische Kernmilieu Österreichs nie verlassen hatte; erst recht nicht Hitler, der, als er 1933 Kanzler wurde, nur hinter der Front im deutsch besetzten Belgien eine nicht deutsch sprechende Umgebung kennengelernt hatte und keine Fremdsprache beherrschte; Fremdsprachen beherrschte auch Goebbels nicht, der als „Doktor“ so etwas wie der Vorzeigeintellektuelle in der engsten Führungsriege des NS-Staates war, und auch nicht Himmler, der Visionen von der Zukunft eines germanischen, von einem von Deutschland beherrschten und von Deutschen besiedelten Europa bis zum Ural hatte – und dessen Erfahrungen nicht über die Grenzen Deutschlands hinausreichten; nicht Franco, der Erfahrungen im spanischen Offizierskorps gesammelt und „Ausland“ nur als Kolonialoffizier in Spanisch-Marokko erlebt hatte.

Ein multikultureller Erfahrungshorizont ist keine Garantie für eine Immunisierung gegen nationalistische Vereinfachungen – wie am Beispiel Mussolinis gezeigt werden kann, der deutsch passabel sprach und vor dem Ersten Weltkrieg einige Zeit in der Schweiz verbracht hatte; wie an den Beispielen Joachim von Ribbentrops und Baldur von Schirachs, die in ihrer Jugend längere Zeit in einer englischsprachigen Umwelt verbracht hatten; wie Yosuke Matsuoka, der als japanischer Außenminister 1941 Europa besuchte, in Berlin die Bedeutung des Dreimächtepaktes demonstrierte und in Moskau einen Nichtangriffspakt mit der UdSSR unterzeichnete: In seiner Jugend hatte er einen Studienaufenthalt in den USA absolviert. In den wenigen Monaten, die er Außenminister des japanischen Kaiserreiches war und als einer der wenigen Zivilisten dem engsten Führungskreis der von Militärs beherrschten kollektiven Staatsführung angehörte, war er einer der schärfsten Kriegstreiber.

Eine Welle der Modernisierung hatte die Nationen des 19. Jahrhunderts geschaffen. Eine andere Welle des späten 20. und frühen 21. Jahrhunderts grenzt diese Nationen, die mit ihnen verbundenen Ein- und Ausgrenzungen, immer weniger rigide voneinander ab. Faschismus – der kam im Gefolge des ersten Modernisierungsschubes. Der nächste Modernisierungsschub nagt an den Gewissheiten von Nation und Identität, macht sie durchlässig und relativiert so das scheinbar Selbstverständliche des nationalen „Wir“. Damit ist der Faschismus nicht endgültig vorbei – gerade wenn er nicht als die spiegelbildliche Übernahme des Modells Nummer eins, des italienischen Faschismus, und auch nicht des Nationalsozialismus verstanden wird. Aber der Boden, auf dem Faschismus entstand, wird – vielleicht – so verändert, dass Faschismus weniger wahrscheinlich wird.

Italien, 1922–1943: Der Real Existierende Faschismus

Mussolini hatte überhaupt keine Philosophie,
er hatte nur eine Rhetorik.
(Eco 2020, 22)

Als Mussolini nach dem „Marsch auf Rom" – einer Aktion, die mit dieser maßlos überzeichneten Etikette in die Geschichte einging – von König Vittorio Emanuele III zum Ministerpräsidenten des Königreiches Italien bestellt wurde, war zunächst überhaupt nicht klar, dass damit eine neue Epoche eingeläutet wurde: für Italien, für Europa, für die Welt. Die von den unterschiedlichsten Interessen geprägte Faschistische Partei Italiens und das rasch diktatorische Züge annehmende faschistische Regime wiesen aber Merkmale auf, die aus guten Gründen stellvertretend für den in Europa aufsteigenden Faschismus insgesamt stehen:

1. Die Personalisierung der Macht, in Verbindung mit einem Persönlichkeitskult um den „Duce": Es war Mussolini und nur er, der entschied, wie sich die faschistische Partei mit dem König zu arrangieren hatte; wie rasch die von der Kooperation mit dem König und zunächst auch noch von der Zustimmung des Parlaments abhängige faschistische Regierung den Weg zur offenen Diktatur vorantreiben sollte. Mussolini war es, der entschied, durch den Beginn des Eroberungskrieges in Afrika (Abessinien) den Bruch mit den westlichen Demokratien zu riskieren; das Bündnis mit dem nationalsozialistischen Deutschland („Stahlpakt") und mit diesem gemeinsam die Allianz mit Japan („Achse") einzugehen. Mussolini war es, der im Frühsommer 1940 die Entscheidung traf, an der Seite Deutschlands in den Krieg gegen Frankreich und das Vereinigte Königreich einzutreten; und er allein war es, der entschied, dass Italien 1941 sowohl der UdSSR als auch den USA den Krieg erklären sollte. Der Faschismus war Mussolini – und Mussolini war der Faschismus. Sein Sturz im Sommer 1943 bedeutete daher auch den Sturz des italienischen Faschismus. Dessen Weiterexistenz als „Republik von Salò" – als unbedeutender Satellit an der Seite des ebenfalls seiner Niederlage entgegengehenden Nationalsozialismus – war, gemessen an den früheren Ansprüchen, eine schäbige Karikatur.
2. Die Konstruktion von Volk und Nation als eine Einheit, die alle Differenzen von Klasse oder Region oder Religion, von Geschlecht oder Generation zudeckt: Die Hegemonie „völkischen" Denkens beruhte auf einem tendenziell biologistischen und damit tendenziell rassistischen Verständnis. Menschen waren für den Faschismus von unterschiedlichem Wert – je nach Nationalität und Rasse. In der „Nation" genannten Gemeinschaft sollten die Unterschiede von

Stand und Klasse aufgehoben, zumindest relativiert werden – freilich nicht die Unterschiede zwischen den Geschlechtern. Der Faschismus ging davon aus, es wäre vorgegeben, wer zur Nation gehört – und wer nicht. Diese Annahme natürlicher Zugehörigkeit wurde vor allem dann aktuell, als der Krieg in Abessinien (Äthiopien) begann. Die als „natürlich" angenommene Trennung zwischen den Angehörigen des eigenen Volkes und den anderen Völkern wurde unter dem Einfluss des nationalsozialistischen Deutschlands vertieft, als das faschistische Italien antijüdische Gesetze beschloss. Nationalismus und Rassismus wurden zu einem wesentlichen Qualitätsmerkmal des Faschismus, auch wenn sich Italien – jedenfalls bis Sommer 1943 – nicht aktiv am Holocaust beteiligte. Ein übersteigerter Nationalismus war aber von Anfang an ein Wesensmerkmal des Faschismus – und nicht nur des italienischen.

3. Die Beendigung des Mehrparteiensystems durch die Etablierung der regierenden Faschistischen Partei als Monopolpartei: Innerhalb eines relativ kurzen Zeitraumes erzwang der Faschismus das Ende des politischen Pluralismus. Andere Parteien wurden verboten. Opposition wurde gewaltsam unterdrückt. Das Ende der Meinungs-, Presse- und Versammlungsfreiheit und damit jeder legitimen politischen Kritik am Duce, dessen Regierung und Partei war bereits in den ersten Schritten angelegt, die Mussolini – mit Billigung des Königs – schon unmittelbar nach seinem Regierungsantritt gesetzt hatte. Faschismus war und ist Diktatur. Gewaltenteilung jedweder Art widersprach dem Anspruch auf Alleinherrschaft. Die Ausschaltung der für den Verfassungs- und Rechtsstaat essentiellen, verfassungsmäßig verbürgten Kontrollinstanzen und damit auch die Verdichtung der Regierungsmacht zu einer Willkürherrschaft waren eine logische Konsequenz faschistischer Herrschaft.
4. Die inhaltliche Beliebigkeit der Politik der Regierung, die keinem erkennbaren Konzept folgte, außer der Verfestigung der eigenen Macht und, später, der militärischen Expansion: Mussolini und der Faschismus hatten kein Programm, sie folgten keinem erkennbaren politischen Plan. Schüchterne Ansätze zu einer institutionellen Organisation des politischen Systems – wie der Korporatismus, eine Art von Sozialpartnerschaft unter strikter Kontrolle der Einheitspartei und der Regierung – waren von Anfang an nur die Behübschung der Alleinherrschaft einer Partei, die wiederum die Alleinherrschaft eines Mannes war. Wenn es dem Kalkül des Diktators entsprach, der in der Tradition des sozialistischen Antiklerikalismus sozialisiert worden war, suchte Mussolini – erfolgreich – den Ausgleich mit dem Vatikan und sicherte sich die Loyalität des kirchlich geprägten Teils der Zivilgesellschaft. Wenn die ihm zugängliche Datenlage über die Kriegsbereitschaft und -fähigkeit Italiens es nahelegte, am 1. September 1939 nicht in den Krieg einzutreten, definierte Mussolini Italien als „nicht kriegführend". Doch als angesichts der schnellen Erfolge der deutschen Wehrmacht Machtgier und Eitelkeit des Duce ein längeres Zuwarten nicht mehr

erlaubten, trat Italien 1940 in den Krieg ein – um sich an der Kriegsbeute zu bereichern. Diese höchst persönliche Entscheidung war der entscheidende Schritt zur Selbstzerstörung des (italienischen) Faschismus.

5. Die Unfähigkeit zur Etablierung einer Kultur des führungsinternen Diskurses an der Spitze von Staat und Partei: Mussolini war von einem kleinen Kreis von Personen umgeben, die den absoluten Vorrang des „Duce“ akzeptiert hatten. Entscheidungen wurden nicht besprochen und diskutiert, sondern von Mussolini allein getroffen – geradezu nach Lust und Laune, wie das Galeazzo Ciano mit Bezug auf den Frühsommer 1940 schilderte: Mussolini sah Italien in der Gefahr, seine „Ehre“ zu verlieren, wenn es nicht in den von Deutschland scheinbar schon gewonnenen Krieg eintrat. „We Italians are already sufficiently dishonored.“ (Ciano 1945, 249) Und als – endlich – bei Mussolini die Würfel zugunsten des Kriegseintritts gefallen waren, sah Ciano seinen Regierungs- und Parteichef, der auch sein Schwiegervater war, vor allem glücklich: „Rarely I have seen Mussolini so happy.“ (Ciano 1945, 256) Die persönliche Befindlichkeit eines Mannes entschied über das Schicksal von Millionen: Das war Faschismus.
6. Das eigene Volk, umgeben von einer Welt von Feinden, von diesen gering geschätzt, aber vom Faschismus überschätzt: Aus der Mischung aus dem Opfermythos eines nur ungenügend gewürdigten und belohnten Sieges im Ersten Weltkrieg und einer rekonstruierten nationalen Erfolgsgeschichte („Imperium Romanum Secundum“) entwickelte sich die Rechtfertigung einer aggressiven Außenpolitik, die gegen Staaten im Adriaraum (Albanien, Griechenland) und in Afrika (Abessinien) gerichtet war und Italien zu einer Macht werden ließ, die weite Teile des Mittelmeerraumes und Ostafrikas beherrschte. Diese Entwicklung überforderte aber die wirtschaftlichen und militärischen Möglichkeiten Italiens und führte in die Abhängigkeit vom zunächst noch als Juniorpartner betrachteten nationalsozialistischen Deutschland. Der Faschismus überschätzte sein Potential und leitete so seine Selbstzerstörung ein.
7. Das Fehlen jeder Exit-Strategie: Mussolini reagierte auf die wachsende Isolierung seines Landes nach dem Überfall auf Abessinien wie ein Kind, das nicht vorhersehen konnte, was es in seiner Spiellaune angerichtet hatte. Die gegen Italien gerichteten Sanktionen waren aber ebenso zu erwarten gewesen wie die dann einsetzende Abhängigkeit von Hitler-Deutschland. Den Einmarsch in Griechenland begründete er mit einer pubertären Eifersucht auf den deutschen Diktator: Hitler würde ihn immer vor vollendete Tatsachen stellen, nun werde er mit gleicher Münze zurückzahlen. (Ciano 1945, 300) Deswegen mussten italienische und griechische Soldaten sterben, und für Griechenlands Zivilbevölkerung begannen Jahre des Terrors. Auf die Rückschläge, die Italiens Truppen bald nach dem Kriegsbeginn in Griechenland erlitten, reagierte der „Duce“ geradezu infantil: Es sei eine Schande, Italiener beobachten zu müssen, die Angst vor Griechen hätten. (Ciano 1945, 302) Als der Krieg, den Mussolini mit

der Mentalität eines Kindes beim Spielen im Sandkasten vom Zaun gebrochen hatte, sich nicht nach seinen Erwartungen entwickelte, war er ratlos. Da musste ihm der zu Hilfe eilen, dem er eigentlich etwas „heimzahlen" wollte: Hitler. Der hatte freilich auch keine Strategie, wie er einen Weltkrieg, der spätestens Ende 1941 nicht mehr zu gewinnen war, beenden könnte.

8. Eine Gesellschaftspolitik des „Social Engineering": Mussolinis Regierung versuchte die Neukonstruktion der Gesellschaft. Italiens Geburtenrate sollte – politisch gesteuert – gehoben werden. Durch das Bevölkerungswachstum sollte eine „Ruralisierung" gefördert werden, um Landflucht und Urbanisierung einzudämmen, und gleichzeitig diente der Hinweis auf die Bevölkerungsdichte des Landes als Rechtfertigung für die Expansion in Richtung Afrika. Durch die vielfältige Betonung der traditionellen („natürlichen") Rolle der Frauen sollte die Trennung der Geschlechterrollen gefestigt werden. (Gregor 1979, 254–291) In dieser antimodernistischen Orientierung war der italienische Faschismus Vorbild für den deutschen Nationalsozialismus, für Dollfuß-Österreich, für Franco-Spanien und auch für die japanische Militärdiktatur. Diese rückwärtsgewandte Politik machte es aber notwendig, dass der Staat in Gesellschaft und Wirtschaft in einem Maße intervenierte, das den Faschismus vom Idealtypus eines „Laissez-faire"-Kapitalismus mehr und mehr entfernte. Der Faschismus akzeptierte eine auf Privateigentum bauende Wirtschaftsordnung – aber gleichzeitig reduzierte er den individuellen Handlungsspielraum der Unternehmer durch staatliche Eingriffe.
9. Eine Unordnung, die sich als strenge Ordnung tarnte; ein organisatorisches Chaos ohne klare institutionelle Struktur: „It is revealing that the Nazis, like the Italian Fascists, did not create a new constitution and in that sense never finalized their polity." (Müller 2011, 119) Die Verfassung des Königreiches und der Weimarer Republik waren de facto ausgehebelt – durch Ermächtigungsgesetze und durch die von der Regierung tolerierte und geförderte Willkür von Polizei und Milizen. Dadurch hörten die „checks and balances" zu existieren auf – die Unabhängigkeit der Gerichte war nicht mehr gegeben, eine legale Opposition existierte nicht, und eine Reservemacht existierte in Hitler-Deutschland überhaupt nicht, im faschistischen Italien wurde sie erst 1943 bereit und fähig zu handeln.

Das alles war 1922 keineswegs als klar formuliertes Regierungsprogramm vorhanden, aber als Appell an nationale Ressentiments sehr wohl erkennbar. Mussolini repräsentierte Gefühle, aber kein in sich schlüssiges Programm. Mussolini hatte zwar vor 1922 viel publiziert – als Journalist, auch als Buchautor. Aber darunter war kein Werk, das beanspruchen konnte oder sollte, dem Faschismus als theoretische Grundlagen zu dienen. Er war – erkennbar – beeinflusst von Elitentheoretikern wie Roberto Michels und auch vom Syndikalismus George Sorels. Vor allem während der Jahre seines Schweizer Exils hatte er sich auch mit theoretischen Schriften beschäftigt (Bosworth 2002, 56–74) Mussolini hatte vieles gelesen, aber das selektiv Angelesene nicht in ein auch nur annähernd schlüssiges Regierungsprogramm verarbeitet. Verschiedene theoretische Versatzstücke verwandelte er, als Politiker, in einen Aktionismus, der keiner klar erkennbaren Strategie folgte – außer der eines vulgären Sozialdarwinismus, der das Recht des Stärkeren betonte.

Die Voraussetzung für Mussolinis unbeschränkte Handlungsfähigkeit war, dass er den politischen Pluralismus beseitigte – Schritt für Schritt, aber doch in raschem Tempo. Er hatte sich schon vor 1922 mit einer Schlägertruppe umgeben, die politische Gegner einschüchterte. Und diese Politik der Einschüchterung, der Einkerkerung, auch der Ermordung politischer Gegner setzte er als Regierungschef fort – mit Duldung des Königs und ohne kritische Zwischenrufe von Seiten der Kirche.

Der Zauberer von Oz

Kurz vor dem „Marsch auf Rom" und seiner Bestellung zum Ministerpräsidenten des Königreiches besuchte Mussolini den US-Botschafter in Rom, Richard Washburn Child. Dieser sollte einige Jahre später – nach dem Ende seiner Tätigkeit in Rom – auch das Vorwort zu der erstmals 1928 erschienenen Autobiographie Mussolinis schreiben. Bei ihrem ersten Zusammentreffen hatte der zur Regierungsmacht drängende italienische Politiker dem offiziellen Vertreter der USA auf die Frage, welches Regierungsprogramm er – Mussolini – hätte, mit dem Slogan „Arbeit und Disziplin" geantwortet. (Child 2006, XII) Das war eine Leerformel, hinter der sich alles und das Gegenteil von allem verbergen konnten. Doch Mussolini faszinierte den US-Botschafter durch persönlichen Charme, den Child noch einige Jahre danach in seinem Vorwort festhielt – so nachhaltig hatte Mussolini den US-Botschafter für sich gewonnen. Child verglich Mussolini mit Theodore Roosevelt: Mussolini verbreite eine Energie, die sich nicht eindämmen ließe, die sich auch in seiner Musikalität (Mussolini spielte Geige) und in seiner Sportlichkeit (Mussolini war Fechter) äußere. Der US-Botschafter war auch tief beeindruckt von den Gesprächen, die er mit Mussolini nach ihrem ersten Zusammentreffen führte, als dieser bereits Regierungschef geworden war. Und Child ließ sich von der Persönlichkeit des Diktators zu einer angesichts der späteren Entwicklung Mussolinis entlarvenden Fehlprognose verleiten: „Time has shown that he was neither violent nor absurd. Time has shown that he is both wise and human." (Child 2006, XIV)

Doch Mussolini war nicht weise. Er war der Zauberer von Oz, wie ihn Lyman Frank Baum in dem 1900 erschienenen Kinderbuch geschildert hatte: Ein Komödiant, der sich so gab, wie der jeweilige Adressatenkreis es erwartete. Er war weder weise, noch war er gewaltfrei. Und er gab sich mächtiger als er war – was ihn dazu verführte, eine Politik zu betreiben, die durch sich immer weiter steigernden Grenzüberschreitungen charakterisiert war – eine Politik der permanenten Eskalation.

Hinter der Fassade des Alleskönners stand keine wirkliche Substanz. Er spielte den Großmacht-, den Weltpolitiker – manchmal mit Erfolg, wie in München 1938. Aber am Ende erwies sich Mussolini als einer, der eine Macht vortäuschte, die er nicht hatte. Wie der Zauberer von Oz (der durch Verfilmung und Musical in der ersten Hälfte des 20. Jahrhunderts zu einer weltweit bekannt Märchen-, aber auch Symbolfigur wurde) war auch Mussolini eine anfangs rätselhafte Figur, die viel mehr aus sich machte als ihr und ihren Möglichkeiten entsprach. Der Zauberer von Oz und Mussolini verbreiteten Angst und Schrecken, und zunächst für kurze Zeit auch Hoffnung – nur um am Ende von der jungen Dorothy als Popanz entlarvt zu werden. In Mussolinis Fall kam die Rolle der Dorothy der Realität der Welt zu, die eben nicht so war, wie es den Vorstellungen Mussolinis entsprochen hätte. Dieser Überschätzung des eigenen Potentials entsprach der Unterschätzung der anderen – in den letzten, entscheidenden Jahren von Mussolinis Leben die Unterschätzung der militärischen Überlegenheit der Alliierten, die Mussolini leichtfertig provoziert hatte.

Am Ende seines Lebens wurde der tote Mussolini als Ausdruck des Triumphes seiner italienischen Gegner im April 1945 in Mailand zur Schau gestellt. Bis zum Schluss, auf der Flucht in Richtung Schweiz, hatte er noch geglaubt, für die siegreichen Alliierten einen Wert darzustellen, sich Winston Churchill anbiedern zu können. Diesbezüglich war Hitler realistischer – er wusste, freilich mit schrecklicher Verspätung, wann sein massenmörderisches Spiel zu Ende war.

Die Lobeshymne auf den weisen und menschlichen Mussolini schrieb der US-Botschafter zu einem Zeitpunkt, an dem Mussolini bereits – nach dem Mord an Matteotti – die Grenzen der Rechtsstaatlichkeit überschritten hatte und dies für alle erkennbar war. Die bewundernden Formulierungen eines US-Vertreters belegten, dass Mussolini eines hatte, was weder Hitler noch Franco aufweisen konnten und was von den das Schicksal Japans diktierenden Generälen und Admirälen gar nicht erwartet wurde: die Fähigkeit, andere Menschen in persönlichem Kontakt für sich zu gewinnen.

Mussolini verfügte über eine soziale Intelligenz, die er geschickt einzusetzen verstand. Es war diese Fähigkeit, die den König und die Vertreter des alten Regimes überzeugt hatte, Mussolini die Regierungsmacht zu übergeben – Mussolini sei der richtige Mann, um die chaotischen Zustände, die Sozialisten und Kommunisten begünstigten, mit starker Hand zu beenden – Gewalt eingeschlossen. Das wurde von dem ehemaligen Sozialisten erwartet, der wegen seiner Kriegsbegeisterung seine Partei hatte verlassen müssen. Und Mussolini erfüllte diese 1922 an ihn gestellten Erwartungen. Mussolini konnte beeindrucken, in Gesprächen – von Mann zu Mann oder gegenüber Frauen.

Ganz anders Hitler: Der konnte sich nicht wirklich im Diskurs, schon gar nicht im „Small Talk“ mit anderen Menschen austauschen. Deshalb war sein Gesprächsstil der des Monologs. Mit dieser an Monomanie grenzenden Rhetorik konnte Hitler zwar auch Wirkung erzielen – als Prediger, der eine Masse in eine quasi-religiöse Erregung versetzte. Mussolini hingegen konnte charmieren, konnte unterhalten, konnte persönliche Sympathien auf sich ziehen – jenseits aller Ideologie. Er war erfolgreich im Umgang mit der Aristokratie und den Prälaten der Kirche, mit Frauen aus allen Schichten der Gesellschaft und eben auch, wie am Beispiel Child ersichtlich, mit westlichen Diplomaten.

Aber diese Erfolge verführten Mussolini offenbar dazu, die objektiv vorgegebenen Rahmenbedingungen seiner Macht zu unterschätzen: den Widerstand, den seine Expansionspolitik bei den anderen Mächten provozieren musste, die den Völkerbund und zunächst auch noch die Weltpolitik dominierten. Er unterschätzte die Folgen der Abhängigkeit, in die er sich im Gefolge der Sanktionspolitik der westlichen Staaten nach dem Einmarsch in Abessinien begab – in die Abhängigkeit von dem von ihm zunächst maßlos unterschätzten Adolf Hitler; er nahm die Aussichtslosigkeit des Krieges nicht wahr, in den diese Abhängigkeit ihn trieb. In der (typisch faschistischen?) Annahme, dass die Macht des persönlichen Willens und nicht die Macht der politischen Wirklichkeit entscheidend wäre, war Mussolini blind gegenüber den Grenzen seiner und Italiens Fähigkeiten. Und durch diese an Größenwahn erinnernde Überschätzung bereitete er auch dem Regime ein Ende, das eben letztendlich nichts war als sein System: das System Mussolini.

War das Faschismus? „Arbeit und Disziplin“ – leere Worte, die unter der Nutzung einer vorübergehenden Konstellation eine Person zum Alleinherrscher machte? War das Faschismus – eine Ordnung, in der die Eitelkeit des Duce die Richtung der Politik bestimmte?

Eine ebenso banale wie (angesichts des Mordes an Matteotti und des überall sichtbaren politischen Terrors provokant untertreibende) Definition versuchte 1927 Giovanni Gentile: „Fascism came into being to meet serious problems of politics in post-war Italy.“ (Müller 2011, 2) Das war eine Formel, die alles offen ließ – und das drückte nicht etwa ein besonderes Raffinement, sondern die Leere des Faschismus aus: Mehr als eine Politik des Machterwerbs und der Machterhaltung war von Mussolini nicht zu erwarten.

Die inhaltliche Leere, die Theoriearmut des italienischen Faschismus, entsprach einer Theorieverweigerung. Denn Mussolini hatte, anders als der einige Jahre jüngere Hitler, sich zuvor mit auch akademisch formulierter Gesellschaftstheorie auseinandergesetzt. Er kannte die Schriften Vilfredo Paretos, setzte dessen Elitentheorien in Verbindung mit Rassentheoretikern wie Arthur Gobineau und Houston Steward Chamberlain – und wurde schließlich dennoch zum Sozialisten, bis ihn sein Tatendrang zum Befürworter von Italiens Kriegseintritt machte. (Woller 2016, 29–33) Mussolini war vom Antiklerikalismus der so lange vom Papst regierten

Emilia Romagna geprägt, ein Radikaler, aber eben ein auch nach bürgerlichen Maßstäben gebildeter Aufsteiger. Wohin ihn seine Radikalität führen sollte, welche Inhalte er – der ewig Erregte – verfolgte, das sollte erst der Erste Weltkrieg zeigen: Mussolini war vom Sozialisten zum Nationalisten geworden, hatte eine eigene Partei gegründet; eine Partei neuen Typs – aber letztlich blieb er ein extravertierter Nihilist.

Mussolini verfasste später, nach seinem Regierungsantritt, eine wenige Seiten umfassende Auflistung der politischen und sozialen Doktrin des Faschismus – als er bereits unbeschränkter Alleinherrscher in einem autoritären Regime war. Dieses Programm – niedergeschrieben nach der Umwandlung eines konstitutionellen Systems in eine Diktatur – zeigt, wie das Revolutionäre des Faschismus sich auf eine nicht näher begründete „Negation von Sozialismus, Demokratie und Liberalismus" reduzieren ließ. Der Faschismus, das machte Mussolini klar, wollte nicht die Rückkehr zum Absolutismus oder Feudalismus. An die Stelle des im 19. Jahrhundert geistesgeschichtlich dominanten Individualismus sollte der Staat als zentrales Organisationsprinzip treten. Diesem – faschistischen – Staat schrieb Mussolini einen eigenen „Willen" und eine eigene „Persönlichkeit" zu. Dem ein Eigenleben führenden „ethischen" Staat wurde die Aufgabe zugeteilt, für die Sicherung gesellschaftlicher Solidarität zu sorgen. (Mussolini 2006, 235–238)

Eine inhaltslose Formel reihte sich in diesem Programm an die nächste. Alles das diente zur Verschleierung des Faktums, dass es kein faschistisches Programm gab – außer dem Prinzip, dass der Macht des Diktators und seiner Gefolgschaft keine Grenzen gesetzt werden sollten. An die Stelle der unfertigen Demokratie des Königreiches sollte nicht der höfische, auch nicht der aufgeklärte Absolutismus des 18. Jahrhunderts treten – sondern der Absolutismus des „Duce". Worauf sich dessen Legitimität stützen sollte, blieb unausgesprochen; unausgesprochen blieb auch, wie die Frage der Machtrotation zu lösen wäre. Das war ein, ja eines der entscheidenden Defizite des Faschismus – bei Mussolini ebenso sichtbar wie bei Hitler: Führer war, wer sich als Führer etabliert hatte. Die Macht des Faktischen war die Grundnorm des Faschismus. Nur so war die Etablierung des Führers rational zu begründen: Führer war, wer sich in einem nicht von Regeln definierten Machtkampf gegen andere durchgesetzt hatte. Aber was sollte nach dem Machterwerb geschehen? Da auch Mussolini nicht Unsterblichkeit für sich beanspruchte – wie sollte dem Duce ein anderer Duce nachfolgen? Das alles ließ der Faschismus im Dunkeln. Sich damit zu beschäftigen, das wäre dem Faschismus auch gar nicht möglich gewesen, ohne seine Selbstzerstörung einzuläuten.

Wer im mystisch überhöhten Staat zu bestimmen hatte, wer sich hinter dem „Staat" als Zauberer von Oz verbarg, darüber schwieg Mussolini. Denn dann hätte er ja eingestehen müssen, dass dieser Staat nicht einen eigenen Willen haben konnte, sondern den Willen Mussolinis verkörperte; dass dieser Staat von der Existenz einer Person abhängig war. Mussolini konnte nicht – und in seinem Selbstverständnis durfte er auch gar nicht – darüber reflektieren, wie dieser Staat konkret zu organisieren wäre. Denn dann wäre ja klar geworden, dass hinter der Fassade des von Mussolini „ethisch“ oder auch „total“ genannten Staates nichts war als persönliche Beliebigkeit, die es verstanden hatte, sich mit Gewalt und Terror an der Macht zu halten.

Was die Attribute „ethisch“ und „total“ zu bedeuten hatten, blieb unklar. Mussolini und seine Partei regierten ohne die Institutionen der Verfassung, oder an diesen einfach vorbei. Es war, wie Max Ascoli und Arthur Feiler schon 1938 resümierten, ein System ohne ein berechenbares Gefüge von Institutionen. Das machte es letztlich unmöglich, so etwas wie einen konsistenten Kern faschistischen Regierens auszumachen. „The Fascist theorists were incredibly confused and naïve…according to some theorists Fascism was a church, an army, a social philosophy, the Counter-Reformation, the new Reformation, modern and anti-modern, anti-Europe, anti-Humanistic and Humanistic.“ (Ascoli, Feiler 1938, 55)

Was der real existierende Faschismus Italiens an theoretischem Programm zu bieten hatte, das war ein Nichts – gestülpt über ein durch kein tiefer formuliertes Ordnungsdenken gebremstes Urwaldprinzip. Was der real existierende Nationalsozialismus zu bieten hatte, das war die Ergänzung dieser programmatischen Leere um Wahn und Irrsinn; ergänzt um das Ziel der Ausmordung, der „Vernichtung“ eines als „Rasse“ erfundenen Teils der menschlichen Gesellschaft.

Der Faschismus des Benito Mussolini verbreitete Schrecken, aber er war auch ein Bluff. Den Menschen in Italien wurde vorgemacht, das Römische Weltreich sei in Form eines „Imperium Romanum Secundum“ wieder erstanden; der Katholischen Kirche wurde die Illusion vermittelt, durch den Friedensschluss mit Mussolini wären kirchliche Privilegien und damit ein vorgestriges Verständnis von Christentum gegen den Ansturm der Moderne gesichert; der Weltöffentlichkeit wurde die Komödie der über Krieg und Frieden entscheidenden Großmacht Italien vorgegaukelt. Der Faschismus war ein großer Bluff – freilich einer, der unendlich viel zerstörte: das Leben so vieler politischer Gegner, wie das des Giacomo Matteotti; das Leben so vieler Unbeteiligter, deren Länder Mussolini überfallen hatte, um seinem Imperium Romanum Substanz zu geben – Abessinien, Griechenland und – im Windschatten der deutschen Kriegsmaschine – auch die Leben so vieler in den meisten anderen Regionen Europas und Nordafrikas. Mussolinis persönliche Mischung aus Charme und Eitelkeit hatte einen Preis, den viele zu zahlen hatten. Aber am Ende wurde auch er ermordet, als er nur mehr eine abgewirtschaftete Marionette seines so gelehrigen Schülers Hitler war; Hitler, dem Mussolini nur wenige Tage in den Tod vorausging, in einem von – fast – der gesamten Welt herbeigesehnten Ende.

Die Schwäche der Demokratie

Der Aufstieg einer kleinen Anti-System-Partei zur Regierungs- und Monopolpartei erfolgte im Italien der Nachkriegszeit innerhalb weniger Jahre. Möglich war dies, weil am Ende des Krieges in Italien eine chaotische politische Fragmentierung politische Stabilität erschwerte. Die auf parlamentarische Mehrheiten angewiesenen demokratischen Regierungen konnten die Stabilität nicht sichern, die von der Gesellschaft erwartet wurde. Soziale Unruhen und ein von Nationalisten geschürtes Ressentiment, bei den Pariser Friedensverträgen sei Italien als Siegermacht nicht seinen Kriegsanstrengungen entsprechend belohnt worden, erschwerte die Handlungsfähigkeit der auf die politische Mitte gestützten Regierungen. Die Parteien, die ihren Grundpositionen zufolge zu einem breiten politischen Konsens fähig gewesen wären – die Liberalen (Giolitti), die Sozialisten (Turati) und die Popolari (Sturzo) – waren vor Mussolinis Regierungsantritt wegen verschiedener, im Rückblick sekundär anmutender Gegensätze zu einem langfristig angelegten Bündnis gegen den Faschismus nicht fähig. (Farneti 1978, 9) Das in seinem parlamentarischen Charakter weitgehend demokratisierte politische System Italiens erwies sich letztlich als nicht wehrhaft genug, um den Ansturm einer insgesamt eher kleinen Partei Stand zu halten – einer Partei, deren Programm eigentlich nur im Versprechen bestand, die Schwäche der Demokratie durch die vorgebliche Stärke einer antidemokratischen Partei und deren Führers zu ersetzen.

Die Stärke des italienischen Faschismus war freilich nicht das, was Mussolini sich selbst und anderen vormachte. Dass sie „das System" zerstören wollten, war das Einzige, was an den Vorstellungen der Faschisten erkennbar war. Und das war eine Leerformel. Es war eine Formel, die einen ausschließlich negativen Anspruch ausdrückte. In seiner Gesamtheit vertrat der Faschismus keinen Inhalt, über den ein Diskurs möglich gewesen wäre. An einem solchen Diskurs war Mussolini auch gar nicht interessiert. Die Wirklichkeit des Faschismus ab 1926 war die einer Einparteiendiktatur, die sich jeder politischen Opposition entledigt hatte; ein Einparteienstaat, der sich aber – zunächst durchaus erfolgreich – mit den Reservemächten zu arrangieren verstand: mit der Monarchie, mit der Kirche. Die Wirklichkeit war aber auch die Rhetorik des eine Weltmachtrolle beanspruchenden Diktators, der seine geopolitische Bedeutung überschätzen, überdehnen und überziehen sollte. Daran scheiterte nach mehr als zwei Jahrzehnten der italienische Faschismus – an der Maßlosigkeit seines Wunschdenkens, an einer Großmachtpolitik, der die Macht fehlte. Es war das Versagen dieser Politik, das 1943 die Reservemächte zum Handeln veranlasste.

Die Schwäche der Demokratie war eine Voraussetzung für den Sieg des Faschismus. Italien machte vor, was in unterschiedlichen Variationen auch für Deutschland, für Österreich, für Japan, für Spanien gelten sollte: Eine faschistische Machtübernahme und die Etablierung faschistischer Systeme wurde von einer Demokratie ermöglicht, die sich nicht zu wehren verstand. In der allgemein wahrgenommenen Schwäche der italienischen Demokratie kam dem nach dem Wortlaut der Verfassung nur mit sekundären Befugnissen ausgestatteten König eine Schlüsselrolle zu: Da das Parlament aus sich heraus nicht in der Lage war, eine zur Regierung bereite und befähigte Mehrheit zu bilden, setzte der Monarch auf eine außerparlamentarische Kraft. 1922 bestellte Vittorio Emanuele III Benito Mussolini zum Regierungschef. Der König und auch die Mehrheit des Parlaments hatten vor dem Druck der Straße kapituliert – vor einem Druck, der von einer gewaltbereiten Minderheit ausging. Die Mehrheit in Parlament und Gesellschaft war nicht faschistisch. Aber sie war handlungsunfähig. Das Handeln überließen sie einer Partei, die ihre Ziele bewusst vage gehalten hatte, deren militanter und offen demokratiefeindlicher Stil aber weder den König noch die Parlamentsmehrheit veranlasst hätte, sich dem Quasi-Putsch zu verweigern, der in typisch faschistischer Dramatisierung „Marsch auf Rom" genannt worden war. Mussolini war „marschiert" – im Schlafwagen von Mailand nach Rom.

Die Ereignisse des Jahres 1922 waren eine Lehre – für Anhänger und Gegner des Faschismus in vielen Ländern. Der Machtantritt Mussolinis zeigte die Möglichkeit, dass in einer Demokratie eine an sich gegebene, demokratische, aber nicht handlungsfähige oder handlungsbereite Mehrheit vor einer antidemokratischen Minderheit kapituliert. Die Schlussfolgerung, die daraus für die Demokratie zu ziehen ist: Die Demokratie muss zur Selbstverteidigung bereit sein. Die Demokratie muss sich ermächtigen.

Ab 1924, nach dem gesteuerten Wahlerfolg der Faschistischen Partei, kam dem Parlament, das ja zunächst Mussolini toleriert hatte, kaum noch Bedeutung zu. Die Opposition wurde in die Illegalität gedrängt. Es war der König, der den Schein verfassungsrechtlicher Kontinuität aufrecht hielt. Die Schwäche des Parlaments, das 1922 trotz der Bedrohung durch den antidemokratischen Faschismus zu keiner Mehrheitsbildung fähig war und sich deshalb dem Willen des Königs (und damit Mussolinis) unterordnete, war die Voraussetzung für den Sieg des Faschismus.

Das Parlament hatte den Führer der Faschisten zunächst als Ausdruck der eigenen Verlegenheit toleriert. Aber alle, die in Mussolini eine Art Zwischenlösung gesehen hatten, mussten sich bald eines Besseren (oder Schlimmeren) belehren lassen. Der Führer der Faschisten, gestützt auf eine Minderheit der Straße, dachte gar nicht daran, sich mit der Rolle eines Lückenbüßers zu begnügen. Mit brutaler Gewalt, gepaart mit inhaltlichem Opportunismus, ging Mussolini daran, seine Herrschaft dauerhaft zu festigen. (Farneti 1978, 26–31)

Mit einer systemzerstörenden, die konstitutionellen Formen ignorierenden Rücksichtslosigkeit setzte Mussolini ein Muster, dem die anderen Faschismen folgen sollten. Gleichzeitig zeigte die Realität des italienischen Faschismus auch auf, was für ihn, nicht aber für andere faschistische Systeme gelten sollte: In einer Koexistenz mit den Kräften der alten Ordnung; in Kollaboration mit dem König als Staatsoberhaupt und „bürgerlichen" Parteien, die zunächst Mussolini eine Mehrheit im Parlament sicherten, regierten die Faschisten in den ersten Jahren im Rahmen der Verfassung. Der König, der in einem historischen Moment Geschichte geschrieben hatte – bei der Bestellung Mussolinis zum Regierungschef –, war in den Jahren danach de facto von höchstens sekundärer Bedeutung. Aber er stand als Reservemacht bereit. Zum Handeln entschloss sich diese Reservemacht aber erst im Sommer 1943 – und da schrieb der König ein zweites Mal Geschichte.

Mussolini ging in seinem Bemühen um die Stabilisierung seiner Herrschaft auch auf die Katholische Kirche zu – seinen antiklerikalen, sozialistischen Wurzeln zum Trotz. Es gelang ihm, den seit der Gründung des Königreiches bestehenden Bruch zwischen Kirche und Staat zu heilen – durch die Lateranverträge von 1929; ein Konkordat, das dem Faschismus das Wohlwollen der Kirche sicherte.

Mussolinis Ernennung zum Regierungschef war auf der Grundlage einer Vereinbarung mit konservativen und (anderen) nationalistischen Parteien erfolgt. Das sicherte in den ersten Jahren der Herrschaft Mussolinis zunächst noch den Weiterbestand des Parlamentarismus. In dieser Zeit konnte man noch glauben, dass der Faschismus sich in das System einer konstitutionellen, einer parlamentarischen Monarchie einbinden ließe. (Bosworth 2002, 170–193) Mussolini hatte ja am Beginn seiner Regierungstätigkeit einen Vertrauensvorschuss der Parlamentsmehrheit erhalten. Das Parlament war zwar unfähig, eine Mehrheitsregierung zu bilden; unfähig, sich dem Ansturm einer antidemokratischen Minderheit entgegenzustellen; aber es war fähig, der Regierung einer Anti-System-Partei den Anstrich von Legitimität zu verleihen.

Das Parlament erteilte ihm Vollmachten, die zwar bei weitem nicht dem entsprachen, was 1933 als „Ermächtigungsgesetz" das Ende der Weimarer Republik bedeuten sollte. Aber Mussolini erhielt – von den Repräsentanten der alten, der traditionellen Eliten – zunächst einen parlamentarisch legitimierten Handlungsspielraum, den er zur persönlichen Inszenierung und zur politischen Absicherung zu nutzen verstand.

Diese Machtbefugnisse verwendete die Regierung zur Zurückdrängung der noch vorhandenen Freiräume der Opposition der Linken. Damit sicherte sich Mussolini den Beifall und auch die Unterstützung derer, die vom Sieg des Kommunismus in Russland geschockt waren. Er hatte den Rückhalt der dominanten Wirtschaftskreise und der Katholischen Kirche. Dass damit auch ein Abbau der Rechtsstaatlichkeit verbunden war, schien weder den König noch – jedenfalls zunächst noch nicht – die mit der Faschistischen Partei verbündeten Fraktionen der traditionellen Rechtsparteien zu stören. (Woller 2016, 91–98)

Ab 1924 sorgte Mussolini dafür, dass die Erwartung der konservativen Kräfte, Mussolini ließe sich von ihnen kontrollieren, als Illusion entlarvt wurde. Mussolinis Unwille, die für eine Demokratie unverzichtbare Freiheit der Opposition zu tolerieren, wurde zunächst von den traditionellen konservativen Kräften toleriert.

Bei den Parlamentswahlen 1924 – die wegen der Einschüchterung anderer Parteien nur eingeschränkt als frei und jedenfalls nicht als fair gelten konnten, aber (noch) nicht den Charakter der Wahlen in den Obersten Sowjet der UdSSR aufwiesen oder den Plebisziten im NS-Staat glichen – erreichte die Faschistische Partei fast zwei Drittel der Stimmen und entzog sich damit der Kontrolle beider Kammern des Parlaments. Damit war Mussolini frei von jeder Abhängigkeit von anderen Parteien, die er jetzt auch nicht mehr als Koalitionspartner und Fassade für die sich immer deutlicher abzeichnende Alleinherrschaft benötigte. (Woller 2016, 99) War die Bestellung Mussolinis zum Ministerpräsidenten 1922 – trotz des Drucks der Straße – noch als ein konstitutionell legitimer Vorgang zu interpretieren, ging Mussolinis Regierung ab 1924 – erkennbar für alle – den Weg in die Diktatur.

Mussolini hatte ein Beispiel gegeben, das insbesondere Hitler als Vorbild dienen konnte: Er hatte – zunächst – ein Bündnis mit konservativen Kräften geschlossen, deren Zustimmung zu besonderen Repressionsmaßnahmen gegen gemeinsame politische Gegner (Sozialdemokraten, Kommunisten, Gewerkschaften) erforderlich war. Dazu kam die Nutzung spektakulärer Ereignisse, die als Vorwand dienten, den Boden von Demokratie und Rechtsstaat zu verlassen. In Italien war dies das Attentat auf Mussolini im Oktober 1926, in Deutschland sollte es der Brand des Reichstages 1933 sein.

1924 hatten noch zwei Oppositionskräfte den Sprung ins italienische Parlament geschafft: Die christlichsozialen „Popolari" und eine freilich in sich gespaltene Linke. Zwei den Wahlen von 1924 folgende Ereignisse führten aber zum Ende dieses Restes demokratischer Qualität: Am 10. Juni 1924 wurde der sozialistische Abgeordnete Giacomo Matteotti entführt und ermordet. Die Leiche wurde erst nach Monaten gefunden. Alle vorhandenen Hinweise machten klar, dass die Mörder aus den Reihen der faschistischen Miliz kamen. In der noch nicht völlig gleichgeschalteten Öffentlichkeit wurde nach einer rechtsstaatlichen Kriterien entsprechenden Reaktion gerufen: Die Täter sollten zur Verantwortung gezogen werden.

In dieser krisenhaften Situation entschloss sich Mussolini, die Flucht nach vorne anzutreten: Er erklärte vor dem Parlament, die volle „politische, moralische und historische Verantwortung" zu übernehmen. Die volle Verantwortung, die Mussolini übernahm, bedeutete die Verschärfung der gegen die Opposition gerichteten Repressionen. Die Verantwortung Mussolinis bestand darin, dass nun jede Opposition offen unterdrückt wurde. Die Regierung erhielt von der nun faschistischen Parlamentsmehrheit das Recht, Dekrete mit Gesetzeskraft zu erlassen. Gewerkschaften und Arbeitgeberverbände wurden in faschistische Zwangsverbände umgewandelt. Politische Gegner wurden interniert, die Pressefreiheit abgeschafft. „Seit November 1926 war Italien ein Einparteienstaat." (Winkler 2019, 284)

In dieser Phase des Überganges von einem partiell noch vorhandenen Rechts- und Verfassungsstaat zur offenen Diktatur begann Mussolini, seinen Regierungsstil „totalitär" zu nennen. Er interpretierte diesen Begriff mit der Formel „Alles im Staat, nichts außerhalb des Staates, nichts gegen den Staat". (Winkler 2019, 285) Mit dieser Definition von Totalitarismus, die in ihrer Unverbindlichkeit natürlich nicht in irgendeinem Ausmaß den Ansprüchen der Ideologiekritik und auch nicht Hannah Arendts Verständnis von totaler Herrschaft entspricht (Arendt 1995), verschleierte Mussolini allerdings, dass er und seine Einheitspartei nicht der Staat schlechthin waren – nicht zu hundert Prozent, nicht ohne Einschränkungen. Aus der Sicht von 1926 konnte er zwar glauben und andere glauben machen, dass der Staat und die faschistische Partei und damit er als „Duce" eins wären – und sie waren das ja auch, aber eben nur auf Zeit. Denn Mussolini hatte die Reservemächte zu respektieren, die seiner Allmacht Grenzen setzen konnten – auch wenn diese Mächte über fast eineinhalb Jahrzehnte dies nicht riskierten: die Kirche nicht und die Monarchie nicht.

Der deutsche Nationalsozialismus und die japanische Militärdiktatur sollten keine Art von Reservemacht zulassen. In diesem Sinn repräsentierten Mussolinis Partner in der „Achse" den totalen, den totalitären Staat in einem Ausmaß, das der italienische Faschismus nicht zu erreichen vermochte. Wie Mussolini unterdrückten auch Hitler und die japanische Militärdiktatur jede Opposition und sorgten dafür, dass die bürgerlichen Freiheiten außer Kraft gesetzt waren. Aber in Deutschland gab es schon ab 1934, nach der Zusammenführung der Rolle des Staatsoberhauptes mit der des Regierungschefs, keine institutionelle Reservemacht mehr, die mit Berufung auf konstitutionelle Legalität sich dem Zugriff des Einparteienstaates hätte entziehen können. Und in Japan hatte das Kartell der Generäle und Admiräle dafür gesorgt, dass es zwar einen Pluralismus innerhalb des Kartells gab; dass aber dieser Pluralismus von außen weder erkennbar war noch beeinflusst werden konnte. Der Tenno blieb eine potentielle Reservemacht, die sich freilich erst nach den Atombombenabwürfen auf Hiroshima und Nagasaki bemerkbar machte – nachdem die totale Herrschaft der Generäle und Admiräle zur totalen Zerstörung des Landes geführt hatte.

Das zweite Ereignis, das Mussolini den Vorwand lieferte, jeden Rest an Verfassungsmäßigkeit abzuschütteln, war ein Attentat. Am 31. Oktober 1926, fast auf den Tag genau vier Jahre nach Mussolinis Bestellung zum Regierungschef, schoss ein 16-jähriger Italiener auf den Duce, als dieser zu Besuch in Bologna war. Mussolini war durch einen Streifschuss nur leicht verletzt. Der Attentäter, der offenbar Verbindungen zu anarchistischen Kreisen hatte, wurde von einer aufgebrachten Menge an Ort und Stelle gelyncht. Ob es irgendwelche weiteren, komplexeren Hintergründe gegeben hatte, wurde nie geklärt. Das Attentat diente der Regierung zur Rechtfertigung einer Verschärfung der Strafjustiz: Sondergerichte wurden gebildet – zum „Schutz des Staates", und die Regierung räumte sich selbst die Möglichkeit ein, politisch Unliebsame in die Verbannung zu schicken – etwa auf isolierte Meeresinseln. (Wollner 2016, 91)

Die Analogie zum Brand des Reichstages in Berlin, am späten Abend des 27. Februar 1933, ist überdeutlich: Die erst kurze Zeit im Amt befindliche Regierung Hitler benutzte den Brand, um eine kommunistische Verschwörung zu konstruieren und die Rechte der Opposition – zunächst vor allem die der KPD – wesentlich einzuschränken. Der Hintergrund der Tat von Berlin ist – anders als der des Attentats von Bologna – von der Forschung längst geklärt: Es war ein niederländischer Kommunist, der im Alleingang, ohne Hintermänner oder Mittäter, im Reichstag Feuer gelegt hatte. Der Täter wurde zum Tode verurteilt und hingerichtet. Er war mit seiner Tat der NSDAP höchst nützlich gewesen: Das propagandistisch beschworene Bild, die Regierung Hitler müsse Deutschland vor einer bolschewistischen Revolution schützen, erhielt durch den Brand ein Stück Glaubwürdigkeit.

Das Attentat von Bologna und der Reichstagsbrand wurden von allen Seiten politisch instrumentalisiert: von der Regierung, der italienischen und der deutschen, zur Rechtfertigung der Verschärfung der gegen die Opposition gerichteten Repressionen; und von der zumeist aus dem Exil agierenden Opposition zum Aufbau von Verschwörungstheorien, die davon ausgingen, das Attentat von Bologna und der Brand des Reichstages seien von Regierungskreisen organisiert worden, um die sich abzeichnende Alleinherrschaft einer Partei zu popularisieren. (Tobias 1962)

Die Lateranverträge: (k)ein Gang nach Canossa

Die Totalität des italienischen Faschismus war nicht das, was Mussolini sich und anderen vormachte. Es war eine Formel, die mehr einen Anspruch als eine Wirklichkeit ausdrückte. Die Wirklichkeit war die einer Einparteiendiktatur, die der Opposition jede offene Handlungsfähigkeit geraubt hatte; ein Einparteienstaat, der sich aber – zunächst durchaus erfolgreich – mit den Reservemächten zu arrangieren verstand. Wirklichkeit war aber auch die Rhetorik des eine Weltmachtrolle beanspruchenden Diktators, der seine geopolitischen Ziele überdehnte. Daran sollte der italienische Faschismus scheitern – an seinen überzogenen Ansprüchen. Die Katastrophe, in die Mussolinis Kriegspolitik das Land führte, veranlasste schließlich die Reservemächte zum Handeln.

Der Totalitätsanspruch Mussolinis war vor allem dadurch eingeschränkt, dass in Italien der Gegensatz zwischen Staat und Kirche seit Jahrzehnten eine an sich mögliche gesellschaftliche und politische Dynamik eingeengt hatte. Das Königreich Italien war das Produkt einer Allianz zwischen nationalistischen, radikalen, antiklerikalen Revolutionären (vom Typus Giuseppe Garibaldi) mit dem im Königreich Piemont regierenden Haus Savoyen. Es war ein Zusammenschluss von Interessen, die sich gegen das Königreich der Bourbonen im Süden und das Reich der Habsburger im Norden richteten. Zwischen dem Reich der Bourbonen und dem der Habsburger – beide vom Gedankengut und den Interessen der antirevolutionären „Heiligen Allianz“ geprägt – lag der Kirchenstaat, der sich im Wesentlichen auf Latium, Umbrien, und die Emilia Romagna erstreckte. Die Einigung Italiens von 1859, die 1867 und 1870 vollendet wurde, war ein Sieg über die Kräfte der Beharrung – zu denen auch und wesentlich die Katholische Kirche zählte.

Der Papst, der sich seines weltlichen Herrschaftsraumes beraubt sah, erkannte die durch die Einigung geschaffenen Tatsachen nicht an. Er erklärte sich zum „Gefangenen im Vatikan“. Das Königreich Italien – so die Politik der Kirche – sollte ein Feindbild für alle Katholikinnen und Katholiken bleiben. Die Bischöfe rieten allen dringend ab, sich an den Wahlen ins italienische Parlament zu beteiligen – was in Parlament und Regierung die Kräfte des Antiklerikalismus stärkte.

Mussolini wurde Regierungschef, getragen vom Vertrauen der traditionellen Elite eines antiklerikalen Staates. Das verstand Mussolini aber als Herausforderung, das zu versuchen, was dieser traditionellen Elite bis dahin nicht gelungen war: den Brückenschlag zu Papst und Kirche. Mussolini, selbst ein Produkt des Antiklerikalismus, machte sich nach der Ausschaltung von Parlament und Opposition daran, seine Machtbasis zu erweitern – durch ein Friedensangebot an die Kirche. Er hoffte, auf diese Weise seine noch bestehende Abhängigkeit von der laizistischen Elite der Monarchie durch eine Art Bündnis mit der klerikalen Elite zu balancieren. Dass ihm das gelang, war wahrscheinlich sein größter innenpolitischer Erfolg.

In seiner Autobiographie hatte sich Mussolini vom Antiklerikalismus distanziert. Er nannte den Antiklerikalismus „absurd“ und „artifiziell“, ohne näher auszuführen, was unter diesen Attributen zu verstehen wäre. (Mussolini 2006, 115) Da die erste Auflage von Mussolinis Erinnerungen 1928 erschien, liegt die Vermutung nahe, dass diese Distanzierung gegenüber dem Antiklerikalismus die Folge einer strategischen Überlegung war – und nicht Ausdruck einer wirklich fundierten Überzeugung des ursprünglich ja radikalen Antiklerikalen. Mussolini war daran interessiert, den Friedensschluss mit der Kirche zu einem großen Triumph zu machen, den er für sich beanspruchen konnte; zu dem Erfolg, den die italienischen Regierungen davor nicht zustande gebracht hatten.

Das Rezept für den Frieden, den die mit dem Haus Savoyen verbundenen Kräfte und die bis 1922 parlamentarisch Regierenden nicht herstellen wollten oder konnten, war nicht ein Zurück zur Zeit vor 1859. Der Kirchenstaat konnte nicht in dem alten Ausmaß wiederhergestellt werden. Die Zeit konnte nicht wiederkommen, in der die neben Rom größte Stadt der päpstlichen Herrschaft Bologna war. Aber Mussolini nutzte den Umstand, dass der Papst auch mit einem extrem verkleinerten Kirchenstaat zufrieden gestellt werden konnte – mit einer souveränen Herrschaft über einen Kleinstaat, eben den Vatikan. So konnte ein wieder unabhängiger Kirchenstaat entstehen und demonstrativ die Unabhängigkeit untermauern, die dem Papst als dem Repräsentanten einer Weltkirche wichtig war.

Der Papst verlangte für den Friedensschluss mit dem italienischen Staat einen hohen Preis: Die Katholische Kirche sollte eine extrem privilegierte Stellung im faschistisch regierten Königreich Italien erhalten. Der Vertrag zwischen Kirche und Staat, das Konkordat (die Lateranverträge), war zwar im Interesse beider Seiten, der Kirche und des faschistischen Staates. Aber der Kirche wurden Aufgaben zugestanden, die ein säkularer, ein laizistischer Staat keiner Religionsgemeinschaft überlassen konnte. Die Kirche erhielt die Kontrolle über Schule, Ehe und andere Aspekte des zivilen Lebens in Italien; und sie wurde in hohem Ausmaß von staatlichen Geldern finanziert. Der antiklerikale Mussolini – war er zu Kreuz gekrochen?

Mussolini hatte sich schon in den Jahren vor der Unterzeichnung des Konkordats, die am 11. Februar 1929 erfolgte, um gute Beziehungen zum Vatikan bemüht. Mussolinis antikommunistische Rhetorik kam Pius XI sehr entgegen, der als Nuntius in Warschau den Krieg zwischen dem neu geschaffenen katholischen Polen und der Roten Armee erlebt hatte. Ausdruck von Mussolinis Politik der Anpassung an die Interessen des Vatikans war auch Mussolinis Eheschließung mit Rachele, der Mutter seiner Kinder. Benito und – mehr noch – Rachele Mussolini waren von dem radikalen Antiklerikalismus geprägt, der gerade in der Emilia Romagna (die bis 1859 Teil des Kirchenstaates war) tief verwurzelt war. Mussolini betrieb seine kirchliche Trauung gegen den hinhaltenden Widerstand seiner Frau. Die Eheschließung fand am 29. Dezember 1925 in Mailand statt. (Kertzer 2014, 79)

Mussolini wollte diese Hochzeit als ein Signal an die Kirche verstanden wissen – als eine Art Vorleistung auf das Konkordat. Auf dieses richtete sich Mussolinis politisches Interesse, und darum war er bereit, den Interessen der Kirche weit entgegenzukommen. Nach der Ausschaltung auch der gemäßigten („bürgerlichen") parlamentarischen Opposition musste er fürchten, dass seine gesellschaftliche Basis zu eng geworden wäre. Wenn sich Mussolini als Friedensstifter zwischen dem Königreich und dem Papst in Szene setzte, könnte er für sich in Anspruch nehmen, den Bruch zwischen dem laizistischen Staat und der Kirche geheilt zu haben. Der Faschismus hätte erst recht Grund, im Namen von ganz Italien zu agieren.

Mussolini hatte schon vor der Unterzeichnung der Lateranverträge verschiedene Signale ausgesandt, um die Kirche auf seine Seite zu ziehen. Der Vatikan hatte für sein Entgegenkommen wiederum Vorleistungen verlangt. Das, was der Papst von Mussolini erwartete, war nicht eine Milderung oder gar eine Rücknahme der Diktatur. Der Kirche ging es um staatliche Eingriffe gegen öffentliche moralische „Verderbtheit" wie die unschickliche Kleidung von Frauen (Kertzer 2014, 166–172) oder auch um die Errichtung eines staatlichen Schutzwalls gegen das vom Papst beobachtete (besser: behauptete) Vordringen des Protestantismus und gegen den Einfluss des Judentums. (Kertzer 2014, 181–198) Mussolini sollte also, im Interesse des Papstes, für strengere Bekleidungsregeln in der Öffentlichkeit sorgen, den Protestantismus (um 1930 lebten etwa 135.000 Protestanten in Italien, weit weniger als ein Prozent der Gesamtbevölkerung) im Zaum halten und den Einfluss des Judentums beschränken. Gegen das Judentum führte Pius XI keine religiöse (und auch keine „rassischen") Argumente an, sondern er sah in „den Juden" die

Verantwortlichen für den Kommunismus. Die vollkommene Zerstörung der – unvollkommenen – Demokratie Italiens durch Mussolini war kein Thema, das der Papst gegenüber dem Diktator zur Sprache gebracht hätte.

Mussolini war der Kirche entgegengekommen, aber er hatte sie auch benutzt – und er hatte sich von der Kirche benützen lassen. Weder der Papst noch der „Duce" waren Verlierer in diesem Prozess des aufeinander Zugehens. Wenn es bei der Unterzeichnung des Konkordats einen Verlierer gab, dann war es das säkulare Italien, das für eine weitgehende Trennung von Kirche und Staat gesorgt hatte – und das nun einem faschistisch überwachten Staatskirchentum Platz machen musste.

Mussolini hatte geschickt die Kirche Italiens manipuliert – und die hatte ihn instrumentalisiert, um den im Zuge der Einigung Italiens verlorenen Status staatlicher Souveränität wieder zurückzugewinnen. Die Kirche war mehr daran interessiert, den Laizismus des Königreiches Italien zu überwinden und Privilegien für den Zwergstaat des Vatikans und für den italienischen Klerus insgesamt zu erhalten – als Entschädigung für den Verlust des Großteils des Territoriums, das noch 1859 vom Papst regiert worden war. Finanzielle Privilegien und die Übernahme von Normen der Kirche in das italienische Recht (vor allem bezüglich Ehe und Schule) waren dem Papst wichtiger als in irgendeiner Form Position gegen die Diktatur zu beziehen, gegen die Unterdrückung politischer Freiheiten, gegen die Gleichschaltung der Medien. An einer Religionsfreiheit hatte der Papst mit seiner obsessiven Angst vor dem Vordringen des Protestantismus ohnehin kein Interesse.

Die Soziallehre der Kirche – formuliert von Leo XIII und Pius XI – vertrat zwar inhaltliche Werte (etwa in Form von gesellschaftlicher Solidarität und politischer Subsidiarität), die Kirche war aber gegenüber den Strukturen der Macht vollkommen indifferent. Die Soziallehre der Kirche war nur auf „policies" gerichtet, sie ignorierte „politics" – wohl auch, weil sie sich so der Notwendigkeit entzog, ihre eigene Struktur rechtfertigen zu müssen. Der männerbündische und absolutistische Charakter einer vormodernen Kirche erlaubte, ein Einvernehmen mit kirchenfreundlichen oder sich zumindest kirchenfreundlich gebenden Diktatoren herzustellen – wie mit Mussolini, Hitler, Dollfuß und Franco. Das fiel dem Vatikan leichter als Vereinbarungen mit den Demokratien des Westens, die den Grundsatz der Religionsfreiheit hochhielten und der Katholischen Kirche keinen Vorrang einräumen wollten oder konnten.

Die Kirchenpolitik Mussolinis verlief gegenläufig zu der Politik Hitlers. Zwar sah sich auch dieser veranlasst, 1933 durch das „Reichskonkordat" eine mögliche Konfrontation mit der Katholischen Kirche zu vermeiden. Aber der NS-Staat verfolgte in weiten Bereichen eine Politik der Säkularisierung: Katholische Schulen wurden aufgelöst, die Finanzierung der Kirche wurde deren Autonomie überlassen. Religion wurde im NS-Staat in aller Form Privatsache. Im faschistischen Italien übernahm, im Gefolge der Lateranverträge, der Staat die Finanzierung der Kirche, der Klerus wurde staatlich bezahlt, und für die Angehörigen der Katholischen

Kirche (das war die überwältigende Mehrheit der Menschen in Italien) galt das Eherecht der Kirche. Hitler zeigte zwar kein Interesse an dem von Heinrich Himmler geförderten „germanischen" Neuheidentum, er und die Staats- und Parteiführung hielten sich aber – nach der Ausbootung des katholischen Vizekanzlers Franz von Papen – von der Teilnahme an kirchlichen Veranstaltungen fern.

Ganz anders Mussolini: Er heiratete demonstrativ seine bis dahin ihm kirchlich nicht angetraute Ehefrau. Er verpflichtete sich, den Vorrang der Katholischen Kirche gegenüber anderen Glaubensgemeinschaften aufrecht zu halten. Und er war bereit, die individuellen Moralvorstellungen der Kirche im öffentlichen Raum umzusetzen. Der katholische Klerus honorierte – ganz im Sinne des Papstes – die in den Lateranverträgen begründete Verbindung von Kirche und Staat durch demonstrative Loyalität, durch öffentliche Auftritte an der Seite der Vertreter des faschistischen Staates. Das faschistische Italien hatte Kirche und Staat versöhnt. Das nationalsozialistische Deutschland hatte die Distanz zwischen Kirche und Staat vertieft.

Anfang der 1930er Jahre schien die Herrschaft des Faschismus in Italien stabilisiert. Hätte Mussolini sich mit dem bis dahin Erreichten zufriedengegeben, hätte die italienische Diktatur auch noch lange existieren können – wie die falangistische (faschistische?) Diktatur in Spanien, die auch nach 1945 weiterbestehen konnte, nach dem Ende des von Deutschland, Italien und Japan verursachten Weltkrieges. Eine solche Kontinuität des Faschismus an der Macht wäre freilich nur möglich gewesen, wenn sich Mussolini nicht in den Krieg hineinziehen hätte lassen, der 1939 als Krieg Adolf Hitlers begann. Franco konnte auf Distanz zu Hitler bleiben. Mussolini war das nicht möglich.

Da aber die zentralen politischen Weichen im italienischen Faschismus nur von einer einzigen Person gestellt wurden, führten Mussolinis Eitelkeit und Narzissmus wie auch die Eifersucht auf die Erfolge seines deutschen Partners und Konkurrenten ganz Italien und den italienischen Faschismus in den Abgrund. Schon der Raubkrieg gegen Abessinien hatte eine weitgehende weltpolitische Isolierung Italiens und eine wachsende Abhängigkeit von Deutschland nach sich gezogen. Mit der von Mussolini im Frühjahr 1940 allein getroffenen Entscheidung, Frankreich und dem Vereinigten Königreich den Krieg zu erklären – und 1941 auch der UdSSR und den USA, hatte der italienische Faschismus einen „point of no return" überschritten. Am Ende stand Mussolinis Sturz, die bedingungslose Kapitulation Italiens – und schließlich der Tod des Diktators, der in den eineinhalb Jahren der Republik von Saló, als Satellit Hitlers, kaum noch politische Eigenständigkeit besaß. Der Faschismus hatte sich selbst erledigt.

Mussolini und Hitler – vom Wettbewerb zur Abhängigkeit

Vor diesem Sturz standen freilich noch Erfolge, die aber mit innerer Logik das Ende des Faschismus beschleunigen sollten. Mussolinis Griff nach der Weltmacht führte ihn und den mit ihm identifizierten Faschismus in die Abhängigkeit vom deutschen Faschismus, vom Nationalsozialismus. Der war innerhalb weniger Jahre vom kleinen zum großen Bruder geworden – und Mussolini hatte nicht die Kraft und auch nicht den Willen, sich von Hitler zu lösen. Die Etappen, die Mussolini als seinen Erfolg wertete, die aber den Faschismus dem Absturz näherbrachten, waren Abessinien und Spanien.

1935 hatte Italien den Eroberungskrieg gegen das Kaiserreich Abessinien (Äthiopien) begonnen – gegen eines der wenigen Länder Afrikas, das nicht in eines der Imperien der europäischen Kolonialmächte eingegliedert war. Mussolini konnte dabei an ein historisches Narrativ anknüpfen: 1896 war eine italienische Armee beim Versuch, Abessinien zur italienischen Kolonie zu machen, von den Truppen des Kaiserreiches militärisch besiegt worden. Diese als Schmach empfundene Niederlage sollte durch den Überfall auf das Kaiserreich ausgeglichen und auf diese Weise die Ehre Italiens wiederhergestellt werden – ein aus nationaler Eitelkeit kommendes irrationales Motiv, das voll und ganz Mussolinis Denken entsprach. 1936 konnte Italien, das seine Luftwaffe und auch Giftgas gegen die schlecht ausgerüsteten Truppen eines der ärmsten Staaten der Welt einsetzte, sich zum Sieger erklären: Das Imperium Romanum Secundum war in seiner Ausdehnung wesentlich gewachsen. An wirtschaftlicher Kraft hatte es aber deshalb nicht gewonnen. (Woller 2016, 121–148)

1936 stürzte sich Italien abermals in ein militärisches Abenteuer. Der Putsch eines Teils der spanischen Armee gegen die demokratische spanische Republik veranlasste Mussolini, Einheiten der italienischen Streitkräfte – offiziell getarnt als „Freiwillige“ – auf spanischem Boden auf der Seite General Francisco Francos in den Bürgerkrieg zu schicken. Dass parallel dazu auch deutsche Truppen (die „Legion Condor“) auf derselben Seite in den Krieg eingriffen, war Ausdruck der sich nun bald zu einem offenen Bündnis entwickelnden Freundschaft zwischen Faschismus und Nationalsozialismus. Hitlers Deutschland war Italien auch ökonomisch beigestanden, als die wirtschaftlichen Sanktionen, die der Völkerbund gegen Italien wegen seines Überfalls auf Abessinien verhängt hatte, durch deutsche Wirtschaftshilfe zumindest abgefedert wurden. Der spanische Bürgerkrieg trug auch die Züge eines italienischen Bürgerkriegs: Auf der Seite Francos kämpften die von der italienischen Regierung entsandten Truppen, auf der Seite der Republik die „Garibaldi Brigade“, italienische Antifaschisten, die – vor allem aus dem Exil – zu den Internationalen Brigaden gestoßen waren und für die Republik kämpften. (Bosworth 2002, 318)

Das abessinische und das spanische Abenteuer stärkten die Bande zwischen Deutschland und Italien. Ein Opfer dieser Entwicklung war die Unabhängigkeit Österreichs, dessen (halb) faschistisches Regime sich 1934 und danach auf Mussolini stützen konnte – als Schutz gegen die Politik Hitlers, die auf den „Anschluss" abzielte. Dieser Schutz wurde von Mussolini zurückgenommen. Mussolini opferte Österreichs Unabhängigkeit seiner Freundschaft mit Hitler.

Die Kooperation zwischen Berlin und Rom führte zum „Stahlpakt" zwischen Deutschland und Italien – einer militärischen Allianz. Mussolini konnte aber auch noch einen Erfolg als Friedensstifter erzielen: Als er in München, im Herbst 1938, als eine Art Vermittler agierte – zwischen dem Vereinigten Königreich und Frankreich auf der einen Seite und dem Deutschen Reich auf der anderen. Die „Sudentenkrise" hatte nicht zum Krieg geführt, freilich zur Opferung der Tschechoslowakei – und zu einem weiteren Territorialgewinn des nunmehr „Großdeutschen Reiches". Hitler hatte einen Gebietszuwachs zu verzeichnen, Mussolini aber sah sich als Staatsmann, den die Welt respektierte.

Im Schatten dieser faschistisch-nationalsozialistischen Freundschaft begann sich ein wesentlicher Qualitätsunterschied zwischen den beiden Systemen zu verwischen. Der Nationalsozialismus, kaum an der Regierung, hatte sofort mit der staatlichen Diskriminierung von Jüdinnen und Juden begonnen, gefolgt von einer Politik der Beraubung und der Vertreibung. Dem italienischen Faschismus war zunächst der Antisemitismus fremd gewesen: In ihren Anfängen hatte die Faschistische Partei unter ihren Mitgliedern auch Juden, und eine der (früheren) Geliebten Mussolinis – Margherita Sarfatti – war Jüdin. (Bosworth 2002, 91)

Ernst Woller beschreibt den Mussolini, der sich auf die Umarmung Hitlers eingelassen hatte: Er wäre „Rassist und Antisemit" geworden. (Woller 2016, 149) Mussolini war aber kein Antisemit auf der pathologischen Ebene, auf der Hitlers Judenhass zu verorten ist. Und sein Rassismus – wie er auch in der Kriegsführung in Abessinien zum Ausdruck kam – entsprach den rassistischen Vorurteilen, wie sie in ganz Europa und Amerika traditionell vorhanden waren: die Vorstellung von der „natürlichen" Überlegenheit der „Weißen". Dieser Rassismus war nicht spezifisch faschistisch.

Die antijüdischen Bestimmungen, die Mussolini vom Großen Faschistischen Rat im Oktober 1938 beschließen ließ, folgten dem Muster der Nürnberger Gesetze: Jüdische Identität wurde nicht als religiöses Bekenntnis definiert, sondern als Herkunft aus dem Judentum. Das darauf folgende Gesetz zum „Schutz der italienischen Rasse" setzte eine schon davor erkennbare schleichende Demütigung jüdischer Italienerinnen und Italiener fort. Mussolini versah diese Entwicklung mit dem ihm eigenen mystischen Pathos: Der Antisemitismus sei „in das Blut der Italiener eingeimpft". (Woller 2016, 171) Geplant war auch, Jüdinnen und Juden aus Italien zu vertreiben. Der Kriegsbeginn verhinderte freilich die Umsetzung dieser Maßnahmen.

Der Antisemitismus des italienischen Faschismus war ein sekundärer. Er folgte in seinen ersten, formell umgesetzten Schritten dem deutschen Vorbild. Er entsprach auch der Tradition des christlichen Antisemitismus, der über die Jahrhunderte dazu geführt hatte, dass Jüdinnen und Juden als „Fremde" wahrgenommen wurden. Allerdings: Der Holocaust in Italien setzte erst ein, als Mussolini gestürzt war, als deutsche Truppen Nord- und Mittelitalien besetzt hatten, und als die SS Zugriff auf jüdische Gemeinden Italiens hatte.

Die Sabotage des Holocaust durch italienische Truppen zwischen 1941 und 1943 ist wohl auch im Zusammenhang mit dem wachsenden Unbehagen zu sehen, das Mussolinis immer deutlicher werdende Schwäche in Italien auslöste: Der italienische Faschismus war zum Gehilfen des deutschen Nationalsozialismus geworden. Und wenn auch ein Ausbrechen aus dem Militärbündnis – jedenfalls bis Sommer 1943 – unrealistisch erschien, so begannen Offiziere und Soldaten der italienischen Streitkräfte den von Deutschen angeordneten und betriebenen Massenmord zu unterlaufen.

Die wachsende Abhängigkeit des italienischen Faschismus wurde in einer Serie von militärischen Demütigungen deutlich: Deutschland musste Italien zu Hilfe kommen, als sich der unprovozierte und mit Hitler nicht abgestimmte Überfall auf Griechenland sich im Frühjahr 1941 zum militärischen Desaster entwickelte. Deutschland musste auch verhindern, dass die italienischen Streitkräfte in Nordafrika schon 1941 von den britischen Truppen entscheidend geschlagen wurden. Und es war eine deutsche Kommandoeinheit – und nicht eine Eingreiftruppe italienischer Faschisten, die 1943 Mussolini aus der Haft der postfaschistischen Regierung befreite. In rascher Abfolge war Mussolini zum faktischen Vasallen Hitlers geworden. Das musste an seinem Selbstwertgefühl nagen. Und das führte auch dazu, dass die Zustimmung zu Mussolinis Politik der unbedingten Bündnistreue immer weiter zurückging – in der italienischen Gesellschaft, dann aber auch innerhalb der faschistischen Führung.

1939, 1940, 1941: Selbsttäuschung als Anfang vom Ende

Im Herbst 1938 war Mussolini auf dem Gipfelpunkt seines internationalen Ansehens. Das Abkommen von München trug seine Handschrift – er hatte den Erfolg seines deutschen Bündnispartners möglich gemacht und gleichzeitig einen Krieg verhindert. Nachdem er Vittorio Emanuele III die Kaiserwürde des eroberten Abessinien geschenkt hatte, schien er nun auf der Ebene angelangt, wo Italien auf Augenhöhe nicht nur mit Deutschland, sondern auch mit dem Vereinigten Königreich und Frankreich weltpolitische Weichen stellen konnte. Und als das nationalsozialistische Deutschland im März 1939 seine internationale Glaubwürdigkeit durch die Besetzung von Böhmen und Mähren in provokanter Leichtfertigkeit verspielte, hoffte man im Westen (in London, Paris, aber auch in Washington) darauf, dass Mussolini einen mäßigenden Einfluss auf Hitler ausüben würde. Während die westlichen Demokratien das Vertrauen in die Berechenbarkeit und Handschlagqualität Hitlers verloren hatten, hofften sie auf Mussolini und dessen Interesse, einen europäischen Krieg zu vermeiden. (Bosworth 2002, 349 f.)

Doch das überforderte Mussolini, der sich ja nicht primär als Friedensbewahrer, sondern als Eroberer sah. Und Mussolini überforderte mit diesem seinem Verständnis sich selbst und das faschistische Italien. Denn anders als die Propaganda glauben machen wollte, war Italien wirtschaftlich und rüstungstechnisch auf einen großen Krieg gar nicht vorbereitet. Als Hitler ihn im Sommer 1939 informierte, er werde – nachdem die deutsche Diplomatie sich der mehr als nur wohlwollenden Neutralität der UdSSR versichert hatte – einen Angriffskrieg gegen Polen führen und nötigenfalls die Intervention der westlichen Demokratien in Kauf nehmen, begann Mussolini zu lavieren.

Mussolini versuchte im Herbst 1939 eine Gratwanderung. Er blieb Verbündeter Hitler-Deutschlands – und gleichzeitig versuchte er quasi-neutral („nicht kriegführend") zu sein. Doch als sich im Frühjahr 1940 der deutsche Sieg über Frankreich mit einer auch Mussolini überraschenden Geschwindigkeit abzeichnete, da hielt ihn nichts mehr. Er wollte sich einen Teil der Beute holen. Und da es ein Wesensmerkmal des Faschismus war, dass der Wille, dass die Laune des Duce über Krieg und Frieden entschied, drängte sich Italien noch in den letzten Tages des „Frankreich-Feldzuges" an die Seite Deutschlands, um so die Rolle eines Siegers zu spielen.

Die Wortwahl, die Mussolini am 10. Juni auf dem Balkon des Palazzo Venezia verwendete, als er der versammelten Menge den Eintritt Italiens in den Krieg verkündete, ist in ihrer Widersprüchlichkeit verräterisch: Er bezeichnete Italiens Kriegserklärung an die Westmächte als Revolution, als logischen Schritt im Kampf der armen Völker gegen die reichen, gegen die Ausbeuter; als Teil des Kampfes der jungen gegen die alt und steril gewordenen Nationen. (Woller 2016, 200) Dass Mussolini, der sich als die Speerspitze der armen Völker sehen wollte, wenige Jahre davor einen Eroberungskrieg gegen eines der ärmsten Völker der Welt vom Zaun gebrochen hatte, störte ihn und die ihm zujubelnde Menge nicht. Es war ja alles nur Theater, und wichtig war bloß, dass es dem Publikum gefiel. Es war eine Inszenierung, dem Wesen des Faschismus entsprechend: Der Wille und ein eherner Glaube sollten entscheiden – und nicht die Wirklichkeit, die in der Welt zu beobachten war.

Für die theatralische Flucht vor der Wirklichkeit – hinein in den Krieg – musste das „Imperium Romanum Secundum" einen sehr hohen Preis zahlen: Britische Truppen eroberten nach Italiens Kriegserklärung rasch das von Italien annektierte Abessinien. Der König von Italien hatte nach nur wenigen Jahren seine von Mussolinis Gnaden verliehene abessinische Kaiserwürde eingebüßt. Und da – entgegen dem deutschen und dem italienischen Kalkül – das Vereinigte Königreich sich entschloss, nicht in Waffenstillstandsverhandlungen einzutreten, musste Mussolini sich plötzlich auf einen langen Krieg einstellen. Mit einem solchen hatte Mussolini aber nicht gerechnet – ebenso wenig wie der italienische Generalstab, und auf einen sich über Jahre hinziehenden Krieg war auch die italienische Wirtschaft nicht vorbereitet. Das faschistische Italien schlitterte fast blind in einen Weltkrieg, für den es nicht gerüstet war. Deshalb aber geriet Italien in immer stärkere Abhängigkeit vom nationalsozialistischen Deutschland.

Dass die italienische Politik von den Launen Mussolinis bestimmt wurde, war besonders deutlich, als er im Herbst 1940 – ohne Absprache mit Hitler – von dem bereits von Italien besetzten Albanien aus den Krieg gegen Griechenland begann. Die Annahme, die italienischen Truppen könnten die viel kleinere griechische Armee rasch besiegen und der „Duce" würde bald in Athen einziehen – wie das Hitler ihm in Paris vorgemacht hatte, erwies sich als katastrophale Fehlkalkulation. Die italienischen Truppen wurden von den griechischen zurückgeworfen. Um eine mehr als blamable Niederlage ihres Bündnispartners zu vermeiden, musste die deutsche Wehrmacht im Frühjahr 1941einen Angriffskrieg am Balkan beginnen. Es war Deutschland, das Griechenland besiegte. Mussolini fühlte sich bloßgestellt. Sein Prestige vor allem gegenüber dem deutschen Partner war tief gesunken. Und als er sich gezwungen sah, wenige Wochen später nach dem deutschen Sieg auf dem Balkan sich aktiv am deutschen Krieg gegen die Sowjetunion zu beteiligen, war er, waren Italien und die italienischen Streitkräfte zu einem bestenfalls sekundären Faktor geworden.

Der italienische Krieg gegen Griechenland, der einen Balkankrieg auslöste und der – zunächst – vor allem Italiens Achsenpartner stärkte, trug zur wachsenden Entfremdung eines Teils der faschistischen Führung von Deutschland bei. Es begann auch eine allmähliche, zunächst nur atmosphärische Distanz zwischen diesen faschistischen Kräften, die im Juli 1943 Mussolinis Sturz erreichen sollten, und dem Duce. Denn Mussolini hielt seinem Partner Hitler die Treue – wohl auch im Wissen, dass das faschistische Italien ohne die Hilfe des nationalsozialistischen Deutschlands nicht zu retten wäre. Es zeigten sich erste Risse im Machtgefüge des Faschismus. Die magische Wirkung des Zauberers von Oz begann auch in seiner eigenen Partei nachzulassen.

Galeazzo Ciano, der seine politische Karriere nur seinem Schwiegervater verdankte, verzeichnete in seinem Tagebuch am 21. Juni erhebliche Zweifel am Zweck des „Russlandfeldzuges", den Hitler allein beschlossen, diese Entscheidung allerdings kurz vor Beginn der Kampfhandlungen Mussolini mitgeteilt hatte. Und am 22. Juni vermerkte Ciano, dass Mussolini (sein „Herz") begierig war, sich an dieser neuen Aggression zu beteiligen; dass aber Hitler offenkundig nicht wirklich an einer italienischen Mitwirkung interessiert war. Die Achse war bereits nach wenigen Jahren für den nunmehr innerhalb des Bündnisses dominierenden NS-Staat eigentlich schon wieder unwichtig geworden. Der Faschismus à la Mussolini hatte seine weltpolitische Rolle fast schon ausgespielt. (Ciano 1945, 368 f.)

Vergleicht man die Tagebücher Cianos mit denen Joseph Goebbels, so fällt bei diesem die unbedingte Treue zu, ja der Glaube an Hitler auf – bis zum Ende in der Reichskanzlei. Ciano begann schon 1943 an Mussolini zu zweifeln, und dieser Zweifel trug auch dazu bei, dass die zweite Führungsebene der Faschistischen Partei im Juli die Reservemacht des Königs mobilisierte. Goebbels äußerte sich kritisch, ja höhnisch über andere NS-Größen – insbesondere über Hermann Göring und Joachim von Ribbentrop. Aber Hitler stand, als vergötterter Führer, über allem. Und eine Reservemacht wäre ja im NS-Staat nicht vorhanden gewesen. Der „totale Staat", von dem Mussolini in leeren Worten schwätzte, wurde nicht im faschistischen Italien perfektioniert. Perfektioniert wurde er im nationalsozialistischen Deutschland.

Der Faschismus hatte sich in ein letztlich nicht lösbares Dilemma manövriert. Italien war zum Satellitenstaat geworden, der – wie andere auch, wie Ungarn oder Rumänien, die Slowakei oder Finnland, Bulgarien oder Kroatien – der deutschen Kriegsmaschine Hilfsdienste zu leisten hatte, ohne auf die deutsche Strategie Einfluss nehmen zu können. Wie konnte es dazu kommen, dass der italienische Faschismus – Vorbild und Modell für alle Faschismen – weltpolitisch bestenfalls nur noch von sekundärer Bedeutung war?

Der Faschismus hatte durch die Beseitigung der demokratischen und rechtsstaatlichen „checks and balances" dem italienischen Staat die Fähigkeit genommen, sich den ständig wandelnden Bedingungen anpassen zu können. Der Faschismus hatte keine Lernfähigkeit (mehr?). Über eine solche verfügten auch der Nationalsozialismus nicht, und auch nicht der japanische Militarismus. Aber deren Weg in den Untergang ließ länger auf sich warten – weil sie viel besser auf den Krieg vorbereitet waren, weil sie diesen auch viel ruchloser zu führen in der Lage waren.

Dennoch: In einem Punkt bewies der italienische Faschismus (nicht unbedingt Mussolini selbst) so etwas wie Selbstrespekt gegenüber dem nunmehr übermächtigen deutschen Partner. Italien und die italienischen Streitkräfte sabotierten den Holocaust. Dem „Stahlpakt" zum Trotz, der Mussolini fest an Hitler gebunden hatte, verfolgten italienische Kampf- und Besatzungstruppen eine Politik eines nicht deklarierten Widerstandes gegen die von Deutschland beschlossene und betriebene systematische Ausmordung des Judentums – oft in klarem Widerspruch zu den auf höherer Ebene getroffenen deutsch-italienischen Vereinbarungen.

Jonathan Steinberg belegt, dass die militärische Kooperation zwischen dem faschistischen Italien und dem nationalsozialistischen Deutschland sich nicht auf die Durchführung des Holocaust erstreckte. Steinberg unterscheidet zwei Phasen: „The Italians obstruct the Final Solution: June 1942 to November 1942" und „The Italians defend Jews in Greece and France: November 1942 to July 1943". (Steinberg 1990, 50–134) Italienische Truppen in Ländern, die sowohl von Deutschland als auch von Italien besetzt waren (Frankreich und Länder am Balkan); Truppen, die von auf den Duce eingeschworenen Offizieren befehligt wurden; ja diese Offiziere selbst beteiligten sich aktiv an der Rettung von Jüdinnen und Juden. Für die von der NS-Tötungsmaschinerie bedrohten Menschen, die als „Juden" galten, war die Flucht von einer von Deutschen besetzten in eine italienisch besetzte Region oft lebensrettend. Militäreinheiten des faschistischen Italien unterliefen den von der deutschen Wehrmacht und der SS organisierten und durchgeführten Massenmord.

Der 1898 in der Toskana geborene Curzio Malaparte war typisch für die Allianz der traditionellen italienischen Eliten mit dem gewaltbereiten „Mob" (im Sinne Hannah Arendts). Er war das Kind eines deutschen Industriellen, der mit seiner italienischen Frau in Italien lebte und als wohlhabender Unternehmer tätig war. Malaparte kämpfte zunächst – noch vor der italienischen Kriegserklärung – als 16jähriger als Freiwilliger in der französischen Armee, wurde mehrfach ausgezeichnet, und nahm 1919 – als Mitglied der italienischen Delegation – an der Friedenskonferenz in Paris teil.

1921 trat er der faschistischen Partei bei, arbeitete als Journalist, Schriftsteller und Verleger. Er war einer der intellektuellen Jungstars des Faschismus. 1929 wurde er Chefredakteur von *La Stampa* und 1931 Korrespondent des *Corriere della Sera*. 1933 wurde er – im Zusammenhang mit einer von ihm veröffentlichten Kritik – in Rom verhaftet und auf die Liparischen Inseln verbannt. 1934 auf Grund einer Intervention Galeazzo Cianos wieder frei, arbeitete er weiter journalistisch – als Sonderberichterstatter in Abessinien und, nach einer Zeit des Dienstes in der italienischen Armee, ab 1942 als Kriegsberichterstatter an der Ostfront. Seine Berichte provozierten Kritik von deutscher Seite: Hans Frank, Gouverneur des von Deutschland besetzten Polens, des Generalgouvernements, beschwerte sich über Malaparte beim Auswärtigen Amt in Berlin.

Dass Malaparte trotz seiner erkennbar beginnenden Entfremdung vom Faschismus weiter an prominenter Stelle arbeiten konnte, stand wohl auch im Zusammenhang mit seinem sozialen Hintergrund. Er verkörperte in der von Hannah Arendt für den Faschismus diagnostizierten Verbindung von Elite und Mob die Elite. Aber dass ihn die Repression des Mussolini-Faschismus nur in so zeitlich begrenzter Form traf, dass er danach weiter in höchst sensiblen Bereichen tätig sein konnte, das ist auch als Differenzmerkmal zu werten: Der italienische Faschismus war weniger totalitär, weniger repressiv als der deutsche Nationalsozialismus.

Nach dem Sturz Mussolinis, aber noch vor der deutschen Kapitulation veröffentlichte Malaparte seinen „Roman" – „Kaputt", der sich vor allem mit der deutschen Herrschaft hinter der „Ostfront" beschäftigte. Der „Roman" ist ein langer Tatsachenbericht, der die Brutalität der deutschen Herrschaft im Detail schildert; auch die Situation in den polnischen Gettos, der Vorstufe zur Ermordung aller Juden.

Bei der Einordnung von „Kaputt" ist zu berücksichtigen, dass Malaparte diese vernichtende Kritik an Nazi-Deutschland erst veröffentlichte (wohl auch erst veröffentlichen konnte), als er 1944 bereits unter dem Schutz der vorrückenden Alliierten im Raum Neapel lebte. Dennoch: Auch wenn die Neigung, sich als italienischer Faschist von der NS-Herrschaftspraxis distanzieren zu wollen, erst nach dem Ende der Regierung Mussolini die Öffentlichkeit erreichte – eine ähnlich dramatische und extrem kritische Distanzierung erschien, kurz nach der deutschen Kapitulation, von keinem prominenten NS-Journalisten oder Schriftsteller.

Zu den zentralen Teilen des „Romans" zählt auch die Wiedergabe eines langen Gesprächs Malapartes mit Hans Frank aus der ersten Jahreshälfte 1942 – vor dem von Malaparte realistisch wahrgenommenen und auch beschriebenen Hintergrund der Ermordung der Jüdinnen und Juden im Herrschaftsbereich Franks. (Malaparte 2005, 223–230) Sein Buch ist aber auch ein Sittenbild der faschistischen Führungselite, die sich im Herbst 1942 – als der Krieg für die Achse die entscheidende Wende zum Schlechteren nahm (die Landung der Alliierten in Nordafrika, die Niederlage der Achsenmächte in der Schlacht von El Alamein, die Einkesselung der deutschen Armee in Stalingrad), sich mit spöttischen Gesprächen über den bald in Ungnade fallenden Ciano und dessen Frauengeschichten unterhielten – und sich vor allem in einem einig waren: in der Abneigung gegen die als arrogant empfundenen Deutschen. Die Risse in der Achse waren deutlich erkennbar.

Malaparte vollendete seinen offenbar schon weit gediehenen „Roman" im September 1943 in Capri. Das Buch erschien 1944 in Neapel. Es war eines der ersten Bücher (wenn nicht das erste überhaupt), das der Weltöffentlichkeit die Realität des mit systematischem Judenmord beschäftigten Besatzungsregimes in Polen schilderte; das eine selbstkritische Innensicht des Faschismus gab und auch die schon vor 1943 deutlichen Spannungen zwischen Italien und Deutschland ausdrückte. Die Achse wurde 1942, 1943 – noch – durch die persönliche Loyalität zusammengehalten, die Hitler und Mussolini verband; wohl auch dadurch, dass Italien kaum noch eine von Deutschland unabhängige Handlungsfähigkeit hatte. Eine solche setzte den Sturz Mussolinis voraus.

Was bedeutet das für Begriff und Konzept eines Faschismus, der sich sowohl auf Mussolinis Italien als auch auf Hitlers Deutschland beziehen soll? Für einen generellen Faschismusbegriff ist diese von Malaparte beobachtete Differenz nicht nur eine Herausforderung. Diese Differenz zwischen einem Faschismus à la Hitler, der sich zum zentralen Ziel gesetzt hatte, das Judentum als „Rasse" zu „vernichten" – also alle Jüdinnen und Juden aus dem einzigen Grund ihrer Herkunft zu töten, und dem Faschismus à la Mussolini ist mehr als nur ein sekundäres Unterscheidungsmerkmal.

Der Große Faschistische Rat

1922, wenige Wochen nach der Übernahme des Amtes des Ministerpräsidenten, hatte Mussolini den „Großen Faschistischen Rat" ins Leben gerufen. Ihm gehörten die wichtigsten Amtsträger des Königreiches (die Präsidenten der Parlamentskammern, die Ressortchefs der zentralen Ministerien), die wichtigsten Männer der zweiten Führungsebene der Faschistischen Partei und Repräsentanten verschiedener Interessenvertretungen an. Mussolini beanspruchte auch, nach Belieben Männer seiner Wahl als Einzelpersonen in den Rat zu berufen. Ab 1926, als Italien zum Einparteienstaat geworden war, gehörten diesem Rat nur mehr die führenden Faschisten des Landes an. 1928 erhielt dieses zunächst ja extra-konstitutionell errichtete Gremium eine legale Absicherung: Ein eigenes Gesetz gab dem Großen Faschistischen Rat den Status eines Verfassungsorgans.

Abb. 1 „Der Faschismus frisst seine Kinder": Der SA-Führer Ernst Röhm, ermordet auf Befehl Hitlers am 2. Juli 1934. © akg-images/picturedesk.com

Mussolini hatte diesen Rat gegründet, um an den ja zunächst noch eigenständig funktionierenden Verfassungsorganen ein zentrales Leitungsgremium zu haben, in dem er vor jeder Opposition sicher sein konnte; ein Instrument, das er zur Steuerung der Politik des Königreiches nutzen wollte – vorbei vor allem an den Parlamentskammern. (Bosworth 2002, 181) Nach 1926 hatte der Große Faschistische Rat diese Funktion eigentlich schon erfüllt. Er war überflüssig geworden, da ja auch Regierung und Parlament zu Echokammern des Diktators verkommen waren. Der Rat wurde nur noch selten einberufen, er existierte aber als zusätzliche

Abb. 2 Der von der SS am 25. Juli 1934 tödlich verwundete Austrofaschist (?) Engelbert Dollfuß.
© D. H.Teuffen/Interfoto/picturedesk.com

Abb. 3 Corneliu Codreanu, der Führer der faschistischen Eisernen Garde Rumäniens, ermordet von konkurrierenden rumänischen Faschisten am 30. November 1938.
© Ullstein Bild/picturedesk.com

Tribüne für Mussolinis Befehlsausgaben weiter. Dass der Diktator den eigentlich überflüssig gewordenen Rat bestehen ließ, sollte sich aber als ein entscheidender strategischer Fehler erweisen. Mussolini hatte mit dem Rat eine Reservemacht ins Leben gerufen – ein kollektives Führungsorgan. Dessen Zusammenspiel mit dem König führte das Ende des Faschismus als Regierungssystem herbei.

Abb. 4 Galeazzo Ciano, Außenminister des faschistischen Italien, nach einem Schauprozess am 11. Jänner 1944 ermordet auf Befehl Benito Mussolinis.

Der Unterschied zum Regierungsstil Hitlers ist auffallend: Hitler vermied es konsequent, sich in kollektive Entscheidungsorgane einbinden zu lassen – auch zu einer Zeit, als er bereits Alleinherrscher war. Der Ministerrat trat im „Dritten Reich" bald nach dessen Anfang nicht mehr zusammen, der Reichstag war eine – selten genutzte – Propagandabühne für Hitler-Monologe, und das Spektakel der Nürnberger Parteitage hatte nichts mit den Parteitagen demokratischer Parteien gemein – etwa den „Party Conferences" im Vereinigten Königreich oder den „Party Conventions" in den USA. Dass Mussolini im Glauben, der Große Faschistische Rat würde ihm immer treu ergeben bleiben, weiterhin ein kollektives Entscheidungsorgan an seiner Seite bestehen ließ, unterstrich seine Egomanie – ebenso wie das Fehlen eines analogen Organs im NS-Staat Hitlers Paranoia bestätigte.

Der Große Faschistische Rat hatte über die Jahre hinweg immer einstimmige Beschlüsse gefasst – dem Willen Mussolinis entsprechend. Bis 1943 hatte es nur eine Ausnahme gegeben: 1923 beschloss der Rat mit Mehrheit, dass die Mitgliedschaft in der Faschistischen Partei unvereinbar mit der Zugehörigkeit zu einer Loge der Freimaurer ist. Mussolini konnte sich immer sicher sein, dass der Rat das tat, was er als Duce wollte. Und bis zum Sommer 1943 war diese Annahme auch berechtigt. 1943 aber löste ein von Mussolini ignorierter Stimmungsumschwung innerhalb der Parteielite einen Dominoeffekt aus, der das Ende des faschistischen Regimes in Italien bedeuten sollte. Mussolini hatte ganz einfach übersehen, dass der Rat nicht mehr bloß die Marionette des Duce sein wollte. Er hatte zwar schon auf Anzeichen einer Missstimmung in der Parteispitze reagiert und im Februar 1943 die meisten Regierungsmitglieder durch neue Minister ersetzt – darunter auch Galeazzo Ciano und andere Weggefährten aus der „Kampfzeit" der Partei wie Dino Grandi und Guiseppe Bottai, die Skepsis gegenüber der unbedingten Bündnistreue Mussolinis artikuliert hatten. (Woller 2016, 255)

Mit dieser Regierungsumbildung wollte Mussolini seine Alleinherrschaft sichern – er hatte auch selbst in Nachfolge Cianos das Außenministerium übernommen. Aber der parteiinterne Unmut ging tiefer als Mussolini glauben wollte. Auf der zweiten Führungsebene der Partei begann Panik um sich zu greifen: Der Kriegsverlauf hatte die erwarteten Siege nicht gebracht. Alliierte Truppen, die Nordafrika (und davor schon Abessinien) befreit hatten, standen bereits in Sizilien und setzten zum Sprung auf das italienische Festland an. Italien war Kriegsschauplatz geworden, und alliierte Bomben fielen auf italienische Städte, auch auf Rom. Unter den führenden Faschisten machte sich eine Stimmung breit: „Rette sich, wer kann". Ein führender Vertreter dieser Stimmung war Ciano, der schon davor Kritik am unbedingten Festhalten an der „Achse" geäußert hatte und eben deshalb sein Amt als Außenminister aufgeben musste.

In dieser Situation wurde der Große Faschistische Rat einberufen, zu einer Sitzung am 24. Juli. Mussolini war offenbar nicht vorbereitet auf das, was von führenden Faschisten geplant war – die Amtsenthebung des Duce als Regierungschef und oberster Kriegsherr. Er reagierte auf die am Beginn der Sitzung einsetzende Kritik mit Passivität. Geradezu resigniert antwortete er auf die Versuche, eine kritische Diskussion über die verzweifelte Kriegslage und die Verantwortung dafür zu ermöglichen. Er nahm auch hin, dass die sich ihrer Mehrheit im Rat sicheren Mussolini-Kritiker eine Abstimmung verlangten – gegen jede Tradition dieses Gremiums, das gewohnt war, alles abzunicken, was Mussolini wollte. Mit einer deutlichen Mehrheit von 19 gegen 8 Stimmen wurde beschlossen, dass der König die Kriegsführung selbst übernehmen und auch einen neuen Regierungschef bestimmen soll. (Smith 1993, 342–350)

Mussolini hatte die Reservemacht selbst geschaffen, die ihn nun entmachtete. Er hatte einen Fehler gemacht, den sein gelehriger Schüler, Bündnispartner und schließlich vorübergehender Retter – Adolf Hitler – wohl nie gemacht hätte. Er hatte ein Gremium konstruiert, in dem zumindest potentiell Beschlüsse gefasst werden konnten, die sich dem direkten Einfluss des Diktators entzogen. Mussolini war auch Opfer einer Reservemacht geworden, die er vorgefunden und zunächst benutzt hatte – des Königs. Und dies war nur möglich, weil Mussolinis persönliches Machtinstrument – der Große Faschistische Rat – selbst zur Reservemacht geworden war, die sich mit dem König verbündete.

Als Mussolini am Tag nach der Sitzung des Großen Faschistischen Rates dem König routinemäßig einen Bericht über die Lage geben wollte, war Vittorio Emanuele III über den Ablauf der Sitzung in der Nacht informiert. Er war entschlossen, das zu tun, was die Mehrheit des Rates von ihm erwartete. Der König war zum Handeln bereit. Er teilte dem offenkundig völlig überraschten Mussolini mit, dass er ihm das Vertrauen als Ministerpräsident entziehe. Unmittelbar beim Verlassen des Königspalastes wurde Mussolini verhaftet, zunächst auf eine Insel gebracht und dann auf dem Gran Sasso interniert, dem höchsten Gebirgszug der Abruzzen. Von dort befreite ihn am 12. September eine deutsche Kommandoeinheit – die italienische Wachmannschaft hatte nicht einmal symbolisch Widerstand geleistet. (Smith 1993, 349 f.)

In den Wochen des Juli, August und September hatte die neue, vom König ernannte Regierung unter Pietro Badoglio geheime Verhandlungen mit den Westalliierten aufgenommen, um die bedingungslose Kapitulation Italiens vorzubereiten. Diese erfolgte am 29. September. Parallel dazu hatten deutsche Truppen Nord- und Mittelitalien besetzt, während der Süden von britischen und US-amerikanischen Truppen befreit worden war. Auf den Vormarsch der Alliierten reagierte die italienische Bevölkerung teilweise mit begeisterter Zustimmung, jedenfalls nicht mit Widerstand. Gegen die deutsche Besetzung von Nord- und Mittelitalien begann jedoch sofort der militärische Widerstand von Partisanen. Auch dieses Bild zeigt das totale Scheitern des italienischen Faschismus – sein Ende wurde von einer deutlichen Mehrheit der Menschen in Italien als Befreiung empfunden.

Ciano schob in seiner letzten Tagebucheintragung kurz vor seiner von seinem Schwiegervater betriebenen Hinrichtung am 11. Januar 1944 die Schuld an diesem Scheitern der „zynischen" Entschlossenheit der deutschen Führung zu, 1939 um jeden Preis den Krieg zu beginnen. Dass das Italien, dem Ciano viele Jahre hindurch als Außenminister gedient hatte, sich mit dem Stahl-Pakt und dem Kriegseintritt 1940 Hitler ausgeliefert hatte, war aber in Mussolinis Verantwortung. (Ciano 1945, 579) Dass die Katastrophe, die Mussolini hinterließ, auch mit der Lernunfähigkeit des Faschismus als System zu tun hatte – das zu erkennen und einzugestehen war jenseits des Horizonts des Mannes, der von Mussolinis Gunst wie kein anderer profitiert hatte und dann an seinem Sturz beteiligt war.

Der italienische Faschismus lebte noch als eine Art Karikatur weiter – als Republik von Saló, kreiert von Mussolini, aber auf Hitlers Gnade angewiesen. Die Republik von Saló kämpfte auch noch mit wenigen Truppen auf Hitlers Seite – vor allem an der Ostfront. Der Faschismus hatte zwar nun nichts mehr von einer Reservemacht im Inneren zu fürchten. Allerdings wuchs die Bedeutung der Partisanen, die keine Reserve-, die eine Alternativmacht waren. Die fast zwei Jahre, die zwischen der Kapitulation der Regierung Badoglio im September 1943 und dem Ende des Krieges in Europa im Mai 1945 lagen, waren für Italien Jahre des Chaos. (Ginsborg 1990, 8–71) Nord- und Mittelitalien war Kriegsschauplatz, auf dem alliierte Truppen gegen die deutsche Wehrmacht kämpften. Gegen diese kämpften auch die Partisanen. Es waren italienische Partisanen, die Mussolini am 28. April 1945 erschossen – kurz bevor er, getarnt in deutscher Uniform und in Begleitung eines kleinen Kontingents deutscher Truppen, die Grenze zur Schweiz erreichen konnte.

Abb. 5 „Nicht nur der Faschismus frisst seine Kinder“: Nikolaj Bucharin, der „Liebling der Partei“ (der KPdSU) und Lenins, nach einem Schauprozess am 15. März 1938 ermordet auf Befehl Stalins, des Generalsekretärs der Partei. © D. H.Teuffen/Interfoto/picturedesk.com

Der Faschismus à la Mussolini war eine Herrschaft des Schreckens. Aber er war auch ein schrecklich dilettantischer Faschismus. Dieser Dilettantismus machte einen wesentlichen Unterschied zum überhaupt nicht dilettantischen Faschismus à la Hitler aus. Das ändert aber nichts an der Bilanz des Schreckens, für den der italienische Faschismus die Verantwortung trägt. Diesen Terror bekamen auch und vor allem die von Italien eroberten und besetzen Gebiete in Afrika und Südosteuropa zu spüren. Mussolinis Dilettantismus mag einiges an der Verbrechensbilanz abgeschwächt haben – im Vergleich zu der noch schlimmeren Qualität des Schreckens, den die beiden anderen Achsenmächte hinterließen. Aber die Bilanz des italienischen Faschismus bleibt eine schreckliche.

Nostalgie – Sehnsucht wonach?

Trotz der schrecklichen Bilanz blieb so etwas wie ein Stück Nostalgie. Das postfaschistische Italien wurde nach 1945 zwar rasch wieder in die Staatengemeinschaft integriert, in Form der Mitgliedschaft in den Vereinten Nationen. Italien wurde Gründungsmitglied des von den USA initiierten Militärbündnisses der NATO und ebenso an dem von Frankreich eingeleiteten (west)europäischen Integrationsprozesses beteiligt, der zur Europäischen Wirtschaftsgemeinschaft (EWG), dann zur Europäischen Gemeinschaft (EG) und schließlich zur Europäischen Union (EU) führte. Die Einbindung Italiens war auch dadurch erleichtert worden, dass

Abb. 6 Rudolf Slansky, Generalsekretär der KP der CSR, nach einem Schauprozess am 3. Dezember 1952 ermordet auf Anordnung Clement Gottwalds, des Chefs der KP und Präsidenten der CSR. © CTK/picturedesk.com

Abb. 7 Lawrenti Berija, sowjetischer Innenminister und NKWD-Chef, nach einem Geheimprozess am 23. Dezember 1953 ermordet auf Befehl der (anderen) Erben Stalins. © awkz/Interfoto/picturedesk.com

nach einer Volksabstimmung das Königreich Italien zur Republik Italien geworden war. Damit war die Belastung zur Seite geschoben, die das Haus Savoyen für das postfaschistische Italien darstellte – wegen des Königs, der zwischen 1922 und 1943 die Diktatur Mussolinis überhaupt erst ermöglicht und dann mehr als zwei Jahrzehnte legitimiert hatte.

Abb. 8 Imre Nagy, Ministerpräsident der KP-Regierung Ungarns, nach einem Geheimprozess am 16. Juni 1958 unter sowjetischen Druck ermordet auf Befehl seiner ungarischen Genossen. © ullstein bild/Ullstein Bild/picturedesk.com

Doch eine Minderheit von Italienerinnen und Italienern trauerte dem Großmachtgehabe und den Weltmachtsgespinsten des faschistischen Regimes nach – dem Pomp des „Imperium Romanum Secundum". Die demokratische Republik konnte nicht – wie Mussolini – Glanz und Gloria bieten. Und trotz der Integration Italiens in die internationale Gemeinschaft sehnten sich viele nach der Größe, die Mussolini etwa in München im Herbst 1938 vortäuschen konnte: Italien als eine der vier europäischen Mächte, die über Krieg und Frieden entschieden. Ein Teil der Gesellschaft des postfaschistischen Italien wurde von einem Phantomschmerz geplagt. Der bewegte zwar nicht die Mehrheit, sehr wohl aber eine politisch nicht irrelevante Minderheit. (Bosworth 2002, 410–428)

Die Bedürfnisse dieser Minderheit, sich mit der Erinnerung an die vermeintliche Größe der Vergangenheit über die vermeintliche Dürftigkeit der Gegenwart hinwegzutrösten, befriedigte eine vor allem von Mussolinis Witwe Rachele unterstützte Gedenkstätte in Mussolinis Geburtsort Predappio, in der Emilia Romagna. Und die politischen Bedürfnisse dieser Minderheit versuchten postfaschistische Parteien zu nützen – etwa das MSI (Movimento Sociale Italiana) oder die AN (Alleanza Nazionale). Diese Parteien zogen, in wechselnder Stärke, in verschiedenen Phasen der republikanischen Geschichte in den Senat und die Kammer des italienischen Parlaments ein. Es gelang diesen Parteien am rechten Rand des Spektrums gelegentlich auch, die Rolle von Mehrheitsbeschaffern im komplexen Spiel der Koalitionsbildung in einem zersplitterten Parteiensystem zu übernehmen.

Lebte, lebt der Faschismus in Italien fort? Ja, wenn man zum Vergleich das postnazistische Deutschland heranzieht. Mussolini war in Italien nach 1945 nicht zu der absoluten Unperson geworden wie das Hitler im postnazistischen Deutschland war und ist. In Deutschland erreichte eine systematische „Re-Education"-Politik der Alliierten eine nicht nur formelle, sondern auch mentale Distanzierung der Gesellschaft vom NS-Staat. Dafür sorgte auch die deutsche Verfassung, das Grundgesetz von 1949, das jede politische Betätigung antidemokratischer (und das hieß auch und zuvorderst neonazistischer) Bewegungen oder Parteien untersagte.

Das waren die Gründe, warum eine Hitler-Nostalgie nie die Bedeutung der Mussolini-Nostalgie erreichen konnte. Rechtsradikale, den Nationalsozialismus verherrlichende Gruppierungen konnten sich nur in der Form bizarrer, freilich oft gewaltbereiter Sekten bemerkbar machen. Der begründete Verdacht, eine Partei – etwa die AfD (Alternative für Deutschland) – hätte sich nicht eindeutig genug vom nationalsozialistischen Gedankengut distanziert, schließt diese Partei zwar nicht vom Wettbewerb um Wählerstimmen, aber von der Möglichkeit des Mitregierens in einer Koalition aus.

Mussolinis Erbe hat das postfaschistische Italien nicht bestimmt. Aber Mussolini ist im Italien des 21. Jahrhunderts weniger eine Unperson als Hitler im Deutschland desselben Jahrhunderts. Das hat natürlich auch objektive Gründe: Der Antisemitismus des italienischen Faschismus war nicht von der massenmörderischen Dimension des vom Nationalsozialismus zu verantwortenden Holocaust. Mussolini war von italienischen Akteuren gestürzt worden, die bereit waren, angesichts der bevorstehenden Katastrophe mitten im Krieg die Seiten zu wechseln. Ein teilweise analoges Motiv hatten auch die Attentäter des 20. Juli 1944 – aber sie erreichten nicht, was Vittorio Emanuele III und die Verschwörer im Großen Faschistischen Rat erreicht hatten. Am Ende des Krieges in Europa war Italien – unter der Führung der Regierung des Marschalls Badoglio und im Zeichen der noch nicht abgelösten Monarchie – Bündnispartner des Vereinigten Königreiches und der USA. Italien war 1940 auf der Seite des Deutschen Reiches in den Krieg eingetreten. Als 1945 dieser Krieg endete, stand Italien auf der Seite derer, denen Mussolini den Krieg erklärt hatte.

Die italienische Regierung hatte ab 1943 einen bescheidenen Beitrag im Kampf gegen das nationalsozialistische Deutschland geleistet. Und, was für die Bewusstseinslage der Parteien der Mitte und vor allem der Linken im nachfaschistischen Italien besonders wichtig war: Die Erfolge der italienischen Partisanen 1943, 1944, 1945 rechtfertigten auch die Interpretation, Italien hätte sich teilweise selbst befreit – vom Joch des früheren Bündnispartners Deutschland.

Diese Fakten erklären, warum das postfaschistische Italien einen besseren Start in die Nachkriegsgeschichte hatte als das postnazistische Deutschland, das ja überhaupt erst 1949 – geteilt – Staatlichkeit erlangen konnte. Die Fakten erklären aber auch, dass die unbedingte Ablehnung Mussolinis in Italien nicht die Tiefe erreicht hat wie die unbedingte Ablehnung Hitlers in Deutschland. Die Wahrnehmung Mussolinis und seiner Diktatur in Italien hat mehr Ähnlichkeit mit der Wahrnehmung der Dollfuß- und der Franco-Diktatur in Österreich und in Spanien.

Die Wahrnehmung des Diktators Dollfuß wird teilweise balanciert durch dessen Ermordung im Rahmen des Juli-Putsches von 1934. Dollfuß war der Zerstörer der demokratischen Republik, aber er war eben auch Hitler-Opfer. Dazu kommt noch, dass die demokratische Republik Österreich 1945 auch von (früheren) Repräsentanten des Dollfuß-Regimes wieder gegründet wurde – von Vertretern des Politischen Katholizismus, die mit den Bürgerkriegsgegnern des Februar 1934 in einer Art tätiger Reue den Neustart der österreichischen Demokratie möglich machten; damit freilich auch dem Wunsch der alliierten Befreier und Besatzer nachkommend. Anhänger des Engelbert Dollfuß, der die Demokratie zerstört hatte, halfen bei deren Wiederaufbau.

Die Wahrnehmung des Putschisten-Generals und Diktators Franco wird im 21. Jahrhundert auch dadurch beeinflusst, dass Franco nach 1945 die Unterdrückung der Opposition, das hieß der Anhänger der Republik zwar nicht aufgegeben, aber doch zurückgefahren hatte – wohl primär in der Erkenntnis, dass sein politisches Überleben nun weniger von der Verfolgung der innerspanischen Opposition und mehr von den Regierungen der westlichen Demokratien abhing. Vor allem aber hatte der mörderische Diktator Franco eine Leistung erbracht, die ihn auch nach 1975 in einem differenzierenden Licht dastehen lässt: Der Übergang von der Diktatur in die Monarchie war von ihm geplant – und nach seinem Tod in Form der Errichtung einer demokratischen, parlamentarischen, konstitutionellen Monarchie auch erfolgreich umgesetzt worden.

Faschismus ist eben nicht einfach Faschismus. Das demonstriert nicht nur die Geschichte, sondern auch und vor allem deren Wahrnehmung.

Deutschland, 1933–1945: Faschismus, aber mehr

> At the time, there were not many people who took the Hitlerite ‚worldview' seriously. People did not bother to read ‚Mein Kampf'... It took the discovery of the concentration camps in 1945 for ‚Mein Kampf' finally to be considered a serious book...
> (Aycoberry 1981, 4)

Den Nationalsozialismus kann man nicht verstehen, wenn man nach einer Theorie sucht. Eine solche gibt es nicht – will man nicht die kruden Ansammlungen von Feindbildern mit der Etikette „Theorie" überbewerten. Den Nationalsozialismus verstehen zu wollen, das bedeutet, sich mit der Realität der NS-Herrschaft zu beschäftigen; mit den Resultaten des Hitler-Staates, die das Schreckliche der Bilanz des Mussolini-Staates noch übertrafen.

Ohne Mussolini hätte es kein faschistisches Italien gegeben – und ohne Adolf Hitler kein nationalsozialistisches Deutschland. Das bedeutet freilich nicht, dass das Studium der Persönlichkeitsstruktur der beiden Diktatoren der primäre Schlüssel zum Verständnis des Faschismus wäre. Faschismus und Nationalsozialismus waren durch eine Vielzahl gesellschaftlicher Bedingungen bestimmt, von ökonomischen und kulturellen Voraussetzungen. Die machten es überhaupt erst möglich, dass zwei Personen in einem Ausmaß über das Schicksal von Völkern und vor allem auch des eigenen Volkes entscheiden konnten, wie das in einer Demokratie nicht möglich ist: Roosevelt musste sich mit dem Kongress und den Medien arrangieren, Churchill mit seinem Koalitionspartner, Charles de Gaulle hatte1965 im demokratischen Wettstreit um seine Wiederwahl zu kämpfen, James Callaghan verlor 1979 die Mehrheit im britischen Unterhaus, Helmut Schmidt wurde 1982 durch ein „konstruktives Misstrauensvotum" im deutschen Bundestag abgelöst, und Bruno Kreisky verlor 1983 nach einer Parlamentswahl die Mehrheit im österreichischen Nationalrat. Alle waren, dem Wesen der Demokratie entsprechend, in ein Ensemble von geschriebenen und ungeschriebenen Regeln eingebunden, das zu ignorieren ihnen nicht möglich war.

Mussolini und Hitler hatten sich von solchen Regelwerken frei gespielt. Sie waren Alleinherrscher – in ihrer Selbstwahrnehmung und ihrer Selbstdarstellung, erkennbar für alle. Das war ihre Gemeinsamkeit. Diese teilten sie nicht mit Führungsfiguren anderer, ebenfalls immer wieder als faschistisch bezeichneter Systeme: nicht mit Francisco Franco, nicht mit Engelbert Dollfuß, und schon gar nicht mit der vielköpfigen, für Außenstehende nicht durchschaubaren Hydra der diktatorisch regierenden Generäle und Admiräle Japans.

Es war ein besonderes negatives Merkmal des Faschismus – des Faschismus à la Mussolini und des deutschen Nationalsozialismus –, dass die Befindlichkeit von Nationen, ja der Welt von den Launen eines einzelnen Menschen abhängig war. Demokratien verteilen Macht auf mehrere Personen, auf mehrere Institutionen. Dadurch wird das Risiko entscheidend verkleinert, dass Personen allein und in Selbstisolation über die Zukunft entscheiden können; Personen, die nur zu oft die Wirklichkeit von Gesellschaft und Politik nicht zu begreifen in der Lage sind, weil sie von Wunschdenken geleitet werden. Faschismus ist die Reduktion der Verantwortung – auf eine Person. Demokratie ist die Verteilung der Verantwortung auf eine Vielzahl von Personen.

Zwischen Mussolini und Hitler gab es sehr viele Gemeinsamkeiten, aber auch auffallende Unterschiede. Beide waren durch ihre Erfahrungen an den Fronten des Ersten Weltkrieges geprägt. Hitlers politisches Weltbild, seine „Ideologie", war bis 1918 höchst diffus. Es gibt nur wenig direkte Zeugnisse darüber, wie er dachte. Umstritten ist, ob Hitlers Verständnis von Politik und Gesellschaft sich schon in seinen Wiener Jahren verfestigt hatte, wovon Wilfried Daim und Brigitte Hamann ausgehen (Daim 1958; Hamann 1996), oder ob er erst während oder unmittelbar nach dem Ersten Weltkrieg zu dem Hitler wurde, der buchstäblich Geschichte machte. (Kershaw 1999, 29–69) Sicher ist aber, dass sowohl Mussolini als auch Hitler Nationalisten waren: Mussolini, der Vertreter einer den italienischen Kriegseintritt befürwortenden Minderheit innerhalb der Sozialistischen Partei Italiens – und der Österreicher, der als Freiwilliger in deutscher Uniform in einem bayrischen Regiment kämpfte. Beide waren Vertreter eines Nationalismus, der dem ethno-nationalistischen, dem „völkischen" Denken der Einigungsbewegungen entsprach, aus denen 1859 das Königreich Italien und 1871 das Deutsche Kaiserreich hervorgegangen war.

Eben deshalb verachtete Hitler das Reich, dessen Bürger er so lange auch im deutschen Exil geblieben war: das Österreich der Habsburger, das aus den verschiedensten Gründen 1871 an der Gründung des Deutschen Reiches nicht beteiligt war. Hitler verachtete dieses Österreich, weil es nicht genügend „deutsch" war. Ihn störten die nicht deutschen Nationalitäten, die in der österreichischen Reichshälfte der Doppelmonarchie sich am politischen Machtspiel führend beteiligen konnten – wie der k.k. Ministerpräsident von 1895 bis 1897, der aus Galizien stammende Pole Kasimir Felix Badeni, oder die später zu weltpolitischer Prominenz aufsteigenden Mitglieder des 1911 gewählten Abgeordnetenhauses des österreichischen Reichsrates – Tomas G. Masaryk und Alcide de Gasperi. Aber am meisten irritierten den jungen, de facto arbeits- und insgesamt erfolglosen Hitler der Wiener Jahre, dass er in der Haupt- und Residenzstadt so viele Juden sah.

Das mag von Hitler ex post als eine politisch nutzbare Selbstwahrnehmung konstruiert sein – während seiner Zeit im Gefängnis, nach dem gescheiterten Putsch von 1923. Aber dem Antisemitismus war schon vor 1914 in Österreich und in Deutschland eine wesentliche Rolle bei der Bildung politischen Bewusstseins und politischer Parteiungen zugekommen. (Pulzer 1988)

Schon vor dem Beginn des Weltkrieges hatte Mussolini politische Erfolgserlebnisse – er schrieb als Journalist, und er machte Politik in einer bestehenden Partei, der Sozialistischen Partei Italiens. Er veröffentlichte auch als Literat, und sein Auslandsaufenthalt in der Schweiz hatte seinen Erfahrungshorizont erweitert. Mussolini war kein Niemand, bevor er beschloss, Politiker zu werden.

Anders Hitler: Er war der Prototyp des orientierungslosen Bohemien, der erst in Uniform in den Schützengräben des Weltkriegs die Struktur fand, die ihm davor gefehlt hatte. Mussolini wäre ohne seine Erfahrungen im Militär wohl kaum ein ganz anderer geworden als der, der 1918 eine neue politische Bewegung ins Leben rief. Hitler hingegen war ein *Nobody*, den erst der Krieg zu einem *Somebody* gemacht hatte.

Mussolini, der als italienischer Staatsbürger zum Kriegsdienst in die italienische Armee eingezogen wurde, stieg zum Korporal auf. Hitler, der österreichische Kriegsfreiwillige in deutscher Uniform, wurde Gefreiter. Mussolini wurde 1917 verwundet – Hitler 1918. Beide sollten ihre Erfahrungen als Soldaten politisch verwerten. Das war eine wesentliche Gemeinsamkeit in ihrer Karriere. Und beide instrumentalisierten einen in der Substanz eigentlich gegenläufigen Opfermythos: Mussolini schwamm auf der Woge italienischer Enttäuschung darüber, dass der Sieg über die Mittelmächte (und damit auch über Deutschland) Italien nicht das gebracht hätte, was Italien zustünde. Hitler nutzte die Legende von dem „im Felde unbesiegten" deutschen Heer und den schandbaren „Diktatfrieden" von Versailles, um der deutschen Republik und deren Vertretern Verrat vorzuwerfen – den Dolchstoß, der den möglichen „Siegfrieden" in eine Niederlage verwandelt hätte.

Russland und der Sowjetunion konnte für die Inhalte der Verträge von Versailles, St. Germain und Trianon ebenso wenig Verantwortung zugeschoben werden wie den USA, die den Vertrag von Versailles nicht ratifiziert hatten. Deshalb richtete sich der Zorn sowohl Mussolinis und der Faschisten wie auch der Hitlers und seiner zunächst nur als lokales Phänomen wahrnehmbaren Zwergpartei gegen die westlichen Demokratien – gegen die Französische Republik und das Vereinigte Königreich. Diese waren die primär Schuldigen – schuldig daran, dass Italien nicht noch mehr territorialen Zugewinn hatte erreichen können; daran, dass Deutschland zu viel Territorium hatte verlieren müssen. Dieser anti-westliche und anti-demokratische Affekt verband den Faschismus und den Nationalsozialismus.

Hitler und seine Partei sahen von Anfang an hinter den Mächten, die Versailles zu verantworten hatten, einen weiteren, den eigentlich Schuldigen: das Weltjudentum. Diese Erfindung einer zentralen Verschwörerzentrale unterschied – zunächst jedenfalls – die Opfernarrative des italienischen Faschismus und des deutschen Nationalsozialismus. Demokratie und westliche Dekadenz als Feindbilder, beide manipuliert von jüdischen Verschwörern: mit dieser Weltsicht startete Hitler seine politische Karriere.

In seinem 1925 veröffentlichten Buch „Mein Kampf" wich Hitler – mehr noch als Mussolini – Fragen seiner persönlichen Sozialisation und seiner politischen Programmatik aus. Das Jahrzehnte später von Friedrich Heer in den Vordergrund gerückte katholische Milieu, das seinen Erziehungshintergrund bestimmte, ließ Hitler zur Seite. (Heer 1968, 15–38) Hitler war zwar in seiner Selbstdarstellung viel weitschweifiger als Mussolini, aber aus seinen ich-bezogenen Ausführungen ließ sich ebenso wenig etwas ableiten wie aus Mussolinis knapper Darstellung, was ein Aktions- und Regierungsprogramm genannt werden könnte. Hitler war, im Vergleich mit dem sich zunächst auf Leerformeln („Arbeit", „Disziplin") beschränkenden Mussolini, geradezu geschwätzig. Sein Wortschwall war aber ein Wust von Emotionalität – gerichtet auf das, was er, Hitler, hasserfüllt ablehnte. Seine verbalen Energien umfassten nichts, was als politisches Programm ernst genommen werden konnte; außer man nimmt das Fantasieren über einen deutschen Lebensraum „im Osten" für ein Programm.

Hier ist eine inhaltliche Parallele zum italienischen Faschismus überdeutlich: Dieser und der Nationalsozialismus definierten sich über ihre Gegner, und die waren Demokratie und Parlamentarismus. Was ihr Programm betraf, darüber schwiegen sich sowohl Mussolini als auch Hitler aus – wohl weniger weil sie etwas Substantielles verbergen wollten, sondern weil sie nichts Substanzielles vorzuweisen hatten.

Die deutsche Kapitulation des Jahres 1918 hatte Hitler, so in seiner Darstellung, entscheidend geprägt. Seine Interpretation der deutschen Niederlage und die Schlussfolgerung, die er daraus gezogen hat, formulierte Hitler so: „Kaiser Wilhelm II. hatte als erster deutscher Kaiser den Führern (gemeint waren Sozialdemokraten und Juden – A. P.) die Hand zur Versöhnung gereicht, ohne zu ahnen, dass Schurken keine Ehre besitzen. Während sie die kaiserliche Hand noch in der ihren hielten, suchte die andere schon nach dem Dolche. Mit dem Juden gibt es kein Paktieren, sondern nur das harte Entweder – Oder. Ich aber beschloss nun, Politiker zu werden." (Hitler 2016, 557)

Da ist sie, die Dolchstoßlegende. Die hatte Hitler nicht erfinden müssen, die hatte er vorgefunden. Er hatte das Narrativ des deutschen Nationalismus übernommen – zu einem Zeitpunkt, als er und seine Partei noch ein Randphänomen innerhalb des so viele bewegenden nationalistischen und revisionistischen Narratives waren. Aber er hatte noch eine besondere Interpretation hinzugefügt, die ebenfalls nicht neu, aber zu dieser Zeit noch keineswegs generell akzeptiert war: den Dolch führte der Marxismus – da hätten wohl auch die meisten die Dolchstoßlegende vertretenden deutschen Nationalisten noch zugestimmt. Aber der Marxismus war bei Hitler mit „dem Juden" gleichgesetzt. Dieser antijüdische Akzent, der in „Mein Kampf" immer wieder durchbricht, unterschied Hitler von Mussolini. Der wollte die Macht – im

Kampf gegen Demokratie und Sozialismus. Aber der „Jude“ war im italienischen Faschismus nicht die geheime Kommandozentrale, von der alles Übel ausging. „Den Juden“ gab es bei Mussolini nicht – noch nicht.

Die NSDAP hatte innenpolitisch anfangs ein schwierigeres Umfeld zu berücksichtigen als der italienische Faschismus. Mussolini hatte schon 1922 seiner Partei die Führungsrolle im Lager der Nationalisten erkämpft und damit auch den besten Zugang zu den Geldgebern, die zwar die Ordnung der parlamentarischen Monarchie nicht stürzen, sie aber wesentlich verändern wollten – getrieben von der Angst vor einer starken kommunistischen Partei und von nationalistischen Ressentiments. Hitler und seine Partei versuchten zwar ebenfalls, Antikommunismus und Nationalismus für sich zu nützen. Sie hatten aber im politisch rechten Lager der Gegner der demokratischen Republik keineswegs die dominante Stellung, die sich Mussolini in Italien in einer eben nur teilweise analogen Situation bereits erarbeitet hatte.

November 1923 – kein „Marsch auf Rom“

Hitler war in den Jahren, die der deutschen Kapitulation folgten, einer von mehreren Politikern, die sich berufen sahen, aber ohne Beruf waren. Hitler nützte das politische Gebräu höchst widersprüchlicher Interessen, um sich einen Namen zu machen. Seine Taktik war, mit noch mehr Extremismus und Radikalität innerhalb des nationalistischen Extremismus sich ein Alleinstellungsmerkmal zu sichern. Dabei kam Hitler die Bierhallen-Atmosphäre bayrischer Opposition gegen die einige Monate in München regierende Räterepublik zu Hilfe. Diese war eine demokratisch legitimierte Koalition aus „Mehrheitssozialisten“ (SPD) und unabhängigen Sozialisten (USPD). Diese Regionalregierung agierte keineswegs mit den Mitteln einer „Diktatur des Proletariats“, wie sie in Russland ausgerufen worden war und sich im russischen Bürgerkrieg durchzusetzen vermochte. Aber über der bayrischen Räterepublik schwebte der Verdacht, sie wäre ein Schritt in Richtung Bolschewismus.

Hitler war 1919 in München der kleinen Deutschen Arbeiterpartei beigetreten – einer von zumindest 15 Kleinparteien, die 1920 einander mit nationalistischer und antisemitischer Agitation das große nationalistische Wählersegment streitig machten. In dieser Partei entwickelte er ein besonderes Talent: Als Redner in Münchner Bierkellern konnte er mit Monologen, die gar nicht darauf gerichtet waren, Diskussionen zu provozieren, eine von nationalistischer Voreingenommenheit bereits aufgeheizte Atmosphäre noch weiter aufstacheln. Der Politiker Hitler war zunächst und vor allem ein Versammlungsredner, der die Kunst der Volksrede beherrschte. Er war ein Redner, der eine Technik perfektionierte, die man fast ein Jahrhundert später als „populistisch“ bezeichnen sollte: Er konnte bereits Überzeugte in ihrem

Glauben bestärken und diesen bis zur gewaltbereiten Ekstase steigern. (Kershaw, 1999, 137)

Hitler wurde bald die Nummer eins seiner Kleinpartei, und er sorgte auch dafür, dass sie umbenannt wurde – in Nationalsozialistische Deutsche Arbeiterpartei (NSDAP). Hitler war nicht nur Führer dieser Partei, er konnte auch Bündnisse schließen – mit Teilen des Bürgertums, das für die Finanzierung der Partei wichtig war; mit anderen radikalisierten Nationalisten, unter denen sich Erich von Ludendorff befand – neben Paul von Hindenburg der in Deutschland am meisten Bewunderte der deutschen Generäle, die 1918 kapituliert hatten, aber ihre Niederlage nicht eingestehen wollten. In dieser Atmosphäre – einem Gebräu aus Revanchismus, Antisemitismus und Antisozialismus – wuchs die NSDAP allmählich über die Enge einer Sektiererpartei hinaus. Hitler fand Zugang zu bürgerlichen Salons, er gewann an Respektabilität. Für viele gesellschaftlich Etablierte war die nie geliebte demokratische Republik schon am Ende – ihrer Legitimität beraubt durch Inflation und Wirtschaftskrise. Die Regierungen in Berlin waren für das Milieu, in dem Hitler sich allmählich heimisch fühlte, bloße Handlanger der Mächte, die Deutschland 1918 und 1919 gedemütigt hatten.

Das waren die Rahmenbedingungen, in denen sich Hitler und die NSDAP entschlossen, nach der Macht „zu greifen". Das erklärte Vorbild war Mussolinis „Marsch nach Rom". Hier war schon etwas im Entstehen begriffen, das wie eine Faschistische Internationale aussah und später Gestalt annehmen sollte: im Anti-Komintern-Pakt, im Stahlpakt und schließlich in der „Achse"; eine nationalistische und antidemokratische Internationale. Mussolinis Erfolg 1922 war Muster für das, was Hitlers Erfolg 1923 werden sollte. Doch – anders als Mussolinis Marsch, der eigentlich keiner war – war Hitlers und Ludendorffs realer Marsch durch München am 9. November 1923 kein Erfolg. Er war ein Fiasko. (Kershaw 1999, 208–212)

Hitler hatte die Entschlossenheit der bayrischen Staatsregierung unterschätzt, einen gewaltsamen Umsturzversuch zu unterbinden. Aber weder die Regionalregierung in München noch die Reichsregierung in Berlin nützten die am 9. November demonstrierte Wehrfähigkeit der Demokratie und die Niederschlagung des Putsches für eine konsequente rechtsstaatliche und politische Auseinandersetzung mit den Putschisten. Hitler und andere wurden zu Haftstrafen verurteilt, die aber eher einem bequemen Hausarrest glichen – einem Hausarrest, der freilich in einem Gefängnis zu absolvieren war. Hitler nützte die Haftzeit in Landsberg, seine politischen Kontakte zu intensivieren und sein Buch „Mein Kampf" zu verfassen – eine Mischung aus Autobiographie und Glaubensbekenntnis.

Die NSDAP war in den Jahren, die dem „Novemberputsch" folgten, nach außen hin erfolglos. Bis 1930 war sie kein ernstzunehmender Faktor im Parteienwettbewerb. Aber in dieser Zeit der politischen Niederlagen wurde die Partei zu der totalitären Führerpartei, die 1933 in wenigen Etappen die Weimarer Republik zerstören konnte: Adolf Hitler erhielt unbegrenzte innerparteiliche Autorität, die er auch gegen innerparteilichen Widerstand (etwa gegen Otto und Gregor Strasser) erfolgreich verteidigte. Die NSDAP baute ihre Parteimilizen aus – die Sturmabteilung (SA) und die SS (Schutzstaffel). Diese Schritte zur innenpolitischen Aufrüstung folgten dem Beispiel des in den Augen Hitlers noch immer leuchtenden Vorbild Mussolini.

In den Jahren nach dem gescheiterten Putsch war die NSDAP eine nur von wenigen ernst genommene Kleinpartei. Außerhalb der Partei selbst, die als Zwergpartei vernachlässigbar schien, hätte niemand daran gedacht, dass weniger als ein Jahrzehnt nach dem Scheitern von München Hitler Regierungschef und dann, innerhalb weniger Wochen, Diktator Deutschlands werden könnte. Dieser Aufstieg war vor allem auf zwei Faktoren zurückzuführen:

- der Wirtschaftskrise, die – wie überall in Europa und Nordamerika – die Arbeitslosigkeit explodieren ließ;
- den Verlustängsten des Groß- und den Abstiegsängsten des Kleinbürgertums, Ängste, die – anders als in Nordamerika, in West- und Nordeuropa – nicht von einer stabilen demokratischen politischen Kultur absorbiert werden konnten.

Die „Machtergreifung" der NSDAP war, wie der Aufstieg Mussolinis zum Regierungschef eines – noch – konstitutionellen und parlamentarisch eingebundenen Systems, vor allem das Resultat der Schwäche der Demokratie. Diese hatte, in Deutschland, mit der Verfassung von 1919 – der Verfassung von Weimar – der neuen Republik eine Form von hoher demokratischer Qualität gegeben; ähnlich der Verfassung der Republik Österreich von 1920. Aber eine demokratische Verfassung lebt von denen, die sie nützen. Und am Ende wurde die parlamentarische Demokratie des Königreiches Italien wie die Republik von Weimar ebenso wie die österreichische Demokratie zerstört: von innen und von oben.

Januar 1933: Die traditionellen Eliten glauben, sich Hitler kaufen zu können

Das groteske Fehlkalkül der Herren Alfred Hugenberg, Franz von Papen und Co., die sich Ende 1932 zusammengetan hatten, um Hitler zum Reichskanzler zu machen, basierte auf einer – rückblickend – völlig unverständlichen Fehleinschätzung des Nationalsozialismus. (Kershaw 1999, 396–423) Dass die reaktionären Kräfte, die Weimar und die Demokratie nie wirklich akzeptiert hatten, aus Angst vor der Linken (insbesondere der immer stärker werdenden KPD) bereit waren, die demokratische Republik durch ein autoritäres System zu ersetzen, entsprach ihrer Interessenlage; der entsprach auch, dass sie zwar den Mob der SA nicht unbedingt schätzten, aber bereit waren, für eine gewisse Zeit den üblen Geruch in Kauf zu nehmen, der Hitlers Schlägertruppen umgab. Sie dachten, die NSDAP wäre nützlich, um die Republik in ein autoritäres System zu verwandeln. Manche dachten an die Rückkehr des Kaiserreiches, und auch das Beispiel Mussolinis stand im Raum. Niemand dachte, dass Hitler – der trotz seiner Besuche in Bayreuth – nie wirklich „ganz oben“ akzeptiert worden war, für die Rolle einer Marionette ganz einfach nicht geeignet war. Er sollte die, die ihn benutzen wollten, zu Marionetten machen.

In ihrer Beschränktheit waren die Herren, die – mit Hilfe Hindenburgs, des Reichspräsidenten – Hitler an die Macht brachten, unfähig: unfähig, das Neue an der Hitler-Bewegung zu erkennen; unfähig, zu sehen, was eigentlich zu sehen war – dass die überall erkennbare Bereitschaft zur brutalen Gewalt von ihnen nicht zu kontrollieren wäre, sobald durch die Übernahme des Kanzleramtes Hitler den Anstrich von Legalität bekommen hatte. Die Beschränktheit der Intriganten führte zur völligen Zerstörung der deutschen Wirtschaft, die sie mit Hilfe des von ihnen benutzten Hitler retten wollten. Das Resultat war freilich paradox: von Papen beendete seine öffentliche Karriere als Angeklagter in Nürnberg, und die deutsche Wirtschaft stieg wieder auf – nicht mit Hilfe des Faschismus à la Hitler, sondern mit Hilfe der Politik der USA und des Marshall-Plans, vor dem Hintergrund des Kalten Krieges. Und: Die deutsche Wirtschaft stieg zu bis dahin unbekannter Höhe auf, unter den Rahmenbedingungen der Demokratie.

Hitlers Paten hatten sich in Hitler getäuscht – wie Vittorio Emanuele und die Herren der italienischen Industrie sich in Mussolini getäuscht hatten. Allerdings: Als Mussolini durch den von ihm nicht unbedingt gewollten, von ihm dennoch zu verantwortenden Weltkrieg am Abgrund stand, ließen ihn die traditionellen Eliten, die Reservemacht, einfach fallen. Hitler hatte da bereits dafür gesorgt, dass im Deutschen Reich keine Reservemacht bereitstand. Deshalb war auch das Ende des Faschismus à la Hitler um so vieles schrecklicher als das Ende des Faschismus à la Mussolini.

Bert Brecht, der einen dogmatischen Marxismus meisterhaft literarisch zu verarbeiten verstand, war ein politischer Missversteher. In „Schweyk im Zweiten Weltkrieg“ versetzte Brecht den tschechischen Überlebenskünstler und Alltagspazifisten vom Ersten in den Zweiten Weltkrieg. Am Ende des Stückes marschierte Schweyk, in deutscher Uniform, im Schneesturm auf Stalingrad zu – seinem Ende entgegen. Brecht ignorierte (vermutlich aus Unwissenheit – Brecht schrieb an seinem Schweyk 1943 im US-amerikanischen Exil), dass Tschechen – auch und gerade Tschechen aus dem deutsch besetzten „Protektorat Böhmen und Mähren“ – als Soldaten in der Deutschen Wehrmacht nicht willkommen waren. Der listige Überlebenskünstler Schweyk passte – seinem literarischen Erfinder Jaroslaw Hasek entsprechend – in eine k.u.k. Uniform. Schweyk hätte auch in die Uniform der tschechischen Polizei gepasst, die im Protektorat der deutschen Herrschaft dienstbar war. Aber die Uniform der Deutschen Wehrmacht hätte er deshalb nicht getragen, weil die deutschen Besatzer im Protektorat keine Tschechen als Soldaten rekrutierten.

Dass es um die politische Genauigkeit in Brechts Werk nicht immer schlecht bestellt ist, zeigt sich in seinem „Der aufhaltsame Aufstieg des Arturo Ui“. Hier wird Ui, der Mafia-Boss im Umfeld des Chicago der Prohibitionszeit, von den um ihre Privilegien bangenden Herren des Kapitals gekauft, um sich in deren Diensten die Hände schmutzig zu machen – im Interesse des Kapitals. Die Herren des Kapitals unterschätzten Arturo Ui – wie die Herren des deutschen Kapitals Hitler unterschätzten.

Als Kanzler versprach Hitler der seit 1918 unter Phantomschmerz leidenden deutschen Generalität eine massive Aufrüstung, unter offenem Bruch der im Vertrag von Versailles festgelegten Beschränkungen. Der Industrie versprach er massive Gewinne – durch öffentliche Investitionen, die zumindest ansatzweise dem wirtschaftswissenschaftlichen Denken John Maynard Keynes' und auch Franklin D. Roosevelts „New Deal" entsprachen: Investitionen in die Infrastruktur und insbesondere in die Rüstung sollten ein Wirtschaftswachstum erzeugen. Der „bürgerliche Mittelstand" konnte sich von dem offen angekündigten Raubzug gegen „das Judentum" etwas erwarten. Und die Arbeiterschaft? Das durch die Investitionen erzielte Wirtschaftswachstum führte zu einem signifikanten Rückgang der Arbeitslosigkeit. Der Arbeiterschaft wurden die freien Gewerkschaften genommen, aber eine von Staat und Partei geführte „Deutsche Arbeitsfront" sorgte für Unterhaltung und Urlaub. Dass der 1. Mai, der Kampftag der Arbeiterbewegung, von Hitler zum Staatsfeiertag erklärt wurde, demonstrierte das Verkaufstalent des neuen Regimes.

Alle schienen zu gewinnen – nur nicht „die Juden". Die wurden zunächst aus dem öffentlichen Dienst ausgeschlossen, und bald ganz aus dem öffentlichen Leben verdrängt. Was dann folgen sollte, das waren Vertreibung und Ausmordung.

Wer noch zu gewinnen war, das waren die Kirchen. Von den beiden großen Kirchen in Deutschland war die von der Tradition Martin Luthers geprägte Evangelische Kirche für Hitler das kleinere Problem. Der vor allem im Norden und Osten (dem preußischen Kernland) dominierende Protestantismus verstand sich einerseits als patriotisch, andererseits als unpolitisch. Die Neigung, jede sich national darstellende Regierung zu akzeptieren, ja sie zu unterstützen, war der Evangelischen Kirche immanent.

Schwieriger war es für Hitler, die Katholische Kirche, mit der er ja in seiner Kindheit persönlich verbunden gewesen war, zu einer freundlichen, jedenfalls nicht feindlichen Haltung zu bewegen. Der Katholizismus, vor allem im Rheinland, in Bayern und in Schlesien gesellschaftlich fest verankert, war auch ein politischer Faktor: Im 1933 gewählten Reichstag waren die katholische Zentrumspartei und die Bayrische Volkspartei Akteure, deren Hilfe Hitler brauchte: für die Weiterentwicklung seiner zunächst noch verfassungsrechtlich legitimen Regierungsmacht zur Einparteien- und Einpersonendiktatur. Dafür brauchte Hitler den Anschein von Legalität.

Die Reichstagswahl vom 5. März 1933 stand unter dem Zeichen des Reichstagsbrandes. Der Brand vom 27. Februar wurde zum Anlass genommen, die Gefahr eines kommunistischen Putsches an die Wand zu malen. Durch eine Verordnung des Reichspräsidenten wurde die Struktur der KPD zerschlagen und damit war die Partei an Auftritten in der letzten Woche des Wahlkampfes gehindert. Das Wahlergebnis brachte der NSDAP einen Erfolg, aber nicht in dem erwarteten Ausmaß: Sie erhielt mit 43,9 Prozent der Stimmen eine deutliche relative, nicht aber die absolute Mehrheit. Mit Hilfe des „Kampfbundes Schwarz – Weiß – Rot", den Hitlers deutschnationale Verbündete rund um Hugenberg gebildet hatten und der 8,0 Prozent erhielt, verfügte Hitler über eine knappe einfache Mehrheit.

Für den Plan, durch ein Ermächtigungsgesetz die republikanische Verfassung auszuhebeln und damit – unter Wahrung des Anscheins von Rechtsstaatlichkeit – die Diktatur zu ermöglichen, war eine Zweidrittel-Mehrheit notwendig. Zwar wurden der KPD, die 12,3 Prozent der Stimmen erhalten hatte, alle Mandate aberkannt. Aber zwischen der noch demokratischen Wirklichkeit und der scheindemokratischen Zerstörung der Demokratie durch ein Verfassungsgesetz stand der Block der beiden katholischen Parteien. Das Zentrum und die Bayrische Volkspartei waren mit 14,0 Prozent die drittstärkste Fraktion – nach den 18,3 Prozent der SPD. Da die SPD dem geplanten Ermächtigungsgesetz, das der Regierung alle Macht geben und den Reichstag bedeutungslos machen sollte, nicht zustimmen würde, hing die Umwandlung der Demokratie in eine Diktatur vom Verhalten der politischen Kräfte des deutschen Katholizismus ab. (Kershaw 1999, 438 f., 465–468)

Die Beziehung zwischen Katholischer Kirche und dem deutschen Staat war durch eine rechtliche Zersplitterung gekennzeichnet: Es gab kein Konkordat, das völker- und staatsrechtlich die Beziehungen zwischen der Kirche und dem Deutschen Reich geregelt hätte. Es gab Konkordate mit einigen der deutschen Länder. Es gab daher auch keine diplomatischen Beziehungen zwischen dem Vatikan, also dem Papst, und dem Reich. Diplomatische Beziehungen existierten aber zwischen einzelnen deutschen Ländern und dem Vatikan. Es gab daher auch weder einen deutschen Botschafter beim Vatikan, noch einen Nuntius in Berlin. Allerdings gab es solche diplomatischen Vertretungen in Hauptstädten einzelner Länder.

Eugenio Pacelli war Nuntius in München gewesen, als 1918 der deutsche Kaiser abdankte, in Berlin die Deutsche Republik und bald danach in Bayern eine Räterepublik ausgerufen wurde. Pacelli nahm diese Erfahrung mit nach Rom, in seine neue Funktion als Kardinal-Staatssekretär, als Außenminister des Vatikans. Die Erfahrungen mit dem 1929 abgeschlossenen Konkordat mit Italien – den Lateranverträgen – bestärkten Pacelli in seiner Orientierung, die Interessen seiner Kirche durch Konkordate zu sichern. Mit dem Deutschen Reich gab es aber kein Konkordat, und so zielte die Politik des Vatikans darauf ab, die in den einzelnen deutschen Ländern sehr unterschiedlich geregelten Beziehungen zwischen Staat und Kirche zu vereinheitlichen – durch ein Reichskonkordat.

Das Interesse des Vatikans an einem solchen Konkordat gab Hitler nun die Chance, Druck auf die Zentrumspartei auszuüben. Diese Partei war zunächst nicht bereit, einem Ermächtigungsgesetz zuzustimmen, das die Abschaffung des Parlamentarismus und damit das Ende der ja auch vom Zentrum mit geschaffenen, demokratischen Republik bedeutete. Hitler nutzte den Vatikan, um auf die Zentrumspartei Druck auszuüben – nach dem Muster „tausche Konkordat gegen Ermächtigungsgesetz". Und so kam es auch: Gegen den Widerstand prominenter Politiker des Zentrums – darunter der frühere Reichskanzler Heinrich Brüning – stimmte das Zentrum 1933 für das Ermächtigungsgesetz und verhalf Hitler, durch die nun gegebene Zweidrittel-Mehrheit im Reichstag, die Errichtung der Diktatur verfassungsrechtlich zu legitimieren.

Der Zentrumspartei wurde dafür nicht gedankt – sie musste sich bald danach auflösen. In Hitlers Einparteienstaat war kein Platz für eine andere Partei als die NSDAP; auch nicht für eine Partei, die ihm geholfen hatte, durch die Verabschiedung des Ermächtigungsgesetzes den Schein zu wahren. Gedankt aber wurde dem Vatikan: durch die Unterzeichnung des Reichskonkordats am 8. Juli 1933. (Cornwell 1999, 130–156) Hitler hatte die Katholische Kirche ruhiggestellt, die Stimme des Politischen Katholizismus eliminiert und konnte sich nun – bei Auseinandersetzungen mit katholischen Organisationen in Deutschland – auf den Vatikan berufen: Der Raum, der den Kirchen blieb – der katholischen und der evangelischen –, war der Raum innerhalb der Kirchen. Der öffentliche Raum gehörte nun der Monopolpartei, mit direkter oder vom Konkordat ableitbarer indirekter Zustimmung des Vatikans.

Bis 1945 regte sich daher auch von Seiten der Katholischen Kirche kein signifikanter Widerstand gegen Hitlers totalen Staat – jedenfalls nicht von den deutschen Bischöfen. (Zahn 1965) Der Bischof von Münster protestierte zwar gegen die „Euthanasie", gegen die Ermordung von Menschen mit Behinderung. Aber einen offenen oder auch irgendwie erkennbaren Protest gegen den Holocaust wagten die Bischöfe nicht. Und gelegentlich ließen Bischöfe auch die Glocken ihrer Kirchen läuten, wenn es darum ging, den Sieg der deutschen Waffen zu feiern.

Juni 1934: Arturo Ui, unchained

Die als „Röhm Putsch" etikettierten Ereignisse des Juni 1934 waren kein Putsch, der sich gegen die Reichsregierung gerichtet hätte. Hitler hatte sich entschlossen, seine persönliche Macht auszubauen. Die Voraussetzung dafür war, die zunächst noch verbliebene potentielle Reservemacht – den Reichspräsidenten und die Reichswehr – fest an sich zu binden. Im Sommer 1934 war Paul von Hindenburg, dem Sterben nahe, auf seinem Gut in Ostpreußen. Hitler als Reichskanzler war dem Reichspräsidenten nachgeordnet. Um die gesamte Staatsmacht in die Hände zu bekommen, musste er vermeiden, dass ein eventuell weniger berechenbarer, weniger steuerbarer Nachfolger, als dies Hindenburg war, das Amt des Staatsoberhauptes besetzen könnte. Deshalb musste er selbst Präsident werden – und gleichzeitig das

Kanzleramt behalten. Die von der Verfassung von Weimar bewusst geschaffene duale Exekutive – das Neben-, Mit- und eventuelle Gegeneinander von Präsident und Kanzler – musste beseitigt werden.

Dieses Ziel wollte er durch ein Bündnis mit der anderen Reservemacht erreichen: mit der durch den Vertrag von Versailles extrem kleingehaltenen Reichswehr. Hitler konnte damit rechnen, die Führung der Reichswehr auf seine Seite zu ziehen, wenn er den Streitkräften eine massive Aufrüstung in Aussicht stellte – mit anderen Worten, einen Bruch des Vertrages von Versailles.

Die Reichswehrführung war unter dieser Voraussetzung bereit, Hitlers Griff nach der gesamten Exekutivgewalt zu unterstützen – freilich unter einer Bedingung: Das Offizierskorps der Reichswehr fühlte sich von der SA bedroht. Die vom „Stabschef" Ernst Röhm geführte Miliz, zunächst als Schlägertruppe ein in der Innenpolitik eingesetztes Instrument, hatte höhere Ambitionen. Röhm hatte erkennen lassen, dass er die SA als „Volksheer" in Konkurrenz und – auf längere Sicht – auch als Alternative zur Reichswehr sah. Röhms revolutionäre Rhetorik ließ auch die konservativen Kräfte, die Hitlers „Machtergreifung" 1933 gefördert hatten, unruhig werden. Um die Reichswehr für seine Pläne zu gewinnen, musste Hitler den SA-Chef loswerden.

Hitler suchte die Unterstützung von Personen in der Parteiführung, die aus unterschiedlichen Gründen ebenfalls an einer Beseitigung Röhms interessiert waren. Vor allem die SS und deren „Reichsführer" Heinrich Himmler waren höchst interessiert, die SA in der Rolle der ersten Parteimiliz abzulösen. Und so konnte Hitler mit der Unterstützung der SS, aber auch mit der Hermann Görings und Joseph Goebbels einen Putsch erfinden, den es gar nicht gab – und so eine Gefahr konstruieren, die Hitler die Zerschlagung der SA ermöglichte. Auf diese Weise konnte er das Vertrauen der Reichswehr gewinnen und die gewünschte Zusammenführung der Ämter des Reichspräsidenten und des Reichskanzlers erreichen.

Doch Hitler nutzte den erfundenen Putsch nicht nur zur Ermordung Röhms und seiner engsten Gefolgsleute. Hinter der Nebelwand des „Putsches" vom 30. Juni 1934 wurden andere potentielle Hitler-Gegner ermordet. Hitler ließ morden – alle, die ihm aktuell im Weg standen; und alle, die ihm in Zukunft im Weg stehen könnten.

Das konsequent radikale Vorgehen Hitlers war von einer Qualität, die über die von Mussolini beanspruchte Rücksichtslosigkeit hinausging: Die SS-Mörder hatten nicht nur den letzten Reichskanzler vor Hitler erschossen, General von Schleicher, sondern auch dessen Frau. Gregor Strasser, Jahre hindurch ein wichtiger Gefolgsmann Hitlers – der nicht Mitglied der SA war, sich aber von Hitler politisch entfernt hatte – musste sterben. Menschen wurden ermordet, die nur auf Grund einer Namensverwechslung auf der Liste der Mordkommandos standen. Ein enger Mitarbeiter von Vizekanzler von Papen wurde ermordet. Dass Franz von Papen trotz dieser auch seinen Mitarbeiterkreis betreffenden Mordtaten noch weiterhin

Hitler zu Diensten stand, als diplomatischer Vertreter zunächst in Wien und dann in Ankara – das zeigt, wie sehr sich Hitlers Machtanspruch und Machtgebrauch auf die Zustimmung von weiten Kreisen der deutschen Zivilgesellschaft stützen konnte. (Kershaw 1999, 505–517)

Der sterbende Reichspräsident, durch gesteuerte Informationen manipuliert, gratulierte Hitler zu seinem angeblich notwendigen mörderischen Verhalten. Dann hatte Hindenburg seine Pflicht getan und starb. Die Reichsregierung, ausgestattet mit den Vollmachten des Ermächtigungsgesetzes, änderte die Verfassung – der Reichskanzler wurde Reichspräsident. Hitler war nun „Führer und Kanzler des Deutschen Reiches". Und die Reichswehr leistete ihren Schwur auf Adolf Hitler.

Ein Reichspräsident, der unter bestimmten Voraussetzungen die Rolle Vittorio Emanueles hätte spielen können, war als potentielle Reservemacht nun nicht mehr vorhanden. Die Reichswehr war durch Hitlers Aufrüstungspläne korrumpiert – von deren Führung konnte Hitler kaum noch irgendeine Gefahr erwarten. Allerdings zeigten Ereignisse von 1938 (die Affären um Blomberg, Fritsch, Beck) und die Beteiligung führender Generäle am Putschversuch vom 20. Juli 1944, dass die zur Wehrmacht weiterentwickelte Reichswehr noch immer ein mögliches Gefährdungspotential darstellte. (Kershaw 2001, 49–60)

Die als „Nacht der langen Messer" in die Geschichte eingegangenen Ereignisse des 30. Juni 1934 zeigten die Gewaltbereitschaft der NSDAP und ihres Führers – aber ebenso eine Strategie, die auf ein einziges Ziel hinauslief: auf die Eroberung der uneingeschränkten Macht für Hitler und die Partei. Opfer von Hitlers Brutalität waren die Führer der SA, die wegen ihrer antibürgerlichen, oft sozialistischen Rhetorik als der „linke" Flügel der NSDAP gesehen wurde; Opfer waren aber auch Konservative, wie General Kurt von Schleicher und wie Katholiken aus dem Umfeld von Papens. Dass Hitler in so unterschiedliche Richtungen morden ließ, könnte den Anschein einer ungeordneten, ja anarchischen Gewaltexplosion erwecken. Aber die Gewalt, die sich da am 30. Juni zeigte, war kühl kalkulierte und strategisch eingesetzte: Die Ausschaltung der SA-Führung war der Preis für das Wohlwollen der Reichswehr und eine Voraussetzung, dass Hitlers Griff nach dem Reichpräsidentenamt so glatt über die Bühne gehen konnte. Und die Morde an Konservativen, die zum Teil ja auch Hitlers Berufung zum Reichskanzler ermöglicht hatten, war ein Warnsignal an alle, die da meinten, die nationalsozialistische Diktatur könnte doch noch irgendwie in ein Regelwerk eingebunden werden. (Evans 2005, 20–41)

Der Hitler, den sich die Hugenbergs und von Papens mit Zustimmung Hindenburgs kaufen wollten, damit er die ihren Interessen entsprechenden schmutzigen Aufgaben erledigen könnte, hatte sich freigespielt. Hitler zeigte sich als überlegener Gangster. Er beherrschte nun die, die ihn gemacht hatten; wie auch der Gangster Arturo Ui die überlisten konnte, die ihn gerufen hatten. Aber anders als Ui hatte Hitler eine ganz besondere Agenda, die Hugenberg und von Papen zwar sehen, aber nicht ernst nehmen wollten. Es war eine totale Zerstörungsagenda – und das entsprach weder der des Arturo Ui, wie ihn Brecht gezeichnet hatte, noch den Intentionen der feinen Herren aus den vornehmen Clubs der deutschen Industrie. Arturo Ui war ein rational agierender Gangster, der Vor- und Nachteile kühl zu kalkulieren verstand. Ui war ein mörderischer Zerstörer – aber er war kein Selbstzerstörer.

Nach Hindenburgs Tod im Sommer 1934 war Hitler nun Gesetzgeber und Gesetzesvollstrecker zugleich – abgesichert durch die nur ihm gegenüber loyale Einheitspartei und legitimiert durch das Ermächtigungsgesetz von 1933. So war er in die Lage versetzt, den inhaltlichen Kern seines ideologischen Programms umzusetzen. Er war Alleinherrscher eines großen Staates – Inhaber einer Machtfülle, die der Mussolinis glich; und, über Mussolini hinaus, hatte er keine Reservemacht mehr zu fürchten, die zumindest potentiell als Kontrolle der auf eine Person zugeschnittenen Macht agieren hätte können.

Mussolini und Hitler hatten alle Macht in einer und über eine Partei; und diese hatte alle Macht im und über den Staat erobert. Nun konnte Hitler niemand daran hindern, seinen psychopathologischen Judenhass zu einer für ganz Deutschland geltenden Norm zu machen. Die Logik einer völlig unkontrollierten Herrschaft machte es möglich, eine paranoide Wahnidee zur politischen Richtschnur in einem der größten, einem der technisch-zivilisatorisch fortgeschrittensten Staaten zu machen. Der Wahn einer Person wurde zur Grundnorm des Deutschen Reiches. Ein solcher Wahn war dem Gangster Arturo Ui völlig fremd.

Hitlers paranoide Fixierung auf das internationale Judentum war nicht faschistisch – sie war nationalsozialistisch; sie war zentral für die Bewegung, die durch Hitler zur Herrschaft gelangte; zur Herrschaft, die jetzt von diesem einen Mann in uneingeschränkter Willkür mit Inhalt gefüllt werden konnte. Dass dies möglich war, das ist wohl faschistisch zu nennen. Faschistisch war, dass dieser in jeder Hinsicht gescheiterte Oberösterreicher, der nach Jahren der Erfolglosigkeit in Wien und München erst in den Schützengräben der deutschen Westfront so etwas wie eine persönliche Identität hatte gewinnen können, seine persönliche Fixiertheit auf einen erfundenen Feind politisch umzusetzen vermochte. Das war die logische Konsequenz des Führerprinzips: Der Führer konnte seine Phantasien, seine Ideale unbehindert realisieren.

Aber Hitler hätte auch die Umleitung aller Flüsse des Deutschen Reiches diktieren oder seinen Vegetarismus zum Reichsgesetz erheben können: Dass seine Paranoia auf die Vernichtung des „Weltjudentums“ gerichtet war, das war nicht faschistisch. Allerdings: Diese inhaltliche Ausfüllung seiner Allmacht war auch kein Zufall. Die Geschichte des österreichischen und des deutschen, des europäischen, des christlichen Antisemitismus zeigt, dass der Boden aufbereitet war – für diese Besonderheit des deutschen Faschismus. Der Nationalsozialismus war a priori mit einem Inhalt ausgefüllt – anders als der italienische Faschismus, anders auch als der österreichische oder der spanische Halbfaschismus. Der Nationalsozialismus hatte ein Ideal, und das führte zum Holocaust – mit innerer Logik. Dem italienischen Faschismus fehlte ein solches Ideal, wie auch den autoritären Systemen in Österreich oder Spanien oder der totalitären Militärdiktatur Japans.

Die Nürnberger Rassengesetze, verkündet bei einer Sondersitzung des Reichstages in Nürnberg am 15. September 1935, waren die Fortsetzung einer systematischen Entrechtung (Ausschluss vom öffentlichen Dienst – Gesetz vom 7. April 1933); von verordneten Boykottmaßnahmen gegen jüdische Geschäfte; von persönlicher Gewalt gegen Jüdinnen und Juden, Gewalt, die von der Polizei nicht nur toleriert, sondern von ihr betrieben wurde; von antijüdischer Denunziation in Presse, Funk und Film. Aber wer war im Sinne dieses Gesetzes Jüdin oder Jude?

Nach den Nürnberger Gesetzen waren „Volljuden" Personen jüdischen Glaubens und Personen mit drei oder vier jüdischen Großeltern. „Volljuden" war die Eheschließung mit Nicht-Juden verboten, „Mischlingen" war dies mit einer besonderen Erlaubnis möglich. „Mischlinge ersten Grades" waren Menschen mit zwei jüdischen Großeltern, „Mischlinge zweiten Grades" Menschen mit einer jüdischen Großmutter oder einem jüdischen Großvater.

Diese Begrifflichkeit zeigt den Hintergrund, von dem der Nationalsozialismus ausging: Es war die Übertragung der Kategorien der Zoologie auf die Anthropologie: „Rasse", ein Begriff der zoologischen Forschung, wurde für die Kategorisierung von Menschen übernommen. Unterschiede wurden nötigenfalls erfunden und verallgemeinert – und für unveränderbar erklärt. Unterschiede wurden durch Erfindungen ergänzt – durch die Erfindung von Blut und Rasse. Die „rassischen" Differenzen wurden aber nicht nur beschrieben, sie wurden auch ideologisiert – im Sinne einer wertenden Rangordnung. An der Spitze stand die eigene „Rasse", die in unsystematischer Weise abwechselnd als „arisch" oder „germanisch" oder „deutsch" etikettiert wurde.

Charles Darwins aus der Tierwelt gewonnenen Erkenntnisse wurden auf die Menschenwelt übertragen und in die Politik übernommen – zur Rechtfertigung des unausweichlichen Kampfes aller gegen alle; eines chaotischen Urzustandes, der nur durch den oder die Stärksten unter Kontrolle gebracht werden kann. Darwin wurde mit Thomas Hobbes „Leviathan" vermischt, um sich selbst – das eigene Volk, die eigene Partei, den Führer – als den strengen, aber auch gerechten Vollzieher der ehernen Logik der Natur darzustellen. Diese Ideologisierung eines pseudonaturwissenschaftlichen Ansatzes wurde auch zur Begründung des Holocausts genutzt, wie Heinrich Himmlers Ausführungen in Posen im Oktober 1943 zeigen sollten.

Eine, ja den zentralen Punkt in Darwins Erkenntnissen ignorierte dieses als „Theorie" firmierende, eigentlich von Anfang an als dümmlich-naiv erkennbare Amalgam: die Fähigkeit der biologischen Spezies, sich anzupassen und weiterzuentwickeln. Dass Jüdinnen und Juden schon so waren und immer so sein werden, wie sie der Rassenantisemitismus zeichnet, widerspricht ebenso Darwins Denkansatz wie die Vorstellung von der zeitlosen Überlegenheit der „Arier". Der Sozialdarwinismus Hitlers und seiner Partei war auf eine nicht schlüssige Weise höchst selektiv – und damit kein Darwinismus, weil aus Darwins Erkenntnissen nur das ausgewählt wurde, was der bestehenden Voreingenommenheit entsprach.

War das spezifisch nationalsozialistisch oder faschistisch? Nein – denn die „Rassenlehre“ von der unveränderlichen Ungleichheit und Ungleichwertigkeit biologisch definierter Gemeinschaften gab es schon lange vor Hitler. Aber die Konsequenz, mit der diese „Lehre“ im „Dritten Reich“ umgesetzt wurde, lässt sich bei keinem anderen Herrschaftssystem feststellen.

Die Nürnberger Gesetze zwangen alle Menschen im Deutschen Reich zum Nachweis ihrer Abstammung – zum „Ariernachweis“. Da der Begriff „Jude“ im Denken des Nationalsozialismus eine Frage der „Rasse“ und des „Blutes“ war, deren Messbarkeit sich aber – mangels wissenschaftlicher Konsistenz – nicht möglich war, musste auf die Dokumente von Eheschließungen einer oft weit zurückliegenden Vergangenheit zurückgegriffen werden. Die Absurdität des „rassischen“ Antisemitismus wurde hier deutlich – denn in diesen Dokumenten war das Religionsbekenntnis, nicht aber die „Rasse“ dokumentiert. (Evans 2005, 536–554)

Das war von einer derartigen Unsinnigkeit, dass es die Hitler-Gegner nicht begreifen konnten, was sich da abspielte. Viele wollten darunter nur eine Charade des Kapitalismus sehen, ein Manöver, das von der Krisenanfälligkeit des Kapitalismus ablenken sollte. Aber darum ging es nicht – es ging um eine phantastische Vision, die der Idealist Hitler umzusetzen vermochte. Und es sollte natürlich nicht bei dem Pseudo-Biologismus der Nürnberger Gesetze bleiben.

Der NS-Staat: Idealtypus eines totalitären Systems?

1951 veröffentlichte Hannah Arendt das Buch, das der Startschuss für eine über viele Jahrzehnte laufende Debatte war. Arendts Buch zersetzte das Gerede vom „totalen Staat“ à la Mussolini und vom „totalen Krieg“ à la Goebbels, indem sie nach den beobachtbaren, beschreibbaren, intersubjektiv nachvollziehbaren und damit objektiven Elementen des Totalitarismus fragte – und diese Fragen auch zu beantworten versuchte.

„Sowohl die gute Gesellschaft, verkörpert in den Ruhrindustriellen und Herrn von Papen, als auch der Mob, verkörpert in dem Führer der SA, Hauptmann von Röhm, beurteilten die Nazibewegung nach ihren Anfängen und glaubten, es mit nichts anderem als einem pöbelhaften oder abenteuerlustigen Gesindel zu tun zu haben; sie übersahen das eigentlich Neue an einem Typus wie Hitler und die Tatsache, dass die Massen, die hinter ihm standen und ihn trugen, eine ganz andere Mentalität und ganz andere Bedürfnisse zeigten als der Mob, den sie zu kennen meinten.“ (Arendt 1995, 514 f.)

Hitler – ein neuer Typus? Ja, vielleicht wie Mussolini – aber Dollfuß und Franco waren keine neuen Typen, und auch nicht Salazar. Dollfuß, Franco, Salazar waren

Personen, die den am Status Quo orientierten Eliten vertraut waren – der erste ein katholischer Aufsteiger aus dem Agrarmilieu, der zweite aus der Offizierskaste kommend, der dritte ein konservativer, betont katholischer Intellektueller – so wie auch Dollfuß' Nachfolger Schuschnigg. Die „Machtergreifung" der NSDAP kann nur sehr eingeschränkt als repräsentativ für die Faschismen der Zeit gelten, und auch Hitler als Typus war eher die Ausnahme als die Regel innerhalb der Diktatoren seiner Zeit.

„Das beunruhigende Bündnis zwischen Mob und Elite, die merkwürdige Koinzidenz ihrer Überraschungen und Bestrebungen hatten ihren Ursprung in dem Umstand, dass innerhalb des Zerfalls des Nationalstaats und der Klassengesellschaft diese Schichten teilweise als erste sozial und politisch heimatlos geworden waren. Sie fanden so leicht, wenn auch nur vorübergehend, zueinander, weil sie beide fühlten, dass sie repräsentativ waren für das Schicksal der Zeit ..." (Arendt 1995, 541)

Die soziale und politische Heimatlosigkeit in einer Zeit, in der die gewohnte Ordnung nicht mehr Sicherheit zu geben vermochte, kann als Erklärungsansatz für den Aufstieg des Faschismus generell und nicht nur des Nationalsozialismus gelten. Diese Erklärung weist auf die Wiederholbarkeit des Faschismus in den verschiedensten Erscheinungsformen, etwa auch in der des Populismus des 21. Jahrhunderts.

Die Merkmale der totalen Herrschaft des Nationalsozialismus fasste Arendt mit dem Wort „total" zusammen – total verstanden als offen erklärter und umgesetzter Monopolanspruch: totalitäre Bewegung, totalitäre Propaganda, totalitäre Organisation. Es gibt nur eine, zentral gesteuerte, von gleichgeschalteten Medien vermittelte Botschaft; es gibt nur eine einzige Sicht der Geschichte; es gibt nur eine einzige Wahrheit. Und: Im Hintergrund steht auch keine Reservemacht wie der italienische König. Die totale Herrschaft im Staat wird durch den Terror gesichert, der von der Geheimpolizei und dem jeder rechtsstaatlichen Kontrolle entzogenen System der Konzentrationslager abgesichert wird. (Arendt 1995, 546–731)

Arendts Buch baute auf der 1951 bereits vorhandenen Evidenz des NS-Staates auf. Vor allem der Nürnberger Prozess hatte eine Fülle von Material gesichert, das nun der wissenschaftlichen Analyse zur Verfügung stand. Aber Arendt hatte sich dazu entschlossen, ein weiteres System totaler Herrschaft auszuleuchten – das der UdSSR. Anders als über den Nationalsozialismus war die Quellenlage über die Sowjetunion 1951 eine vergleichsweise dürftige. Dass Arendt Hitler-Deutschland und den Stalinismus als exemplarische Fälle für ihr Buch nutzte, musste zu Kontroversen führen – in einer Zeit, als der Korea-Krieg den Ost-West-Konflikt zu einem Höhepunkt geführt hatte. Hannah Arendt setzte diese beiden Systeme nicht gleich, aber sie war den Analogien zwischen der einen und der anderen Herrschaft auf der Spur – und wurde deshalb immer wieder bezichtigt, Hitler und Stalin gleichzusetzen. Das war eine Vereinfachung von Arendts Analyse: Arendts Buch war kein Teil antikommunistischer Propaganda – aber so wurde Arendt immer wieder missverstanden. Eric Hobsbawm etwa stellte fest, „Totalitarismus" sei zu einem

Begriff geworden, der fast ausschließlich zur Charakterisierung kommunistischer Systeme verwendet wurde. (Hobsbawm 1996, 112)

Das war weder Arendts Intention, noch lässt ihr Buch eine so reduzierte Interpretation zu. Arendt ging es zuallererst um den Nationalsozialismus: um den absoluten Führerstaat, der keine politische Autonomie unterhalb Hitlers zuließ – also auch keine Reservemacht; um den absoluten Einparteienstaat; um die maximale Repression gegen alle, die auch nur potentiell der absoluten Herrschaft gefährlich werden könnten; um die Etablierung einer Terror verbreitenden Geheimpolizei, die zwar geheim agierte, aber deren Allgegenwart eben nicht geheim war; um die Einrichtung eines Komplexes von Lagern, die völlig unabhängig von Justiz und Rechtssprechung existierten; um die totale Indienstnahme der Justiz für die von oben diktierten politischen Zwecke – am deutlichsten sichtbar bei den Verhandlungen des „Volksgerichtshofes"; um die Reduktion staatlicher Institutionen zu Tribünen zur Darstellung der totalen Macht – wie die nur seltenen Sitzungen des Reichstages, der nicht einmal als Scheinparlament noch wahrgenommen werden konnte; um die Nutzung quasi-religiöser Massenveranstaltungen (etwa der Reichsparteitage in Nürnberg) im Sinne eines gesellschaftlichen Opiats; um die plebiszitäre Manipulation der Öffentlichkeit – zur Aufhetzung gegen existierende oder erfundene, innere und äußere Feinde: Das waren die Merkmale totaler Herrschaft.

Das alles war kein Alleinstellungsmerkmal des NS-Staates. Das alles war auch schon1951 eine erkennbare Realität in der UdSSR, mit ihrem Lagersystem („Gulag") und mörderischen Schauprozessen. Und das sollte auch zur Realität der Volksrepublik China werden – jedenfalls zur Zeit der maoistischen „Kulturrevolution". Im 21. Jahrhundert entspricht ebenfalls eine sich auf den Marxismus-Leninismus berufende staatliche Herrschaftsordnung den Kriterien totaler Herrschaft – Nordkorea.

Was das Alleinstellungsmerkmal des nationalsozialistischen Totalitarismus war, das war Arendt zwar grundsätzlich bekannt, aber in seinen Dimensionen noch nicht voll erfassbar: der Holocaust. Dem sollte sie in Jerusalem begegnen, in Form der Person Adolf Eichmanns. Der Holocaust war nicht faschistisch und nicht stalinistisch und nicht maoistisch. Er war nationalsozialistisch. Seine Planung und Durchführung vollendete den totalen Herrschaftscharakter des NS-Staates. Der Holocaust beanspruchte und praktizierte die Herrschaft über Leben und Tod von Millionen Menschen – ohne jeden Bezug auf deren Tun und Lassen, deren Nützlichkeit und Verwendbarkeit. Die absolute Entscheidung über Leben und Tod von Menschen, die nicht vermeintliche oder reale Gegner des Regimes waren; die Ermordung nicht von „unnützen Essern", die aus Kostengründen zu beseitigen wären; die „Ausrottung" von Völkern, deren Präsenz den eigenen Kolonisierungsansprüchen im Wege standen. Die Erstmaligkeit des Holocaust bestand in der vollkommenen Abkoppelung des Massenmordes von jedem ökonomischen oder militärischen oder sonst wie nachvollziehbaren Kalkül: Der Judenmord war kein

Mittel zu irgendeinem Zweck. Er war Selbstzweck. Das war der Nationalsozialismus; das war die Perfektion des totalen Staates. Das war Faschismus plus, und das war Totalitarismus plus.

Der totale Staat – und nicht nur der nationalsozialistische – war aber vom Virus der nicht intendierten Selbstzerstörung befallen. Diesem Virus konnte und kann offenbar die Volksrepublik China entgehen, weil sie in der post-Mao-Ära das Ausmaß an Totalitarismus zurückschrauben konnte. Aber der nationalsozialistische „Totalitarismus plus" wurde von dem Virus voll erfasst, fand keinen Weg zurück und zerstörte sich selbst. Der Faschismus à la Mussolini konnte seinen ausufernden Eroberungszwang nicht unter Kontrolle bringen: Dieser hatte Italien in den Krieg geführt, und dessen Misserfolg zwang die Reservemacht zum Handeln. Die Zerstörungsenergie des faschistischen Italien wurde von innen gestoppt – freilich erst im Gefolge der von den Alliierten demonstrierten militärischen Übermacht. Die Zerstörungsenergie des nationalsozialistischen Deutschland aber konnte durch keine Reservemacht gestoppt werden. Das Ergebnis war nicht nur die totale Selbstzerstörung des Nationalsozialismus als System, sondern auch die Zerstörung Deutschlands.

September 1939, Juni und Dezember 1941 – der Weg in die Selbstzerstörung beginnt

Das Jahr 1938 führte das nationalsozialistische Deutschland auf den Gipfel seiner Erfolge: Österreich war „angeschlossen". Schon davor waren mit dem Bruch der Rüstungsbeschränkungen und der Besetzung des entmilitarisierten Rheinlandes weitere Pfeiler des Systems der Pariser Friedensverträge zum Einsturz gebracht worden. Im Herbst 1938 wurden, als nächster Schritt zunächst noch in Richtung Erfolg, der Tschechoslowakei die Gebiete abgepresst, die 1919 dem demokratischen Österreich verweigert worden waren: die mehrheitlich von Deutschsprechenden bewohnten Regionen Nord-Böhmens und Nord-Mährens. Die demokratische Tschechoslowakei musste diese Gebiete kampflos opfern, weil ihre vermeintlichen Freunde – die demokratischen Großmächte Frankreich und Großbritannien – nicht bereit waren, für eine Demokratie gegen das totalitäre Deutschland in den Krieg zu ziehen.

Die Demokratien hatten freilich, ohne das beabsichtigt zu haben, Hitler in die Irre geführt. Denn nach München änderte sich die Beschwichtigungspolitik der Westmächte, London und Paris entschlossen sich zu einer Abschreckungspolitik. In München hatte Hitlers militärische Erpressung erreicht, dass London und Paris die Tschechoslowakei fallen ließen. Der Faschismus à la Hitler hatte, mit Hilfe des sich als Vermittler aufspielenden Mussolini, die kampflose Kapitulation der demokratischen Tschechoslowakei erzwungen. Neville Chamberlain war mit einem Stück

Papier aus München nach London heimgekehrt, das er als „Peace for our Time“ anpries. Hitler hatte ihm ja versichert, keine weiteren territorialen Forderungen stellen zu wollen. Hitlers Expansionsenergie schien alle ihre Ziele erreicht zu haben.

Doch Hitler sollte die Beschwichtigungspolitik seiner Gegner in den Tagen des September 1938 missverstehen: „Unsere Feinde sind kleine Würmer. Ich habe sie in München gesehen“, erklärte er im August 1939 der deutschen Generalität, als er diese auf den Angriffskrieg gegen Polen einstimmte. (Kershaw 2001, 123) Aber die Demokratien, die sich in München so schwach gezeigt hatten, waren stärker als der triumphierende Hitler geglaubt hatte. Als er im März 1939 – entgegen seiner Zusage von München, er habe keine weiteren territorialen Ansprüche in Europa – die Tschechoslowakei zerschlug und Böhmen wie auch Mähren als „Protektorat“ der direkten deutschen Herrschaft unterstellte, wachten die Demokratien auf. Sie begannen, sich darauf einzustellen, dass mit dem nationalsozialistischen Deutschland kein Frieden möglich war. Die Politik des „Appeasement“ hatte in Frankreich und mehr noch in Großbritannien an Überzeugungskraft verloren.

Es war Hitler, der die Demokratien an ihre Potentiale erinnerte. Es war Hitler, der mit seiner Politik der Erpressung und der falschen Zusagen Politiker wie den innenpolitisch anscheinend hoffnungslos isolierten Winston Churchill, der das Münchner Abkommen vehement kritisiert hatte, wieder ins Spiel brachte. Es war Hitler, der London und Paris dazu brachte, Polen gegenüber eine verbindliche Garantie abzugeben – ein Angriff auf Polen, gegen das sich nach dem März 1939 Hitlers aggressive Rhetorik richtete, würde das militärische Eingreifen der beiden westeuropäischen Demokratien auslösen. Es war Hitler, der – weil er die Macht der Demokratie unterschätzte – einen Prozess in Gang gesetzt hatte, der zum mörderischsten Krieg aller Zeiten führte. Am Ende stand der Untergang der faschistischen Systeme.

Was wäre gewesen, hätte Hitler sich mit den Erfolgen des Jahres 1938 zufriedengegeben – zufrieden mit der durch militärische Erpressung, aber ohne militärische Gewalt erreichten Inbesitznahme Österreichs und des „Sudetenlandes“? Damit hatte er die Deutschland in Versailles diktierten Grenzen gesprengt. Nach allen Beobachtungen stand er auf dem Gipfel der Popularität – in Deutschland. Und die so positive Reaktion des Westens auf München signalisierte, dass er als Staatsmann an internationaler Anerkennung gewonnen hatte. Warum konnte er mit einer solchen Erfolgsbilanz nicht zufrieden sein? Warum musste er – durch den Einmarsch in Prag – etwas provozieren, was zum Weltkrieg führen musste? Zu einem Krieg, an dessen Ende er nicht als großer Staatsmann, sondern als großer Kriegsverbrecher dastand? Warum war er, warum war der Nationalsozialismus nicht in der Lage, die großen Erfolge, die zwischen 1933 und 1938 erreicht worden waren, als Erfüllung aller Wünsche zu feiern?

Der Hitler von 1938, der diplomatische Sieger im hoch riskanten Pokerspiel um die Tschechoslowakei, wäre im Fall seines Abtretens von der Bühne der Weltpolitik zwar als autoritärer Herrscher in die Geschichte eingegangen. Dachau und Sachsenhausen waren sprichwörtlich geworden, als Zeichen einer ruchlosen Unterdrückung jeder Opposition. Die Entrechtung der Jüdinnen und Juden und vor allem die Pogrome des November 1938, als im ganzen Deutschen Reich die Synagogen brannten, hätten ihm zwar kritische, sehr kritische Nachrufe in den Geschichtsbüchern des 21. Jahrhunderts gebracht. Aber er wäre in die Geschichte als ein deutscher Ludwig XIV, vielleicht als die deutsche Version einer Elisabeth I oder der Zarin Katharina dagestanden, eventuell auch als deutsche Version von Kemal Pascha Atatürk: Deren Mittel waren ja auch von Brutalität gekennzeichnet und vom Standpunkt der Menschenrechte aus zu verurteilen – nach den Standards, wie sie Woodrow Wilson oder Franklin D. Roosevelt vertraten. Hitler hatte sein Land nach der Katastrophe von 1918 wieder stark gemacht – und das hätte vielleicht seine negativen Seiten wettgemacht. Vor allem aber: München hatte die Popularität Hitlers im eigenen Land gesteigert, weil er seine Forderungen umsetzen konnte, ohne Krieg zu führen.

Hätte seine Bilanz 1939 geendet, er wäre auch und vor allem der Mann gewesen, der den Krieg vermieden hatte. Aber Hitler konnte nicht halt machen. Er musste nach mehr greifen – wie auch Mussolini nach seinen innenpolitischen Erfolgen wie dem Friedensschluss mit der Kirche nicht anhalten konnte. Die beiden Faschismen – der italienische und der deutsche – waren bereits vom Virus der Selbstzerstörung infiziert; wie auch die japanischen Militärdiktatoren, die nicht aufhören konnten, China immer mehr und immer brutaler mit Krieg zu überziehen, bis sie gegen sich eine globale Allianz aufgebracht hatten, gegen die sie nicht gewinnen konnten.

1939 gewann eine Macht eine neue weltpolitische Rolle, die lange Zeit eine solche nicht zu spielen vermochte. Die Sowjetunion war nicht zufällig von der Münchner Konferenz ausgeschlossen geblieben. Ihr internationales Ansehen hatte wegen der Schauprozesse einen Tiefpunkt erreicht. Die sowjetische Militärkapazität wurde nach den „Säuberungen“ im Offizierskorps gering geschätzt. Die UdSSR war mit militärischen Kämpfen in Ostasien beschäftigt, in Europa war sie isoliert – auch, weil ihre militärische Intervention im spanischen Bürgerkrieg erfolglos geblieben war. Das sollte sich ändern – dank Hitler.

Der Staat Lenins und Stalins war – wie man glauben musste, wenn die Rhetorik Stalins und Hitlers ernst genommen werden sollte – der größte Todfeind des Nationalsozialismus. Aber es war Hitler, der Stalin zu umwerben begann – und Stalin, der Hitler Avancen machte. 1939 verhalf Hitler der Sowjetunion zu einer neuen weltpolitischen Bedeutung und zu erheblichen Gebietsgewinnen in Osteuropa. Und Stalin ermöglichte Hitler den Beginn seiner Raubkriege. Zynismus pur? So kann man nur urteilen, wenn man überhaupt so etwas wie eine theorie- oder ideologiegeleitete Politik dem Faschismus à la Hitler unterstellt.

Hitler beabsichtigte, die westlichen Demokratien in die Ecke zu treiben – durch ein Bündnis mit Stalin, durch einen Nichtangriffspakt mit angeschlossenem Geheimabkommen. Mit diesem wurden Polen und das Baltikum nach dem Muster vormoderner Kriegsherren aufgeteilt. Als Ribbentrop im August 1939 in Moskau verhandelte, erklärte er im Auftrag Hitlers, unterschiedliche Philosophien würden den vernünftigen Beziehungen nicht im Wege stehen. Und: Die Erfahrungen der Vergangenheit hätten gezeigt, dass die kapitalistischen Demokratien des Westens unversöhnliche Feinde sowohl des nationalsozialistischen Deutschlands als auch Sowjetrusslands wären. Im geheimen Zusatzprotokoll wurden Grenzen verschoben, als würden Eroberer aus einer weit zurückliegenden Epoche einvernehmlich riesige Gebiete auf Kosten anderer aufteilen. Die Wünsche der betroffenen Völker blieben ebenso ausgeklammert wie der Antikommunismus der einen und der Internationalismus der anderen Seite. (Moorehouse 2014, 31, und Appendix)

Am 1. September begann Deutschland den Krieg durch einen nicht provozierten Angriff auf Polen. Die britische und die französische Kriegserklärung an Deutschland folgten. Rückblickend ist es noch immer erstaunlich, dass Hitler sich von dieser Entscheidungsfähigkeit der Demokratien überrascht zeigte. Er hatte bis zuletzt geglaubt, durch seinen Pakt mit Stalin die doch so dekadenten Demokratien ausmanövriert zu haben.

Hitler hatte den „point of no return“ überschritten. Was noch folgen sollte, war die Konsequenz des 1. September: Dem militärischen Erfolg in Polen (dessen östliche Hälfte einige Wochen später entsprechend den Moskauer Vereinbarungen von sowjetischen Truppen besetzt wurde) folgten die Blitzkriege, die Dänemark und Norwegen, die Benelux-Staaten und Frankreich unter deutsche Kontrolle brachten. Als das Vereinigte Königreich nach der Kapitulation Frankreichs die von Hitler ausgesprochene Einladung ablehnte, sich mit Deutschland die Welt zu teilen – nach dem Muster des Hitler-Stalin-Paktes, wurde Hitler abermals überrascht: Eine an Grundsätzen und nicht bloß an Eigeninteressen orientierte Außenpolitik schien er nicht zu verstehen.

Im Juni 1941 folgte der deutsche Angriff auf die UdSSR und im Dezember desselben Jahres die Kriegserklärung an die USA. Die UdSSR erwies sich nicht als Kartenhaus, das rasch zusammenbrechen würde; und das dekadente Völkergemisch jenseits des Atlantiks zeigte sich nicht nur als wirtschaftlicher, sondern auch als militärischer, als kampfbereiter Riese. Das nationalsozialistische Deutschland tat alles, um seinen eigenen Untergang zu sichern.

Hitler und der deutsche Faschismus hatten die 1938 gebotene Chance verpasst, ohne den Schritt in Richtung Selbstvernichtung aus dem mörderischen Spiel aussteigen zu können, welches sie selbst begonnen hatten. Dass die deutsche Führung – in ihrem offenen Zerstörungswahn, der auch einen Selbstzerstörungswahn beinhaltete – sich für den Weg in Richtung Selbstvernichtung entschied, hatte mit einem für den Faschismus generell typischen Merkmal zu tun: mit der Unfähigkeit, zu lernen und die Welt zu erkennen, wie sie ist.

Eine Demokratie agiert schwerfällig. Für ihr Handeln genügt nicht die Entscheidung einer Person, deren Weisungen andere zu befolgen gewohnt sind. In einer Demokratie gibt es mehrere politische Akteure, gibt es eine Vielzahl von Kontrollen. Das macht die Entscheidungsfindung mühsamer – wie die sehr späte britische Abkehr von der mit München verbundene Beschwichtigungspolitik demonstrierte; wie auch die lange Überzeugungsarbeit, der sich Franklin D. Roosevelt unterziehen musste, um die US-Öffentlichkeit allmählich von der Notwendigkeit internationaler Solidarität zu überzeugen. Aber 1945 triumphierte die Demokratie – freilich im Bündnis mit einer Diktatur, die der Faschismus ebenfalls unterschätzt hatte.

Der Holocaust: Das Alleinstellungsmerkmal des Nationalsozialismus

Mangelnde Lernfähigkeit zeichnete den italienischen und den deutschen Faschismus aus, nicht aber den spanischen. Lernunfähigkeit verband das System Mussolini mit dem System Hitler und mit der nicht-faschistischen Militärdiktatur Japans. Franco-Spanien war fähig, die Wirklichkeit so zu sehen wie diese war – und nicht, wie eine Diktatur sich diese vorgaukelte. Diese Differenzierung spricht dafür, dass es sich bei dem Defizit an Lernfähigkeit weniger um ein Alleinstellungsmerkmal des Faschismus handelt. Der deutsche Faschismus, der Nationalsozialismus, war aber durch ein Alleinstellungsmerkmal gekennzeichnet, das er mit den anderen Faschismen nicht teilte, auch nicht mit dem italienischen: Das Deutschland Adolf Hitlers war verantwortlich für Planung und Organisation des Holocaust.

An der Durchführung dieses erstmaligen Verbrechens gegen die Menschheit waren auch andere Regierungen beteiligt – faschistische wie die kroatische des Ante Pávelic; phasenweise auch solche, die als halbfaschistisch zu bezeichnen sind – wie die slowakische, die ungarische, die rumänische und die bulgarische. Beteiligt waren Teile von Zivilgesellschaften in allen Teilen Europas, die von den Truppen des nationalsozialistischen Deutschland besetzt waren: niederländische und französische Denunzianten und ein polnischer Mob, der den Vormarsch der Deutschen Wehrmacht im Juni 1941 in die bis dahin von der Roten Armee besetzten polnischen Gebiete zu „spontanen" Pogromen nutzten. Diese Bandbreite des Judenmordes belegt eine europäische Verantwortung für den Holocaust. Aber die Erst- und Gesamtverantwortung liegt bei dem von Adolf Hitler regierten Deutschland.

Die Grundlage der kriminellen Energie, mit der das nationalsozialistische Deutschland vorging, war in einem Idealismus begründet, der sich als naturwissenschaftliche Erkenntnis tarnte. Der NS-Staat wurde von folgender Idee getrieben: „Demnach sind *alle* Menschen – auch die der ‚Herrenrasse' – biologisch ungleich. Sie werden deshalb auf einer offenen Skala in Höher- und Minderwertige eingeteilt. Die Vermischung der einen mit den anderen ist zu verhindern, weil die Minderwertigen eine Gefahr bilden. Die Zahl der Minderwertigen muss durch staatliche Steuerung möglichst gering gehalten werden … Zwei Kollektive werden als insgesamt minderwertig gesehen: die Juden und die Zigeuner – wobei die Juden darüber hinaus als Weltfeind, als sogenannte Gegenrasse schlechthin gelten." (Aly 1998, 376) Es war eine biologistische Wahnvorstellung, die den Holocaust motivierte. Und es waren nicht ökonomische oder militärische Interessen, die hinter dem Holocaust standen.

Diese Wahnvorstellung musste der Nationalsozialismus nicht erfinden, die fand er vor – und nicht nur in Deutschland. Der Holocaust war die Vermengung des religiösen, des christlichen Antisemitismus mit einer willkürlichen Wahrnehmung naturwissenschaftlicher Erkenntnisse – etwa des Darwinismus. Es war aber der Nationalsozialismus, der die religiös begründete Diskriminierung und Vertreibung von Juden aus christlichen Ländern Europas und die in den ersten Jahrzehnten des 20. Jahrhunderts in vielen Staaten Europas (wieder)eingeführten Formen der rechtlichen Diskriminierung weiterführte – hin bis zu der Planung und Durchführung einer „Endlösung"; zur Ausmordung des nunmehr als „Rasse" definierten Judentums in ganz Europa.

Diese „Endlösung" erfolgte in raschen Schritten und knüpfte auch an eine relativ breite gesellschaftliche Akzeptanz von Gewalt gegen Jüdinnen und Juden an, auch von systematischen Morden an Nicht-Juden – wie etwa die Ermordung von Menschen mit Behinderung. (Aly 2013) Die Entwicklung von der Entrechtung und der Beraubung weiter zur Vertreibung (und damit zur Vorstufe der Ermordung) war mit dem Kriegsbeginn verbunden. Allerdings: Es war nicht der Krieg, der den Holocaust auslöste; und der systematische Judenmord war kein Kriegsverbrechen, weil es in keinem kausalen Zusammenhang mit deutschen Kriegsanstrengungen stand. Aber die Eroberung Polens 1939 und dann, ab 1941, weiter Teile der Sowjetunion erlaubten eine Umsetzung des Mordplanes, wie dies zunächst nicht möglich war.

Christopher Browning unterscheidet verschiedene Phasen der Konkretisierung der Endlösung:

- Vertreibung, 1939–1941: aber wohin? Der Madagaskar-Plan (Browning 2004, 81–89)
- Gettoisierung (vor allem in den polnischen Gettos) – Dilemma: entweder Produktion kriegswichtiger Güter oder Tod durch Verhungern (Browning 2004, 111–168)
- Der Vernichtungskrieg – die SS-Einsatzgruppen, Pogrome und Kollaboration (Browning 2004, 244–308)
- Die „Endlösung", vom Konzept zur Implementierung, ab Oktober 1941 (Browning 2004, 374–423)

1945 hatte die geplante Endlösung ihr Gesamtziel fast erreicht: 6 Millionen Menschen waren ermordet worden, ohne direkten Bezug zu dem von Deutschland geführten Krieg. Wer hatte daran Schuld? Im strafrechtlichen Sinn waren dies nicht Deutschland oder „die Deutschen". Schuld muss individuell zuzuordnen sein. Wer hatte die Befehle gegeben? Da gibt es eine klare Befehlskette von Schuldigen. Prominent in dieser Abfolge von Schuld fungierten Hermann Göring, der die Verantwortung für die Endlösung Reinhard Heydrich übertragen hatte; Heinrich Himmler, der unmittelbare Vorgesetzte Heydrichs; Adolf Eichmann, der im Auftrag Heydrichs für die Logistik des Gesamtplans und für dessen Umsetzung zuständig war; die Kommandanten der Vernichtungslager, die im Generalgouvernement, im besetzten Polen errichtet worden waren; die Offiziere der SS-Einsatzkommandos, die mit Unterstützung der Führung der Deutschen Wehrmacht Massenerschießungen durchführten – wie in Babi Jar nahe Kiew; und schließlich die Handlanger des Mordens, in deutscher Uniform oder als sich den deutschen Herrenmenschen anbiedernde Nicht-Deutsche.

Aber das erste Glied dieser Kette von Schuldigen war ohne Zweifel Adolf Hitler: „Hitler had certainly legitimized and prodded the ongoing search for final solutions. His obsession with the Jewish question ensured that the Nazi commitment would not slacken...No leading Nazi could prosper who did not appear to take the Jewish question as seriously as Hitler did himself...But Hitler's role was also more immediate...To make his wishes known, he would give signals in the form of relatively vague and inexplicit statements, exhortations, and prophecies. Others, especially Himmler, responded to the signals with extraordinary alacrity and sensitivity, bringing to Hitler more specific guidelines for his approval." (Browning 2004, 424 f.)

Browning unterstreicht den Gewöhnungseffekt an Massenmord jenseits des Krieges und dessen eher akzeptierten Schrecken; an phantastisch anmutenden Zahlen von Menschen, die nicht in Kampfhandlungen getötet wurden: „By the spring of 1942, two million Soviet prisoners of war has perished, and millions of other Soviet citizens had starved or been shot. When these victims are added to the 70,000–80,000 German mentally and physically handicapped, the Polish intelligentsia, the reprisal victim, and many others who had also been killed by then, the capacity of the Nazi regime to mobilize Germans to kill even non-Jews by the millions is evident." (Browning 2004, 431 f.)

Wie kann dieses Jahrtausendverbrechen erklärt werden? Eine ökonomische Deutung reicht nicht: Der Holocaust brachte der deutschen Kriegsführung oder der deutschen Wirtschaft nicht den geringsten Nutzen. Mitten im Krieg wurden tausende Jüdinnen und Juden aus Norwegen mit Schiffen an deutsche Ostseehäfen gebracht, um von dort auf Zügen der Reichsbahn nach Auschwitz-Birkenau zu fahren, nur um – mit Ausnahme einer als „arbeitsfähig" eingestuften Minderheit – in den Gaskammern ermordet zu werden. Es entsprach keiner wirtschaftlichen Nutzenüberlegung, die Bewohner des jüdischen Gettos im deutsch besetzten Saloniki auf Zügen durch die vom Partisanenkrieg verunsicherten Regionen des Balkans zur

Vernichtung in deutsche Lager zu bringen. Es widerspricht jeder ökonomischen Logik, im letzten Kriegsjahr innerhalb weniger Monate unter erheblichem Aufwand von SS, Wehrmacht und ungarischer Gendarmerie – nicht zu vergessen die unverzichtbare Logistik der Reichsbahn – hunderttausende ungarische Jüdinnen und Juden nach Auschwitz-Birkenau zu bringen, um dort alle – alle Frauen, Kinder, Alte – zu vergasen.

Es war nicht Profitgier, die diesen gewaltigen Aufwand verursachte. Es war Idealismus – das Festhalten an einer Weltanschauung, unabhängig von militärischer und ökonomischer Rationalität. Es war eine Gläubigkeit, die Hitlers Handeln auszeichnete – ein Religionsersatz. Das versteht Bert Brecht in seinem Arturo Ui überhaupt nicht – offenkundig weil es nicht in das geschlossene Weltbild des Marxismus passte: Arturo Ui, der Gangster, wird zwar von den Vertretern des Kapitals angeheuert, um mit Gewalt die Gegner der Kapitalisten unter Kontrolle zu bringen. Zu den Gewalttechniken, die Ui nutzt, gehört die Jagd auf und auch der Mord an den zu Sündenböcken erklärten Juden. Den Juden wird die Schuld an allen Übelständen zugeschrieben, damit hinter dieser Denunzierung der Juden die Geschäfte der Kapitalisten weiterlaufen können.

Das war die Logik Brechts, der für viele sprach, die eine Anhäufung von abgrundlosen Dummheiten – wie sie der Antisemitismus war – nur verstehen konnten, wenn sie eine dahinterstehende kapitalistische Verschwörung zu unterstellen vermochten. Aber der Judenmord des NS-Staates war nicht Mittel zu irgendeinem Zweck. Der Judenmord war Selbstzweck. Der Judenmord entsprach dem Ideal einer judenfreien Welt, der ein judenfreies Deutschland und auch ein judenfreies Europa Beispiel sein sollte. Um dies zu erreichen, mussten freilich die Juden als „Rasse" erst erfunden werden. Der Idealismus der Herren Hitler, Himmler, Heydrich und Co. musste erst konstruieren, was gemordet werden sollte. Der Holocaust war das Produkt eines Idealismus. Es galt, eine Idee umzusetzen – koste es, was es wolle.

In seinem „politischen Testament", das Hitler wenige Stunden vor seinem Selbstmord diktierte, wird die zentrale Idee seiner Politik formuliert: Hitler erklärte nicht nur die „jüdische Rasse" zum Schuldigen am Krieg und an Deutschlands Untergang; er bekannte sich auch zum systematischen Judenmord als eine Vergeltung für die jüdische Schuld am Krieg; und er verpflichtete die zukünftige Führung des deutschen Volks zur Weiterführung des Kampfes gegen das Judentum. (Kershaw 2002, 822 f.) Im Bunker unter der Reichskanzlei sah Hitler keinen anderen persönlichen Ausweg als seinen Tod. Aber seine Idee, sein Wahn sollte weiterleben.

Der „totale Krieg"

Die NS-Regierung hatte von Kriegsbeginn an – durchaus erfolgreich – versucht, die Folgen des Krieges von der deutschen Zivilbevölkerung fernzuhalten. Die materielle Versorgung war gesichert, ebenso das Kulturleben: Theater-, Oper- und Konzertaufführungen fanden statt, die deutsche Filmindustrie boomte. So wurde ein Eindruck von Normalität erzeugt. Freilich: Ausgeschlossen von der Teilnahme an dieser Normalität waren alle von den Nürnberger Gesetzen als „jüdisch“ deklarierte Menschen.

Der Krieg fand an der Front statt, nicht in Deutschland. Die Erfolge in den „Blitzkriegen“ 1939 und 1940 förderten diese Illusion, dass der Krieg fern und auch bald siegreich beendet wäre. Der deutschen Zivilgesellschaft wurde es so möglich gemacht, den deutschen Siegen zu applaudieren, weil die meisten den Krieg und dessen negative Seiten nicht persönlich erleben mussten. Berichte über die Vernichtung der polnischen Intelligenz und der ersten Einübungen in die massenhafte Erschießung von Juden, aber auch über die zivilen Opfer der Bombardierung von Warschau, Rotterdam und anderer Städte wurden von der deutschen Öffentlichkeit möglichst ferngehalten. Es sollte ein „normales“ Deutschland sein, das nur noch kurze Zeit auf den sicheren „Endsieg“ zu warten hätte.

Für die Menschen in den von Deutschen eroberten Gebieten war der Krieg freilich ein anderer: Er war gekennzeichnet von einer Besatzung, die in ihrer Überheblichkeit kein Hehl daraus machte, dass sie sich „rassisch“ überlegen fühlte. Das galt weniger für West- und Nordeuropa, aber von Anfang an für das besetzte Polen. Die biologistische Voreingenommenheit des Nationalsozialismus wurde durch den Krieg nochmals unterstrichen. Die völkische Rangordnung war vorgegeben: Deutsche waren immer an der Spitze, gefolgt von anderen „nordischen“ Völkern, gefolgt von anderen „Ariern“, dann den Slawen – und auf der untersten Stufe standen die nicht bloß „Minderwertigen“, sondern die jedes Wertes Beraubten: Juden und „Zigeuner“.

Was die deutsche Gesellschaft in den ersten Kriegsjahren charakterisierte, das war tatsächlich „nationaler Sozialismus“: die Folge einer um Egalität innerhalb der deutschen „Volksgemeinschaft“ bemühten Staatsführung, die freilich nach außen hin einen von mörderischer Nicht-Egalität bestimmten „Rassenkrieg“ führte. (Aly 2006) Die Sicherung der Versorgung der Deutschen setzte die Ausbeutung der anderen Völker und „Rassen“ voraus. Das deutsche Volk konnte so zufriedengestellt werden – auf Kosten anderer Völker.

Das änderte sich natürlich, als immer mehr deutsche Städte von Bombenangriffen bedroht und auch zerstört wurden, die sich zunächst – wegen der Nähe zu britischen Flugplätzen – vor allem gegen den Nordwesten Deutschlands richteten. Erst als die alliierten Bomberflotten auch vom Kontinent starten konnten – ab 1944, wurden alle Teile des „Reiches“ massiven Zerstörungen ausgesetzt. Aber noch immer funktionierte ein Verteilungssystem, das Wohnraum für die „Ausgebombten“ organisierte und – auf der Grundlage von Versorgungsmarken – eine annähernd egalitäre Lebensmittelversorgung für alle garantierte. Die im Vergleich mit dem Elend in den besetzten „Ostgebieten“ nur relative Notlage wurde bis zum Ende des

Krieges weitgehend gesichert. Anders als im Ersten Weltkrieg hatten die, die als „Deutsche“ qualifiziert waren, nicht kriegsbedingt unter Hunger zu leiden.

Bis zur Kapitulation der deutschen und der mit Deutschland verbündeten Armeen Ende Januar und Anfang Februar 1943 in Stalingrad ließ sich so noch die Illusion einer Siegesgewissheit aufrechthalten. Aber „Stalingrad“ stand für die Wende in der öffentlichen Meinung: Nun begannen die „Deutschen“ (und nicht nur die Minderheit der auch nach den „Blitzkriegen“ dem Nationalsozialismus gegenüber skeptisch Gebliebenen) sich auf die Möglichkeit, ja Wahrscheinlichkeit einer deutschen Niederlage einzustellen.

Das forderte die von Joseph Goebbels gelenkte Propagandamaschine des NS-Staates heraus. Neben der Heroisierung der Niederlage von Stalingrad musste auch die Eskalation der Kriegsanstrengungen betrieben werden – unter dem Slogan vom „totalen Krieg“. Am 19. Februar 1943 hielt Goebbels im Berliner Sportpalast vor einer sich in einen hysterischen Taumel steigernden Menge eine Rede. Darin kündigte er an, dass der Krieg nun auch für die deutsche Zivilbevölkerung viel tiefere Einschnitte als zuvor bringen werde. In seinem Tagebuch vermerkte Goebbels: „Die Stimmung gleicht einer wilden Raserei des Volkes.“ Und als nachträgliches Resümee fügte er eine Aufgabenstellung an sich selbst hinzu: „Aber ich werde schon dafür sorgen, dass der totale Krieg nicht nur auf dem Papier stehen bleibt.“ (Reuth 1999, Band 5, 1898 f.)

Die Politik des totalen Krieges führte zu gewissen Einschränkungen des Kulturbetriebes. Allerdings produzierte die deutsche Filmindustrie bis zum Kriegsende Unterhaltung (wie „Die Feuerzangenbowle“) und Heroisches (wie „Kolberg“). Die Ernährungslage wurde schlechter, aber die Mindestversorgung war noch immer gesichert. Und die „Front“ sollte – gegen Kriegsende – nun auch durch den „Volkssturm“ gestärkt werden, um so die Verluste der Wehrmacht wettzumachen: Junge und alte Männer, die bis dahin unter oder über dem Wehrpflichtalter waren, wurden rekrutiert; und auch zehntausende Männer, die bis dahin in kriegswichtigen beruflichen Positionen nicht zur Wehrmacht eingezogen worden waren.

Der totale Krieg erzeugte innerhalb der NS-Führung allmählich eine Stimmung, die den sich abzeichnenden eigenen Untergang mit dem des gesamten Volkes gleichsetzte. Ausdruck dieser eigentlich antideutschen Haltung war der Befehl der „verbrannten Erde“. Die deutschen Gebiete, die – beginnend mit Ende 1944 – von den Alliierten im Osten und im Westen erobert wurden, sollten vor der Besetzung durch den „Feind“ zerstört werden. Damit sollte den vorrückenden Alliierten die Möglichkeit entzogen werden, deutsche Infrastruktur und deutsche Nahrungsquellen zu nutzen. Dass damit auch die Lebengrundlage der deutschen Bevölkerung vernichtet wurde, nahm Hitler in Kauf.

Albert Speer, dem als Rüstungsminister eine zentrale Rolle in dieser letzten Phase des Krieges zukam, beansprucht nach der Kapitulation, Hitlers Zerstörungsbefehl unterlaufen zu haben. Ob er diesem nach der deutschen Kapitulation erhobenen

Anspruch auch real gerecht wurde, ist fragwürdig – wie auch seine Behauptung, er hätte die Versammlung der Partei- und Staatsspitze in Posen im Oktober 1943 vorzeitig verlassen, deshalb die Rede Himmlers nicht gehört und wäre so über die gesamte Dimension des Judenmordes nicht informiert gewesen. Letzteres ist allein schon deshalb nicht glaubwürdig, weil Speer für den Bau der unterirdischen KZ-Anlagen persönlich verantwortlich war, die zur Produktion neuerer Waffensysteme dienten und in denen – sichtbar für alle – KZ-Häftlinge und „Fremdarbeiter" zu Tode gearbeitet wurden. (Sereny 1995)

Der „totale Krieg" änderte nichts an den Rahmenbedingungen, die eigentlich schon im März 1939 erkennbar waren: Die zerstörerische Energie des Nationalsozialismus musste letztlich in Selbstzerstörung enden. Die Lernunfähigkeit des Faschismus à la Hitler hatte verhindert, dass die deutsche Führung in Rechnung stellte, was Hitler provoziert hatte: die Bereitschaft fast der gesamten Welt, zur Selbstrettung alle Kräfte zu mobilisieren. Diese Bereitschaft hatte sich schon in der Kapitulationsverweigerung der britischen Regierung 1940 geäußert, in der für viele überraschenden Kampfkraft der Roten Armee, und in der Mobilisierung der Wirtschaftskraft der stärksten Industrienation der Welt.

1945 ging der Nationalsozialismus unter – nicht aber, entgegen den düster-mythischen Beschwörungen der NS-Führung, das deutsche Volk. Dieses erlebte (zunächst im Westen) eine Renaissance in Wohlstand und Freiheit – in einem Ausmaß, wie es Deutschland bis dahin nicht erfahren hatte. Deutschland war ein zentraler Nutznießer des Untergangs des deutschen Faschismus.

Österreich, 1933–1938: Faschismus, aber weniger

> Dem Historiker scheint es, als sei das Dollfußregime ein merkwürdiger Rückfall auf den Neoabsolutismus der Mitte des 19. Jahrhunderts gewesen, als die Unterdrückungsmaßnahmen der Bürokratie und Exekutive alle Gegner der absoluten Monarchie und die besiegten Revolutionäre von 1848 niederhielten.
> (Carsten 1977, 228 f.)

Der autoritären Herrschaft, die mit dem Namen Engelbert Dollfuß verbunden war, ging von Anfang an der revolutionäre Gestus ab, die den Mussolini- und den Hitler-Faschismus kennzeichneten. Die Faschistische Partei Italiens und die NSDAP mögen das Revolutionäre ihres Auftretens nur als Fassade verwendet haben, und auch die antibürgerlichen Stilelemente waren nur Kinderkrankheiten, hinter der die zutiefst reaktionäre Orientierung letztlich doch deutlich erkennbar war. Engelbert Dollfuß und Kurt Schuschnigg hatten jedoch nicht einmal eine solche Fassade. Ihnen und ihrem Regime haftete für alle erkennbar der Geruch des Reaktionären an, von Anfang bis zum Ende, von 1933 bis 1938.

Ob diese autoritäre, von vornherein auch klerikale Ordnung faschistisch war? Für diese Einstufung gibt es gute Gründe; aber es gibt auch Gründe, dies für eine Überdehnung des Faschismusbegriffes zu halten. Austrofaschismus – gab es den? Die Antwort kann Ja oder Nein sein, kann so oder so ausfallen – abhängig von den Faschismuskriterien, derer man sich bedient.

Der modus operandi des italienischen Faschismus, bei der Machtergreifung und der Machtausübung, war der Idealtypus des Faschismus: Namensgeber und Vorbild für alles, was faschistisch sein wollte oder als faschistisch kritisiert wurde. Aber alle anderen Bewegungen oder Parteien, die mit Berufung auf den Faschismus regierten – oder denen eine faschistische Qualität zugeschrieben wurde, waren natürlich nicht eins zu eins identisch mit dem System Mussolini. Unterschiedliche nationale Voraussetzungen und verschiedene zeitliche Rahmenbedingungen machen es nicht möglich, von „dem" Faschismus zu sprechen; und der „Fall Österreich" macht das besonders deutlich.

Dass das nationalsozialistische Deutschland viele Analogien mit dem faschistischen Italien aufwies, ist unbestritten:

- die zentrale Rolle einer militant auftretenden Massenbewegung;
- die Position eines allein bestimmenden Duce, eines Führers;
- die Allianz der sich als neu und revolutionär inszenierenden Führerpartei mit Fraktionen des alten Systems;

- die schnelle Zerstörung des Rechts- und Verfassungsstaates;
- die Unterdrückung jeder politischen Opposition;
- eine aggressive, hoch riskante, expansive Außenpolitik.

Alles das charakterisierte die beiden Systeme, die mit den Namen Mussolini und Hitler verbunden waren. In diesem Sinn waren beide faschistisch.

Doch der Faschismus à la Hitler war mehr – er war „Faschismus plus". Während für das System Mussolini zunächst die „Judenfrage" nicht existierte, war sie für das System Hitler zentral. Während das nationalsozialistische Deutschland von Anfang an jüdische Bürgerinnen und Bürger ganz offen diskriminierte, begann das faschistische Italien erst nach Jahren faschistischer Herrschaft – ganz offensichtlich beeinflusst vom Vorbild Deutschland – mit einer Politik der Entrechtung der in Italien lebenden Jüdinnen und Juden. Und während in Deutschland die Entrechtung zur Vertreibung und ab 1941 zur systematischen Ausmordung des europäischen Judentums voranschritt – zur Shoah, zum Holocaust –, entzog sich Italien dieser Politik, und Teile der italienischen Gesellschaft, auch des italienischen Militärs, sabotierten die antijüdische Vernichtungspolitik des deutschen Partners. Der Nationalsozialismus war Faschismus – aber er war mehr als Faschismus.

Das Regime, das Österreich von 1933 bis 1938 regierte, hatte viel vom italienischen Faschismus übernommen – etwa das Konzept des Korporatismus, der berufsständischen Ordnung. Und Dollfuß wie auch Schuschnigg unterdrückten jede politische Opposition, ihr System ließ politischem Pluralismus keinen Platz. In diesem Sinn war der „Ständestaat" faschistisch – eine Zuordnung, die auch deshalb berechtigt ist, weil Dollfuß, Starhemberg und Schuschnigg sich international auf den Schutz Mussolinis verlassen mussten. Wie das faschistische Italien (bis tief in die 1930er Jahre hinein) kannte auch das autoritäre Österreich keine rechtliche Diskriminierung von Jüdinnen und Juden. Die aktive Beteiligung von Österreichern am Holocaust war das schuldhafte Tun von Personen – wie das auch für die aktive Mittäterschaft von Personen lettischer, polnischer oder ukrainischer Nationalität gilt. Diese Kollaboration war aber keine des Staates Österreich – und erst recht nicht des im März 1938 untergegangenen Austrofaschismus.

Die Dollfuß-Schuschnigg-Diktatur wich aber nicht nur vom deutschen, sondern auch vom italienischen Muster ab: Während die Regierung Hitler von Anfang an die Entrechtung aller als Jüdinnen und Juden identifizierten Menschen in Deutschland als ihr Programm verkündet und dies auch in schnellen Schritten umgesetzt hatte; während die Regierung Mussolini – später als Deutschland und vergleichsweise zögerlich (in diesem Punkt dem Ungarn Miklos Horthys bis März 1944 ähnlich) antijüdische Maßnahmen beschlossen hatte, kam es im österreichischen „Ständestaat" zu keiner rechtlichen Diskriminierung von Jüdinnen und Juden. Es gab – wie vor 1933/34 – einen gesellschaftlichen Antisemitismus, wie das mit Differenzierungen in ganz Europa der Fall war. Aber am Ende der ständestaatlichen, der austrofaschistischen Diktatur unterstützten die jüdischen Gemeinden Österreichs offensiv die Regierung Schuschnigg; weil den Betroffenen klar war, dass die einzige 1938 reale Alternative zu Schuschnigg der „Anschluss“ war. Und der war eine tödliche Bedrohung. Ändert das etwas am Diktaturcharakter der Regierungen Dollfuß und Schuschnigg? Natürlich nicht. Ist dieser Aspekt aber mit der Charakterisierung „faschistisch“ vereinbar? Wenn ja, dann war das österreichische Regime ein „Faschismus minus“.

Deshalb kann dem Herrschaftssystem Dollfuß und Schuschnigg zwar die Eigenschaft „faschistisch“ zugesprochen werden – aber nicht das „Plus“, das den Faschismus à la Hitler kennzeichnete. Aber war der Faschismus à la Dollfuß „weniger“ Faschismus als der Mussolinis? Und worin bestand das „Minus“ des Austrofaschismus, im Vergleich mit dem italienischen Idealtypus?

Ein Merkmal, das ein „Minus“ rechtfertigt, ist die geringere Konzentration politischer Macht in einer Person. Dollfuß herrschte nicht unbeschränkt, wie das Mussolini jedenfalls von 1924 bis 1943 möglich war: Dollfuß musste Konzessionen machen – an die Heimwehren etwa. Erst recht war Schuschnigg dazu gezwungen, der 1934 Dollfuß unter der Bedingung nachfolgte, dass er die Macht mit Starhemberg teilt.

Ein zweites Merkmal ist das Ausmaß an Repression. Dollfuß ließ Oppositionelle verhaften, und im „Anhaltelager“ Wöllersdorf waren die Gegner des Regimes inhaftiert, die nicht ins Ausland hatten fliehen konnten – das hatte das österreichische Regime mit dem italienischen gemeinsam. Aber das Ausmaß an Todesopfern politischer Gewalt und politischen Hinrichtungen sowie das Maß an Folter erreichte in Österreich zwischen 1933 und 1938 nicht die (negative) Qualität des Systems Mussolini; ganz zu schweigen von der noch schlimmeren Qualität des Systems Hitler.

Erlaubt diese Beobachtung, den Unrechtscharakter des Dollfuß-Schuschnigg-Systems zu leugnen? Natürlich nicht. Aber diese Beobachtung zwingt zur Differenzierung: Faschismus ist nicht Faschismus.

Machtergreifung – nicht von „unten“, sondern von „oben“

Benito Mussolini und Adolf Hitler hatten „die Macht ergriffen“, getragen von einer Bewegung politischer Außenseiter, die sich der Unterstützung politischer Insider versichern konnten: Vittorio Emanuele III und Paul von Hindenburg repräsentierten das Alte, das sich mit dem Jungen verbündete – zur Sicherung der gefährdeten Ordnung, die auch die Privilegien ihres Standes und ihrer Klasse garantierte. Faschismus und Nationalsozialismus waren jung, und sie waren revolutionär und reaktionär zugleich. Eine alte gesellschaftliche Ordnung sollte stabilisiert werden, indem das Bündnis der alten Ordnung mit einer neuen Bewegung geschmiedet wurde. Die Vertreter der alten Ordnung hatten geglaubt, sich der Dienste Mussolinis und Hitlers bedienen zu können. Freilich: Die Vertreter der neuen Ordnung hatten die Repräsentanten der alten als Steigbügelhalter benutzt.

Anders die Herrschaftsform, die in einigen wenigen entscheidenden Schritten 1933 und 1934 in Österreich errichtet wurde. Der Diktatur, die Engelbert Dollfuß mit der Ausschaltung des Parlaments im März 1933, mit dem Sieg im Bürgerkrieg im Februar 1934 und der autokratisch erlassenen Verfassung vom 1. Mai 1934 errichtete, fehlte jeder revolutionäre Anspruch und Anstrich. Der Politische Katholizismus, der – gemeinsam mit der Sozialdemokratie – 1918, 1919 und 1920 auf den Trümmern des Habsburgerreiches eine demokratische Republik errichtet und diese auch regiert hatte, schüttelte die von ihm selbst mitdefinierte demokratische Ordnung wie eine nicht mehr nützliche Hülle ab. Die Dollfuß-Diktatur war das Versprechen der Wiederkehr des Alten – ein Versprechen, umgesetzt mit einer durch Dilettantismus gemilderten Brutalität.

Dollfuß und Schuschnigg waren als Vertreter der Christlichsozialen Partei und der von dieser dominierten Regierung auch Repräsentanten der demokratischen Republik gewesen. Aber spätestens 1933 waren sie zu deklarierten Gegnern der Demokratie geworden. Schuschnigg schrieb 1937 im offenkundigen Bemühen, den (Halb-) Faschismus seines Regimes zu rechtfertigen: „Der Kampf gegen die parlamentarische Demokratie in Österreich war in erster Linie gegen die Parteien als Träger des Systems gerichtet." (Schuschnigg 1937, 104) Das schrieb einer, der einmal zu den führenden Vertretern einer Parlamentspartei gehört hatte, die seit 1918 ohne Unterbrechungen als Teil einer Koalition an der Regierung war. Wäre da nicht auch so etwas von Selbstreflexion zu erwarten gewesen – von der Mitverantwortung von Schuschniggs (und Dollfuß') Christlichsozialer Partei?

Diese war 1934 bereits in die Vaterländische Front (VF) aufgegangen, der politischen Monopolorganisation des Regimes. Neben der VF gab es – zunächst noch – die regional organisierten Heimwehren, die sich (so in der Steiermark) teilweise an der NSDAP, mehrheitlich aber am italienischen Faschismus orientierten. Die Heimwehren marschierten auch auf – im Stile der italienischen Schwarz- und der deutschen Braunhemden. Aber politisch waren die Heimwehren von der Christlichsozialen Partei domestiziert worden, von der Partei, die 1919 die Republik mitgegründet und dieser 1920 gemeinsam mit anderen Parteien eine Verfassung gegeben hatte. Engelbert Dollfuß war nicht das Produkt der Heimwehren – er kam aus der Partei, die sich die Heimwehren dienstbar gemacht hatte. Und Schuschnigg sollte die Domestizierung der Heimwehren vollenden.

Die österreichische Diktatur war kein Kompromiss, den politische Insider mit politischen Neuankömmlingen geschlossen hätten – wie in Italien 1922, in Deutschland 1933. Der Faschismus à la Österreich war eine Diktatur derer, die schon davor an der Macht waren; eine Diktatur, die a priori gesellschaftliche Zustände bewahren und nicht verändern wollte. Dollfuß war – zunächst – ein im Rahmen der Demokratie agierender Chef einer verfassungskonform zustande gekommenen Regierung. Die autoritäre Herrschaft, die er in Etappen errichtete – durch die Ausschaltung des Nationalrates, durch die Verfassung vom 1. Mai 1934 – war die Ergreifung der Macht durch einen schon Regierenden. Mussolini und Hitler konnten sich – teilweise zu Recht – revolutionär geben. Die Dollfuß-Diktatur war von vornherein antirevolutionär.

Noch in einem anderen wesentlichen Punkt war die österreichische Diktatur anders als die italienische und die deutsche. Dollfuß musste die Katholische Kirche, die wohl wichtigste zivilgesellschaftliche Kraft des Landes, nicht mit Zugeständnissen gewinnen, wie dies Mussolini gelungen war; und er musste die Kirche auch nicht ruhigstellen, wie das Hitler angestrebt und auch erreicht hatte. Dollfuß konnte sich sicher sein, dass er im Namen der Kirche, der österreichischen Bischöfe und auch des Vatikans agierte. Seine Herrschaft war keine, die Kompromisse mit der Kirche zu suchen hatte. Seine Diktatur war eine durch und durch katholische Herrschaft – von Anfang an.

Die Christlichsoziale Partei war eine der Gründerinnen der Republik. Sie war in allen Koalitionsregierungen vertreten, und zumeist stellte sie auch den Bundeskanzler, also den Regierungschef. 1926 beschloss die Partei ein Programm, das den unvermeidlichen Pragmatismus einer permanenten Regierungspartei in Verbindung mit langfristigen Grundsätzen bringen sollte. Schon im ersten Absatz erklärte die Partei, sie sei überzeugt, dass „das oberste Ziel des Staates … nur erreicht werden kann, wenn die Grundsätze des Christentums zur Richtschnur genommen werden …" (Berchtold 1967, 374) Aus der gesamten Tradition der Partei, die auf die letzten Jahrzehnte des 19. Jahrhunderts zurückging, und in Konsequenz der römisch-katholisch geprägten Gesellschaft Österreichs war klar, dass für die Partei „die Grundsätze des Christentums" die von der Katholischen Kirche definierten Prinzipien waren.

In einem weiteren Absatz des Programms erklärte die Partei, an der Überzeugung festzuhalten, „dass das Zusammenwirken von Kirche und Staat und deren gegenseitige Förderung im Interesse beider gelegen ist." (Berchtold 1967, 375) Diese so demonstrativ der Katholischen Kirche verbundene Partei errichtete – umgewandelt in die Vaterländische Front – eine Diktatur. Die Kirche musste in Österreich nicht Privilegien erwerben – wie in Italien durch die Lateranverträge. Sie musste auch nicht wie im nationalsozialistischen Deutschland sich Garantien dafür geben lassen, dass die des „Neuheidentums" verdächtigte NSDAP die traditionellen Machtpositionen der Kirche respektierte. In Österreich setzte sich eine Partei des Politischen Katholizismus an die Spitze eines halbfaschistischen Systems. Dass Dollfuß im Herbst 1933 diese freundschaftliche Verbindung auch noch mit einem Konkordat absicherte, war eine zusätzliche Garantie – nicht für eine neue Freundschaft, sondern für die bereits bestehende und durch das Dollfuß-Regime verstärkte Verflechtung von Kirche und Staat.

Mussolini und Hitler, beide nicht (mehr?) vom katholischen Milieu geprägt, machten der Kirche Konzessionen, um die von ihnen erkämpfte Macht im Staat zu sichern. Dollfuß kam als Bundeskanzler der Republik von oben – und er kam von innen: aus dem Kernbereich des Politischen Katholizismus. Was von Mussolini und Hitler nicht gesagt werden kann – für Dollfuß gilt dies: Seine Diktatur war eine katholische.

Österreichs Faschismus (wenn es ein solcher war) folgte in dieser Hinsicht weder dem italienischen, noch dem deutschen Muster. Es entsprach aber in wesentlichen Punkten den Diktaturen in den katholischen Ländern der iberischen Halbinsel: Die Kirche musste nicht von der Diktatur umworben werden; die Kirche warf sich der Diktatur in die Arme. Ändert das etwas am Unrechtscharakter der Dollfuß-Diktatur? Natürlich nicht. Ändert das etwas am faschistischen Charakter des „Ständestaates“? Das hängt von der Faschismus-Definition ab.

Habsburg-Trauma und Habsburg-Nostalgie

Das Ende des Kaiserreiches Österreich war primär die Folge der militärischen Niederlage der Mittelmächte. Im Vorfeld der Kapitulation Österreich-Ungarns hatte sich das Band zu lösen begonnen, das die „Nationalitäten“ des Vielvölkerstaates zusammengehalten hatte. Das Königreich Ungarn erklärte den „Ausgleich“ von 1867 für beendet, der die beiden autonomen Reichshälften in allen Fragen der Außen-, Verteidigungs- und Finanzpolitik verbunden hatte. In der österreichischen Reichshälfte konnte die Regierung die auseinanderstrebenden nationalen Kräfte der Deutschen und Tschechen, der Polen und Ukrainer, der Italiener und Slowenen nicht mehr kontrollieren. Die „österreichische Revolution“ war keine Revolution einer unterdrückten Klasse, die gegen eine herrschende Klasse aufgestanden wäre. Diese „Revolution“ – wenn die Ereignisse diesen Begriff überhaupt erlauben – war eine Implosion des alten Reiches, entlang ethnischer Bruchlinien.

Freilich hatten die nicht deutschen Nationalitäten einigen Grund, diese Auflösung als Befreiung von der politischen Dominanz der deutschen (deutschsprachigen) Aristokratie und des deutschen Bürgertums zu verstehen. Dieses Befreiungsnarrativ begleitete die 1918 gegründete Tschechoslowakei ebenso wie die Gebiete, die an Italien oder an das Königreich der Serben, Kroaten und Slowenen abgetreten wurden. Das Befreiungsnarrativ des wieder erstandenen Polens war ein teilweise anderes, weil die Befreiung von der Herrschaft Russlands und Deutschlands in Polen für die Wiedererstehung des Landes für entscheidender empfunden wurde als die Loslösung Krakaus und Galiziens von Österreich.

Die nicht deutschen Nationalitäten des alten Österreich konnten sich als Sieger des Jahres 1918 fühlen. Aber was blieb der deutschen Nationalität? Die war der „Rest“, den die Tschechoslowakei, Italien, Jugoslawien und Polen übrig gelassen hatten – nachdem auch Gebiete mit deutschsprachiger Mehrheit (Südtirol, Nordböhmen, Nordmähren) diesem Rest verweigert worden waren.

Restösterreich orientierte sich zunächst am „Anschluss“ an das neue, das demokratische Deutschland der Weimarer Republik. Ein solcher „Anschluss“ widersprach aber dem Interesse der Sieger, Deutschland möglichst schwach zu halten. Deshalb wurde Österreichs „Anschluss“ an das demokratische Deutschland im Staatsvertrag von St. Germain untersagt. Was blieb, das war die Republik Österreich, die sich 1920 eine demokratische Verfassung gab, den Gedanken eines Anschlusses an Deutschland aber nicht aufgegeben hatte.

Die Republik litt unter einem doppelten Phantomschmerz: Der eine war ausgelöst von dem Anschlussverbot – der andere von der Sehnsucht nach vergangener Größe in Form einer sich im Alltag und auch in der Hochkultur manifestierenden Habsburg-Nostalgie. Eine politische Nutzung dieser Sehnsucht war konkret nicht möglich und auch – ausgedrückt durch den Landesverweis der Mitglieder der Familie Habsburg und das Verbot von Adelstiteln – offiziell nicht erwünscht. Darüber wachte die Sozialdemokratische Arbeiterpartei, der eine wesentliche Rolle bei der Republikgründung und der Entscheidung über die Verfassung zugekommen war. Da aber 1933 und 1934, am Beginn der Dollfuß-Schuschnigg-Diktatur, die Ausschaltung und das Verbot der Sozialdemokratie stand, war der Habsburg-Nostalgie ein Tor geöffnet worden. Die alten Adelstitel wurden wieder erlaubt, und das – kleine – österreichische Bundesheer trug wieder Uniformen, die fast nahtlos an die der k.u.k. Armee anschlossen. Führende Politiker der Christlichsozialen und der Heimwehren zeigten sich in der Öffentlichkeit demonstrativ mit ihren Uniformen aus dem Weltkrieg. Der autoritäre Ständestaat zeigte, deutlich erkennbar, restaurative Züge auf, die zurück in die Vergangenheit wiesen.

Einer politischen Umsetzung dieser Habsburg-Nostalgie standen aber entscheidende Hindernisse entgegen. Die Sozialdemokratie, die sich als Hüterin der Republik verstanden hatte, war zwar im Februar 1934 in die Illegalität gedrängt worden, die Parteiführung war im Exil. Aber andere Akteure, auf die Dollfuß und dann Schuschnigg Rücksicht zu nehmen hatten, verhinderten, dass aus der Nostalgie reale Politik werden konnte – etwa in Form der Wiedereinführung der Monarchie:

- Mussolini, der Schutzpatron Dollfuß', Starhembergs und Schuschniggs, hatte ein Stück Identität aus dem Kampf gegen Habsburg-Österreich bezogen: in seinem Einsatz für die Kriegsbeteiligung Italiens am Weltkrieg, als Mussolini den Kriegseintritt Italiens mit der Notwendigkeit von Gebietsgewinnen auf Kosten Österreich-Ungarns befürwortet hatte. Eine politische Renaissance Habsburg-Österreichs hätte Mussolini nie akzeptiert.
- Hitlers Deutschland war noch entschiedener als das faschistische Italien gegen jeden Schritt, der zu einer Restauration der Habsburger führen könnte. Verantwortlich waren ideologische Gründe – Hitler sah im alten Österreich, in dem er ja seine Kindheit und Jugend verbracht hatte, ein besonderes Feindbild –

eine Antithese zum rein deutschen „Volksstaat". Und verantwortlich war auch, dass ein Habsburg-Österreich nicht so einfach an Deutschland angeschlossen werden konnte: Das war ja schon 1871 nicht möglich gewesen, als das Deutsche Reich gegründet wurde.

- Die österreichischen Nachbarstaaten, die – in der „Kleinen Entente" verbunden – sich vor allem der Unterstützung Frankreichs erfreuten, hatten ihr Bündnis 1919 vereinbart, um ein mögliches Erstarken Deutschlands und Ungarns zu verhindern. Mit diesem Antirevisionismus, der die Tschechoslowakei, Jugoslawien und Rumänien bestimmte, war eine Habsburg-Restauration nicht zu vereinbaren.

Die Habsburg-Nostalgie musste daher zwischen 1934 und 1938 auf Symbolisches beschränkt bleiben. Aber auch eine bloß symbolische, von einer solchen Nostalgie bestimmte Politik war ein Hindernis für die Herstellung einer Anti-Hitler-Front, die das austrofaschistische Österreich mit anderen Nachfolgestaaten des alten Reiches herstellen hätte können. Die Habsburg-Nostalgie verstärkte Österreichs internationale Isolierung.

Die Habsburg-Nostalgie bestimmte – mit unterschiedlicher Intensität – weite Teile der österreichischen Gesellschaft. Politisch fand sie einen Niederschlag in Form einer monarchistischen Bewegung, die aber – unabhängig von der Gegnerschaft in Österreichs Nachbarschaft – politisch wenig direkte Resonanz hatte. Die Christlichsoziale Partei und dann die Vaterländische Front waren in der Lage, restaurative Tendenzen zu integrieren – ohne offen monarchistische Ziele zu verfolgen. Österreichs Monarchisten zählten nach dem März 1938 zu den aktivsten Gegnern des NS-Regimes, führende Vertreter wurden in Konzentrationslager eingeliefert, und zu den ersten politischen Opfern des „Anschlusses" zählte der prominente Monarchist Hans Karl Zeßner-Spitzenberg. (Welan, Wiltsche 2020)

Faschismus? Ja, aber

Das politische System, das 1933 und 1934 in Österreich etabliert wurde, hatte vieles mit dem italienischen Faschismus gemeinsam. Da waren die mit speziellen Interessen verbundenen ideologischen Motive: Die Frontstellung gegen Demokratie und Pluralismus – mit der Konsequenz, dass Opposition unterdrückt, dass Oppositionelle verfolgt wurden. Dazu kam die grundsätzliche Gegnerschaft zum Marxismus. Gemeinsam hatten Mussolinis Regime und der „autoritäre Ständestaat" auch die semantischen Anleihen bei der Katholischen Soziallehre und die Ablehnung der Aufklärung und der universellen Menschenrechte, auch und gerade was die Gleichberechtigung und Gleichstellung von Frauen und Männern betraf.

Eine Philosophie, ausgedrückt in einem Programm, das sich nicht bloß auf die Gegnerschaft zu Feindbildern (wie dem Marxismus) beschränkte, hatte der italienische Faschismus nicht. Eine solche programmatische Leere muss auch für die Diktatur in Österreich festgestellt werden. Dieses Vakuum wurde durch Anleihen aus der Soziallehre der Päpste (Leo XIII, Pius XI) zugedeckt – und mit dem Anspruch, eine neue Gesellschaft zu bauen. Ein solcher Anspruch war von Othmar Spann formuliert, der – nach einer kurzen Zeit in der NSDAP – so etwas wie zum Chefideologen des „Ständestaates" avancierte. Die auf eine berufsständische Ordnung zielende kirchliche Soziallehre und Spanns „Der wahre Staat" (Spann 2013) hatten vor allem eines gemeinsam: Beide richteten sich gegen die bestehende Demokratie, gegen Parlament und politischen Pluralismus. Aber diese programmatischen Ansätze wiesen kein politisch implementierbares Konzept auf. Es fehlte bei den Päpsten wie auch bei Spann so etwas wie eine konsistente und auch real umsetzbare politische Theorie, wie sie etwa in den „Federalist Papers" diskursiv mit Blickrichtung auf eine Verfassungsordnung für die eben erst gegründeten Vereinigten Staaten von Amerika entwickelt wurde.

Die programmatische Leere verband das System Dollfuß mit dem System Mussolini. Die Unterschiede waren zum Teil geopolitisch vorgegeben: Der italienische Revisionismus war von Anfang an expansiv; der österreichische defensiv. Aller Habsburg-Nostalgie zum Trotz konnte Dollfuß nicht einmal daran denken, Triest oder Ljubljana, Krakau oder Lemberg unter dem Hinweis auf eine österreichische Kontinuität zurückzugewinnen. Der Versuch, mit Berufung auf das Selbstbestimmungsrecht Teile Böhmens und Mährens für Österreich zu sichern, musste schon 1919 von der demokratischen Republik aufgegeben werden. Und eine offensive Südtirol-Politik war Dollfuß allein schon aus dem Grund nicht möglich, weil das faschistische Italien – dem Wunsch Dollfuß' und der Heimwehren entsprechend – die Schutzmacht des österreichischen Halbfaschismus war. Österreich – der Republik und dem „Ständestaat" – war a priori eine expansive, eine revisionistische Außenpolitik verwehrt.

Dollfuß und ab 1934 auch Schuschnigg konnten sich in Österreich auf ein geringeres Maß an persönlicher Autorität stützen als dies Mussolini in Italien möglich war. Die Ursache war, dass Dollfuß und Schuschnigg im Regierungslager immer mit zumindest latenter Konkurrenz zu rechnen hatten. Für diese Relativierung der persönlichen Autorität im Inneren waren – bis 1936 – vor allem die Heimwehren verantwortlich, ein nicht vollständig kontrollierbarer, in Grenzen eigenständiger Faktor im System des „Ständestaates". Und da waren, in einem viel größeren Ausmaß als das in Mussolinis Italien der Fall war, die Notwendigkeit, die Interessen der großen Nachbarstaaten zu berücksichtigen – zunächst vor allem die Italiens, dann auch ab 1936 in wachsendem Ausmaß die des nationalsozialistischen Deutschlands. Und von Anfang an spielte die Katholische Kirche eine entscheidende Rolle.

Die Kirche stand zwar Dollfuß und Schuschnigg zur Seite, sie war aber von der Regierung nicht instrumentierbar.

Die Kirche war in Österreich zwischen 1933 und 1938 eine potentielle Reservemacht. Die aber konnte und wollte dieses Potential nicht nutzen, weil sie mit dem Regime eins war. Die Kirche konnte wegen ihrer faktischen Deckungsgleichheit mit der „Kanzlerdiktatur" von Dollfuß und Schuschnigg weder Korrektiv noch Alternative sein. Diese Deckungsgleichheit war eine österreichische Besonderheit: In Italien war die Situation eine grundsätzlich andere. Der antiklerikale Mussolini, der als offener Gegner der Demokratie Ministerpräsident in dem in seiner Wurzel antiklerikalen Königreich Italien geworden war, bewegte sich auf die Kirche zu, um sein Regime zu stabilisieren. Der nur äußerst oberflächlich katholisch sozialisierte Duce, der sich politisch fernab von der Kirche entwickelt hatte, suchte durch einen Kompromiss mit der Katholischen Kirche den möglichen Widerstand des Politischen Katholizismus zu ersticken und seine Abhängigkeit vom Laizismus der traditionellen Eliten des Königreiches zu reduzieren.

Engelbert Dollfuß hatte solche Taktiken nicht nötig – er konnte von Anfang an sich der vollen Rückendeckung durch die Kirche sicher sein. Das von ihm im Herbst 1933 unterzeichnete Konkordat hatte, anders als das italienische und das deutsche, keinen Kompromisscharakter: Der Vatikan und die österreichischen Bischöfe waren sich ja von Anfang an mit der autoritären Regierung Dollfuß in allen wesentlichen Fragen einig gewesen.

Wer oder was wäre also als Reservemacht in Frage gekommen? Da war der Bundespräsident – die am 1. Mai 1934 „Im Namen Gottes, des Allmächtigen" verkündete Verfassung hielt grundsätzlich an der Vorrangstellung des Staatsoberhauptes gegenüber dem Kanzler fest. Der letzte Präsident der (Ersten) Republik, Wilhelm Miklas, blieb auch ab 1934 in der „Kanzlerdiktatur" Präsident. Er war ein folgsamer Diener von Dollfuß und der anderen Repräsentanten der neuen Ordnung. Mit diesen war Miklas durch seine Herkunft aus der Christlichsozialen Partei und den Verbänden des Politischen Katholizismus eng verbunden – insbesondere auch durch die Mitgliedschaft im ÖCV, dem Dachverband der farbentragenden, nicht schlagenden katholischen Studentenschaft.

Miklas sollte der große Abwesende der Jahre 1934 bis 1938 sein: Die Politik wurde von Dollfuß und von dessen Nachfolger Kurt Schuschnigg bestimmt. Politische Inhalte verhandelte der Kanzler mit verschiedenen Gruppierungen des Regierungslagers – insbesondere mit den Heimwehren. Miklas segnete alles ab, was von dem ihm formell unterstellten Regierungschef vorgelegt wurde. Miklas war – was die Orientierung der Politik betraf – eigentlich verzichtbar. Die wenigen Stunden, die er am Abend des 11. März 1938 zögerte, die von Schuschnigg bereits verkündete Kapitulation vor Hitler-Deutschland durch die Ernennung eines nationalsozialistischen Regierungschefs auch umzusetzen, ist der einzige erkennbare politische Fußabdruck, den das Staatsoberhaupt des autoritären Systems hinterlassen hat. Zur Formulierung einer Alternative zum Kanzler oder zum Einmahnen einer anderen politischen Orientierung war die Person, die – theoretisch – die Rolle des italienischen Königs hätte spielen können, weder fähig noch willens.

Einer Reservemacht nahe kam Dollfuß' Bündnispartner, Ernst Rüdiger Starhemberg, der „Bundesführer" der Heimwehren. Durch seine aristokratische Herkunft von den anderen, zumeist aus dem Bauern- oder Bürgertum kommenden Führungspersonen des „Ständestaates" unterschieden, hatte Starhemberg auch eine andere, eine besondere Vorgeschichte. 1923 war er begeisterter Nationalsozialist gewesen, der auch beim „Novemberputsch" in München in den Reihen der Nationalsozialisten mitmarschiert war. Aber bald darauf orientierte er sich nicht mehr an Hitler, sondern an Mussolini. Er wurde zu Mussolinis Vertrauensmann in Österreich.

Im Februar 1934, im Bürgerkrieg gegen die Sozialdemokraten, kam den Heimwehren eine wesentliche Rolle zu. Sie beanspruchten deshalb auch, bei der Neustrukturierung des Landes – jenseits von Demokratie und Republik – entsprechend berücksichtigt zu werden. Das Ergebnis war eine Machtteilung. Dollfuß hatte das gemeinsame Aufgehen der alten Christlichsozialen und der Heimwehren in der neuen Einheitspartei Vaterländische Front erreicht. Nach Dollfuß' Tod im Juli 1934 wurde Kurt Schuschnigg, der – wie Dollfuß – aus den Reihen der Christlichsozialen Partei kam, Regierungschef. Starhemberg aber erhielt die Funktion eines „Frontführers" der Vaterländischen Front und wurde Vizekanzler. An die Stelle der Dominanz einer Person war eine koalitionsähnliche Machtteilung getreten.

Eine solche Machtteilung wäre im italienischen Faschismus und im deutschen Nationalsozialismus nicht vorstellbar gewesen. Allerdings waren in Italien bis 1943 und in Deutschland bis 1945 die Rahmenbedingungen andere: Mussolini und Hitler waren am Leben. Was passiert wäre, wären sie zu einem Zeitpunkt gestorben, als ihre Systeme noch intakt waren, ist Gegenstand von Spekulationen, die sich nicht auf ein auch nur annähernd gesichertes Wissen stützen können.

Zur Reservemacht hätte die unterdrückte Sozialdemokratie werden können. Aber Dollfuß konnte diese Karte nicht spielen: Er hatte Mussolinis Unterstützung, die er gegen Hitler brauchte, vor allem deshalb bekommen, weil er das Ende der Demokratie und damit das Ende jeder demokratischen Opposition versprochen und auch durchgesetzt hatte. Und Schuschnigg konnte erst recht nicht die potentielle Reservemacht Sozialdemokratie ins Spiel bringen, weil er so die sich bereits abzeichnende Bereitschaft Mussolinis, Österreichs Unabhängigkeit seinem Partner Hitler zu opfern, bestärkt hätte – schneller, als dies dann ohnehin im März 1938 geschehen sollte. Dollfuß hatte einen Weg beschritten, der kein Zurück mehr erlaubte. Die Etappen auf diesem Weg waren die Ausschaltung des Parlaments im März 1933, der Bürgerkrieg vom Februar 1934 und im Mai desselben Jahres die Verkündung einer Verfassung, die der Demokratie keinen Platz ließ. Und Schuschnigg? Der hatte sich 1936 mit dem Juli-Abkommen auf eine Politik der Beschwichtigung

Hitlers eingelassen, die zum Ende von Österreichs Unabhängigkeit führte – führen musste.

Die Untergrund-Opposition der Sozialdemokraten, deren führende Funktionäre im Februar 1934 zumeist ins Ausland geflohen waren (die prominenteste Ausnahme war Karl Renner), war insgesamt für die autoritäre Regierung das geringere Problem. Aktive „Revolutionäre Sozialisten" wurden – falls man ihrer habhaft wurde – weggesperrt. Im Februar 1934 waren aktiv kämpfende Sozialdemokraten hingerichtet worden – wie der Kommandant des steirischen Schutzbundes, Koloman Wallisch. Auch nach dem Ende der Kämpfe wurde zumindest in einem höchst umstrittenen Fall – des 20-jährigen Josef Gerl – ein Todesurteil verhängt und vollstreckt. (Botz 1983, 256, 279) Aber die Opposition von links war für das Regime weniger Gefahr als die Opposition von rechts. Denn hinter den „Revolutionären Sozialisten" stand keine äußere Macht. Hinter den – illegalen – österreichischen Aktivisten von SS und SA, die von München gesteuert wurden, und hinter den im deutschen Exil als „Österreichische Legion" zum Einmarsch in Österreich bereiten Nationalsozialisten stand der große Nachbar.

Hitler hatte zwar nach dem Fehlschlag des Juli-Putsches und der Ermordung Dollfuß' die Strategie gewechselt. Statt auf eine Eroberung durch direkte Gewalt, wie im Juli 1934 geplant, setzte er nun auf die Unterwanderung und Aushöhlung des Austrofaschismus. Als Strategie war nun, an Stelle des „Anschlusses" von außen, der „Anschluss" von innen getreten. (Tálos 2013, 537–550) Aber das Ziel blieb dasselbe: Österreich sollte voll und ganz im nationalsozialistischen Deutschland aufgehen. Der große, starke Faschismus – der Nationalsozialismus – sollte den kleinen, den halbherzigen, unvollendeten Faschismus à la Dollfuß von innen aushöhlen und zerstören. Der „Anschluss" setzte den Untergang des „Faschismus minus" voraus. Der musste vom „Faschismus plus" zerstört werden.

Als Schuschnigg erkennen musste, dass die Unterstützung, die er von Mussolini erhielt, allmählich lau wurde, setzte er auf ein Appeasement à la Austria: Im Abkommen vom Juli 1936 verpflichtete er sich – gegen den Widerstand Starhembergs – zu einer Abstimmung der österreichischen Außenpolitik mit den Wünschen (besser wohl: den Diktaten), die aus Berlin kamen. Die Heimwehren wurden innerhalb der Vaterländischen Front zurückgedrängt und schließlich aufgelöst. Die Führung der VF übernahm nun Schuschnigg, die Führung der Einheitspartei und der Regierung lagen in einer Hand. Das, was Schuschnigg einen Dualismus nannte – das Nebeneinander der von ihm geführten Regierung und der von Starhemberg geführten VF – war zu Ende. (Schuschnigg 1937, 302–307)

Mit dem Juli-Abkommen hatte Schuschnigg – den Wünschen Hitlers und seines Gesandten von Papen entsprechend – die Heimwehren und Starhemberg zurückgedrängt. Aber er hatte Hitler nicht wirklich zufriedenstellen können. Und auch bei seinem fast schon verzweifelten Versuch, im Februar 1938 bei seinem Treffen mit Hitler in Berchtesgaden – ein Besuch, der eher einem Bittgang oder einer Vorladung entsprach – konnte Schuschnigg keine Garantien für den Fortbestand eines unabhängigen Österreich erreichen. Schuschnigg setzte danach alles auf eine Karte – auf eine Volksabstimmung, die zeigen sollte, dass Hitlers Anschlusspolitik sich auf keine Mehrheit in Österreich stützen konnte. Aber eben weil Hitler ein solches Ergebnis befürchten musste, wurde Schuschnigg durch militärische Erpressung am 11. März zum Rücktritt gezwungen. Deutsche Truppen marschierten in den darauffolgenden Morgenstunden in Österreich ein. Die österreichischen Streitkräfte leisteten – der Weisung Schuschniggs folgend – keinen Widerstand. Am 13. März wurde durch ein zwischen dem von Miklas zum Bundeskanzler ernannten Arthur Seyß-Inquart und Hitler abgesprochenes, autoritär erlassenes Gesetz Österreichs „Anschluss" besiegelt, und am 15. März verkündete Hitler einer jubelnden Menge auf dem Wiener Heldenplatz die „Heimkehr" Österreichs in das Deutsche Reich. Der Austrofaschismus war wie ein Kartenhaus zusammengebrochen.

Die Vaterländische Front: ein autoritäres Konstrukt

Die Vaterländische Front (VF) war so etwas wie ein Äquivalent der Faschistischen Partei Italiens und der NSDAP in Deutschland. Neben der VF gab es keine andere Partei, und alle vom System zugelassenen politischen Organisationen hatten sich direkt oder indirekt in die VF zu integrieren. Die Unterschiede gegenüber der italienischen und der deutschen Einheitspartei waren aber auffallend: Die VF sammelte die politisch Angepassten, aber sie mobilisierte niemanden. Emmerich Tálos bestätigt der VF „im Vergleich mit der NSDAP geringere politische Bedeutung und Mobilisierungsfähigkeit". (Tálos 2013, 147)

Das war die Folge der Entstehungsgeschichte: Die Faschistische Partei Italiens und die NSDAP „eroberten" die Regierungsmacht als Massenbewegungen, die von außen und von unten kamen. Die Vaterländische Front war das Kind einer an der Macht befindlichen Regierungspartei – die VF war die Christlichsoziale Partei in neuem Kleid. Freilich: Zu dem Führungspersonal der Christlichsozialen kamen auch Vertreter der Heimwehren, deren Verhältnis zur Christlichsozialen Partei ambivalent gewesen war. In einigen Ländern (wie etwa in Niederösterreich) hatten sich Heimwehr und Partei weitgehend gedeckt, in anderen agierten die Heimwehren unabhängig von den Christlichsozialen. In der Vaterländischen Front waren Christlichsoziale und Heimwehren jedenfalls vereint.

Wegen der Einbindung der Heimwehren war die VF zu einer Art Pluralismus gezwungen, der in der Faschistischen Partei Italiens und in der NSDAP (jedenfalls nach der Ausschaltung von Ernst Röhm) nicht zu beobachten war. Die Heimwehren, allen voran Ernst Rüdiger Starhemberg, waren in ihrer relativen Eigenständigkeit innerhalb der VF erkennbar; auch, weil sie dafür sorgten, dass das Faschismus-Bekenntnis (im Sinne des Faschismus à la Mussolini) innerhalb der Vaterländischen

Front nicht in den Hintergrund geriet. Die Notwendigkeit, die Heimwehren innerhalb der VF zufriedenzustellen, wurde besonders deutlich, als nach dem Tod von Engelbert Dollfuß Schuschnigg ihm zwar als Regierungschef folgte, Starhemberg aber Dollfuß' Nachfolger als „Frontführer" der VF wurde: eine Funktionsteilung, die weder unter Mussolini noch unter Hitler vorstellbar gewesen wäre.

Innerhalb der VF waren die Heimwehren keineswegs die einzigen Wehrverbände: Die „Ostmärkischen Sturmscharen" waren betont katholisch und akademisch, Schuschnigg kam aus diesen Reihen. Der „Freiheitsbund", die Miliz der Christlichen Gewerkschaften, war 1934 auch zur Miliz des regierungsabhängigen Gewerkschaftsbundes geworden und blieb in seinem Faschismusbekenntnis mehr als zurückhaltend. So zeigte sich in der Einheitspartei des Regimes eine Pluralität, die nicht der Demokratie entsprach – man konnte sich ja nicht durch Stimmabgabe für oder gegen eine der Gruppierungen innerhalb der VF entscheiden. Aber es gab in der VF eine auch nach außen kommunizierte, freilich begrenzte Vielfalt. (Carsten 1977, 227–229)

Im Rahmen der VF gab es eine Art von bündischer Struktur, die der Einheitspartei eine breitere Grundlage geben oder eine solche zumindest vortäuschen sollte. Die Soziale Arbeitsgemeinschaft (SAG), die auch eng mit dem von früheren Christlichen Gewerkschaftern beherrschten und von der Regierung kontrollierten Gewerkschaftsbund verbunden war, sollte (ehemalige?) Sozialdemokratinnen und Sozialdemokraten in die VF integrieren. In Berchtesgaden hatte Schuschnigg auch die Öffnung der VF für Nationalsozialisten zugesagt. De facto hatte die VF sich schon 1937 für Nationalsozialisten geöffnet, durch die Einrichtung eines „Volkspolitischen Referats". Damit hatte die Vaterländische Front eigentlich schon den Charakter einer Einheitspartei aufgegeben – wenige Wochen vor dem „Anschluss" hatte sie de facto die NSDAP akzeptiert. (Tálos 2013, 348–354 und 538–542)

Dass die Vaterländische Front als politische Monopolorganisation sich „vaterländisch" nannte, war auch Ausdruck einer österreichischen Besonderheit. Während der italienische Faschismus und der deutsche Nationalsozialismus sich in ihrer nationalistischen Rhetorik von niemandem übertreffen lassen wollten, war die VF „vaterländisch" und nicht „national". „National" stand in Österreich für deutschnational und für eine prinzipielle Orientierung am „Anschluss". In den 1930er Jahren wurde „national" zu einem Begriff, der fast deckungsgleich mit „nationalsozialistisch" wurde – weil „Anschluss" ja nur noch als Eingliederung in das nationalsozialistische Deutschland verstanden werden konnte. Für eine politische Organisation, die – als Einheitspartei – auch die Aufgabe hatte, einen Anschluss an das nationalsozialistische Deutschland zu verhindern, wäre „national" eine verwirrende Etikettierung gewesen. Der Begriff „vaterländisch" hingegen war der Versuch, ein generelles Bekenntnis zu einem „deutschen" Österreich beizubehalten, ohne dass daraus ein „Anschluss" an das real bestehende Deutschland Adolf Hitlers abgeleitet werden konnte. Das Österreich des Engelbert Dollfuß wollte ja – auch durch die Betonung der Kontinuität mit Habsburg-Österreich und im Zusammenhang der allgegenwärtigen privilegierten Stellung der Katholischen Kirche – ein anderes, ein „besseres" Deutschland als das Deutschland des Nationalsozialismus sein.

Die aus der Situation der 1930er Jahre erklärbare Differenzierung zwischen „vaterländisch" und „national" sollte sich erst nach 1945 in den ersten Jahrzehnten der Zweiten Republik erübrigen – durch das Absterben der österreichischen Sehnsucht nach dem „Anschluss" und, damit verbunden, mit der Stärkung eines österreichischen Nationalbewusstseins.

Repressionsintensität

Mit der Ausschaltung des Nationalrates im März 1933 wurde die Regierung Dollfuß eine Diktatur. Die KPÖ und die NSDAP wurden verboten, und nach den Kämpfen im Februar 1934 folgen die Verbote der Sozialdemokratischen Arbeiterpartei und der Freien Gewerkschaften. Die Kämpfe zwischen der an den Rand gedrängten Sozialdemokratie und ihrer Miliz – dem Republikanischen Schutzbund – und der Regierung war ein Bürgerkrieg, den die Regierung rasch für sich entschied. Das Bundesheer und die der Regierung zuzurechnenden Milizen (vor allem die Heimwehren) konnten in wenigen Tagen jeden Widerstand brechen.

Die Macht der Regierung richtete sich nun, nicht mehr gebremst von rechtsstaatlichen Begrenzungen, gegen die „Aufständischen". Wer in den Reihen des Schutzbundes gekämpft hatte, musste mit der Hinrichtung rechnen – so Koloman Wallisch, der als Kommandant des steirischen Schutzbundes hingerichtet wurde, obwohl er als Abgeordneter des 1930 gewählten Nationalrates Immunität genoss. Doch die Regierung Dollfuß war ja schon entschlossen, die Regeln des demokratischen Parlamentarismus nicht mehr zu respektieren.

Die Führung der Sozialdemokratischen Arbeiterpartei konnte ins Exil entkommen – nicht jedoch Karl Renner. Der frühere Staatskanzler der Provisorischen Staatsregierung und Präsident des 1930 gewählten Nationalrates wurde verhaftet und verhört. Nach der Einstellung des Strafverfahrens war es ihm gestattet, sich nach Gloggnitz in sein Haus zurückzuziehen, wo er als Privatgelehrter bis 1945 leben sollte. (Saage 2016, 248–252) Freilich – er war sich bewusst, dass er unter Beobachtung stand, und von der Polizei des „Ständestaates" wie auch ab 1938 von der Gestapo nur unter der Voraussetzung in Ruhe gelassen wurde, dass er sich jeder Widerstandstätigkeit enthielt.

Anton Benya war innerhalb des in die Illegalität abgedrängten Netzwerkes der Freien (sozialdemokratischen) Gewerkschaften aktiv. Als zwischen dem 1. Oktober und dem 31. Dezember 1936 in den österreichischen Betrieben „Vertrauensmännerwahlen" stattfinden sollten, betrachtete die illegale sozialdemokratische Gewerkschaftsorganisation diese Wahlen als Test für die Reformbereitschaft der

Regierung Schuschnigg. Sozialdemokratische Kandidaten stellten sich zur Wahl – ohne ihre Parteimitgliedschaft zu deklarieren. Obwohl bei der Erstellung der Liste der Kandidatinnen und Kandidaten ein (nur vage formuliertes) Einvernehmen mit dem regierungsabhängigen Gewerkschaftsbund und der Vaterländischen Front herzustellen war, beteiligten sich viele Aktivistinnen und Aktivisten der (verbotenen) Freien Gewerkschaften an der Wahl, mit Zustimmung der illegalen Gewerkschaftsführung. Etwa zwei Drittel der gewählten „Vertrauensmänner" kamen aus den Reihen der Freien Gewerkschaften – darunter auch Benya. Die Vertrauensmännerwahlen galten als einzige politische Beteiligung, die in den Jahren der Dollfuß-Schuschnigg-Diktatur den Kriterien einer freien und fairen Wahl entsprach.

Was als Zeichen der Bereitschaft des Regimes zur Öffnung hätte gelten können, war offenbar nicht wirklich ernst gemeint. Anton Benya wurde am 7. Februar 1937 verhaftet. Ihm wurde „staatsfeindliche" Betätigung vorgeworfen. Am 7. September kam er „gegen Gelöbnis" wieder frei. Seinen Arbeitsplatz in der metallverarbeitenden Industrie hatte er zunächst aber verloren. Welche Inkonsequenz eines Repressionssystems, das Angehörige des sozialdemokratischen Untergrunds einlud, sich politisch zu betätigen – und sie dann wieder wegsperrte. Der Unterdrückungsapparat des „Faschismus minus" arbeitete auf halbem Weg und mit halben Mitteln. (Douschan 2011, 41–49)

Schuschnigg hielt 1937 die Zahlen politischer Häftlinge in Österreich fest: Am 1. November 1934 waren im Lager Wöllersdorf 4990 Personen inhaftiert gewesen. Diese Zahl verringerte sich in den folgenden Jahren auf 326 (1. November 1935), 133 (1. November 1936) und 45 (1. Oktober 1937). Wegen politischer Delikte waren in ganz Österreich am 15. Dezember 1934 2499 Personen in gerichtlicher Haft, am 1. November 1935 2193, am 1. November 1936 817 und am 1. Oktober 1937 1207 Personen. Die Gesamtzahl der wegen politischer Betätigung von österreichischen Gerichten Verurteilten betrug 5467 (1934), 2844 (1935), 2186 (1936) und in der ersten Hälfte 1937 806 Personen. (Schuschnigg 1937, 319) Diese Aufstellungen lassen keine Differenzierungen zu – insbesondere nicht zwischen politischen Häftlingen aus den Reihen der Linken (Sozialdemokraten, Kommunisten) und politischen Häftlingen aus den Reihen der NSDAP.

Giacomo Matteotti war 1924 als Abgeordneter des italienischen Parlaments von faschistischen Milizionären entführt, gefoltert und ermordet worden. Die Regierung Mussolini verfolgte nicht die Mörder, sondern nahm den Mord zum Anlass, jede Opposition auszuschalten. Kurt Schumacher, SPD-Abgeordneter des Reichtags, der im März 1933 gegen das „Ermächtigungsgesetz" gestimmt hatte, verbrachte 12 Jahre in deutschen Konzentrationslagern. Karl Renner, Präsident des letzten Nationalrates der Ersten Republik, wurde 1934 verhaftet, verhört, und wieder freigelassen. Die Unterschiede, mit der die drei faschistischen (?) Systeme drei prominente Parlamentarier aus den Reihen der von der Regierung unterdrückten demokratischen Parteien behandelten, verdienen, hervorgehoben zu werden. Aber diese Differenzierung ändert nichts am Unrechtscharakter des „Faschismus minus".

Bruno Kreisky, in der Sozialistischen Arbeiterjugend und dann bei den Revolutionären Sozialisten aktiv, war 1936 nach seiner Verurteilung im „Sozialistenprozess" ein Jahr im „Anhaltelager" (besser wohl Konzentrationslager) Wöllersdorf inhaftiert, kam 1937 frei und konnte – als „Jude" nach dem „Anschluss" an seinem Leben bedroht – ins schwedische Exil entkommen. Anton Benya, der nach dem „Anschluss" ein „arischer" deutscher Volksgenosse geworden war, konnte der Einberufung in die Wehrmacht entgehen, weil er – als Elektromechaniker – in einem kriegswichtigen Betrieb arbeitete.

Bruno Kreisky wurde nach der Rückkehr aus der Emigration Mitglied der Bundesregierung, nahm als Staatssekretär in Moskau an den Verhandlungen teil, die im Frühjahr 1955 den Durchbruch zum Staatsvertrag brachten, wurde 1959 Außenminister und war von 1970 bis 1983 der längst dienende Bundeskanzler der demokratischen Republik. Anton Benya wurde in der Zweiten Republik Präsident des demokratischen Österreichischen Gewerkschaftsbundes (ÖGB) und dann Präsident des Nationalrates – Nachfolger der Nachfolger Karl Renners.

Leiter der Regierungsdelegation, der Kreisky bei den Moskauer Verhandlungen angehörte, war Bundeskanzler Julius Raab, der auch als „Obmann" Vorsitzender der Österreichischen Volkspartei war, der Nachfolgepartei der Christlichsozialen. Am Ende der Ersten Republik war Raab Führer der niederösterreichischen Heimwehren, Nationalratsabgeordneter der Christlichsozialen Partei und 1938 der letzte Handelsminister der Regierung Schuschnigg.1945 wurde Raab der erste Präsident der neu gegründeten Bundeswirtschaftskammer, die – gemeinsam mit dem ÖGB – die österreichische Sozialpartnerschaft aufbaute: ein (Neo-) Korporatismus, auf demokratischer Grundlage. Einer der wichtigsten Partner Raabs im Gefüge der Sozialpartnerschaft war Anton Benya.

Es war der Sieg der Alliierten, der die Voraussetzungen für diese doch erstaunliche Lernfähigkeit hergestellt hatte: Die Unterdrückung des einen durch das andere „Lager" hatte einer Demokratie Platz gemacht; und deren Akteure waren zumindest zum Teil dieselben geblieben, die sich bis 1938 als „Faschisten" und „Antifaschisten" gegenübergestanden waren.

„Das kleinere Übel"?

Die Interessengruppen, die wesentlich daran beteiligt waren, 1922 Mussolini und 1933 Hitler an die Macht zu bringen, waren von einem Kalkül des „kleineren Übels" geleitet: Mussolini und Hitler sollten behilflich sein, die Linksparteien von der Macht fernzuhalten und die politische Instabilität beenden, von der die politische Linke sich Vorteile versprechen könnte. Hitler und Mussolini waren in den

Augen der traditionellen Eliten von Übel, aber sie waren als Instrumente nützlich – um ein größeres Übel zu verhindern. Dass sich diese Instrumente – dem Besen des Zauberlehrlings gleich – verselbständigen könnten, damit hatten die nicht-faschistischen Weichensteller des Faschismus nicht gerechnet.

In Österreich war das Kalkül vom „kleineren Übel" ein anderes: Dollfuß sollte nicht nur den Marxismus (der freilich 1933 allein schon durch die internationale Lage kaum eine reale Bedrohung war) zurückdrängen, Dollfuß sollte auch den Nationalsozialismus in Schach halten. Das antisozialistische Kalkül, das die Ereignisse in Rom 1922 und in Berlin 1933 bestimmt hatte, war in Wien 1933 und 1934 durch ein antinationalsozialistisches Kalkül verkompliziert – ganz abgesehen davon, dass Dollfuß nicht an „die Macht" gebracht werden musste. Er war ja schon im Besitz der Regierungsmacht.

Nach der gewaltsamen Ausschaltung der Sozialdemokratischen Partei und der Freien (sozialdemokratischen) Gewerkschaften war das erreicht, was die eine Seite des strategischen Kalküls war. Aber wie sollte verhindert werden, dass die offen vom deutschen Nachbarn unterstützte österreichische NSDAP an die Macht kommt und Österreich an das nationalsozialistische Deutschland anschließt?

Alle, die davon ausgingen, dass Hitlers Triumph in Wien das größte aller vorstellbaren Übel wäre, mussten abwägen: Wer könnte den „Anschluss" an das nationalsozialistische Deutschland verhindern? Bald schon schien es – für viele – eine einzige Option zu geben, den Albtraum einer Implementierung der Nürnberger Gesetze auch in Österreich, die Verschärfung der Repression gegen politische Gegner und eine auf den Krieg hinauslaufende Militarisierung zu verhindern: Diese Option war die Akzeptanz, ja die Unterstützung des Dollfuß-Schuschnigg-Regimes.

Diese Perspektive bedeutete nicht, in dem klerikal-faschistischen Regime, das am 1. Mai 1934 „im Namen Gottes, des Allmächtigen" ausgerufen worden war, auch nur eine annähernd gute Lösung zu sehen. Aber welche andere Alternative zum „Anschluss" an Hitler-Deutschland war in Sicht? Die Wiederherstellung der demokratischen Republik wäre auch noch nach dem 12. Februar zwar die in jeder Hinsicht einzig rechtsstaatlich korrekte Alternative gewesen. Aber der italienische Nachbar, der als Protektor gegenüber dem deutschen Nachbarn gebraucht wurde, hätte das zu verhindern gewusst; ebenso die Gruppierungen im Regierungslager – insbesondere die Heimwehren –, bei denen die Ablehnung der Demokratie eine mindestens ebenso starke Rolle spielte wie die Ablehnung des Nationalsozialismus.

Die Wiederherstellung der Monarchie, für die der älteste Sohn des letzten Kaisers sich bereithielt, hätte das Regierungslager gespalten und eine scharfe internationale Reaktion von Seiten Deutschlands, Italiens, der Tschechoslowakei und Jugoslawiens provoziert – ohne dass andere Mächte (Frankreich, Großbritannien) eine Habsburg-Renaissance unterstützt hätten. Eine Donau-Konföderation („Donaubund") wurde von Schuschnigg angedacht. (Schuschnigg 1937, 271). Karl Renner, der sich von den illegalen Aktivitäten der Revolutionären Sozialisten fernhielt, fuhr

1937 mit Wissen der Regierung Schuschnigg nach Paris – zu einem Internationalen Kongress. Bei dieser Gelegenheit nahm er brieflich Kontakt mit Friedrich Adler auf, der als Sekretär der Sozialistischen Internationale in Brüssel lebte. Renner nützte seinen Aufenthalt in Paris auch, um zu sondieren, was man in Frankreich von einer Donau-Konföderation als Alternative zum „Anschluss" hielt. (Hannak 1965, 619–621) Was immer von einem Staatenbund zu halten war, der sich vor allem aus Nachfolgestaaten des Habsburgerreiches hätte zusammensetzen müssen: Bis März 1938 hatte diese Option keine realen Konturen bekommen.

Am Beginn des Jahres 1938 war für alle, die der Wirklichkeit nicht auswichen, klar erkennbar: Die einzige zeitnah vorhandene Alternative zu Hitler war Schuschnigg. Deshalb unterstützten Österreichs jüdische Gemeinden das Regime, deshalb rangen sich die Revolutionären Sozialisten – wenige Stunden, bevor Schuschnigg kapitulierte – dazu durch, ein „Ja" für die für den 13. März angekündigte Volksabstimmung zu empfehlen. Schuschnigg war für die Sozialisten ein Übel – aber die Alternative zu diesem war ein größeres Übel.

Doch da war es zu spät, und es wäre wohl immer zu spät gewesen: Beginnend mit der Entscheidung Engelbert Dollfuß', die Geschäftsordnungspanne des Nationalrates im März 1933 als „Selbstausschaltung" dieser Parlamentskammer zu interpretieren und als Vorwand für den Weg in die Diktatur zu nützen, hätte dieser unfertige, widersprüchliche Faschismus (?) der eigentlichen Bedrohung Österreichs nicht standhalten können – dem Zugriff des „Faschismus plus". Der „Faschismus minus" versagte – auch und vor allem deshalb, weil er die einzige Aufgabe, die ihn legitimieren hätte können, nicht zu erfüllen vermochte: Österreich vor dem „Faschismus plus" zu schützen.

Hätte er sie überhaupt erfüllen können? Und: Hätte die demokratische Republik den „Anschluss" verhindern können? Die Rahmenbedingungen hatten sich nach 1934 verändert – in eine für die Unabhängigkeit Österreichs negative Richtung. Mussolini, der im Juli 1934 – beim Putsch der SS und der Ermordung Dollfuß' – die Unabhängigkeit Österreichs noch sichern wollte, war Hitler gegenüber geschwächt. In den westlichen Demokratien breitete sich die „Appeasement"-Stimmung aus, die im September/Oktober 1938 München möglich machen sollte. Die NSDAP war schon ab 1932 auch in Österreich zu einer Massenpartei geworden, die nach ihrem Verbot wegen ihrer Unterstützung von deutscher Seite weiterhin ein wichtiger Faktor blieb. Die NSDAP vertrat eine Minderheit, aber eine große Minderheit. Und vor allem konnte die NSDAP die generelle Anschlussstimmung nützen, die ja auch 1918 und 1919 bei der Gründung der Republik tonangebend war.

Der Faschismus made in Austria hat versagt. Auch wenn unter den Rahmenbedingungen der zweiten Hälfte der 1930er Jahre – bestimmt vom Bürgerkrieg in Spanien und der „pazifistischen", das heißt einer gegenüber dem Aufstieg Hitlers resignativen Politik der westlichen Demokratien – der „Anschluss" nicht zu verhindern war: Österreich hätte auch als demokratische Republik „der Gewalt weichen" müssen. Aber es wäre für das Ansehen und die internationale Stellung des Landes besser gewesen – nach 1945, als die österreichische Demokratie eine zweite Chance erhielt: besser als die Hilflosigkeit, mit der Schuschnigg 1938 kapitulierte; ein Diktator, der sein Versprechen nicht einhalten konnte, den „Anschluss" an den „Faschismus plus" mutig entgegenzutreten. Um vor dem totalitären Faschismus deutscher Prägung zu kapitulieren, der dem europäischen (und damit auch dem österreichischen) Judentum die Vernichtung bringen sollte – deshalb hätte Österreich nicht faschistisch werden müssen.

Aber war die „Kanzlerdiktatur" des Engelbert Dollfuß und des Kurt Schuschnigg überhaupt faschistisch? Eine seriöse Antwort kann nur sein: ja und nein; eine seriöse Antwort muss sich dem Entweder-Oder verweigern. Gerhard Botz hat versucht, mit einer Periodisierung dem Regime gerecht zu werden: (Botz 1983, 234–246)

- Phase der Halbdiktatur und der zunehmend partiellen Faschisierung (bis Januar/Februar 1934)
- Phase der halbfaschistisch-autoritären Diktatur (bis etwa Oktober 1935)
- Phase der partiellen Defaschisierung, der bürokratischen Erstarrung und eines begrenzten Verbände-Pluralismus (bis März 1938)

Es ist diese letzte Phase, die am stärksten einer simplen Zuordnung des Regimes als „faschistisch" widerspricht. In diese Phase fielen der Rückgang des Einflusses Italiens, die Auflösung der Heimwehr und aller anderen Wehrverbände und ein wachsender Freiraum für politische Vielfalt innerhalb der Vaterländischen Front: Die SAG, (die „Sozialen Arbeitsgemeinschaften") waren ein Versuch, Teile der abseits stehenden Arbeiterbewegung einzubinden; und das „Volkspolitische Referat" sollte eine analoge Funktion gegenüber den „gemäßigten" Nationalsozialisten spielen.

In diese Phase fällt auch das Abkommen vom Juli 1936. Die vom deutschen Gesandten Franz von Papen vermittelte Vereinbarung war Ausdruck des Strategiewechsels, den die NSDAP gegenüber Österreich vollzogen hatte: Nach dem Fehlschlag des Versuches, den „Anschluss" durch den Putsch vom Juli 1934 zu erzwingen, setzten die NSDAP und die deutsche Regierung auf einen „gemäßigten" Weg: Österreich sollte durch Unterwanderung zur Aufgabe seiner Unabhängigkeit gebracht werden. Im Juli 1936 versprach zwar das Deutsche Reich die Unabhängigkeit Österreichs zu respektieren. Österreich aber wurde verpflichtet, eine – nicht näher definierte – deutschfreundliche Politik zu betreiben und den „nationalen Kräften" (im Wesentlichen also den Nationalsozialisten) politische Gestaltungsmöglichkeiten einzuräumen.

Politisches Opfer dieses Abkommens war der frühere Nationalsozialist Rüdiger Starhemberg, der als Heimwehrführer wesentlichen Anteil an Österreichs Weg in die Diktatur hatte. Er, der Mussolinis besonderes Vertrauen genoss, sah voraus, wohin die im Abkommen vom Juli 1936 verpackten Konzessionen an Hitler führen mussten: zum März 1938. Starhemberg verlor seine Position als Vizekanzler und Führer der Vaterländischen Front. Er wurde auf die Position des „Sportführers“ abgeschoben. Diese dekorative Funktion übte Starhemberg nur kurze Zeit aus. 1937 ging er in die Schweizer Emigration, um 1938 zunächst nach Frankreich (wo er sich 1939 als Freiwilliger sich zu den französischen Streitkräften meldete) und dann nach Argentinien auszuwandern (wohl besser: vor dem Nationalsozialismus zu fliehen). Starhembergs Wandel vom Nationalsozialisten zum Heimwehrführer und zum Vertrauensmann Mussolinis, der als bekennender Faschist vor dem Hitler-Faschismus fliehen musste: Dieser Weg demonstriert die Widersprüchlichkeit und Ambivalenz nicht nur eines auf Österreich angewendeten undifferenzierten Faschismusbegriffes. Starhembergs Leben belegt die schillernde Vieldeutigkeit des Faschismus.

Das Abkommen vom Juli 1936 hatte Österreichs Abhängigkeit vom nationalsozialistischen Deutschland verstärkt – und den Einfluss des faschistischen Italiens auf Österreich geschwächt. Diese Verschiebung hatte die Regierung Schuschnigg in eine fast hoffnungslose Lage gebracht. Das war der Hintergrund des Treffens zwischen Hitler und Schuschnigg am 12. Februar 1938 in Berchtesgaden. Die Zusammenkunft entsprach mehr einer Vorladung als einem diplomatischen Spitzengespräch. Hitler diktierte den Text eines Abkommens, das Schuschnigg mit wenigen Änderungen übernehmen musste: Seyß-Inquart, der zur Schlüsselfigur der aus der Illegalität in die Legalität wechselnden NSDAP geworden war, sollte als Innen- und Sicherheitsminister in die Regierung aufgenommen werden, ebenso auch andere bekannte Nationalsozialisten. (Botz 1976)

Erst nach dem Gespräch, das eigentlich mehr einem Befehlsempfang mit offen ausgesprochenen Einmarschdrohungen geglichen hatte, und nachdem er das faktisch diktierte Abkommen unterschrieben hatte, schien Schuschnigg aus einer Schreckensstarre zu erwachen. Nach seiner Rückkehr entschloss er sich, doch einen letzten Versuch des Widerstandes zu wagen – und setzte für den 13. März die Volksabstimmung an, die Hitlers Pläne einer zwar raschen, aber nach außen hin als Konsenslösung darstellbare Nazifizierung erheblich gestört hätte. Die Folge dieser Provokation war Hitlers militärische Erpressung, Schuschniggs Rücktritt, Seyß-Inquarts Ernennung zum Bundeskanzler und der Einmarsch der deutschen Truppen.

Das alles war die Konsequenz einer Entwicklung, die sich Schuschniggs Kontrolle vollkommen entzog. Mussolini hatte immer deutlicher signalisiert, dass er – anders noch als 1934 – nicht mehr Österreichs Unabhängigkeit garantieren wollte oder konnte. Der Faschismus war bereit, den „Faschismus minus“ dem „Faschismus plus“ zu opfern.

Österreich war am Ende; besser: schien am Ende zu sein. Denn der Unwille des „Faschismus plus“, sich mit den 1938 errungenen Erfolgen (der „Anschluss“

Österreichs und das Münchner Abkommen über die Zerschlagung der Tschechoslowakei) zufrieden zu geben, führte den Faschismus à la Hitler (und auch den à la Mussolini) in den Untergang. Der Sieg der Alliierten gab Österreich eine zweite Chance – als demokratische Republik.

Hilflos und reaktiv

Es war ein hilfloser Faschismus, in dessen Namen Schuschnigg am 11. März 1938 kapitulierte – an die Wand gedrängt von einem mächtigen Faschismus, in Stich gelassen vom anderen Faschismus des anderen Nachbarn. Es war ein Faschismus, der im eigenen Land keine Mehrheit hinter sich hatte. Freilich: eine solche hatte der Faschismus à la Hitler in Österreich ebenfalls nicht. Was also war da faschistisch an diesem „Bundesstaat Österreich", wie sich das Dollfuß-Schuschnigg-Österreich offiziell nannte? Was war da so anders – im Vergleich mit dem italienischen Faschismus, der seine schützende Hand über den österreichischen zurückgezogen hatte; was war anders gegenüber dem deutschen Faschismus, der schon in den ersten Tagen nach Schuschniggs Rücktritt die österreichischen Jüdinnen und Juden entrechtete, Austrofaschisten und die von diesen unterdrückte Linksopposition einkerkerte – und sich gleichzeitig mit der Kirche zu arrangieren verstand, die bis zum 11. März eine (wohl die wichtigste) Stütze des Dollfuß-Schuschnigg-Regimes gewesen war? Loyalität von seiner Kirche hatte der sofort verhaftete Schuschnigg nicht zu erwarten – ebenso wenig wie die anderen Führer der Vaterländischen Front, die – gemeinsam mit österreichischen Sozialdemokraten – am 1. April 1938 in das KZ Dachau eingeliefert wurden.

Ist es ein spezifisches Merkmal des Faschismus, dass ein größeres Raubtier ein kleineres frisst? Wenn, dann hätten die mörderischen Diadochenkämpfe nach dem Tod Lenins und dem Stalins die UdSSR als faschistisch ausgewiesen. Auch die nicht minder mörderischen Konflikte innerhalb der Führung der KP Chinas vor allem im Zuge der „Kulturrevolution" müssten die Einordnung der Volksrepublik China als faschistisches System nach sich ziehen.

Es war ein reaktiver Halbfaschismus, der Österreich von 1933 bis März 1938 regierte. In seiner programmatischen Schrift „Dreimal Österreich" (Schuschnigg 1937) versuchte Schuschnigg die von ihm repräsentierte Diktatur zu definieren, indem er beschrieb, was sie nicht ist: nicht das alte Österreich der Monarchie, deren Untergang der österreichische Kanzler bedauerte, aber nicht für revidierbar hielt; nicht das demokratische und republikanische Österreich, dessen Zusammenbruch er mit der Schwäche des Parlamentarismus und der „Allmacht der Parteien" begründete. Dass diese „Formaldemokratie" – ein Begriff, den er von den mit ihm verbündeten Heimwehren übernahm (Schuschnigg 1937, 150–152) und der Jahrzehnte später zu einem generellen Kampfbegriff wurde, den eine weitgehend außerhalb und „links" von der Sozialdemokratie entstandene, sich revolutionär gebende Bewegung um das Jahr 1968 europaweit verwenden sollte – dass diese abschätzig als „formaldemokratisch" abgewertete Republik ja auch von Schuschniggs eigener Partei mitgegründet und von Schuschniggs bewundertem Vorbild Ignaz Seipel mitgestaltet worden war: Mit dieser Mitverantwortung des eigenen Lagers für das Scheitern der „Formaldemokratie" setzte sich Schuschnigg nicht auseinander.

Aber was war der faschistische Züge tragende „Ständestaat" Schuschniggs? Da blieb dieser vage. Ja, die Soziallehre der Kirche; ja, der Korporatismus, der klassenübergreifende berufsständische Organisationen an die Stelle politischer Parteien setzen wollte. Aber warum war, Jahre nach der autoritär verkündeten Verfassung vom 1. Mai 1934, noch von dieser Ordnung kaum etwas zu bemerken? Allen, die sehen wollten, war klar, dass die Ordnung des „Ständestaates"– wie der Korporatismus im Italien des Benito Mussolini – nur eine Fassade war; eine Worthülse, die von einer Diktatur benutzt wurde; eine Rhetorik, die erlaubte, Schuschniggs Regime als Versuchslabor der katholischen Soziallehre darzustellen; eine Begrifflichkeit, die im faschistischen Italien herrschte – und so auch ein demonstrativer Hinweis auf die Nähe zu Mussolini war, dem Paten des österreichischen Halbfaschismus? Schuschniggs Staat hatte keine eigene Substanz. Er war reaktiv, von einer faschistischen Macht von außen bestimmt, der letztlich der stärkeren Macht des anderen, ebenfalls von außen kommenden Faschismus hilflos ausgeliefert war. Die Dollfuß-Schuschnigg-Diktatur war ein unfertiger Halbfaschismus.

Was mit Dollfuß begonnen hatte, setzte Schuschnigg fort – eine Politik des Reagierens. Dieses Reagieren führte im Februar 1938 zu Schuschniggs Demütigung in Berchtesgaden, als Hitler den Regierungschef eines souveränen Nachbarstaates wie einen aufmüpfigen Vasallen behandelte; zu einem letzten Aufbäumen in Form der für den 13. März angekündigten Volksabstimmung; zur durch militärische Erpressung am Abend des 11. März erzwungenen Absage dieses Plebiszits und zum Rücktritt des zögernden Diktators; zu Schuschniggs „Ich weiche der Gewalt"; zu seiner Verhaftung am folgenden Tag und zu mehr als sieben Jahren Haft – einer Haft, die freilich im Vergleich mit anderen Häftlingen im NS-Terrorsystem eine relativ privilegierte war. (Schuschnigg 1945)

Was wäre eine Alternative zu dieser Politik des hilflosen Reagierens gewesen? Dollfuß hatte sich die einzig vorstellbare Alternative verbaut, die Österreichs Unabhängigkeit vor dem Zugriff des NS-Staates vielleicht hätte retten können: den Kompromiss mit den Sozialdemokraten. Eine solche Alternative hatte sich abgezeichnet, bevor Dollfuß selbst an die Regierungsspitze gekommen war. 1931 hatte Ignaz Seipel ein Koalitionsangebot an Otto Bauer gerichtet: Seipel war bis zu seinem Tod 1932 die Schlüsselfigur der Christlichsozialen Partei, Bauer die Schlüsselfigur der Sozialdemokratischen Arbeiterpartei. Die Idee einer großen Koalition scheiterte am Fehlen eines konkreten Interesses – vor allem auch am fehlenden Mut der Sozialdemokratie. (Saage 2016, 232 f.; Pelinka 2018, 245–257)

Bruno Kreisky, der nach Jahren des Exils Parteivorsitzender der Sozialistischen Partei Österreichs und 13 Jahre Bundeskanzler der (Zweiten) Republik Österreich war, kritisierte in seinen Erinnerungen die mangelnde Kompromissbereitschaft auch und gerade seiner Partei: „... im Rückblick scheint es mir eindeutig falsch, dass man nicht stärker für einen Kompromiss eintrat, um in einem so kritischen Augenblick in der Regierung zu sein." (Kreisky 1986, 196) Wie immer die Chancen einer solchen Koalition gewesen wären – es war vermutlich die letzte Chance, Österreichs Weg in die Diktatur und den „Faschismus plus" zu verhindern.

Als Dollfuß 1933 Kanzler einer Bürgerblock-Koalition war, hatte der Einfluss des faschistischen Italiens auf die Christlichsoziale Partei und der mit Dollfuß verbündeten Heimwehren bereits so zugenommen, dass Dollfuß es nicht mehr riskieren wollte, den von Mussolini geforderten antiparlamentarischen Kurs zu bremsen. Überdies hatten die österreichischen Nationalsozialisten bereits Erfolge bei Regional- und Gemeinderatswahlen erzielt, die eine parlamentarische Mehrheit gegen links (die Sozialdemokratische Arbeiterpartei) und gleichzeitig auch gegen rechts außen (die NSDAP) ausschloss. Dollfuß' Entscheidung, weder mit Links noch mit Rechtsaußen eine Koalition einzugehen, implizierte ein Ende des parlamentarischen Weges. Ab März regierte Dollfuß autoritär – er verhinderte mit Polizeigewalt das Zusammentreten des Nationalrates. (Pelinka 2018, 127–135) Es folgte der Bürgerkrieg des Februar 1934, der für die Sozialdemokratische Partei nicht gewinnbar war, das Verbot der Sozialdemokratie und das von der Regierung formell erklärte Ende der demokratischen Republik – in Form der von der Regierung im Alleingang verfassten und verkündeten Verfassung vom 1. Mai 1934.

Doch Dollfuß, der sich mit diesem Schritt als Gefolgsmann Benito Mussolinis zeigte, geriet in das Gestrüpp des Konkurrenzfaschismus: Ein Putsch der (österreichischen) SS führte im Juli zur Ermordung des Kanzlers. Sein Nachfolger als Regierungschef wurde Kurt Schuschnigg, die noch von Dollfuß ins Leben gerufene Einheitspartei Vaterländische Front wurde der Führung des oberösterreichischen Heimwehrführers Ernst Rüdiger Starhembergs unterstellt.

Das alles hatte dazu beigetragen, die Hilflosigkeit Kurt Schuschniggs am Abend des 11. März zu verstehen: Die Alternative zum „Finis Austriae", zum (vorläufigen) Ende der österreichischen Unabhängigkeit und zum (nicht bloß vorläufigen) Ende des österreichischen Halbfaschismus, war schon vertan worden, bevor der Faschismus à la Austria entstehen konnte. Es war die Schwäche der Demokratie, die zu dieser Entwicklung führte – zu einem autoritären Einparteiensystem, zu den Bürgerkriegen des Februar und des Juli 1934 und schließlich zu der so ganz und gar nicht faschistischen Inszenierungen entsprechenden, erschreckend hilflosen Kapitulation des 11. März 1938.

Faschistische Erfolge werden als Triumphe inszeniert. Faschistisches Scheitern ist kläglich und katastrophal. Im Fall Österreich war dieses Scheitern katastrophal zunächst vor allem für die Jüdinnen und Juden des Landes, als der halbherzige Faschismus Schuschniggs dem ganz und gar nicht halbherzigen Faschismus Hitlers Platz machen musste.

Die Unfähigkeit, zu überleben

Der Faschismus, den Dollfuß, Starhemberg und Schuschnigg repräsentierten, zeigte auch auf, dass der eine Faschismus der Feind des anderen sein kann; dass eine grenzübergreifende Solidarität oder auch nur eine Abstimmung zwischen den Faschismen nicht zu erwarten war. Dollfuß schaltete, dem Druck Mussolinis folgend, die Sozialdemokratische Partei, die Freien Gewerkschaften und den Parlamentarismus aus. Die Programmatik des „Ständestaates" erinnerte nicht nur an die Enzyklika von Pius XI („Quadragesimo Anno"), sie zeigte auch eine semantische Nähe zu den offiziell deklarierten Grundsätzen des italienischen Faschismus – zum Korporatismus, der an die Stelle der Parteien die Berufsstände setzen wollte.

Dass sich der Faschismus à la Dollfuß und Schuschnigg auf Mussolini berief und sich ihm annäherte, ja geradezu anbiederte – etwa durch die Ablehnung der vom Völkerbund verhängten Sanktionen nach Italiens Überfall auf Abessinien; dass Hitler sich ebenfalls, auch im Zusammenhang mit Abessinien, Mussolini näherte und schon viele Jahre davor (in „Mein Kampf") seine Bewunderung für den faschistischen Diktator ausgedrückt hatte, könnte als ein Heraufdämmern einer Faschistischen Internationale verstanden werden. Aber das änderte nichts an der Intention des NS-Staates, die österreichische Spielart des Faschismus zu zerstören. Eine SS-Einheit hatte im Zusammenhang mit dem Putsch vom Juli 1934 Dollfuß ermordet – Mussolini hatte als Antwort darauf italienische Truppen an die österreichische Grenze verlegt, um zu demonstrieren, dass er eine nationalsozialistische Hegemonie in und über Österreich nicht akzeptieren werde. Doch als 1938 ein inzwischen stärker und selbstsicherer gewordener Hitler wieder nach Österreich griff, zog Mussolini seine schützende Hand zurück und überließ das faschistische Österreich dem nationalsozialistischen Deutschland.

Der Faschismus verfügte über keine Ideologie, keine Wertebasis, kein transnationales Programm, die eine staatenübergreifende Solidarität herzustellen vermochten. Gerade am Beispiel Österreich zeigte sich, dass der Faschismus eine pseudoideologische, sich auf Rhetorik beschränkende Fassade war, hinter der nichts als nationale Egoismen standen – repräsentiert durch den sich selbst maßlos überschätzenden Zauberer von Oz (oder Rom) und den Monomanen von Berlin. Dem Faschismus à la Dollfuß und Schuschnigg half nicht, dass er sich an Antimarxismus von niemandem übertreffen lassen wollte: Auch die Gegnerschaft zur Linken schuf keine Gemeinsamkeit, die ausgereicht hätte, das kleine (halb)faschistische Österreich als Juniorpartner in einer von Hitler und Mussolini geführten faschistischen Internationale weiter existieren zu lassen.

Hitlers Griff auf Polen wurde in Abstimmung mit der UdSSR umgesetzt, trotz des in Polen herrschenden Antikommunismus. Polen, von der antirussischen und antisowjetischen Pilsudski-Tradition geprägt, wurde vom Antikommunisten Hitler im Zusammenspiel mit der kommunistischen Sowjetunion zerschlagen. Davor schon hatte der NS-Staat dem autoritären (faschistischen?) Litauen das Memelland abgepresst. Mussolinis Angriff auf Griechenland erfolgte, obwohl dieses Land – unter dem Einfluss von General Ioannis Metaxas – autoritär regiert wurde. Die Regierungsform Griechenlands war 1940 der italienischen relativ ähnlich. Das änderte nichts am Expansionsbedürfnis des faschistischen Italien. Das halbfaschistische Ungarn nützte die deutsche und italienische Unterstützung, um dem halbfaschistischen Rumänien weite Teile Transsylvaniens zu entreißen. Zuvor schon hatte Ungarn Gebiete der Slowakei abgepresst, die sich – nach der vor allem von Deutschland unter Gewaltdrohung betriebenen Auflösung der demokratischen Tschechoslowakei – innen- und außenpolitisch am deutschen Vorbild orientierte.

Der Faschismus hatte in der internationalen Politik zwar weder das Copyright, noch das Monopol auf die Praktizierung des Urwaldprinzips. Aber die Versuche, so etwas wie gemeinsame Fronten zu konstruieren – etwa in Form des Anti-Komintern-Paktes, der eine von Grundsätzen bestimmte, staatenübergreifende Politik zu signalisieren schien, waren nichts als pseudo-theoretische Tarnung eines expansiven Nationalismus.

Das (halb-)faschistische Österreich hatte sich von Anfang an bemüht, es dem faschistischen Italien recht zu machen. Im Abkommen vom Juli 1936 versuchte Kurt Schuschnigg auch eine weitgehende Abstimmung mit dem nationalsozialistischen Deutschland – und ging im Februar 1938, bei seinem Besuch bei Hitler, noch darüber hinaus. Das alles half nichts – Österreich hatte keine Chance, seine staatliche Unabhängigkeit zu wahren. Erst der Sieg der Alliierten über die Achsenmächte und damit über den Faschismus eröffnete Österreich eine neue Möglichkeit – in Form der Wiederherstellung der demokratischen Republik.

Die aus innen- und außenpolitischen Gründen versuchte Errichtung eines zunächst am Vorbild Italien orientierten autoritären Regimes hätte aus einem einzigen Grund glaubhaft gerechtfertigt werden können: als ein „kleineres Übel", das zur Verhinderung des größtmöglichen Übels unvermeidlich wäre, der nationalsozialistischen Herrschaft in und über Österreich. Aber dieses größtmögliche Übel kam erst recht nach Österreich – als Kurt Schuschnigg am 11. März 1938 erklärte, vor der angedrohten Gewalt kampflos zu kapitulieren.

Wie tief die Differenz zwischen dem unfertigen, faschistische Züge tragenden System, für das die Namen Dollfuß und Schuschnigg standen, und dem Nationalsozialismus war, das bekamen zuallererst die Jüdinnen und Juden Österreichs zu spüren. Wie man diese objektiv gegebene Differenz bei der Einordnung des „Faschismus minus" beurteilen soll, ist umstritten. Dieser Unterschied kann jedoch keinesfalls übersehen werden. Aber wenn die Diktatur à la Dollfuß Faschismus war, dann war es in entscheidenden Punkten ein anderer als der, der nun – als Folge der militärischen Erpressung vom 11. März – nach Österreich gekommen war. Daran ändert nichts, dass eine große, eine sehr große Zahl der Menschen in Österreich Adolf Hitler zujubelte. Ob die Jubelnden eine Mehrheit waren, lässt sich nicht beantworten. Die als „Volksabstimmung" am 10. April organisierte fast einstimmige Zustimmung zum bereits vollzogenen „Anschluss" ist ebenso wenig ein Indikator für die Freiheit der Entscheidung wie die immer fast 100 Prozent, die als Ergebnisse der Wahl in den Obersten Sowjet der UdSSR oder in die Volkskammer der DDR verkündet wurden.

Das Dollfuß-Schuschnigg-Regime, der „Ständestaat", war eine Totgeburt. Die formale Struktur einer berufsständigen Ordnung musste von Hitler nicht zerstört werden – sie war nie lebendig geworden. Der Bundespräsident des sich „Bundesstaat" nennenden Regimes – der formal höchste Repräsentant dieses Staates – war in entscheidenden Phasen immer abwesend. Die parlamentsähnlichen Kammern waren durch das von der regierungshörigen Vaterländischen Front vorgegebene Einparteiensystem zu einem Randdasein verurteilt, sie dienten nur als Fassade. (Tálos 2013, 144 f.)

Aber ein Strukturelement dieses Staates lebte nach 1945 neu auf – freilich unter grundsätzlich anderen Voraussetzungen. Der Korporatismus wurde nach 1945 nicht mehr – wie unter Mussolini und Dollfuß – als Alternative, sondern als Ergänzung zur pluralistischen Demokratie verstanden. Die weiterentwickelte, die demokratische Form des Korporatismus sollte in Form der Sozialpartnerschaft eine zentrale Rolle in der Zweiten Republik Österreich spielen: Wirtschaftliche Interessengruppen, in autonomer Selbstbestimmung, kontrollieren zentrale Bereiche der Wirtschafts- und Sozialpolitik – mit Duldung, ja ausdrücklicher Zustimmung der Organe des demokratischen Parlamentarismus. Löhne werden bilateral zwischen Arbeitgebern und Arbeitnehmern ausgehandelt, die Währungs- und Konjunkturpolitik der Regierung stützt sich auf den Konsens der Sozialpartner, entscheidende Entwicklungsschritte – wie der Beitritt zur Europäischen Union 1994 – werden von der Regierung mit den Wirtschaftsverbänden abgestimmt.

Und es gab auch eine auffallende personelle Kontinuität: Die Zweite Republik, die sich als Fortsetzung der Ersten Republik versteht, wurde von den Bürgerkriegsgegnern des Februar 1945 gegründet – unter den Rahmenbedingungen, die von den Alliierten in Moskau 1943 beschlossen wurden: Österreich war als „erstes Opfer" Hitler-Deutschlands definiert und die Wiederherstellung eines unabhängigen Österreich in den Grenzen von 1937 zum Kriegsziel erklärt worden. Die 1945 neu gewonnene Unabhängigkeit Österreichs, die Folge der Niederlage des nationalsozialistischen Deutschlands, wurde – neben der bald an den Rand gedrängten

Kommunistischen Partei – von der (sozialdemokratischen) Sozialistischen Partei Österreichs und von der sich ausdrücklich auf ihr christlichsoziales Erbe berufenden Österreichischen Volkspartei bestimmt. Österreich wurde eine pluralistische, liberale, „westliche“ Demokratie – obwohl diese in Österreich 1933 gescheitert war. Die Demokratie kehrte wieder und sollte sich als stark erweisen.

Im Rahmen dieser Wiedergründung der demokratischen Republik kam Personen, die führende Positionen im Dollfuß-Schuschnigg-Regime eingenommen hatten, von Anfang an eine zentrale Bedeutung zu – als Vertreter der Volkspartei. Am prominentesten war Julius Raab, Bundeskanzler der Republik von 1953 bis 1961, der in der letzten Regierung Schuschniggs Handelsminister war. Diese Kontinuität hatte freilich Grenzen: Kurt Schuschnigg, von US-Truppen aus der NS-Haft befreit, wandte sich im Sommer 1945 von Italien aus an Leopold Figl, dem Bundesparteiobmann der ÖVP, der nach den Wahlen im November der erste Bundeskanzler der Zweiten Republik werden sollte. Schuschnigg fragte, ob er in der wiedererstandenen Republik willkommen wäre. Figl, der als Vertreter bäuerlicher Interessen bis 1938 in der Vaterländischen Front eine prominente Rolle gespielt hatte, riet – wie Schuschnigg festhielt – „dem Verfasser in freundlichster Weise zur Geduld und warnte vor ‚übereilten Entschlüssen'.“ (Schuschnigg 1969, 378) Schuschnigg verstand. Er nutzte seinen akademischen Hintergrund und seine katholischen Kontakte, um etwa zwei Jahrzehnte an der katholischen St. Louis University zu unterrichten, bevor er – für seine letzten Lebensjahre – nach Österreich zurückkehrte, ohne in irgendeiner Form politisch tätig zu sein.

Eine Rückkehr des Diktators hätte die ÖVP überfordert, die – geführt von Gefolgsleuten des Diktators – nun primär daran interessiert war, sich mit dem Gegner von einst zu arrangieren, mit der Sozialdemokratie. Dass dieses Arrangement gelang, zeugt von einer postfaschistischen Lernfähigkeit, die ihre Parallele im Spanien der 1970er Jahre findet: Der von Franco als Nachfolger eingesetzte König sicherte – im Zusammenspiel mit dem parlamentarisch regierenden Ministerpräsidenten Adolfo Suárez, dessen politische Wurzeln ebenfalls auf die Franco-Diktator zurückgingen – den Erfolgskurs des post-falangistischen, des demokratischen Spanien.

Die personelle Kontinuität, die von der Christlichsozialen Partei des Ignaz Seipel über die Vaterländische Front zur demokratisch (mit)regierenden ÖVP führte, war wohl aber auch deshalb möglich, weil sich in der ÖVP-Führung 1945 viele Personen befanden, die vom Nationalsozialismus verfolgt waren. Der Opferstatus der vom „Faschismus plus“ Verfolgten erleichterte den Vertretern des „Faschismus minus“, führende Funktionen im demokratischen Österreich zu übernehmen.

Ist das eine ex-post Rechtfertigung der Dollfuß-Schuschnigg-Diktatur? Natürlich nicht. Es war auch keine bei den Gründern der ÖVP zu beobachten, über den repressiven Charakter des Systems zu reflektieren, dem sie vor 1938 gedient hatten. Die Vergangenheit wurde von einer politischen Praxis überdeckt, die einen anderen Weg ging als den, der von Dollfuß und Schuschnigg eingeschlagen worden war.

Dass die Organisationen der Sozialpartnerschaft in ihrer formalen Ausstattung an die berufsständische Ordnung der 1930er Jahre erinnerte, wurde für weniger wichtig genommen als die Demokratisierung der berufsständischen Elemente von gestern: Denn innerhalb der Organisationen der Sozialpartner (in den Kammern, im Gewerkschaftsbund) gibt es freie Wahlen mit Wettbewerbscharakter. Der undemokratische Korporatismus der Jahre vor 1938 lebt nach 1945 in demokratischer Form weiter. Der entscheidende Qualitätsunterschied ist der auf freien und fairen Wahlen bauende demokratische Pluralismus.

Der „Anschluss" als Systemversagen

Die Unfähigkeit, 1938 Österreich zu schützen – das Regierungssystem, das gesamte Land –, war Ausdruck eines Politikversagens. Das 1918 und 1919 klein gemachte Österreich war ein Staat wider Willen. Die Mehrheit in der 1918 gegründeten demokratischen Republik wollte, dem Verständnis von „Nationalität" des alten Österreich entsprechend und mit Berufung auf das von Woodrow Wilson verkündete „Selbstbestimmungsrecht der Völker", Teil des neuen, demokratischen Deutschen Reiches werden, der Republik von Weimar. Das wurde von den Siegermächten unterbunden. Der „Anschluss" war aber im Verständnis der gesellschaftlichen Mehrheit und der politischen Parteien nur aufgeschoben.

Das änderte sich, als das demokratische Deutschland der NS-Diktatur Platz machte. Die Sozialdemokratische Partei strich den „Anschluss" aus dem Zielkatalog ihres Parteiprogramms. Die Christlichsozialen verstanden das von ihnen 1934 geschaffene neue Österreich als ein besseres Deutschland und leisteten, auch mit Berufung auf den (ihren) Politischen Katholizismus, dem immer aggressiver werdenden Anschlussbegehren der Nationalsozialisten Widerstand – dem NS-Staat und dessen „fünfter Kolonne", der nationalsozialistischen Minderheit in Österreich. Der „Anschluss" war bis 1933 eine von einem breiten Konsens getragene Zukunftsperspektive. Der „Anschluss" wurde ab 1933 eine Forderung, die eine gewaltbereite – große – Minderheit im Auftrag des NS-Staates vertrat.

Diesen „Anschluss" wollte der „Ständestaat" verhindern. Der Widerstand gegen eine Eingliederung in den NS-Staat war aber von Anfang an entscheidend dadurch behindert, dass die Regierung Dollfuß sich auf einen Zweifronten-Konflikt eingelassen hatte: Sie bekämpfte nicht nur die (österreichische) NSDAP, sondern auch die (sozialdemokratische) Linke, die sie 1934 in die Illegalität getrieben hatte. (Schuschnigg 1937, 238–241) Hitlers Anschlusspolitik stieß auf den Widerstand des „Faschismus minus". Nachdem die direkte Gewalt, mit der ein „Anschluss" durchgesetzt werden sollte, im Juli 1934 gescheitert war – beim „Juliputsch" wurde Dollfuß ermordet, die Entschlossenheit der im autoritären Österreichs Regierenden aber gestärkt – setzte die NSDAP auf einen Strategiewechsel, auf ein dialektisches

Zusammenspiel von Diplomatie (die das Gesicht des als Hitlers Steigbügelhalters bewährten Franz von Papen trug, des deutschen Gesandten in Wien von 1934 bis 1938) und von demonstrativer Gewaltbereitschaft. Schuschnigg setzte sich zur Wehr, aber die Basis seines Widerstandes wurde immer enger. Eine Verbreiterung in Form einer Öffnung des Systems durch Einbindung der Sozialdemokratie hätte die Unterstützung Mussolinis gekostet und wohl auch nicht Schuschniggs Verständnis von seiner eigenen katholisch-reaktionär geprägten Mission entsprochen. Und so stand am Beginn des Jahres 1938 der „Faschismus minus“ isoliert einem entschlossenen „Faschismus plus“ gegenüber.

Dass Schuschnigg jeden Widerstand in den Abendstunden des 11. März 1938 aufgegeben hatte und angesichts der militärischen Drohung der deutschen Regierung kapitulierte, glich einem Drama aus der Feder des später zum österreichischen Nationaldichter erklärten Franz Grillparzer: Der schwächere (Halb-) Faschismus hatte sein Ziel, die Unabhängigkeit Österreichs zu sichern, nicht erreicht. Er war auf halbem Weg und mit halben Mitteln gescheitert.

Dieses Scheitern hatte eine geopolitische Seite: Die Außenpolitik der Regierungen Dollfuß und Schuschnigg baute auf der Anlehnung an das faschistische Italien. Als Mussolini – im Gefolge des Abessinien-Krieges – immer stärker in Abhängigkeit von Hitler kam, zog der italienische Diktator seinen Schutzschild zurück und gab Österreich für den Zugriff des deutschen Diktators frei. Der stärkere Faschismus, der Nationalsozialismus, konnte den schwächeren – das autoritäre Österreich – okkupieren und annektieren. Frankreich und Großbritannien, die 1934 in Stresa noch gemeinsam mit Italien sich für Österreichs Unabhängigkeit stark gemacht hatten, sahen nach dem Seitenwechsel Italiens keine Möglichkeit und keinen Grund mehr, einzugreifen. Die westlichen Demokratien waren ja auch von Dollfuß vor den Kopf gestoßen worden, als dieser mit militärischer Gewalt die demokratische Republik durch einen – halbherzigen – Faschismus ersetzt hatte. Und Schuschniggs Weigerung, im Rahmen des Völkerbundes als Antwort auf den italienischen Eroberungskrieg in Ostafrika die Aggression des faschistischen Italien zu verurteilen, war das Gegenteil einer vertrauensbildenden Maßnahme in Richtung westlicher Demokratien.

Das Scheitern des Austrofaschismus, des Halbfaschismus made in Austria, hatte aber auch eine innere Dimension: Dollfuß, Starhemberg, Schuschnigg hatten den Rest an demokratischem Konsens zerstört, auf dem die Republik Österreich aufgebaut war. Die Führung der Sozialdemokratischen Partei war ins Exil geflohen, und die „Revolutionären Sozialisten“ versuchten im Untergrund Widerstand zu leisten. Dass im „Anhaltelager“ Wöllersdorf die von der Polizei gefassten „Revolutionären Sozialisten“ sich die Rolle der Gefangenen mit militanten, ebenfalls illegalen Nationalsozialisten teilen mussten, war Ausdruck einer „No-Win“-Situation, in die sich das autoritäre Regime hineinziehen hatte lassen: Gestützt auf etwa ein Drittel der politisch wachen Bevölkerung war mit den Mitteln einer halbherzigen, nicht totalitären Diktatur dem Druck einer größeren, totalitären Diktatur nicht standzuhalten.

Hätte es einen anderen, erfolgversprechenden Weg gegeben, Österreichs Unabhängigkeit zu retten? Eine seriöse Antwort darauf ist nicht möglich. Der Weg, für den sich die Regierung Dollfuß entschieden hatte, erwies sich jedenfalls als die falsche Strategie. Die Zerstörung der Demokratie war kein geeignetes Mittel, Österreich vor dem „Anschluss" an das nationalsozialistische Deutschland zu retten.

Das Systemversagen der Regierungen Dollfuß und Schuschnigg war evident. Nicht evident oder jedenfalls nicht unumstritten war und ist, ob und inwieweit Österreich 1938 Opfer des nationalsozialistischen Deutschland war. Die Debatte über das, was vereinfacht „Opfertheorie" genannt wird, setzte aber erst Jahrzehnte nach 1945 ein. Denn bis dahin war es in Österreich selbstverständlich, die Rhetorik der „Moskauer Deklaration" von 1943 zu akzeptieren, die Österreich als erstes Opfer der Aggressionspolitik des Deutschen Reiches bezeichnete. Neben dieser Sprachregelung des offiziellen Österreich herrschte in Teilen der österreichischen Gesellschaft aber eine andere Begrifflichkeit vor: Opfer waren auch und vor allem diejenigen Österreicher, die in deutscher Uniform im Zweiten Weltkrieg ihr Leben verloren hatten. Zwei in ihrer Substanz einander völlig widersprechende Wahrnehmungen lebten nebeneinander – die für Österreichs Status in der Welt günstige Opferthese, die das Land als Opfer des NS-Staates definierte; und die andere Erlebniswelt, die vor allem darin begründet war, dass sich so viele Menschen in Österreich aus freien Stücken mit dem System identifiziert hatten, dessen Opfer Österreichs Selbständigkeit war.

Opfer Hitlers war Österreich als Staat – die militärische Erpressung eines kleinen Staates durch einen großen Nachbarn ist ausreichend belegt, unter anderem in den Dokumenten, die 1945 und 1946 während des Prozesses in Nürnberg von der Anklage vorgelegt wurden. Opfer waren auch Teile der österreichischen Gesellschaft – zunächst und vor allem österreichische Jüdinnen und Juden, österreichische Sinti und Roma; aber auch die politischen Gegnerinnen und Gegner der NSDAP: Anhänger Otto Habsburgs und Anhänger Josef Stalins, Aktivisten des Dollfuß-Schuschnigg-Regimes und deren Gegner in den Reihen der Sozialdemokratie. Aber die österreichische Gesellschaft insgesamt? Wer waren die Menschen, die am 15. März bei der als gigantisches Großereignis inszenierten Rede Hitlers auf dem Wiener Heldenplatz jubelten?

Nach 1945 begann Österreich erst langsam, mit einer komplexen historischen Realität zurechtzukommen: Österreich als Staat war Opfer, aber viele Menschen in Österreich waren Täter. Viele Österreicherinnen und Österreicher hatten sich aktiv am Holocaust beteiligt und waren schuldig geworden – und viele waren Opfer des Holocaust geworden.

Dieser Diskurs, der von einer zunächst vorherrschenden Amnesie verhindert wurde, begann dann in den 1970er Jahren und erreichte während der Präsidentschaft Kurt Waldheims (1986–1992) einen Höhepunkt. Aber so ganz hat dieser Diskurs nicht zu einer nüchternen Einsicht in die Widersprüchlichkeit der Geschichte geführt – ebenso wenig wie die Debatte, ob Dollfuß ein Faschist war. Die Neigung, nach einem einfachen Ja oder einem einfachen Nein zu suchen, steht einer intellektuellen Vertiefung der Auseinandersetzung im Wege. Und das hat auch nicht nur negative, sondern auch positive Aspekte – denn so bleibt genügend Platz für Kontroversen, die unterschiedliche, ja gegensätzliche Perspektiven ermöglichen.

Der Diskurs darüber aber, ob das von Dollfuß errichtete und von Schuschnigg weitergeführte System „faschistisch“ genannt werden kann und soll, benötigt keine neuen Forschungsergebnisse. Alle Fakten und Argumente können als bekannt vorausgesetzt werden. Ein Diskurs der Art „Austrofaschismus – ja oder nein?“ ist sinnlos, weil die Schlüssigkeit jeder Position von den Kriterien abhängt, die man zur Bestimmung eines letztendlich unvermeidlich unscharfen Faschismusbegriffes heranzieht. Und jede, jeder wird die Kriterien heranziehen, die ihre oder seine ohnehin schon feststehende Antwort bestätigen. Die Austrofaschismus-Frage ist keine wissenschaftlich zu beantwortende Frage. Sie ist eine Glaubensfrage.

Die Wahrnehmung des „Anschlusses“ in den Jahrzehnten, die der Wiederherstellung Österreichs und der österreichischen Demokratie folgten, zeigt eine eigenartige Allianz zwischen Antifaschisten und Apologeten des Faschismus à la Hitler. Da werden die Hunderttausenden, die sich am 15. März 1938 auf dem Wiener Heldenplatz versammelt hatten (oder versammelt wurden) und dem Führer des nunmehr Großdeutschen Reiches zujubelten, als eine Art demokratische Legitimation der Okkupation und Annexion Österreichs gewertet. Und die sogenannte Volksabstimmung vom 10. April 1938 bewerten die einen als Bestätigung der Rechtmäßigkeit des „Anschlusses“, die anderen als Beleg für eine generell antisemitische, antidemokratische, pro-nazistische Grundhaltung der Österreicherinnen und Österreicher.

Belege können für beide Positionen angeführt werden, und das unterstreicht die Dialektik des „Anschlusses“: Die einen beziehen sich auf das Verhalten der Bischöfe Österreichs, die – ihrer Protektoren Schuschnigg und Co. beraubt – sich den neuen Herren anbiederten; bestätigt wird diese Interpretation durch die öffentliche Ankündigung Karl Renners, der – offenkundig ohne Zwang – öffentlich erklärte, er werde dem bereits vollzogenen „Anschluss“ zustimmen; bestätigt auch durch den im Exil lebenden Otto Bauer, der innerhalb der Sozialdemokratischen Arbeiterpartei zwar oft so etwas wie Renners Gegenspieler war, der aber Renners „Anschluss“-Erklärung gut hieß.

Eine Debatte über dieses Verhalten kann nicht beim Vorwurf des Opportunismus stehen bleiben: In Österreich herrschte nach der kampflosen Kapitulation Schuschniggs eine Endzeitstimmung, gerade auch bei den Gegnern des Nationalsozialismus. Es gab ja einen weltpolitischen, einen diplomatischen Konsens in der Staatenwelt, das Ende der österreichischen Unabhängigkeit zu akzeptieren – unterstrichen auch durch das Verhalten der Großmächte, die rasch ihre diplomatischen Vertretungen in Wien schlossen: Finis Austriae.

Alle Beobachtungen der Wochen des März und April 1938 geben ein sehr differenziertes Bild. (Dokumentationsarchiv 1988) Es kann außer Streit gestellt werden, dass ab dem 12. März, dem Tag des Einmarsches der deutschen Truppen in Österreich, eine deutliche Mehrheit in Österreich den eigentlich schon vollzogenen „Anschluss" an Hitler-Deutschland begrüßte oder bejahte oder akzeptierte: viele voller Begeisterung, viele als Hinnahme einer nicht mehr veränderbaren Realität. Dennoch – die 99 Prozent der Wahlberechtigten (von deren Kreis die als „jüdisch" definierten Menschen bereits ausgeschlossen waren), die dem „Anschluss" am 10. April ausdrücklich zustimmten, sind eine Legende, sind „fake news" – wie die 99 Prozent Mehrheiten bei der Wahl des Obersten Sowjets, von der Ära Stalin bis zum Ende der UdSSR.

Es war die Explosion der Gewalt von Seiten der großen nationalsozialistischen Minderheit, vermengt mit einer generell in allen Lagern dominierenden deutschnationalen Tradition, die aus dem Weiterwirken der Erinnerung an den 1919 von den Siegermächten untersagten demokratischen Anschluss erklärt werden kann. Diese Grundstimmung war ein Gemisch aus Triumph, Resignation und Angst – verstärkt durch den sofort einsetzenden Terror, deren erste Opfer die Jüdinnen und Juden des Landes waren, bald aber auch die politischen Gegner des Regimes – Sozialdemokraten und Christlichsoziale, Monarchisten und Kommunisten. Viele von diesen Gegnern wurden schon am 12. März verhaftet, und am 1. April 1938 ging ein Zug mit politischen Häftlingen aus Österreich nach Dachau.

Das Paradoxe ist, dass Hitlers (von Göring telefonisch nach Wien übermittelte) Gewaltdrohung, die Schuschnigg am 11. März zum Rücktritt veranlasste, von Schuschniggs Ankündigung einer Volksabstimmung ausgelöst wurde. Diese sollte am 13. März Österreichs Unabhängigkeit bestätigen. Da Hitler begründete Sorge hatte, dass diese Volksabstimmung ein für seine Pläne störendes Ergebnis bringen würde, beschloss er, mit der Androhung von Gewalt diese Abstimmung zu unterbinden.

Die für den 13. März von Schuschnigg angekündigte Abstimmung hätte sicherlich nicht den einer Demokratie entsprechenden Standards entsprochen – ebenso wenig wie die Abstimmung vom 10. April. Aber da die Untergrundorganisation der Revolutionären Sozialisten noch am 10. März beschlossen hatte, trotz Schuschnigg eine Empfehlung für Schuschniggs Parole zu stimmen – für das kleinere Übel angesichts des drohenden größtmöglichen Übels –, wäre ein deutliches Ja im Sinne Schuschniggs höchst wahrscheinlich gewesen.

Am 10. April waren die vorbereiteten Stimmzettel mit einem großen, im Zentrum des Papiers angebrachten „Ja" ausgestattet – und mit einem kleinen „Nein" im unteren Eck. Dafür, dass dieser Hinweis auf die gewünschte Stimmabgabe nur ja nicht übersehen wird, sorgten in oder vor den Wahllokalen platzierte uniformierte

SA-Männer, die unverhohlen zur offenen, direkt kontrollierbaren Stimmabgabe aufforderten. Dass Schuschniggs geplantes Referendum kaum als demokratisch fair hätte gelten können, ändert nichts an dem terroristischen Charakter des 10. April.

Die Frage bleibt: Warum neigten oder neigen viele „antifaschistische“ Stimmen dazu, die nationalsozialistische Interpretation des „Anschlusses“ zu übernehmen – die Sichtweise, dass sich „die Österreicher“ freiwillig den Nationalsozialisten in die Arme geworfen hätten? Die Alternative zu einer solchen Einseitigkeit ist natürlich nicht ein österreichisches Opfernarrativ, ist nicht die Erzählung von dem kleinen, unschuldigen Österreich, das – von der Welt allein gelassen – einer übermächtigen Gewalt weichen musste. Die Alternative zum Schuldnarrativ liegt – selbstverständlich – in einer differenzierenden wie auch differenzierten Analyse.

Tony Judt bietet einen ambivalenten Ansatz zu einer unvermeidlich ambivalenten Sichtweise. Er beginnt bei der Doppelrolle, die Österreich 1943 von den Alliierten bei der Moskauer Außenministerkonferenz zugesprochen wurde: Opfer der aggressiven Expansionspolitik des nationalsozialistischen Deutschland zu sein – und gleichzeitig mitverantwortlich für dessen Verbrechen. Das unterschied Österreich 1945 von Polen oder den Niederlanden, Norwegen oder Jugoslawien, Griechenland oder Belgien, Dänemark oder Luxemburg: Diese Staaten waren nur Opfer – als Staaten. „… Austria could hardly be treated as just another Nazi-occupied country whose local Fascist and Nazi-collaborators would need to be punished, after which normal life could be resumed.“ (Judt 2005, 52) Dieser Bewertung Judts ist nichts hinzuzufügen. Aber anschließend formuliert er problematischer: „… 1.2 million Austrians had served in German units in the war. Austrians had been disproportionally represented the SS and concentration camp administration.“ (Judt 2005, 52)

Wehrdienst in einem totalitären Staat, als individueller Schuldvorwurf? Jede Verweigerung des Wehrdienstes kam einem Selbstmord gleich. Und: Judt gibt keine Quellen an, die belegen, dass Österreicher „disproportionally“ in den Mordeinheiten der SS vertreten gewesen wären. Kommt das nicht einer Art „Ethnisierung“ des Nationalsozialismus nahe? Nicht, dass „Preußen“, wie gelegentlich (auch von österreichischer Seite) behauptet wurde, das entscheidende kulturelle Umfeld für den Nationalsozialismus gewesen und Österreich vom „Preußentum“ übermannt worden wäre. Aber Österreich ohne vergleichende Belege als spezifisch anfällig und verantwortlich für den Nationalsozialismus hinzustellen: Wird da nicht die Legende vom spezifisch „preußischen“ Nationalsozialismus beantwortet mit der Legende vom spezifisch „österreichischen“? Das erinnert an Diskurse, ob Ukrainer anfälliger gewesen wären als Polen für die Kollaboration mit den NS-Okkupanten. Jede Ethnisierung lenkt ab. Die Verantwortung für den Holocaust ist nicht auf ethnische, nationale, oder kulturelle Identität zu reduzieren, auch wenn die „Ausrottung des Judentums“ von einer deutschen Regierung (unter Führung eines – ehemaligen – Österreichers) geplant und umgesetzt wurde.

Für den Austrofaschismus-Diskurs liefert Judt an anderer Stelle eine Bewertung des Dollfuß-Schuschnigg-Österreichs, die in ihrer differenzierenden Ausgewogenheit so etwas wie die Summe dieses Diskurses sein kann: „… Austria, where a conservative, authoritarian Catholic state declares itself in favor of something called corporatism. This was a kind of pose which announced itself as political economy, but it had no political economy. Corporatism was the name of the state ideology, but corporatism was the partnership between the government and various parts of society." (Judt 2012, 343)

Konservativ und autoritär und katholisch – und der Korporatismus nichts als eine Fassade: Judt nützt nicht den Begriff Faschismus, um die Dollfuss-Schuschnigg-Diktatur zu charakterisieren. Er vermeidet den Faschismus-Begriff, ohne in irgendeiner Form die österreichische Diktatur zu relativieren oder gar zu rechtfertigen.

Japan, 1937–1945: Militärdiktatur, aber kein Faschismus

> Japan was a military dictatorship, insofar as the army dominated decision making. Popular dissent was suppressed as the country entered its 'kurai tanima' – 'dark valley' – from 1931 onwards, when the power of the nominally civilian elected government was progressively eclipsed by that of the military.
> (Hastings 2009, 36)

1941 entschloss sich die japanische Führung, die Niederlage Frankreichs und der Niederlande, die Schwächung des Vereinigten Königreiches und damit der europäischen Kolonialmächte insgesamt für eine Erweiterung seines Einflusses in Richtung Südostasien zu nutzen. 1937 hatte Japan bereits den Angriffskrieg gegen China begonnen, dem eine militärische Demütigung Chinas schon vorangegangen war: durch die Etablierung eines von Japan kontrollierten Staates im Nordosten unter Nutzung der militärischen Schwäche und politischen Zerrissenheit Chinas – Mandschukuo. Dies führte zum Austritt Japans aus dem Völkerbund und zu einer internationalen Isolierung des Landes, die Japan in den Sog der beiden vom Völkerbund ebenfalls isolierten Mächten Deutschland und Italien brachte.

1932 wurde eine der Verfassung einer konstitutionellen Monarchie entsprechende Regierungsform durch ein Kabinett der nationalen Einigung abgelöst, ohne dass die Verfassung offiziell aufgehoben worden wäre. An die Stelle einer auf eine Parlamentsmehrheit gestützten Regierung nahmen die führenden Generäle und Admiräle im Zusammenspiel mit (einigen wenigen) Angehörigen der zivilen Eliten die Regierungsgeschäfte selbst in die Hand. Diese faktische Aushöhlung der Verfassung akzeptierte der Kaiser, der sich nun mit einer von Militärs bestimmten Regierung zu arrangieren hatte. Politische Parteien und freie Wahlen hatten de facto aufgehört, eine Rolle zu spielen. Die Regierung wurde ab 1932 de facto von den Führern der Streitkräfte gelenkt, die zivilen Regierungsmitglieder spielten gegenüber den Militärs nur eine sekundäre Rolle – auch wenn gelegentlich ein Zivilpolitiker an der Spitze der Regierung stand, wie (mehrmals) Fürst Konoe Fumimaro.

Konoe wurde auch nach dem Verbot aller Parteien 1940 Führer der als Einheitspartei konstruierten Vereinigung zur Unterstützung der Herrschaft des Kaisers. Diese Konstruktion hatte außer ihrem Monopolanspruch nichts gemeinsam mit der Faschistischen Partei oder der NSDAP: Sie war eine Gründung von oben, gewollt von den bereits de facto regierenden Militärs. Das alles sollte ein wenig nach Faschismus schmecken, aber es war allen klar, dass im Zentrum der Entscheidungen Generäle und Admiräle standen, wohlwollend geduldet vom Kaiser – und nicht die Einheitspartei. Konoe hatte schon vor seiner neuen Rolle als Parteiführer politischen Einfluss, und den behielt er auch – einer der wenigen Zivilisten, die im engsten Zirkel der Macht sich neben Generälen und Admirälen Gehör verschaffen konnten.

Japans politisches System glich einer russischen Puppe: die äußere Form war eine Verfassung, repräsentiert durch eine vom Kaiser ernannte Regierung; darunter war eine weitere Puppe – die Admiräle und Generäle, die das Marine- und das Heeresministerium führten, den Generalstab lenkten und die sich untereinander die Macht teilten. Aber gab es im Innersten nicht doch noch eine andere Puppe? Das war das große Rätsel. Im August 1945 wurde es gelöst: Nach jahrelangem Zögern übernahm der von nationaler Mystik umhüllte Tenno, der Kaiser, diese Rolle letzter Autorität.

Die Entwertung der Verfassung, die stattfand, ohne dass diese für ungültig erklärt worden wäre, ist eine interessante Parallele zu den Entwicklungen in Italien zwischen 1922 und 1924 und in Deutschland 1933 und 1934: Weder war die Verfassung des Königreiches Italien noch die der Weimarer Republik formal aufgehoben worden – sie wurde durch autoritär beschlossene und umgesetzte Ermächtigungsgesetze einfach zur Seite geschoben. Anders war dies in Österreich, wo eine autoritäre Regierung 1934 die republikanische Verfassung durch eine neue, sich auf Gott berufende ersetzt hatte. Der Widerspruch zwischen der weiter formell bestehenden Verfassung auf der einen, der Diktatur auf der anderen Seite blieb im italienischen und deutschen wie auch im japanischen Fall in einer juristischen Grauzone.

In Japan hatte das Militär die Macht ergriffen – und nicht eine Massenbewegung, wie in Italien und Deutschland. Die Militärführer waren keineswegs geeint: Verschiedene Fraktionen innerhalb der Spitze von Armee und Marine schlossen punktuell Bündnisse miteinander und gegeneinander. Japans politische Führung lag ab 1932 in den Händen einer militärischen Elite, deren kollektives Agieren die internen Konflikte zudecken sollte. Verdeckt wurde diese Pluralität auch durch die Rolle des Kaisers, der zwar nicht als absoluter Monarch regierte, der aber – dem japanischen nationalen Narrativ entsprechend – gottähnliche Verehrung genoss und über allen politischen Streitfragen stand. Kaiser Hirohito ergriff in regierungsinternen Streitfragen nie Partei – jedenfalls nicht bis August 1945, ebenso wenig wie er der Machtübernahme durch die Militärs widersprochen hatte. (Kershaw 2008, 95)

Was die Fraktionen innerhalb der kollektiven Militärführung einte, das war die Vorstellung, dass Japan seine territoriale Macht ausweiten müsse – unter Einsatz kriegerischer Mittel. Die offene, bis Herbst 1941 intern umstrittene Frage war, in welche geographische Richtung die japanische Aggression sich wenden sollte. Dass China das erste Opfer sein und bleiben sollte, das war außer Streit. Aber die japanische Führung ging davon aus, dass zur Sicherung der schon vor dem

Ersten Weltkrieg gewonnenen Territorien (Taiwan, Korea), des Satellitenstaates Mandschukuo und auch der Absicherung der in den ersten Kriegsjahren in China eroberten Gebiete weitere Expansionen notwendig wären. Nur – sollten diese weiteren Eroberungszüge in Richtung Norden gehen, was auf einen Krieg mit der UdSSR hinauslaufen müsste; oder in Richtung Süden und den Pazifik – und damit in eine Konfrontation mit den USA und auch den europäischen Kolonialmächten in Südostasien (Frankreich, das Vereinigte Königreich, die Niederlande) münden müsste?

Wie das Kartell der Generäle und Admiräle Entscheidungen traf, das war ein Zeichen für die strukturellen Schwachstellen der japanischen Militärdiktatur. Der Beginn des Krieges gegen China, 1937, wurde von den Führern einer regionalen japanischen Armee provoziert, die im Nordosten Chinas stationiert war, der Kwantung Armee. Ein Zwischenfall von bestenfalls sekundärer Bedeutung zwischen chinesischen und japanischen Wachposten an der „Marco Polo Brücke" in der Nähe Pekings wurde von den regionalen Armeeführern hochgespielt, um einen Vorwand für einen Krieg zu konstruieren; und die Militärs innerhalb der Regierung in Tokio waren entweder nicht willens oder nicht fähig, die Eskalation des regionalen Zwischenfalls zu unterbinden. Der Zweite Weltkrieg – oder der Krieg, der sich zu einem solchen entwickeln sollte – begann in Ostasien, im Sommer 1937. (Kershaw 2008, 97)

Innerhalb weniger Monate hatte Japan weite Teile Nord-, Ost- und Südchinas erobert. Die Erstürmung der damaligen Hauptstadt der chinesischen Zentralregierung, Nanking, entwickelte sich zu einer Gewaltorgie, zu einem der größten Kriegsverbrechen des Zweiten Weltkrieges.

Doch Japan, das den 1937 begonnenen Krieg gegen China verharmlosend als „China Incident", als China-Zwischenfall bezeichnete, hatte noch nicht über die weitere strategische Orientierung des Krieges entschieden – wohin die Expansion insgesamt führen sollte. Militärische Gefechte mit der Roten Armee an der sowjetisch-mongolischen Grenze, die 1941 mit einer Niederlage der japanischen Panzertruppen endeten, schienen anzudeuten, dass sich die (vor allem in der Armee dominierenden) Vertreter der Nordstrategie durchgesetzt hätten. Doch die Kapitulation der Niederlande und Frankreichs schien nun für den japanischen Expansionsdrang die Tore in Richtung Süden weit aufzutun.

Über diese Optionen, die Japan nun vorfand, wurde heftig diskutiert – im innersten Kreis des Militärkartells und unter Beteiligung einiger weniger Zivilisten, wie Fürst Konoe oder der Kurzzeit-Außenminister Matsuoka. Aber nichts davon drang nach außen. Ein öffentlicher Diskurs fand nicht statt, und auch Japans Bündnispartner hatten nur sehr geringen Zugang zu den entscheidenden Informationen.

Vom Feudal- über den Verfassungs- zum Militärstaat

Japan war über Jahrhunderte hinweg von der Welt und den globalen Handelsströmen isoliert gewesen. Die davorliegenden Erfahrungen – etwa kriegerische Verwicklung mit China und das Eindringen christlicher Missionare – hatten zu einer grundsätzlichen Blockade gegenüber allen Kontakten mit der Welt jenseits des Inselreiches geführt. In dieser bis 1853 dauernden Phase wurde das feudale Japan von einer spezifischen Form des Regierens geführt: An der Spitze stand der Kaiser, der Tenno, der die nationale Identität Japans verkörperte. Die Regierungsgeschäfte wurden aber von einem Shogun geführt, der zwar der Form nach dem Kaiser unterstellt war, aber in Wirklichkeit die Politik weitgehend allein bestimmte – freilich oft herausgefordert von regionalen Feudalherren.

1853 durchbrach eine US-amerikanische Flotte unter Commodore Matthew Perry die japanische Isolation. Das Tokugawa Shogunat sah sich gezwungen, einen Freundschaftsvertrag mit den USA zu unterzeichnen. Japan musste seine Häfen für den internationalen Handel öffnen. Dieses Ereignis war für Japan ein Schock – oder, besser, eine Schocktherapie, die einen massiven Modernisierungsschub in Bewegung setzte: 1868 wurde das Shugunat und damit die faktische Verfassung aufgegeben, der Kaiser ergriff direkt die Regierungsgeschäfte – eine einschneidende Weichenstellung, die als „Meiji Restauration" den Anfang der modernen, der neueren Geschichte Japans kennzeichnete. Die Abschaffung des Shogunats ging Hand in Hand mit einer Zentralisierung der politischen Macht auf Kosten regionaler Feudalherren.

Nach Jahrhunderten der Abschottung von der übrigen Welt unternahm nun Japan rasante Schritte, um sich in die Welt zu integrieren – in die Welt Nordamerikas und Europas. Junge Japanerinnen und Japaner studierten in den USA, europäische Militärtechnologie wurde für Japans Streitkräfte zum Vorbild, die britische Flotte war das Modell für die japanische, und kontinentaleuropäische Rechtssysteme wurden von Japan kopiert.

Unter dem Einfluss amerikanischer und europäischer Erfahrungen wurde die kaiserliche Herrschaft konstitutionell umgestaltet: 1889 erhielt Japan eine von US-amerikanischen und europäischen Vorbildern beeinflusste Verfassung, die „Meiji Verfassung". Schon 1882 hatte Kaiser Mutsuhito ein Edikt erlassen, das dem Heer und der Flotte – allen Soldaten und Seeleuten – mit der Berufung auf nationale Traditionen die absolute Loyalität gegenüber dem Kaiser zur Verpflichtung machte. Das war der Beginn des modernen, aber gleichzeitig mythischen japanischen Nationalismus. (Hotta 2013, 76–83)

Die Meiji-Verfassung hatte den Shintoismus zur Staatsreligion gemacht, dem Kaiser war die Rolle eines obersten Religionshüters zugeteilt. Unabhängig von der hegemonialen Staatsreligion war in Japan auch die Tradition des Zen-Buddhismus akzeptiert – nicht als Alternative zum Shintoismus, sondern als ein im Alltag mit dem Shintoismus verträgliches Zweitangebot religiöser Bindung.

Die Verfassung selbst war an den Standards des europäischen Säkularismus des späten 19. Jahrhunderts orientiert: Die Rolle des Kaisers – des Tenno – war in der Verfassung mit einer besonderen Doppelbödigkeit formuliert: Er war sakrosankt, in einer gottähnlichen Ferne über der Politik schwebend; aber gleichzeitig war er ein Verfassungsorgan. Diese Doppelbödigkeit bestimmte auch die Politik Japans, als sich das Militär der politischen Macht bemächtigte, ohne die Rolle des Kaisers in irgendeiner Form anzuzweifeln, aber auch ohne kaiserlichen Widerspruch zu provozieren. Der Tenno war in die Entscheidungen, die Japan in den 1920er, 1930er und 1940er immer tiefer in den Krieg und damit in die Katastrophe führen sollten, als letzte Legitimationsquelle eingebunden – und doch nicht konkret involviert.

Nach der Meiji Restauration und im Rahmen der Verfassung von 1889 begann in Japan die Periode der „Taisho Demokratie". Das Parlament bestand aus zwei Kammern – dem direkt gewählten Repräsentantenhaus und dem aristokratischen Herrenhaus. Das Wahlrecht war ein eingeschränktes Zensuswahlsystem. Anfang des 20. Jahrhunderts entwickelte sich ein Zweiparteiensystem. Die beiden Parteien „Seiyukai" und „Kenseito" wechselten in Folge von Parlamentswahlen einander mehrmals an der Regierung ab. 1925 wurde das Zensuswahlrecht zugunsten eines allgemeinen und gleichen Männerwahlrechtes aufgegeben, das Parteiensystem weitete sich aus, es entstanden auch eine sozialistische und eine kommunistische Partei. Doch dieser Pluralismus sollte nur für wenige Jahre Geltung haben, bis das Militär de facto die Regierung übernahm. Japan hatte sich innerhalb von zwei Generationen zu einer konstitutionellen, teilweise demokratisierten Monarchie entwickelt. Diese aber hatte die Dauer von kaum einer Generation. (Fukai, Fukui 2019, 235 f.)

Dem Kaiser waren in der Meiji-Verfassung wesentliche Rechte zugestanden: Er hatte ein Vetorecht gegenüber allen parlamentarisch beschlossenen Gesetzen, er entschied über Krieg und Frieden, und er war für den Abschluss internationaler Verträge zuständig. Doch in der Verfassungsrealität agierte der Kaiser nicht direkt, sondern durch einen Staatsrat („Privy Council"), einer nicht gewählten Institution, in der die traditionelle Feudalaristokratie dominierte. Der Staatsrat arbeitete eng mit der Verbindungskonferenz („Liaison-Konferenz") zusammen, in der die führenden Militärs und die Vertreter der Regierung zusammentraten.

Diese Verfassungswirklichkeit bestimmte vor allem das Leben in den urbanen Zentren der japanischen Gesellschaft. Das ländliche Japan war dominiert von Großgrundbesitzern, die an einem Fortleben feudaler Verhältnisse interessiert waren. In der sich rasch entwickelnden Industrie waren kartellartige Zusammenschlüsse, die „Zaibatsu", die Motoren von Industrialisierung und die Instrumente der militärischen Rüstung.

Japans Modernisierung vor und nach 1900 war durch die Übernahme politischer Verhaltensmuster gekennzeichnet, die europäische Mächte und die USA praktizierten – vor allem auch in Form militärischer Expansionen auf Kosten schwächerer Nachbarn. Das erste Opfer der japanischen Aggressivität war China, das im Krieg von 1894 und 1895 besiegt wurde. Das zweite Opfer wurde Russland. Das Zarenreich war im Zuge der Eroberung und Besiedlung Nordasiens auf das über Korea nach Norden vorstoßende Japan getroffen. Der japanische Sieg über Russland, im Krieg von 1904 und 1905, war für Europa Sensation und Bedrohung zugleich: Eine europäische Großmacht war von einer nichteuropäischen (nicht „weißen") Macht besiegt worden.

Nachdem die Modernisierung (der Aufstieg) Japans in Europa und in Nordamerika mit Sympathie beobachtet worden war und japanische Kultur auf wachsendes Interesse stieß – und sei es nur in banalisierter Form (wie in Giacomos Puccinis „Madame Butterfly"), wuchs nach dem Sieg Japans über Russland die Furcht vor einer „gelben Gefahr". Das veranlasste die Großmächte (allen voran das Vereinigte Königreich), Japan in eine globale Strategie einzubinden. Japan nahm daher im Ersten Weltkrieg an der Seite der britisch-französisch-russisch-italienischen Entente teil, wobei Japans militärische Aktivitäten sich im Wesentlichen auf den Kampf gegen deutsche Enklaven auf dem ostasiatischen Festland und auf Inseln im Westpazifik beschränkten.

Durch die Teilnahme am Weltkrieg auf der Seite der Sieger sah Japan zunächst seine Stellung als Großmacht bestätigt. Aber eben deshalb war es für das Kaiserreich verstörend, dass Japan auf der Pariser Friedenskonferenz sich nicht als gleichberechtigte Macht respektiert fühlte. Japan war in Paris durch Fürst Saionji Kinmochi vertreten, ein Repräsentant des von der Meiji-Restauration freigesetzten liberalen Zeitgeistes. In der japanischen Delegation in Paris befand sich auch der junge Konoe Fumimaro, der – wie Saionji – einer alten Adelsfamilie angehörte. Konoe nahm die Atmosphäre in Paris äußerst kritisch wahr – er sah in der vor allem von Frankreich und dem Vereinigten Königreich dominierten Konferenz die Hegemonie europäischer, „weißer" Arroganz.

Konoe, der zu einer Schlüsselperson japanischer Politik werden sollte, fasste seine Eindrücke, die er auch auf anderen Reisen gewonnen hatte, in einer Publikation zusammen: Er beklagte den Rassismus der „Weißen", insbesondere der „angelsächsischen Rasse". (Hotta 2013, 35–37) Konoes Stimme war nur eine von vielen, die Japan von den USA und Europa gedemütigt sahen. So wurde eine Wahrnehmung bestärkt, die Japan als Opfer eines Rassismus sah und deshalb dem Land – als einziger nicht „weißer" Großmacht – auch die Aufgabe zuschrieb, Vorkämpfer der Kolonialvölker gegen deren Unterdrücker zu sein. Diese japanische Zeitgeistigkeit beflügelte auch die immer mehr politischen Einfluss gewinnenden Militärs – Japan müsste global Stärke zeigen, und Stärke bewies sich in militärischer Macht.

In den 1920er Jahren gab es – mit der rasanten Industrialisierung verbunden – soziale Unruhen, einschließlich eines großen Streiks im Jahr 1925. In dieser Phase war Japan eine Demokratie – keineswegs eine perfekte, und eine Demokratie mit Krisen. Aber das galt in den 1920er und 1930er Jahren auch für die Dritte Französische Republik und das Vereinigte Königreich, die Republik von Weimar und auch die USA. Japan erlebte die Höhen und Tiefen eines politischen Pluralismus. Japans Kommunistische Partei genoss die Unterstützung Moskaus und damit der Komintern. Viele Zeitungen und Magazine wurden direkt oder indirekt von der KP kontrolliert. (Koestler 2005, 253) Das alles endete mit der faktischen Übernahme der Regierungsmacht durch das Militär in den 1930er Jahren.

Die Kriege gegen China und gegen Russland, vor und nach der Jahrhundertwende, hatten einen prägenden Einfluss auf die widersprüchliche japanische Eroberungspolitik nach 1918. Japan wollte sich als Vormacht der nicht „weißen" Völker im Kampf gegen die Vormachtstellung der „weißen" Völker profilieren. Aber es waren auch und vor allem asiatische Länder, die Japans Überlegenheit zu spüren bekamen: Korea, das zur japanischen Kolonie geworden war; Taiwan, das von China nach dem Krieg 1894 abgetreten wurde; und schließlich China, das Japans Eroberungsdrang ähnlich anzog wie der Raum des Mississippi und Missouri-Beckens und die Pazifikküste Nordamerikas die USA oder die Weite Sibiriens das russische Zarenreich angelockt hatten. Japan verhielt sich letztlich so wie die europäischen Mächte, deren Rassismus Japan geißelte.

Roger Griffin zählt zu den systematischen Versuchen, Faschismus zu erklären, auch die „Bonapartismus These". Diese These wurde vor allem von nicht-orthodoxen Marxisten, das heißt von nicht-stalinistischen Kommunisten vertreten (Griffin 2018, 17–20) Diese These stützte sich auf die Marxsche Interpretation nicht nur auf den Aufstieg Louis Bonapartes, des späteren Napoleon III, sondern auch auf die kometenhafte Karriere Napoleon Bonapartes – des heroisierten Heerführers. Das könnte zur Interpretation führen, die japanische Militärdiktatur passe zwar nicht in den klassischen Faschismus à la Mussolini, sie wäre aber ein Beispiel für einen von Militärs instrumentalisierten Faschismus. Doch die Denkansätze, die Griffin anführt, beziehen sich nicht auf die Rolle militärischer Macht, sondern darauf, dass eine aus verschiedenen Gründen blockierte revolutionäre Energie – revolutionär im marxistischen Sinn – von einem Kriegshelden genutzt und in eine antirevolutionäre Richtung gelenkt wird. Was immer generell von dieser These zu halten ist – in Japan hatte „das Militär" die Macht ergriffen, und nicht ein Caesar oder Bonaparte. Und ein kollektiver Bonaparte passt einfach nicht in die „Bonapartismus These".

Die „Achse" – eine Chimäre

Die Enttäuschung über die – vermeintliche, tatsächliche – Missachtung Japans nach dem Ersten Weltkrieg bereitete die Grundstimmung vor, die das Kaiserreich an die Seite der anderen revisionistischen Mächte führte: an die Seite Italiens, das sich ebenfalls von einer britisch-französischen Hegemonie schlecht behandelt fühlte; und an die Seite Deutschlands, das den Friedensvertrag von Versailles als eine schwere nationale Demütigung empfand. Nationale Kränkungen und nationale Ressentiments waren die Grundlage einer sich langsam verdichtenden gemeinsamen Frontstellung gegen die „westlichen" Demokratien, die aus der Sicht Japans, aber vor allem durch die am Ostrand des Pazifischen Ozeans gelegenen USA vertreten waren.

Die USA waren als Vermittler des Friedensvertrages aktiv geworden, der 1905 den japanisch-russischen Krieg beendet hatte. Präsident Theodore Roosevelt wurde dafür mit dem Friedensnobelpreis ausgezeichnet. Die USA hatten damit ihre Rolle im Pazifik unterstrichen – wo sie ja in Hawaii und auf den Philippinen schon präsent waren. Japan fühlte sich eingekreist – von den europäischen Kolonialmächten, die Südostasien beherrschten, und von der pazifischen Vormacht USA. Japan setzte aber zunächst seine gegen China gerichtete Expansionspolitik fort. An der mandschurisch-sowjetischen Grenze drohte aber eine Konfrontation mit der UdSSR, gegen die sich der zwischen Deutschland und Japan abgeschlossene Anti-Komintern-Pakt gerichtet hatte. Doch als die USA ihre Rolle als Protektor Chinas immer deutlicher machten und Japans Versorgung mit Erdöl gefährdet wurde, musste Japan eine umfassende geopolitische Entscheidung treffen – zwischen einer Weiterführung einer imperialistischen Expansionspolitik oder dem Beginn eines Rückzuges vom asiatischen Festland.

Das war der Hintergrund der Unterzeichnung des Dreimächte-Paktes am 27. September 1940 in Berlin. Deutschland (und im deutschen Windschatten auch Italien) hatte sich durch „Blitzkriege" West- und Nordwesteuropa unterworfen, Großbritannien schien hoffnungslos isoliert, und die UdSSR hielt sich an die mit dem Deutschen Reich getroffenen Vereinbarungen. Die „Achse", die ja zunächst eine europäische war, hatte durch die Einbeziehung Japans eine globale Dimension erhalten.

Der Unterzeichnung des Paktes war eine Phase der Ernüchterung vorangegangen: Japan, das in Ostasien mit der sowjetischen Armee 1939 in militärische Grenzkonflikte verwickelt war und sich auf der Grundlage des Anti-Komintern-Paktes in einem Naheverhältnis zu Hitler-Deutschland sehen konnte, war von der Unterzeichnung des deutsch-sowjetischen Nichtangriffspaktes Ende August 1939 nicht nur vollkommen überrascht worden. Viele in Japans politischer und militärischer Elite sahen in der plötzlichen pro-sowjetischen Wendung der deutschen Führung Verrat. Die deutsch-japanischen Beziehungen waren in einer Phase der „Vereisung".

(Hedinger 2021, 281) Erst die Siege Deutschlands in den Blitzkriegen von 1940 ermöglichten ein Ende dieser Periode – das Klima zwischen Tokio und Berlin (und damit auch gegenüber Rom) wurde wieder wärmer. Denn als gemeinsamer Feind wurden immer mehr die USA ausgemacht, die als entscheidende Stütze des Britischen Weltreiches wahrgenommen wurden.

Die „Achse“ war 1940 groß angekündigt worden. Die Weltpolitik schien sich um Berlin, Rom, Tokio zu drehen. Aber die Ereignisse sollten bald die globale Hegemonie dieser „Achse“ in Frage stellen. Hitler gelang es im Oktober nicht, Spanien an sich zu binden; Mussolini verrannte sich zur selben Zeit in einen Krieg gegen Griechenland; und die USA verstärkten ihre Hilfe für das Vereinigte Königreich und für China. Im Juni und Dezember 1941 demonstrierten Deutschland und Japan, dass der Dreimächte-Vertrag nicht mehr war als wechselseitiges Wohlwollen. Es gab keine militärstrategischen und geopolitischen Abstimmungen innerhalb der „Achse“. Hitlers Angriff auf die UdSSR war ein Alleingang – und ebenso Japans Attacke auf Pearl Harbor.

Es fehlte in diesem groß propagierten Militärbündnis von Anfang an eine langfristig orientierte strategische Koordination. Die japanische Form der Entscheidungsfindung ließ einer Abstimmung mit den Achsenpartnern eigentlich von vornherein keinen Platz. Denn in Japan waren wichtige Entscheidungen von der Kompromissfähigkeit und -bereitschaft der Armee und der Marine abhängig – die Berücksichtigung der Meinungen und Interessen einer dritten Seite (und sei es auch der Militärführungen der Achsenpartner) war nicht vorgesehen. Die diplomatischen Kontakte zwischen Berlin und Rom auf der einen, Tokio auf der anderen Seite liefen auf der Ebene der Regierungen. Diese waren auf der europäischen Seite auch – in den Personen Hitler und Mussolini – für die entscheidenden Weichenstellungen sowohl in Politik als auch in der Kriegsführung zuständig. In Japan aber hatte die Regierung gerade in Fragen von Krieg und Frieden bestenfalls nur eine sekundäre Bedeutung – seit den frühen 1930er Jahren lag die letzte Autorität bei den Militärs. Und Armee und Marine hatten Mühe genug, untereinander zu Übereinstimmungen zu kommen.

Der Militärschlag gegen Pearl Harbor überraschte die deutsche und italienische Führung. Rom und Berlin (und insbesondere Hitler persönlich) zeigten sich von der Kühnheit der japanischen Aktion positiv beeindruckt. Aber Japan hatte seine Verbündeten im Dezember 1941 ebenso im Unklaren gelassen wie dies Deutschland im Juni getan hatte. Der Mangel an Koordination sollte sich nicht ändern: Die einzige strategische Vereinbarung, die von den Achsenmächten auf Pearl Harbor folgte, war die ausdrückliche Verpflichtung Japans, Deutschlands und Italiens, keinen separaten Waffenstillstand mit den USA oder dem Vereinigten Königreich abzuschließen: eine Verpflichtung, die letztlich zuerst von Italien und dann von Deutschland gebrochen werden sollte. (Menzel Meskill 2012, 59)

Es gab zwar keine substanziellen militärischen Absprachen innerhalb der „Achse". Aber es gab solche bei deren Gegnern. Die Alliierten koordinierten ihre Militärstrategie: zunächst nur die Westalliierten, die sich sofort nach Pearl Harbor darauf geeinigt hatten, einer „Germany First" Politik zu folgen – also dem Kriegsschauplatz Atlantik/Europa Vorrang gegenüber Pazifik/Asien einzuräumen. Spätestens nach der Konferenz von Teheran wurde auch die UdSSR miteinbezogen – zum Beispiel in Form der zeitlichen Abstimmung der alliierten Landung in der Normandie im Juni 1944 und des zeitgleichen Beginns einer sowjetischen Großoffensive.

Was innerhalb der „Achse" geschah, das war der Austausch von Vorschlägen über die Verteilung der Welt: Anfang 1942 wurde eine Einigung über die Aufteilung aller Kontinente erzielt. Nach einem deutschen Vorschlag sollte etwa ganz Südasien (und damit auch Britisch Indien) an Japan fallen. (Menzel Meskill 2012, 111) Hitler und Ribbentrop hatten noch im November 1940 Indien der UdSSR offeriert, um sie so an die Achse zu binden – und Hitler hatte immer seine Offerte an das Vereinigte Königreich aufrechterhalten, Deutschland würde – als Gegenleistung für eine von London akzeptierte deutsche Kontrolle Kontinentaleuropas – die Besitzungen des Britischen Weltreiches „garantieren". Man verteilte etwas, was man gar nicht hatte. Man verschenkte Indien einmal an den Partner Japan, dann wieder garantierte man Indien dem britischen Gegner, und dazwischen war Indien ein Lockangebot an die Sowjetunion. Diese Sandkastenspiele glichen pubertären Fantasien und hatten keinen erkennbaren Einfluss auf die Kriegsführung der Achsenmächte.

Japan beteiligte sich an solchen unrealistischen Aufteilungen der Welt, die erst zu erobern war. Die Führung des japanischen Kaiserreiches zeigte dabei, dass es von einer mit den europäischen Faschismen durchaus vergleichbaren Raubgier geleitet wurde. Aber diese Analogie machte Japan nicht zu einem faschistischen Herrschaftssystem: Denn auf der europäischen Seite der „Achse" war klar, wer sich an den Spielen zur Aufteilung der Welt beteiligte – der „Duce" und der „Führer". Wer aber war der entscheidende Spieler auf der japanischen Seite?

Wie wenig verdichtet die Beziehung Japans zu seinen europäischen Bündnispartnern war, zeigt sich auch in den nur gering entwickelten ökonomischen Beziehungen. Während im amerikanisch-britischen Innenverhältnis „Lend-Lease" und spezielle Abkommen – etwa bezüglich der wechselseitigen freien Nutzung von Patentrechten – schon 1940 dafür sorgten, dass die US-Wirtschaftsstärke zunächst von der britischen und dann auch von der sowjetischen Seite genutzt werden konnte; während „Lend-Lease" den britischen und auch den sowjetischen Streitkräften privilegierten Zugang zu amerikanischen Rüstungsgütern verschaffte, kam es zu analogen Vereinbarungen zwischen Japan und seinen europäischen Verbündeten erst 1944 – als die Entwicklung des Krieges solche Vereinbarungen schon bedeutungslos gemacht hatte. Und die deutsche Industrie (etwa speziell IG Farben) zeigte wenig bis gar kein Interesse, mit Japan zu kooperieren. (Menzel Meskill 2012, 146–172)

Die demokratischen Mächte waren eher in der Lage, ihre Strategie untereinander abzustimmen, als dies die Achsenmächte vermochten. Und das kapitalistische Vereinigte Königreich und die kapitalistischen USA waren auch rascher bereit, die UdSSR in die wirtschaftlichen Sektoren ihrer Kriegspolitik einzubinden, als dies etwa Deutschland und Japan konnten. Das mag zwar auch mit Geographie zu tun gehabt haben – die Landroute vom Persischen Golf über den Iran in die Sowjetunion war ja für Transporte der Alliierten offen und gesichert, während die Verbindungen zwischen Ostasien und Kontinentaleuropa versperrt blieben – erst recht nach dem Scheitern des italienisch-deutschen Vorstoßes zum Suezkanal und der Erschöpfung der japanischen Expansionsenergie an der burmesisch-indischen Grenze. Aber das geringe Ausmaß an strategischer und ökonomischer Verdichtung Japans mit Deutschland und Italien unterstreicht, wie wenig an Gemeinsamkeit hinter der propagandistisch so laut verkündeten „Achse“ wirklich zu finden war.

Eine „Faschistische Internationale“ war das überhaupt nicht – nicht nur, weil Japans Diktatur allen sinnvoll verwendbaren Kriterien von Faschismus nicht entsprach; sondern vor allem, weil Japan und seine europäischen Partner nicht bereit oder auch in der Lage waren, das Bündnis der „Achse“ mit realer Substanz zu füllen. So blieb es bei der Rhetorik von den „jungen Mächten“, die sich gegen die alte Weltordnung auflehnten – und, viel wichtiger, bei dem, was wirklich zählte: Japan, Deutschland, Italien hatten gemeinsame Feinde. Dass aber zu diesen gemeinsamen Feinden bis nach der deutschen Kapitulation die UdSSR noch gar nicht gezählt werden konnte, dass der Akteur Sowjetunion für die japanische Seite der „Achse“ ausgeklammert bleiben musste, das unterstreicht erst recht, wie sehr die Bedeutung der „Achse“ überschätzt wurde.

Gemeinsam war, dass Japan und das nationalsozialistische Deutschland (weniger das faschistische Italien) von einem mystischen Rassismus bestimmt waren; von der Vorstellung, die „Reinheit“ des deutschen, des japanischen, des italienischen „Blutes“ müsse gesichert werden. Die Konsequenz war die völkisch-„rassische“ Segregation, die von der japanischen Politik verfolgt wurde. Und die mögliche Konsequenz der „Achse“ – eine Vermischung des deutschen und japanischen „Blutes“ – wurde erst gar nicht angedacht. Das zunächst zögerliche faschistische Italien übernahm die „Rassengesetze“ des NS-Staates. Aber der Holocaust fand weder unter japanischer noch unter italienischer Verantwortung statt.

Gemeinsam war, dass die imperialistischen Eroberungszüge – in Richtung Ostafrika (Italien), Südost- und Ostasien (Japan), Osteuropa (Deutschland) nach Osteuropa – in einer vulgärdarwinistischen Rhetorik mit der „natürlichen“ Überlegenheit des eigenen Volkes und der „Notwendigkeit“ der Erweiterung des nationalen „Lebensraumes“ begründet wurden. War diese Gemeinsamkeit aber faschistisch? War die Besiedlung der westlichen Hemisphäre durch europäische Mächte, beginnend mit dem 16. Jahrhundert, und die damit verbundene Verdrängung und Vertreibung der indigenen Bevölkerung etwas substanziell Anderes? War die Behandlung der

Zulus und Hereros in Süd- und Südwestafrika grundsätzlich verschieden von dem, was Polen und Russen unter deutscher, was Koreaner und Chinesen unter japanischer, was Nord- und Ostafrikaner unter italienischer Herrschaft erdulden mussten? War das Faschismus – oder war es die Logik einer von arroganter, nicht notwendigerweise faschistischen „Ideologie“, als Überbau einer wirtschaftlich-technischen Überlegenheit?

Die „Achse“ konnte nicht einmal die ausdrücklich formulierte Verpflichtung einhalten, die den Partnern untersagte, einzeln zu kapitulieren. Die „Achse“ funktionierte nicht – auch nicht bei ihrem Abgang von der Weltbühne.

Ein „notwendiger“ Krieg, der nicht zu gewinnen war

Der Krieg, den Japan schon 1937 auf dem asiatischen Festland begonnen hatte, wurde 1941 ausgeweitet. Mit dem Überfall auf Pearl Harbor wurde der japanisch-chinesische Krieg zum Teil eines Weltkrieges. Das, was Japan im Dezember 1941 begann, war ein aus japanischer Sicht unausweichlicher, aber – für Japan – nicht gewinnbarer Krieg. (Hotta 2013, 164–177)

Das Paradoxe und Tragische an der japanischen Entscheidung war, dass der japanischen Führung beides bewusst war: Der Krieg war unausweichlich, weil Japan nicht bereit war, seine Truppen aus China abzuziehen. Die damit verbundenen Sanktionen der USA, die Japan von der für die Kriegführung notwendigen Energiezufuhr abschnitten, führten geradezu zwingend zu einer militärischen Offensive in die rohstoffreichen Gebiete Südostasiens, die vom Vereinigten Königreich und von der mit diesem verbündeten niederländischen Exilregierung kontrolliert wurden. Eine Offensive in den Süden musste aber unvermeidlich die USA, die ja – noch – über die Philippinen herrschten, in den Krieg hineinziehen: Die USA, die über die mächtigste Flotte im Pazifik verfügten und der engste Partner der chinesischen Regierung waren, mussten daher als Gegner Nummer eins in die japanische Strategie einbezogen werden. (Hotta 2013) Aus japanischer Sicht machte der militärische Vorstoß in den Süden den Eintritt Japans in einen Weltkrieg unvermeidbar. Und akzeptiert man das innerhalb der japanischen Führung nicht bestrittene Axiom, dass ein Rückzug aus China für Japan nicht akzeptabel ist, dann war die japanische Entscheidung auch nachvollziehbar.

Hitler und Mussolini waren zuversichtlich, dass Kriegserklärungen vom Dezember 1941 die Siegeschancen ihrer Staaten nicht verschlechtern, ja vermutlich sogar verbessern würden. Im Gegensatz dazu war der japanischen Regierung das fast Aussichtslose eines Krieges gegen die USA bewusst. Mussolini und Hitler waren so sehr in das Gestrüpp ihrer Vorurteile verrannt, in der den „dekadenten“ Vereinigten Staaten keine „männliche“ Kriegsbereitschaft zugeschrieben wurde, dass sie sich in einer Traumwelt befanden. Anders die Admiräle und Generäle in Tokio – sie blieben realistisch. Ihnen war bewusst, dass die wirtschaftliche Überlegenheit der USA zu einem längeren Krieg führen könnte, den Japan kaum gewinnen könnte. Die einzige Chance, die Japans Führung sah, war ein Blitzkrieg, ein Schlag, der – durch die Ausschaltung der amerikanischen Seestreitkräfte die USA zu einem Einlenken bringen und einen Separatfrieden möglich machen könnte. Aber die Chancen für ein solches „best case scenario" waren auch in den Augen der Militärdiktatoren eher gering.

Japan ging im Dezember 1941 in den Weltkrieg mit einer tendenziell pessimistischen Grundhaltung – ganz anders als Hitler beim Angriff auf die UdSSR im Juni des Jahres und Hitler wie auch Mussolini, als sie – ohne dazu durch den Bündnisvertrag der „Achse" dazu verpflichtet zu sein – den USA den Krieg erklärten. Das faschistische Italien und das nationalsozialistische Deutschland wurden von Dilettanten geführt, in deren Weltbildern die Wirklichkeit ausgeblendet war. Die Frage bleibt: Warum brach eine die Wirklichkeit wahrnehmende Führung Japans trotz einer pessimistischen Sicht ihrer Kriegschancen den Krieg im Pazifik vom Zaun?

Der deutsche Angriff auf die Sowjetunion hatte der japanischen Führung eine Option zerstört und eine andere attraktiver gemacht: An eine Erweiterung der „Achse" um die UdSSR war nicht mehr zu denken. Der Vorstellung, dass Berlin, Rom, Tokio gemeinsam mit Moskau sich gegen die britische und die dahinter schon erkennbare US-amerikanische Militärmacht wenden könnten, war im Juni 1941 die Grundlage entzogen worden. Möglich war allerdings, was etwa Matsuoka befürwortete, militärisch offensiv gegen die Sowjetunion vorzugehen und den deutschen Angriff im Osten Europas durch einen japanischen im Osten Asiens zu unterstützen. (Kershaw 2008, 331–381)

Dass sich die japanische Führung nicht für diese strategische Option, sondern für die andere – für den Vorstoß nach Süden – entschied, hatte vor allem wirtschaftliche Gründe: Südostasien lockte mit besonders reichen Rohstoffreserven, und das musste ein rohstoffarmes Japan, das seine weltpolitische Rolle mit militärischen Mitteln ausweiten wollte, natürlich in Rechnung stellen.

Indochina wurde 1941 von einer der Regierung in Vichy ergebenen französischen Verwaltung kontrolliert. Da Vichy gezwungen war, auf deutsche Interessen Rücksicht zu nehmen, konnte die japanische Führung zu Recht davon ausgehen, dass ihr die Nutzung der Ressourcen Indochinas ermöglicht würde, ohne zu kriegerischen Mitteln greifen zu müssen. Indochina war aber weniger aus Gründen der Erdölförderung wichtig, es war von Bedeutung wegen der Verbindung zu China, wo im Südwesten die Regierung Chiang Kai-sheks dem Ansturm der japanischen Truppen weiter standhielt, aber auf die Unterstutzung vor allem der USA angewiesen war. Als Japan – nach entsprechendem Druck auf die französischen Behörden – die Kontrolle über Indochina kampflos ermöglicht wurde, alarmierte das die Regierung der USA, die zwar – noch immer der Doktrin des Isolationismus verpflichtet und an die Neutralitätsgesetze gebunden – „nichtkriegführend" waren; die aber als erste Wirtschaftsmacht der Welt das militärische Überleben nicht nur des Vereinigten Königreiches, sondern auch Chinas sicherstellten.

Das riesige Archipel Niederländisch-Indiens unterstand einer Verwaltung, die gegenüber der niederländischen Exilregierung loyal war. Diese Exilregierung in London war, nach dem „Blitzkrieg", den Deutschland auch gegen die neutralen Niederlande geführt hatte, in einer Allianz dem Vereinigten Königreich verbunden. Überdies lagen die britischen Besitzungen in Malaya, insbesondere das zur Festung ausgebaute Singapur, jedem Vorstoß japanischer Streitkräfte in Richtung Java, Borneo und Sumatra im Wege. Die japanische Südstrategie bedeutete den Zusammenstoß sowohl mit den britischen und den US-amerikanischen Interessen, auch mit deren militärischen Kräften.

Das alles war der japanischen Regierung voll bewusst. Sie entschied sich für die Südstrategie und nahm den Krieg nicht nur mit den bereits in Europa militärisch gebundenen britischen Streitkräften, sondern auch den militärisch noch abseits stehenden USA in Kauf. Japans Zukunft war vom Ergebnis der Auseinandersetzung mit den USA abhängig, die durch das japanische Vorgehen in den Krieg hineingezwungen wurden.

Japan plante die primär gegen Niederländisch Indien gerichtete Offensive so, dass die USA – die als wichtigster Gegenspieler gesehen wurden – von einem Angriff überrascht werden sollten. Der US-Botschafter in Tokio, Joseph C. Grew, der nach wie vor eine diplomatische Lösung des Konfliktes für möglich hielt, wurde hingehalten. Innerhalb der führenden japanischen Militärs hatten sich die Befürworter eines raschen militärischen Vorstoßes aber noch nicht endgültig durchgesetzt. Einige Skeptiker waren von der Sorge bestimmt, dass Japan aus ökonomischen Gründen einen langen Krieg mit den USA riskierte, den es aus wiederum ökonomischen Gründen nicht gewinnen könnte. Aber gerade dieses Argument beflügelte die militärischen Falken: Der Krieg wäre unausweichlich, aber er müsse rasch gewonnen werden. Deshalb sei es notwendig, ein Überraschungsmoment maximal zu nützen.

Das führte zu einer doppelbödigen Politik: Nach außen hin befürwortete Japan Verhandlungen, die in Washington zwischen dem japanischen Botschafter, Admiral Kichisaburo Nomura, und dem US-Außenminister Cordell Hull geführt wurden. Aber gleichzeitig bereitete sich Japan auf einen Militärschlag vor. Der sollte die US-Pazifikflotte ausschalten und den Vorstoß der japanischen Flotte und Armee in Richtung Südostasien einleiten.

Im August 1941 hatten die Armee und die Flotte eine Übereinkunft erzielt, wie vorzugehen wäre. Dieser Konsens beinhaltete die Parallelität diplomatischer Verhandlungen und der Vorbereitungen auf einen Überraschungsschlag gegen die US-Flotte im Pazifik, begleitet von einem Angriff auf die Philippinen und Malaya. Spezifisch für die Entscheidungsstruktur der japanischen Politik dieser Phase war die dabei zum Ausdruck kommende innere Machtteilung: Die Armee und die Marine agierten, als wären sie zwei Parteien einer Koalition, die auf dem Prinzip der Machtteilung beruhte. Sobald Armee und Flotte sich einig waren, war der Regierungskurs bestimmt. Im Gegensatz zu den Entscheidungsprozessen in einer auf Machtteilung bauenden Demokratie – etwa innerhalb der permanenten Konzentrationsregierungen der Schweiz – fanden die Debatten auf der Suche nach Kompromissen und die Entscheidung aber unter Ausschluss der Öffentlichkeit und unter strikter Geheimhaltung statt. Die streng reglementierten Medien konnten nicht informieren, da sie selbst nicht informiert waren. Eine legale Opposition im totalitären japanischen System gab es ebenso wenig wie ein handlungsfähiges, im Untergrund tätiges Netzwerk: Die Opposition saß im Gefängnis, und die japanische Geheimpolizei hatte nicht nur jeden Widerstand, sondern auch jede Möglichkeit eines kritischen Diskurses erstickt.

Die Übereinkunft zwischen Armee und Flotte wurde am 30. August in einem Dokument zusammengefasst und am 3. September der Verbindungskonferenz (der „Liaison-Konferenz") vorgelegt – dem Gremium, in dem das Heer und die Marine ihre militärisch-politischen Strategien diskutierten und Kompromisse schlossen. Was diese Konferenz beschloss, wurde zwar noch der Regierung vorgelegt (in der abermals die Vertreter von Heer und Marine vertreten waren), aber die Regierung hatte sich schon über Jahre damit abgefunden, die Beschlüsse der „Liaison-Konferenz" abzusegnen. (Kershaw 2008, 340–342) In diesem Dokument, das in einer langen Sitzung am 3. September beschlossen wurde – ohne dass die von den Militärs vorgegebene Richtung grundsätzlich in Zweifel gezogen wurde –, war festgelegt, dass konkrete Vorbereitungen für den Krieg zu treffen sind – für den Angriff auf die US-Pazifikflotte und die Offensive gegen die Philippinen, Malaya und Niederländisch Indien –, unbeschadet weiterer diplomatischer Verhandlungen mit Washington.

Innerhalb der Teilnehmer an der „Liaison-Konferenz" hatte Premierminister Konoe stärker als von den Militärs gewünscht die Möglichkeit einer diplomatischen Lösung betont. Trotz seiner Vorgeschichte als expliziter Befürworter des Bündnisses mit Deutschland und Italien musste Konoe im Herbst 1941 zurücktreten, weil er das Vertrauen der mächtigen Generäle und Admiräle verloren hatte. Konoe hatte ein direktes Treffen mit Präsident Roosevelt vorgeschlagen, und als die US-Reaktion darauf kühl war und das Gipfeltreffen nicht zustande kam – die USA hatten klargemacht, dass Japan den Krieg gegen China beenden und zumindest teilweise Truppen aus China abziehen müsse – stärkte das die Hardliner innerhalb der Regierung. Dem zivilen Premier folgte General Tojo Hideki an die Spitze der Regierung, in der nun diejenigen eindeutig dominierten, die den Krieg gegen die USA für unausweichlich hielten. (Kershaw 2008, 353 f.)

Für das regierende Militärkartell schien der Krieg zwingend und notwendig – aber nicht unbedingt wünschenswert, und auch nicht unbedingt gewinnbar. Aufschlussreich ist, dass die japanische Regierung, als sie parallel zu den diplomatischen Verhandlungen den Militärschlag gegen Pearl Harbor vorbereitete, nur eingeschränkt optimistisch war, was die Siegeschancen für den nun bereits beschlossenen Krieg gegen die USA und das Vereinigte Königreich betraf. Anders als Mussolini und Hitler gingen Japans Militärdiktatoren keineswegs siegesgewiss in den Krieg. Sie sahen sich in einem Sachzwang – nach den gewaltigen Anstrengungen und Opfern, die der Krieg gegen China schon gekostet hatte, schien jedes Einlenken inakzeptabel. Japan begann den Krieg gegen die USA mangels einer Exit-Strategie in Bezug auf den erst halb gewonnen Krieg gegen China.

Die japanischen Kriegstreiber gingen in den Krieg mit einer Art Fatalismus, der den italienischen und deutschen Achsenpartnern fremd war. Sicherlich, Mussolini zögerte Ende August und Anfang September 1939, dem bereits fest zum Krieg entschlossenen Hitler zu folgen, am Angriffskrieg gegen Polen teilzunehmen und den Krieg mit Polens Verbündeten zu riskieren. Aber im Frühjahr konnte den Duce nichts mehr halten – er war siegessicher und wild entschlossen, sich seinen Teil der Kriegsbeute zu holen. Und Hitler? Er war sich nicht sicher, ob die westlichen Demokratien ihre Verpflichtung gegenüber dem angegriffenen Polen einhalten würden. Aber er zögerte nicht, das Risiko einzugehen; ebenso wie es für ihn eine Selbstverständlichkeit war, im Juni 1941 die UdSSR zu überfallen und im Dezember desselben Jahres den USA den Krieg zu erklären. Zweifel am „Endsieg“ hatte Hitler nicht – ganz anders als die Machthaber Japans. Fatalismus, oder gar Selbstzweifel? Das war den beiden europäischen Partnern Japans fremd.

Japans Entscheidung, die USA anzugreifen, war nicht die Entscheidung einer Person. Die Entscheidung war das Resultat einer komplexen, über viele Monate laufenden internen Debatte, in der die beiden zu diesem Zeitpunkt wichtigsten zivilen Regierungsmitglieder – Premierminister Konoe und Außenminister Matsuoka – mit den immer wieder unterschiedlichen Positionen der Armeegeneräle und der Flottenadmiräle konfrontiert waren. Konoe und Matsuoka vertraten zu diesem Zeitpunkt ebenfalls gegensätzliche Standpunkte – Konoe neigte, trotz seiner grundsätzlichen Achsenfreundlichkeit, zu einer eher vorsichtigen Position, während Matsuoka einer Offensive gegen die UdSSR das Wort redete, ohne eine Südoffensive abzulehnen. Beide – Konoe und Matsuoka – würden am 9. Dezember 1941 nicht mehr Mitglieder der Regierung sein. Rasche Wechsel innerhalb der Regierung waren nichts Ungewöhnliches – für Konoe war dies bereits der dritte Rücktritt vom Amt des Premierministers.

Eine schnelle Rotation innerhalb der Regierung wäre im faschistischen Italien und – noch deutlicher – im nationalsozialistischen Deutschland kaum vorstellbar gewesen: Als Deutschland den Krieg am 1. September 1939 begann, war Joachim von Ribbentrop Außenminister. Als Hitler am 30. April 1945 Selbstmord beging, war Joachim von Ribbentrop noch immer Außenminister. Und Mussolinis Regierungsumbildung vom Februar 1943, die Ciano vom Amt des Außenministers entfernte, war eher die Ausnahme von der Regel personeller Stabilität. Aber Japan hatte keinen Duce und keinen Führer, und der Kaiser war zwar immer da, aber gleichzeitig nie zur Stelle, wenn es darum ging, eine klare Position zu beziehen. Eben deshalb war die Formulierung einer Entscheidung innerhalb der japanischen Regierungsspitze von einer Vielfalt innerhalb einer vor allem militärischen Elite gekennzeichnet. Und innerhalb dieser Pluralität entscheidend – zivilen Politikern wie Konoe zum Trotz –, ob sich Armee und Marine einigen konnten.

So war es auch bei der Sitzung des inneren Machtzirkels am 25. September 1941: Marineminister Oikawa Koshiro sprach sich für die Offensive im Pazifik und in Südostasien aus, trotz seines Respekts vor der US-Flotte, die er mit einer solchen Offensive zum Kriegseintritt provozieren musste. Dagegen erhoben sich Stimmen, die – wie Matsuoka und Vertreter der Armee, die an Radikalität Oikawa noch übertrafen. Diese radikale Seite zögerte nicht, die Zahl von Japans Feinden ins Maximale zu steigern und einen Parallelkrieg mit der UdSSR in Kauf zu nehmen. Dem gegenüber war Oikawa ein relativ gemäßigter Sitzungsteilnehmer. Aber da der Marine eine Schlüsselrolle zukam – sie hatte ja die primäre Last bei einer Konfrontation mit den USA zu übernehmen, einigte sich die Verbindungskonferenz an diesem Tag auf Oikawas Position: Der Diplomatie sollte zwar noch eine Chance eingeräumt werden, aber die Vorbereitungen für die Südoffensive sollten weitergehen – für den Angriff auf die US-Pazifikflotte, auf die US-Streitkräfte auf den Philippinen, auf die britischen Stützpunkte in Malaya. (Hotta 2013, 190–194)

Diese Linie verfestigte sich in den kommenden Wochen. Es war eine Entscheidung, die so gar nicht einem Führerstaat entsprach. Dahinter stand kein Machtwort einer Person von höchster Autorität. Es war ein Prozess relativ mühsamer interner Kompromissfindung – aber getragen von Interessenvertretern, die allen Unterschieden zum Trotz in einem geeint waren: in ihrer Erkenntnis, dass der Krieg gegen China – von dem es für sie kein Zurück gab – eine notwendige Weiterführung in einem Krieg mit den USA finden müsse.

Terror, Repression, Totalitarismus

Die Unterdrückung der Bevölkerung in den von Japan militärisch eroberten und besetzten Gebieten hatte begonnen, noch bevor die Militärdiktatur den Verfassungsstaat verdrängt hatte. In Taiwan und Korea hatte noch vor dem Ersten Weltkrieg eine Politik der diktierten und erzwungenen kulturell-sprachlichen Assimilation eingesetzt. Nationaler koreanischer Widerstand wurde unterdrückt, und koreanische „Fremdarbeiter" wurden in Japan diskriminiert. Dieser ethnische Nationalismus setzte sich fort, als nach dem Ersten Weltkrieg Japan immer größere Teile Chinas unter seine Herrschaft brachte. Die Mandschurei, anders als Korea als formal souveränes Kaiserreich Mandschukuo etabliert, war ein von der japanischen Armee streng kontrolliertes Land, an dessen Spitze der letzte chinesische Kaiser stand – nun als Kaiser von Mandschukuo, aber als bloße Marionette Japans.

Die japanischen Eroberungszüge glichen in ihrer Motivation, ihrer Rechtfertigung und ihrer Durchführung den Kolonialkriegen der europäischen Mächte der Vergangenheit: Spanien und Portugal, die Niederlande und England, Frankreich und Italien und Deutschland hatten vorgemacht, was nun Japan nachholte. Die Resultate des japanischen Verhaltens waren grundsätzlich nicht anders – nicht schlechter und gewiss nicht besser – als das, was die europäischen Mächte in Amerika, Afrika, Asien, Australien und Ozeanien angerichtet hatten. Es war nur zeitverzögert – es war Ausdruck eines Nachholbedarfes. Und es widersprach in jeder Hinsicht dem antikolonialistischen Anspruch, den etwa Konoe erhoben hatte. Japan agierte nicht als Befreier der von den „Weißen" unterdrückten nicht-„weißen" Völker Asiens. Japan unterdrückte die „Nicht-Weißen" als wären die Japaner „Weiße": ein aufschlussreiches Beispiel für die inhaltliche Beliebigkeit von Rassismus.

Höhepunkt des repressiven Terrors, den die japanische Führung außerhalb des Inselreiches verbreitete, waren die Gräuel von Nanking. Japanische Truppen hatten die provisorische Hauptstadt der Republik China schon in einer frühen Phase des 1937 begonnenen Krieges erobert. Die Regierung Chiang Kai-Cheks hatte sich in das südwestliche Chungking zurückgezogen, wo über die „Burma Road", über die Höhen des Himalaya, Chiang bis 1945 von den Alliierten (das heißt insbesondere von den USA) ausreichend Unterstützung erhielt, um einen kriegsentscheidenden Vorstoß der japanischen Truppen aufhalten zu können.

Im eroberten Nanking kam es zu einer Orgie von Massenmord – auch und gerade an der chinesischen Zivilbevölkerung; zu Massenvergewaltigungen, zu Raub und Brandschatzung. Die Zahl der Toten, die in Nanking 1937 innerhalb kurzer Zeit Opfer dieses Kriegsverbrechens wurden, schwankt zwischen 50.000 (nach japanischen Angaben) und 300.000 – so chinesische Zahlen. (Hastings 2007, 209) Welche Zahl auch immer der Wahrheit am nächsten kommt: Die Schreckensbilanz von Nanking reiht sich ein in die von Warschau und Stalingrad und Dresden. In ihrer Qualität ist die Summe der Verbrechen von Nanking aber noch viel schlimmer zu beurteilen: Warschau und Stalingrad und Dresden stehen für Kriegsgräuel. Die Verbrechen von Nanking geschahen, als die Stadt schon von chinesischen Truppen aufgegeben war. Nanking ist daher in die Kategorie eines Verbrechens gegen die Menschheit einzureihen und nicht in die eines Kriegsverbrechens.

Nanking war die Spitze eines Eisberges von Repression und Terror. Japanische Militärärzte führten medizinische Versuche an Menschen ohne Narkose durch; die Rekrutierung zur Zwangsarbeit war in den besetzten Gebieten Chinas eine alltägliche Erscheinung – einschließlich der Entführung von Frauen in Militärbordelle. Das japanische Militär tat alles, damit die japanische Besatzung in Asien in einer besonders hasserfüllten Erinnerung blieb.

Die Behandlung von Kriegsgefangenen – zum Beispiel der großen Zahl von US-Truppen (darunter zahlreiche Philippinos in amerikanischer Uniform), die auf den Philippinen in japanische Gefangenschaft geraten waren – wurde in ihrer Brutalität wohl nur noch von der Behandlung sowjetischer Kriegsgefangener in deutschen Händen übertroffen. Ein der Wirklichkeit entsprechendes Bild liefert „Die Brücke vom Kwai", der Roman von Pierre Boulle, der 1952 erschien und 1957 verfilmt wurde: Gefangene alliierte Soldaten (in diesem konkreten Fall Soldaten des British Empire) wurden in einem Gefangenenlager in Burma entgegen den Vorschriften der Genfer Konvention so lange gequält und gefoltert, bis sie bereit waren, für das japanische Militär Zwangsarbeit zu verrichten. Das widersprach erst recht dem Völkerrecht.

Dem Terror und der Repression außerhalb Japans entsprachen Terror und Repression im Inneren. Japan wurde ein Polizeistaat: Die von der Verfassung gewährten Grundfreiheiten waren durch Sonderbestimmungen ausgehebelt. Die Informationskanäle folgten nur noch den Vorgaben der Regierung, das heißt denen der Militärdiktatoren. Der Beginn des repressiven Polizeistaates kann nicht an einem bestimmten Datum festgemacht werden. Aber als Japan den „Chinese Incident" 1937 zum offenen Krieg nützte, hatte Japan bereits aufgehört, ein Rechtsstaat zu sein.

Japan war eine Diktatur, und wie in jeder Diktatur wurde jede politische Abweichung kriminalisiert. Opposition war strafbar. Oppositionelle wurden weggesperrt, in Lager und Gefängnisse, oder hingerichtet. Japan war aber nicht nur eine Diktatur: Die japanische Diktatur trug totalitäre Züge. Ausdruck dieses Totalitarismus war die Fähigkeit der japanischen Führung, das Denken ihrer Untertanen zu steuern. Mehr noch als in den faschistischen Systemen Europas, mehr noch als im NS-Staat dirigierten die Herren Japans nicht nur das Verhalten, sondern auch die Gedanken ihres Volkes.

Ausdruck dessen waren die Massen-Selbstmorde der japanischen Zivilbevölkerung, die amerikanische Truppen beobachteten: Als US Truppen 1944 die Pazifik-Insel Saipan eroberten – eine Insel, die von Japan nicht nur militärisch befestigt war, sondern auf der auch japanische Zivilisten siedelten, stürzten sich japanische Frauen mit ihren Kindern von den Klippen der Insel in den Tod. Diese Form des Freitodes schien den Menschen auf Saipan das kleinere Übel zu sein – verglichen mit dem Schicksal, von den durch die japanische Propaganda dämonisierten Amerikanern gefangen genommen zu werden. Und auch das Phänomen der Kamikaze-Flieger, die sich in ihren kleinen Flugzeugen auf US-Kriegsschiffe stürzten, um in den Tod auch möglichst viele Feinde mitzunehmen, zeugt von einer totalen Kontrolle der Gefühlswelt der japanischen Gesellschaft. (Hastings 2007, 32–35)

Das war die Folge einer zumindest latent totalitären Philosophie – des Yamato-Geistes. Dieser war der japanischen Gesellschaft eingeimpft: die Vorstellung von der vorgegebenen Einmaligkeit und Überlegenheit Japans und der japanischen

„Rasse". Diese Vorstellung wurde von der Militärdiktatur nicht entwickelt, sondern vorgefunden; freilich dann mit den Mitteln einer streng kontrollierten Erziehungs- und Kommunikationspolitik systematisch verstärkt.

Umso erstaunlicher, wie rasch das neue Japan nach 1945 sich umzustellen vermochte. Auf der Grundlage einer neuen Verfassung, diktiert von den USA, gleichzeitig aber legitimiert durch den Kaiser, wurden individuelle Grundrechte, wurde die Demokratie nicht nur von oben verordnet, sondern auch gelebt. Japan wurde eine stabile pluralistische Demokratie. Ist damit der Yamato-Geist wirklich überwunden?

Rassismus, aber kein Holocaust

Der Inselstatus Japans hatte es über Jahrhunderte ermöglicht, das Land von der übrigen Welt zu isolieren. Migration nach Japan war kaum möglich und auch, nachdem es möglich geworden war – nach der von Commander Perry erzwungenen Öffnung Japans – nicht erwünscht. „Fremde" wurden in Japan mit Misstrauen beobachtet. Das japanische Volk – die als überlegen konstruierte „Yamato Rasse" – sollte „rein" erhalten werden. „Mischehen" mit Fremden wurden ausdrücklich verboten, und als am Beginn des 20. Jahrhunderts eine japanische Auswanderung (vor allem nach Nord- und Südamerika) begann, lebten Japaner vor allem untereinander, heirateten untereinander, blieben untereinander – in gettoähnlichen „Little Japans". (Hastings 2009, 36 f.)

Diese Politik der strengen völkischen Trennung passt in das Schema Rassismus – von den analogen Verboten in den USA, die auf eine Ausgrenzung „schwarzer" Amerikanerinnen und Amerikaner zielten, über die südafrikanische Apartheid bis zu den Nürnberger Gesetzen. Der Mythos der „Reinheit" des „eigenen Blutes" dient zur ideologischen Rechtfertigung der durch Geburt erworbenen Privilegien.

Japans Politik in den eroberten und besetzten Gebieten glich – mit Ausnahme des Holocaust – dem „völkischen", das heißt rassistischen Muster, das auch der NS-Staat etablierte. Ein 1943 veröffentlichtes Dokument der „Rasse"-Abteilung des japanischen Ministeriums für Gesundheit und Wohlfahrt formulierte das Ziel japanischer Politik: Die Mission der japanischen „Rasse" müsste sein, so viel „japanisches Blut" wie möglich in Asien zu hinterlassen – um auf diese Weise das „Blut" der minderen „Rassen" zu „verbessern". (Ferguson 2007, 470) Es ging den Herren Japans um eine biologische Japanisierung Asiens – als demographische Komponente der propagierten „Ostasiatischen Wohlfahrtszone".

Diese Sichtweise enthielt Elemente gewaltsamer Unterdrückung. In besetzten Gebieten wie Korea oder Taiwan wurden den Bewohnern die japanische Sprache und der japanische Kalender aufgezwungen. Heiratsverbote wurden erlassen – betreffend „Mischehen" zwischen JapanerInnen und anderen AsiatInnen. Japanische Siedlungen in Korea, Mandchukuo, China, Taiwan wurden streng von den nicht-japanischen Bezirken getrennt. Nicht-japanische Nationen galten als „child countries“, deren BewohnerInnen oft auch als „dirty races“. Der japanische Generalstab folgte einem „Plan for Leadership of Nationalities“ grundsätzlich für ganz Asien, in folgender Rangordnung: (Ferguson 2007, 472 f.)

1. Angehörige des „Herrenvolkes“ (Japanerinnen und Japaner)
2. Angehörige „freundlicher“ Völker (Koreanerinnen und Koreaner)
3. Angehörige von „Gastvölkern“ (Han-Chinesinnen und Chinesen)

Diejenigen aus der letzten Gruppe, die sich als anti-japanische Feinde erwiesen, sollten ausgerottet werden. Und wer nicht Loyalität gegenüber Japan geschworen hatte, sollte vertrieben werden.

Die Massenmorde und Verwüstungen in Nanking Ende 1937 waren Ausdruck dieser Grundhaltung. Die Mordlust, die japanische Truppen in Nanking demonstrierten, zeigte sich auch in „sportlichen“ Wettbewerben. Japanische Offiziere versuchten einander zu übertreffen, wer zuerst 100 gefangene und daher wehrlose Chinesen enthaupten könnte. Darüber wurde mit nationalem Stolz in einer Zeitung in Tokio berichtet. (Ferguson 2007, 476)

Die Missachtung der Lebensinteressen der Angehörigen anderer asiatischer Völker zeigte sich auch in der Todesrate in japanischen Gefangenenlagern. (Ferguson 2007, 497)

Britische, australische, indische Gefangene 130.000	Tote 8.100	Todesrate 6.2
US-amerikanische Gefangene 25.000	Tote 10.650	Todesrate 41.6
Niederländische Gefangene 37.000	Tote 8.500	Todesrate 23.0
Indonesische Zwangsarbeiter 300.000	Tote 230.000	Todesrate 77.0
Undokumentierte asiatische Gefangene 300.000	Tote 60.000	Todesrate 20.0
Internierte Zivilisten 130.895	Tote 14.657	Todesrate 11.2
Gesamt 923.000	Tote 332.000	Todesrate 36.0

Auffallend war die extrem hohe Todesrate der indonesischen Zwangsarbeiter; und der asiatischen Gefangenen – z. B. philippinische Soldaten in den US-Streitkräften. Das war die Kehrseite einer Politik Japans, die sich zur Befreiung Asiens von den europäischen Kolonialmächten bekannte.

Die Propagierung des Kampfes gegen den Kolonialismus führte – der Brutalität der japanischen „Befreier“ zum Trotz – zu verschiedenen Formen von Kollaboration: In Südostasien kämpften Kollaborationsarmeen auf der Seite Japans, gegen britische Truppen: die Indian National Army (unter Subhas Chandra Bose) und die Burmesische Independence Army (unter Ba Maw und Aung San). Doch vielfach kam es zur Desillusionierung der zum gemeinsamen Kampf gegen die Kolonialherren bereiten Inder und Burmesen. Arroganz, Brutalität und rassische Vorurteile der japanischen Militärs zerstörten das Bild von asiatischer Solidarität. (Ferguson 2007, 500 f.)

Die Philippinen und Burma wurden in der Zeit der japanischen Besetzung formell unabhängig, Indonesien und Indien wurde Unabhängigkeit versprochen. Ein wesentlicher Unterschied zwischen der japanischen und der deutschen Besatzungspolitik in Osteuropa wird dadurch deutlich: Von deutscher Seite gab es zwischen 1941 und 1945 kein Versprechen, keine Planung für die Unabhängigkeit der Ukraine oder auch der baltischen Staaten – oder auch nur für eine autonome Administration Polens durch polnische Behörden.

Der japanische Rassismus in den besetzten Gebieten – vor allem Chinas und Südostasiens – verhinderte keineswegs die systematische Einführung von Zwangsprostitution. Nicht-Japanerinnen wurden von den japanischen Besatzungsbehörden gezwungen, japanischen Soldaten sexuell zu Diensten zu sein. Die eheliche Fortpflanzung freilich sollte nur „rassisch reinen" Paaren vorbehalten bleiben.

Die meisten Opfer des japanischen Rassismus waren Angehörige anderer asiatischer Völker. Zwar war die Behandlung alliierter (amerikanischer, britischer) Kriegsgefangener von besonderer Brutalität, und das japanische Militär schien sich oft ein besonderes Vergnügen daraus zu machen, „weiße" Frauen (zum Beispiel niederländische Frauen aus Südostasien) als Zwangsprostituierte den Militärbordellen zuzuführen. Aber dem Anspruch, dass Japan die Vorhut der „Nicht-Weißen" gegen die Vorherrschaft der „Weißen" wäre, wurde das Verhalten der Vertreter Nippons in Asien überhaupt nicht gerecht.

Trotz der auffallenden Analogien japanischer und deutscher Eheverbote bleibt der große Unterschied: Der japanische Rassismus führte nicht zu einem Holocaust. Die als „fremd" punzierten Menschen wurden diskriminiert und ausgebeutet, aber sie wurden nicht systematisch wegen ihres Fremdseins ermordet. Der deutsche Rassismus hingegen verdichtete sich zur systematischen Ausmordung des Judentums – und der Roma und Sinti.

Ohne die geopolitische Annäherung zwischen Deutschland und Japan in den 1930er Jahren wäre der japanischen Militärdiktatur eine „Judenfrage" kaum bewusst geworden. Es fehlte Japan die Tradition von zwei Jahrtausenden des Judenhasses – eine Tradition, die aus dem europäischen Christentum kam. Doch durch die globale Ausweitung japanischer Ambitionen entdeckte Japan, dass Europa und Amerika ein Problem mit „den Juden" hatten. Und Japan reagierte darauf mit einer eigenartigen Wendung.

Es war die besonders radikale Gruppe innerhalb der Streitkräfte – die „Mandschurische Fraktion", die Pläne für eine spezifische japanische „Judenpolitik" entwarf. Dieser Fraktion war insbesondere auch die Kwantung-Armee zuzurechnen, und sie sorgte für einen besonders bizarren Akzent des japanischen Rassismus. Die „Mandschurische Fraktion" hatte Japans militärische Expansion nach Nordostchina vorangetrieben, kontrollierte die Mandschurei und war auch für den Zwischenfall im Juli 1937 verantwortlich, der zum offenen (und inzwischen endlos gewordenen) chinesisch-japanischen Krieg geführt hatte. Nach dieser geplanten „Judenpolitik" sollte Japan die Präsenz von Juden, die im Laufe der 1930er Jahre der NS-Verfolgung nach Asien (und hier speziell nach Shanghai) entkommen waren, für japanische Interessen nutzen.

Diese Überlegungen waren geprägt von naiven Stereotypien, die aber nicht von vornherein antijüdisch formuliert waren. Juden, so die Ideen dieser einflussreichen Gruppe des Militärs, seien reich und hätten besonderen Einfluss auf die Politik der USA. Die Anwesenheit von Juden im japanisch beherrschten Ostasien könnte für Japan zu einer Chance werden. Folgende Möglichkeiten wurden dabei ventiliert: (Kranzler 1996, 560–562)

- Eine Kooperation Japans mit den nach Ostasien geflohenen europäischen Juden könnte die Regierung Roosevelt (die nach der Vorstellung dieser Fraktion von Juden gelenkt wurde) zu einer nachgiebigen Politik gegenüber Japan veranlassen, freilich unter der Voraussetzung, dass die im japanischen Herrschaftsbereich lebenden Juden gut behandelt würden;
- US-amerikanische Juden könnten unter dieser Voraussetzung auch dazu gebracht werden, japanische Entwicklungsprojekte in der Mandschurei zu finanzieren;
- Das intellektuelle Potential der europäischen Juden könnte für solche Projekte genutzt werden;
- Unter Umständen könnte Japan auch eine jüdische Kolonie in der Mandschurei nicht nur zulassen, sondern sogar fördern – in Anlehnung an das jüdische Territorium „Birobidzhan" in der UdSSR.

Diese Überlegungen blieben in einem vagen Planungsstadium stecken – der Kriegsverlauf verhinderte eine Umsetzung, und vor allem machte es ab Dezember 1941 keinen Sinn mehr, die Regierung Roosevelt über ein Japan gewogenes Judentum zu einer Japan-freundlichen Politik bewegen zu wollen.

Diese einem Wunschdenken entsprechenden Phantasien, die nie zum Teil der offiziellen japanischen Politik wurden, zeigen, dass die japanischen Akteure nicht so recht verstanden, woraus der europäische Antisemitismus – und speziell der ihres deutschen Achsenpartners – eigentlich bestand. Nach dem Denkmuster: „Was haben denn die Deutschen immer mit ‚ihren' Juden? Wenn die so etwas Besonderes sind, warum sollten wir nicht ‚unsere' Juden zu unserem Vorteil einsetzen?" Die japanische Attitüde gegenüber Juden zeigt, wie fließend die Übergänge zwischen einer judenfreundlichen und einer judenfeindlichen Einstellung sein können – solange „die Juden" für eine so ganz besondere Spezies von Menschen gehalten werden.

Kranzler unterscheidet vier ihrer Intention nach nicht anti-jüdische Phasen japanischer Überlegungen: (Kranzler 1996, 562–568)

- 1931–1935: Indifferenz gegenüber Juden;
- 1936–1938: Entwicklung von Ideen in Richtung einer pro-jüdischen Politik;
- 1938–1941: Eine Politik des „guten Willens" gegenüber Juden;
- 1941–1945: Wechsel von einer freundlichen zu einer zumindest latent feindseligen Einstellung gegenüber Juden.

Die naiv judenfreundlichen Pläne der japanischen Politik erreichten nichts, sie wurden nicht umgesetzt und hätten wegen des Kriegsverlaufes auch gar nicht umgesetzt werden können. Aber auch nach dem Ende einer tendenziell positiven Einstellung zu „den Juden" nahm die japanische Politik niemals auch nur annährend die extremen Formen der Judenpolitik des deutschen Achsenpartners an. Der Holocaust blieb für Nazi-Deutschland reserviert. Die bedeutende jüdische Gemeinde von Shanghai wurde in den Jahren japanischer Besetzung von der Besatzungsmacht schlecht, sehr schlecht behandelt – aber grundsätzlich nicht schlechter als die anderen Menschen aus Europa, die sich in den ursprünglich autonomen, den Europäern vorbehaltenen Enklaven Shanghais aufhielten.

Nach 1945 nützten manche Stimmen im innerjapanischen Diskurs den Holocaust, um Auschwitz als Chiffre zu verwenden: Könnte der systematische Judenmord als Verbrechen auf eine Ebene mit dem Massenmord in Nanking von 1937 und mit den Atombombenabwürfen von Hiroshima und Nagasaki 1945 gestellt werden, dann würden die Japan zugeschriebenen Verbrechen relativiert. (Kohno 1996, 574–578) Auschwitz war in deutscher, Hiroshima in amerikanischer und Nanking in japanischer Verantwortung. Damit könnte es gelingen, mit dem Hinweis an Japans Nicht-Beteiligung am Holocaust, Nankings negative Bedeutung herabstufen.

Die Unfähigkeit, Halt zu machen

Pearl Harbor war weniger Ausdruck einer Eroberungssucht, wie sie Mussolini und Hitler angetrieben hatten – als sie „Lebensraum" für ihre „Völker ohne Raum" kriegerisch erwerben wollten. „Lebensraum", das war zwar auch ein Motiv, das Japans Expansionskriege angetrieben hatte – die Expansion auf den asiatischen Kontinent. Aber der Angriff auf die USA und die damit verbundene Verstrickung Japans in einen Weltkrieg war nicht demographisch motiviert, um Siedlungsgebiete für das japanische Volk zu erobern. Pearl Harbor war die nachvollziehbare Notwendigkeit, die bisherige Strategie gegenüber China abzusichern. Die USA hatten durch ihre militärische und wirtschaftliche Unterstützung der Regierung Chiang Kai-Sheks in Chungking verhindert, dass Japan ganz China beherrschen konnte – durch Satrapen in Mandschukuo und in Nanking, wo Wang Jingwei, ein von Japan eingesetzter und von Japans Gnaden abhängiger chinesischer Dissident die Fiktion eines unabhängigen China aufrechtzuerhalten versuchte. (Hotta 2013, 409) Die Entscheidung, Pearl Harbor zu attackieren, war Ausdruck politischer Ratlosigkeit – die Suche nach einem Weg heraus aus einer Sackgasse, in die sich Japans Militärdiktatur selbst manövriert hatte. Der Weg sollte zu den Energiequellen Südostasiens führen – und auf diesem Weg musste das Hindernis der US-Militärmacht überwunden werden.

Dieser vermeintliche Sachzwang war Folge einer geradezu chaotischen Expansionspolitik: Der „China Incident", der Beginn des chinesisch-japanischen Krieges 1937, reflektierte einen elementaren Widerspruch im japanischen System: Die Generäle einer weit vom japanischen Kernland stationierten Armee zwangen dem Generalstab und der Regierung in Tokio eine Politik auf. Generäle der Armee hatten agiert, als wären sie „Condottieri", unabhängige Söldnerführer aus der Zeit der europäischen Renaissance, die sich nur dann an eine Befehlsstruktur hielten, wenn es ihren persönlichen Interessen entsprach.

Von Beginn des Krieges mit China an war Japan – selbstverschuldet – in einem Netz gefangen, das es daran hinderte, international anders als militärisch zu agieren. Japans Politik folgte ausschließlich militärischen Kosten-Nutzen Erwägungen. Die Diplomatie hatte abgedankt. Diplomatie diente dazu, das Bündnis mit Deutschland und Italien zu formulieren, das als Militärallianz verstanden wurde. Es blieb ein Bündnis mit äußerst begrenztem Wert und war die Konsequenz einer geopolitischen, nur militärisch umsetzbaren Phantasiewelt. Diplomatie wurde nur noch als Fassade benutzt, um die Unfähigkeit der Regierung zuzudecken, in irgendeiner Form den Krieg mit den USA noch verhindern zu können. Ausdruck der völligen Unterordnung von Politik und Diplomatie unter die militärischen Vorgaben waren die (Schein-) Verhandlungen in Washington, im November und Dezember 1941, als der spezielle Abgesandte der japanischen Regierung, Nomura Kichisaburo, mehrmals mit dem US-Außenminister Cordell Hull zusammentraf. Nomura war sich dabei nicht oder zumindest nicht voll bewusst, dass die Militärdiktatoren seines Landes die Weichen bereits in Richtung Krieg gestellt hatten – mit dem Wissen und der Zustimmung des Kaisers. (Hotta 2013, 269–278)

Das alles war die langfristige Folge eines nicht autorisierten Handelns der Kwantung-Armee. Deren faktische Meuterei im Juli 1937 war der Höhepunkt, aber auch der Anfang vom Ende einer ausschließlich militärisch definierten Expansionspolitik. Das Ende freilich ließ lange auf sich warten – und Millionen von Menschen vor allem in Nord- und Ost- und Südostasiens mussten dafür mit ihrem Leben bezahlen: für die politische Handlungsunfähigkeit des kaiserlichen Japan.

Wäre es vorstellbar gewesen, dass Pietro Badoglio, von Mussolinis Gnaden Marschall des Königreiches und „Herzog von Addis Abeba", Kommandierender der italienischen Truppen, die 1936 siegreich in der Hauptstadt Abessiniens einzogen, seine Machtstellung – weit weg von der Regierung in Rom – genutzt hätte, um eine eigene, quasi private Aggressionspolitik zu betreiben und beispielsweise in die Abessinien benachbarten französischen oder britischen Kolonien einzumarschieren? Natürlich nicht – ebenso undenkbar, dass die Generäle der Wehrmacht im deutsch besetzten Polen Ende September 1939 den sowjetischen Generälen in Brest-Litowsk nicht die Hand gereicht hätten, sondern weiter marschiert wären – in das der UdSSR auf Grund des Ribbentrop-Molotow-Paktes der Sowjetunion zugesprochenen Ostpolen.

In Japans Militärwelt war so etwas vorstellbar, war möglich: eine Form von militärischer Disziplinlosigkeit, eine quasi private Politik regionaler Militärkommandeure – vorbei an Generalstab und Regierung. Möglich war ein regional provozierter Krieg, der Japan scheinbar zum Sieg, in Wirklichkeit aber in eine katastrophale Niederlage führen sollte. Eine solche Disziplinlosigkeit war in den Jahrzehnten davor schon erkennbar, als (vor allem jüngere) Offiziere an Attentaten beteiligt waren, an Putschversuchen. 1932 wurde nach einer Serie von – erfolgreich durchgeführten – Mordanschlägen auch Premierminister Inukao Tsuyoshi ermordet. Sein Tod stand in Zusammenhang mit der faktischen Abkoppelung der Kwantung-Armee von der zentralen Befehlsgewalt: „Die Gewaltexzesse, welche die außer Kontrolle geratene Kwantung-Armee in einem nicht deklarierten Krieg im Norden Chinas entfesselte, wirkten in der ersten Jahreshälfte 1932 direkt auf das Mutterland zurück." (Heidinger 2021, 89)

Die Besetzung (Eroberung) der Mandschurei hatte auch ein Muster geprägt, das sich 1937 wiederholten sollte. 1931 hatte die Kwantung-Armee einen Zwischenfall („Manchurian Incident") inszeniert, einen Krieg gegen das zersplitterte China begonnen und eine große Region im nordöstlichen China besetzt. Damit hatte die Kwantung-Armee die Regierung in Tokio vor vollendete Tatsachen gestellt. Die aber sah keinen anderen Ausweg als auf diese faktische Meuterei damit zu antworten, dass sie aus der Mandschurei einen Satellitenstaat machte – Mandschukuo; ein Kaiserreich, das zunächst von niemandem außer von Japan anerkannt und de facto von einer japanischen Armee regiert wurde, über die auch die Regierung in Tokio kaum Autorität besaß. (Hotta 2013, 44–47) Die Meuterei der Armee war von einer hilflosen Regierung hingenommen worden.

Attentate hatte es in der Weimarer Republik auch gegeben, oft bejubelt von der NSDAP in deren Kampfzeit. Das waren Attentate einer anderen Art: nicht durchgeführt von aktiven Offizieren, die sich auf eine besondere Ehre berufen hätten, wenn sie Vorgesetzte ermordeten; auch nicht Attentate, die einfach als eine Art Ehrendelikt hingenommen wurden. Eine Meuterei einer ganzen Armee und die hilflose Reaktion der Regierung – das wäre im faschistischen Italien und im nationalsozialistischen Deutschland aber vollkommen unvorstellbar gewesen. In Italien wandte sich die Faschistische Partei (die Mehrheit des Faschistischen Rates) und der König gegen Mussolini. Der Sturz Mussolinis war ein Staatsstreich – und keine Meuterei. Und der 20. Juli in Deutschland war ein missglücktes Attentat, geplant und durchgeführt von Offizieren, aber keine Meuterei im Stile der Kwantung-Armee.

Der „China Incident", der 1937 mit einer Provokation am Rande Pekings begonnene Krieg, erinnert in seiner Entstehung nicht an einen europäischen Faschismus, sondern an den „War Lordismus", der in der ersten Hälfte des 20. Jahrhunderts in China große Bedeutung hatte: Lokale Kriegsherren, denen es weitgehend egal war, wer über ihnen Regierungsmacht beanspruchte. Freilich: Japan 1937 war nicht China vor oder nach 1930: Japan war eine jederzeit einsatzbereite Militärmaschine, die auch auf politisch nicht geplante Herausforderungen in der Form reagieren konnte, die ihr anerzogen war: mit kriegerischer Aggressivität. Ein Bremsmechanismus war in dieser Maschine nicht vorgesehen.

War die Tradition militärischer Disziplinlosigkeit unvollendeter Faschismus, oder ein vormoderner Faschismus, oder einfach überhaupt kein Faschismus? Von den obersten Kommandozentralen nicht gewünscht, jedenfalls nicht angeordnet, führte 1937 die Eigenmächtigkeit einer unkontrollierten Armee Japan in eine Spirale, aus der das Kaiserreich keinen Ausweg mehr finden konnte. Der „Zwischenfall" genannte Kriegsbeginn von 1937 war seinem Wesen nach alles andere als das Produkt eines Faschismus. Die Unfähigkeit aber, aus der von diesem „Zwischenfall" ausgelösten Entwicklungsdynamik wieder auszusteigen – das war Faschismus; das hatte mit den faschistischen Mächten Europas etwas Entscheidendes gemein: das Selbstzerstörungs-Gen.

Die Unfähigkeit, zu kapitulieren

Im Mai 1945 unterzeichneten in Reims und in Berlin-Karlshorst die Spitzen der Wehrmacht die Dokumente der bedingungslosen Kapitulation – nach einem Krieg, der nach dem „Willen" eines Zivilisten entstanden war. In der Bucht von Tokio unterzeichnete am 1. September 1945 ein Zivilist die Kapitulation – nach einem Krieg, der von Militärs gewollt und auch politisch geführt worden war. In beiden Fällen war Kapitulation die Konsequenz einer so eindeutigen Niederlage, dass diese nicht mehr durch Legendenbildungen wie „Im Felde unbesiegt" verfälscht werden konnte; nicht vom Mythos eines von hinten erdolchten deutschen Heeres; nicht von einer Geschichtsfälschung, von der die Weimarer Republik überschattetet worden war.

Die deutsche Niederlage 1918 wurde von den Kräften des zivilgesellschaftlichen Parlamentarismus akzeptiert: Es waren Politiker der Republik, die den „Diktatfrieden" von Versailles unterzeichnet hatten, nachdem das deutsche Kaiserreich in seiner letzten Phase schon die Züge einer Militärdiktatur angenommen hatte, in einer katastrophalen Niederlage geendet hatte.

Das faschistische Italien wurde von einem sich ständig selbst überschätzenden, launenhaften Clown regiert, der dem „Benzino Napoloni" nicht ganz unähnlich war, der in Charlie Chaplins „Großen Diktator" auftrat. Ein im Zivilleben erfolgloser Sektierer mit autistischen Zügen regierte das nationalsozialistische Deutschland. 1943 kapitulierte die neue, vom König eingesetzte italienische Regierung – aber davor hatte der Duce weichen müssen. Und das, was auf den Trümmern des zerstörten Deutschland noch als deutsche Führung gelten konnte, kapitulierte im Mai 1945 – bedingungslos. Aber wer regierte Japan? Wer war die letzte Autorität? Wer entschied über Krieg und Frieden? Wer konnte, sollte, musste die Niederlage eingestehen – in dem Krieg, den Japan begonnen und bis zum schrecklichen Ende geführt hatte? Wer war in der Lage, das Scheitern einzugestehen?

Dass diese Frage nicht so einfach zu beantworten ist, zeigt auf einen der wesentlichen Unterschiede zwischen dem faschistischen Italien und dem nationalsozialistischen Deutschland auf der einen und deren asiatischem Bündnispartner auf der anderen Seite. In Italien und Deutschland hatte Mussolini entschieden – allein, geradezu nach Lust und Laune: 1935, um Abessinien zu überfallen; 1940, um sein Stück von Deutschlands Siegespreis zu erhalten; und dann, unzufrieden mit seiner zunehmenden Zweitrangigkeit, in Griechenland einzumarschieren. 1941 freilich war Mussolini schon Gefangener seines deutschen Partners, da zählte seine Beteiligung am Vernichtungskrieg gegen die UdSSR und seine Kriegserklärung an die USA kaum noch. Und er konnte auch nicht aussteigen aus dem Krieg, der im Sommer 1943 schon auf italienischem Gebiet stattfand. Um kapitulieren zu können, musste Italien den Duce loswerden.

Loswerden konnte Deutschland seinen Führer nicht – mangels einer Reservemacht, und weil die Bombe am 20. Juli 1944 im falschen Raum und am falschen Platz platziert war. Deutschland musste zu existieren aufhören: Die Militärs, die am 8. und 9. Mai die bedingungslose Kapitulation unterzeichneten, agierten im Namen eines Deutschland, das es buchstäblich nicht mehr gab.

Auch in Spanien war nach dem Ende des Bürgerkrieges klar, wem die letzte Autorität zukam über Krieg und Frieden zu entscheiden: General Franco, der im Herbst 1940, in Hendaye, Hitler ins Leere laufen ließ, weil er abwarten wollte, wie der Krieg sich weiterentwickeln würde. Franco war voll des Misstrauens, ob Hitlers Versicherungen, der Krieg sei für Deutschland schon gewonnen, auch der Wirklichkeit entsprächen. Er zögerte – und ersparte sich die Frage, wie und wann und unter welchen Bedingungen Spanien zu kapitulieren hätte.

Doch in Japan war alles anderes. In diesem totalitären System, regiert von traditionell sozialisierten Militärs, gab es das nicht, was man nach den üblichen Vorstellungen für „typisch militärisch" halten musste. Es fehlte eine klare Kommandostruktur, mit jemandem an der Spitze, der letzte Entscheidungen trifft. Ja, es gab den Tenno, aber der traf keine Entscheidungen. Ja, es gab die regelmäßigen Konferenzen der Spitzen von Armee und Marine, aber die waren sich nur in einem einig, dass die Ehre Japans eine Kapitulation nicht zulässt: in diesem Punkt Hitler durchaus ähnlich, der bei Kriegsbeginn 1939 erklärt hatte, das Wort Kapitulation kenne er nicht. Deshalb musste er ja auch sterben, bevor Deutschland kapitulieren konnte.

Doch der Beginn des Krieges gegen China – der „China Incident" – demonstrierte die Begrenztheit der Autorität der Militärdiktatoren. Der Krieg gegen China, der eigentlich alles Weitere auslöste, was Japan ins Verderben führte, war nicht in Tokio beschlossen worden. Eine japanische Armee (die Kwantung-Armee), die sich in der Mandschurei breitgemacht hatte, provozierte 1937 den Zwischenfall auf der Marco-Polo-Brücke, der den Krieg auslöste. Der war weder von der japanischen Regierung, noch von den obersten Spitzen von Armee und Marine beschlossen worden; der Krieg wurde auch nicht offiziell erklärt. Er fand einfach statt – weil eine regionale Armee es so mochte. Und der Tenno sah zu. Er war offenbar nicht von der Richtigkeit der Entwicklung überzeugt, aber er tat nichts. Die Generalstäbe des Heeres und der Flotte akzeptierten, was eigentlich eine Meuterei war – eine ihnen unterstellte Armee hatte sich über die Befehlsstruktur hinweggesetzt.

Dieses Bild einer militärischen Anarchie hilft auch verstehen, warum im Sommer 1945 in Japan nicht nur ein Chaos herrschte, in dem die von den ständigen Flächenbombardements und von großen Versorgungsnöten betroffene Zivilgesellschaft versank, sondern auch Handlungsunfähigkeit die oberste Kommandozentrale lähmte. Niemand konnte behaupten, der Krieg könnte noch gewonnen werden; niemand wusste aber, wie dieser schon verlorene Krieg beendet werden könnte – außer durch die Annahme der Bedingungen der Alliierten, durch eine bedingungslose Kapitulation. Für diesen einzigen Ausweg wagte aber niemand die Verantwortung zu übernehmen. Die Verantwortlichen in der Regierung jagten Hirngespinsten nach – wie etwa der Vorstellung, die UdSSR, die noch nicht in den Krieg gegen Japan eingetreten war, könnte „vermitteln". Alle, die noch klar sehen konnten, mussten wissen, dass die Sowjetunion nicht an einer Vermittlung interessiert war, sondern an einem Teil der Beute – in der Mandschurei, in Korea, auf den Kurilen.

Hilflosigkeit im Untergang, das bestimmte das Handeln Tokios im August 1945 – eine Hilflosigkeit, die Schuschnigg im März 1938 zur Kapitulation gezwungen hatte. Aber Schuschnigg handelte, er kapitulierte. Wer sollte in Tokio, im Namen Japans kapitulieren – in einem Land, das 1945 in eine noch viel größere Katastrophe versunken war, als Österreich 1938? Schuschnigg hatte genügend Autorität, um zu kapitulieren. Mussolini musste staatsstreichartig gestürzt werden, damit Italien den Ausweg der bedingungslosen Kapitulation beschreiten konnte. Hitler musste sterben, damit die Kapitulation quasi automatisch möglich war. Aber in Tokio gab es 1945 kein Äquivalent zu Schuschnigg und auch keines zu Mussolini, den man absetzen konnte, um den Weg zur Kapitulation freizumachen; und auch kein Äquivalent zu Hitler, der endlich etwas Positives für Deutschland tun konnte – sich selbst zu töten.

Hirohito – die Ambivalenz der Reservemacht

Bei einer genauen Betrachtung der Ereignisse zwischen 1937 bis 1945 entzieht sich die Rolle des Kaisers einer eindeutigen Bewertung. In vieler Hinsicht scheint er verzichtbar gewesen zu sein – nicht unbedingt abwesend wie der österreichische Bundespräsident, dem bei allen Weichenstellungen zwischen 1933 und 1938 keine erkennbare Bedeutung zukam; und auch nicht wie Paul von Hindenburg, der Hitler zur Macht verhalf und dann diesem den Gefallen tat, im richtigen Moment zu sterben. Am ehesten findet sich eine gewisse Analogie zu Vittorio Emanuele III. Der erinnerte sich (besser: er wurde daran erinnert) an seine brachliegende Macht – gerade als die Alliierten sich anschickten, von Sizilien auf das italienische Festland überzusetzen. Plötzlich, aber aus nachvollziehbaren Gründen, wurde der italienische König von einem Nebendarsteller, der mehr als zwei Jahrzehnte wie Mussolinis gehorsamer Diener gehandelt hatte, zum entscheidenden Akteur der Verschwörung gegen Mussolini.

Der italienische König hatte Mussolini zum Regierungschef bestellt und dann zugesehen, wie dieser die Verfassung des Königreiches aushebelte und das Land in Kriegsabenteuer stürzte. Hirohito hatte die faktische Zerstörung der Meiji-Verfassung durch die militärische Elite hingenommen; hatte, ohne einzugreifen, der Beseitigung politischer Grundrechte zugesehen. Aber anders als der italienische König war der japanische Kaiser in alle zentralen Entscheidungen, die zum Krieg gegen China und dann zur Attacke auf Pearl Harbor führten, direkt eingebunden – ebenso auch in die Aufhebung der Meinungs- und Pressefreiheit und das Verbot politischer Parteien. Dass er das alles mitgetragen hatte, kann durch die Tatsache, dass er die bereits im Vorfeld von den Generälen und Admirälen getroffenen Entscheidungen nur abnickte, erklärt – aber nicht entschuldigt werden. Zu dieser Passivität hätte ihn niemand zwingen können. Die Hinnahme der Diktate der Militärs war in Hirohitos Verantwortung.

Das wiegt umso schwerer, als Hirohito immer wieder vor den Entscheidungen zum Krieg Bedenken anmeldete und kritische Fragen stellte. Im August 1941, als in einer Konferenz entschieden werden sollte, ob der Diplomatie noch eine Chance zur Vermeidung des Krieges im Pazifik gegeben werden sollte, beantwortete der Tenno Fragen mit einer lyrischen Ausführung, die beliebig interpretierbar war – sowohl als Opposition zu der zum Krieg entschlossenen Mehrheit der Militär- und Regierungsführung, als auch als deren Unterstützung. Davor hatte der Kaiser Admiral Nagano Osami, dem Chef des Generalstabs der Marine, die Frage gestellt, ob Japan einen Krieg gegen die USA gewinnen würde. Naganos Antwort war ausweichend – alles hinge von der göttlichen Macht ab. (Hotta 2013, 175 f.) Hirohito begriff das durchaus als ein Warn-, ja als ein Alarmsignal; aber nicht als ein Signal an sich selbst, zum Handeln als letztlich Verantwortlicher.

Wenige Tage bevor japanische Sturzkampfbomber, von Flugzeugträgern startend, einen Teil der US-Flotte in Pearl Habor in Schutt und Asche legten, formulierte Hirohito im Gespräch mit seinem jüngeren Bruder seine Skepsis gegenüber dem Krieg: Die japanische Flotte sollte eigentlich den Krieg vermeiden, denn eine Niederlage Japans sei zu fürchten. Des Kaisers Bruder Takamatsu Nobuhito forderte darauf Hirohito zum Handeln auf. Doch dieser zögerte nicht einmal, sondern erklärte, es sei ihm unmöglich, die bereits getroffenen Entscheidungen für den Angriff durch ein kaiserliches Veto zu widerrufen. Ein solches Veto würde zum Rücktritt von Premierminister Tojo führen, dann sei ein Militärputsch unvermeidlich – und es würde erst recht zum Krieg kommen. (Hotta 2013, 276 f.) Aber wozu war ein solcher Kaiser dann überhaupt vorhanden?

Aller Mystik der kaiserlichen Macht zum Trotz (oder wegen dieser Mystik?) zeigte sich der Kaiser in den entscheidenden Stunden seiner Herrschaft als politischer Schwächling. Wer aber saß dann im Zentrum der japanischen Kriegsmacht, wer hatte wirklich die Verantwortung – wenn es nicht der Kaiser war? Wenn sich die Regierung und die Militärführung auf die vom Kaiser mitgetragenen Beschlüsse berufen konnten – aber der Kaiser dafür keine Verantwortung übernehmen wollte? Die Beantwortung der Schuldfrage wäre auch dem Internationalen Kriegsverbrechertribunal nicht leicht gefallen, das 1947 in Tokio tagte. Davor waren aber schon – durch die Absprache zwischen den USA, vertreten durch General Douglas Mac Arthur, und den Vertretern der kaiserlichen Regierung – die Details der japanischen Kapitulation ausgehandelt worden: Den Kaiser dürfe keine Verantwortung treffen. Und deshalb wurde in Tokio die Frage nach der Schuld des Kaisers gar nicht gestellt.

Dieser Freispruch ohne gerichtliche Verhandlung war natürlich politisch motiviert. Mac Arthur hatte sich gegenüber anderen US-Akteuren durchgesetzt, die Neugestaltung japanischer Politik sollte nicht ohne, sondern mit dem Kaiser erfolgen. Dabei war sicher hilfreich, dass Hirohito das, was er 1937 beim Beginn des Krieges gegen China und 1941 bei der Entscheidung für einen Angriffskrieg im Pazifik nicht getan hatte, endlich getan hatte: Der Kaiser hatte im August 1945 gehandelt, buchstäblich in letzter Minute. Die japanische Militärführung wollte auch nach Hiroshima und Nagasaki weiterkämpfen – doch dann machte der Kaiser von der Macht Gebrauch, von der er in den Jahren davor nichts hatte wissen wollen.

Auch noch nach der Katastrophe von Hiroshima hatten sich die obersten Militärs einer Kapitulation verweigert. Die Zensur sorgte dafür, dass Informationen über den Abwurf der Atombombe und deren Folgen nicht auf nationaler Ebene bekannt wurden. Die Vorstöße der Roten Armee in der Mandschurei zeigten zwar Wirkung auf die Kriegsmoral der Armee, aber es brauchte zwei Sitzungen des Kriegskabinetts und ein für den Abend des 9. August einberufenes Treffen der „Big Six“ – der Spitzen von Armee und Marine – um eine Entscheidung über die Kapitulation herbeizuführen. Und die kam vom Kaiser. Dessen Erklärung war zwar, in der Tradition des japanischen Hofes, in einer gewundenen Sprache verfasst, aber die Schlussfolgerung war eindeutig: Japan akzeptierte die Kapitulation, wie sie die Konferenz von Potsdam gefordert hatte – unter der Voraussetzung, dass die Stellung des Kaisers davon nicht betroffen würde. Ein letzter Versuch jüngerer Generalstabsoffiziere scheiterte, die Verlautbarung dieser Entscheidung noch durch einen Putsch zu verhindern. (Hastings 2009, 504–515; Gallicchio 2020, 141–146)

Die Zukunft des Kaisers war im Kreis der Alliierten umstritten. Japanische Signale hatten klargemacht, an eine Kapitulation wäre nur zu denken, wenn die Institution des Kaisertums nicht angetastet würde. Das war im August eigentlich die letzte noch offene Frage, die bei den über neutrale Staaten (Schweden, Schweiz, zunächst auch noch die UdSSR) hergestellten Kontakten einer Kapitulation im Wege stand.

Die USA mussten wenig Rücksicht auf ihre Verbündeten nehmen – auch nicht auf die UdSSR, die ja erst wie vereinbart drei Monate nach der deutschen Kapitulation Japan den Krieg erklärt hatte. Die USA sahen sich als fast alleiniger Sieger im Krieg gegen Japan – ganz anders als im Krieg gegen Italien und vor allem gegen Deutschland. Aber innerhalb der amerikanischen Entscheidungsträger gab es keine einheitliche Linie, ob man im neuen Japan, dessen politische Ordnung ja weitgehend die USA bestimmen würden, den Kaiser akzeptieren sollte. Letztlich setzte sich eine „realistische" Richtung durch, die besonders wirkungsvoll von Mac Arthur vertreten wurde: In einer neuen Verfassung sollte die Macht des Kaisers reduziert und entmystifiziert werden, aber der Kaiser sollte bleiben; als Staatsoberhaupt in einer parlamentarischen Monarchie.

Die von den USA am Ende formulierte Lösung – die genau genommen nicht auf einer bedingungslosen Kapitulation beruhte, sondern diese eine Bedingung einschloss – hatte vor allem militärstrategische Gründe: Die Eroberungen von Iwo Jima und Okinawa hatten gezeigt, welche Opfer die Erstürmung der japanischen Hauptinseln erfordern würde – von den US-amerikanischen Truppen, aber auch von der japanischen Zivilbevölkerung. Es war, gerade auch im Rückblick, eine sinnvolle pragmatische Entscheidung, die den Tod von vermutlich Hunderttausenden verhinderte – weil Hirohito weiter Staatsoberhaupt Japans bleiben konnte, freilich entkleidet seiner mystischen Gottähnlichkeit. So konnte Japan endlich kapitulieren.

Die Kriege, die Japans Führung zu verantworten hatte, waren kausal miteinander verbunden. Der Krieg gegen China, 1937 begonnen, hatte Japan erschöpft – und es gab keine Aussicht, dass dieser sich endlos dahinziehende Krieg zu Japans Bedingungen beendet werden könnte. Das machte es – aus der Perspektive der japanischen Militärdiktatoren – unbedingt notwendig, den Krieg gegen die USA zu beginnen; denn dieser Krieg war unvermeidlich, wollte Japan zu den Energiequellen Südostasiens vorstoßen; und das war wiederum unvermeidlich, wollte Japan die eroberten Besitzstände auf dem asiatischen Festland sichern: die Hälfte von China, einschließlich der Kontrolle über Mandschukuo, und die Kolonialherrschaft über

Korea und Taiwan. Japan hatte sich in einer Logik von Sachzwängen verfangen, aus deren Gestrüpp die Generäle und Admiräle nicht mehr herausfinden konnten.

Die Verstrickung in ein mörderisches, letztlich auch selbstmörderisches Labyrinth wies durchaus Parallelen zu der Situation auf, in die sich Deutschland verfangen hatte – mit dem Angriff auf Polen und dann mit den rückblickend nur noch als wahnwitzig zu bezeichnenden Entscheidungen vom Juni und vom Dezember 1941. Auch Hitler (und in seinem Windschatten Mussolini) führte Kriege, die nicht gewinnbar waren. Aber anders als ihren europäischen Achsenpartnern war der japanischen Führung klar gewesen, wie gering die Chance war, aus diesem Dilemma wieder herauszukommen – aus dem, das mit dem Namen von Pearl Harbor verbunden ist.

Dass trotz der Erkenntnis des geradezu selbstmörderischen Risikos die Militärdiktatoren sich 1941 für einen Angriff auf die USA entschieden und einen Weg beschritten hatten, von dem sie nicht mehr abkommen konnten, das war eine Folge des totalitären Herrschaftssystems made in Japan: Die Diktatoren hatten alle „checks and balances" zerstört, die als Warnsignale rechtzeitig hätten aufleuchten können: ein Mehrparteiensystem und eine parlamentarische Öffentlichkeit – die entscheidenden Qualitätsmerkmale einer Demokratie, die sich in Japan im Zuge der Meiji Restauration von 1868, auf der Basis der Verfassung von 1889 und in der Periode der „Taisho Demokratie" ab 1912 schon zu entwickeln begonnen hatte.

Alle diese Kontroll- und Bremssysteme hatte der überbordende Nationalismus Japans ausgeschaltet. Nach den Siegen über China vor und Russland nach 1900 und der als Demütigung und Enttäuschung empfundenen Gewinne im Ersten Weltkrieg war die Einsicht in die Grenzen des Möglichen verloren gegangen. Die Militärdiktatoren hatten zwar einen klareren Blick auf die Wirklichkeit, die sie in den 1930er und 1940er Jahren umgab – anders als die von dieser Wirklichkeit bereits abgehobenen Alleinherrscher im faschistischen Italien und im nationalsozialistischen Deutschland. Aber Japans Diktatoren hatten die Brücken hinter sich bereits abgebrochen und waren zu Gefangenen ihrer selbstgeschaffenen Sachzwänge geworden.

Der Kaiser hätte sie aus dieser Selbstfesselung befreien können. Er tat es nicht – oder erst im allerletzten Moment, nachdem Japan über die Welt und die Welt über Japan eine Katastrophe nach der anderen gebracht hatte. Der Kaiser war schuldig – im Sinne einer Schuld durch Unterlassung.

Kann Hirohito mildernd angerechnet werden, dass er – in einer Art tätiger Reue – sich und ganz Japan in die Arme der USA, konkret der Militärverwaltung unter Mac Arthur geworfen hatte? Schuld und Reue – das sind metaphysische, ethische, quasi religiöse Fragen. Aber die Menschen in Japan, die am 1. September 1945 – dem Tag der Unterzeichnung der Kapitulation auf einem US-amerikanischen Kriegsschiff in der Bucht von Yokohama, vor den Toren Tokios – noch am Leben waren: Die hatten die reale Chance, das beste Japan zu erleben, das es je gegeben hatte. Ähnlich wie

Italien und Deutschland begann schon in wenigen Jahren nach der Kapitulation das Land aufzublühen – in wirtschaftlichem Wohlstand, in sozialer Sicherheit, und vor allem in politischer Freiheit. Auch Japan war Nutznießer der Kapitulation der Militärdiktatur, die Japan in die größte Katastrophe seiner Geschichte getrieben hatte.

Wenn es die zentrale Aufgabe eines konstitutionellen Monarchen ist, in entscheidenden Momenten „Nein" zu sagen, dann hat Hirohito versagt: 1937 und 1941, als er den Beginn des Krieges gegen China und gegen die USA akzeptierte. Ein solches Versagen muss aber auch den durchwegs konstitutionell eingebundenen Monarchien Europas vorgehalten werden, die 1914 zusahen, wie Europa in den Ersten Weltkrieg schlitterte. Die insgesamt negative Bilanz der Monarchien des 20. Jahrhunderts wird durch das japanische Beispiel unterstrichen. Kann diese Bilanz durch das spanische Beispiel relativiert werden? Zweifellos – denn das Agieren des spanischen Königs sicherte den gewaltfreien Übergang von einer halb- oder spätfaschistischen Diktatur in ein demokratisches System.

Aber es kommt nicht auf die Staatsform an: Ein Monarch, eine Monarchin kann die Rolle übernehmen, die zum Schutz für eine Demokratie notwendig ist, sie kann als Reservemacht „nein" sagen, wenn es um Krieg oder Frieden, wenn es um Freiheit und Demokratie geht. Diese Aufgabe einer Reservemacht kann aber ebenso verteilt werden auf eine demokratische Opposition, auf eine unabhängige Verfassungsgerichtsbarkeit, plus unabhängige Medien, die eine für den demokratischen Pluralismus zentrale Informations- und Kommunikationsfreiheit herstellen und damit für eine politisch handlungsfähige Zivilgesellschaft sorgen.

Es kommt auf die „checks and balances" an – auf die Kontrollen und Gegengewichte. Es kommt auf die Reservemacht, auf die Reservemächte an. Deren Aufgabe hat der undemokratisch eingesetzte Juan Carlos im entscheidenden Moment übernommen. Der italienische König und der japanische Kaiser haben dies auch getan – aber mit katastrophaler Verspätung.

Abb. 9 Kaiser Hirohito neben General Douglas Mac Arthur: Die Diktatur weicht der Demokratie, der Kaiser aber bleibt. © Roger Viollet/picturedesk.com

Abb. 10 Francisco Franco neben dem von ihm selbst ausgewählte Nachfolger Juan Carlos, der den Übergang von der Diktatur zur Demokratie erfolgreich bewältigen wird. © AFP/picturedesk.com

Spanien, 1939–1975: Die begrenzte Überlebensfähigkeit des Faschismus

> Don Francisco Franco became the principal enigma of twentieth-century Spain. No one better kept himself from projecting a clearly definable political image. A great deal of confusion and contradiction arose about Franco's supposed 'aims', chiefly because he had so few of them.
> (Payne 1961, 199)

Nicht nur Franco war rätselhaft – war er Faschist, oder doch nicht? Folgte er irgendeiner inhaltlich bestimmbaren Strategie – außer der, den Bürgerkrieg zu gewinnen und dann an der Macht zu bleiben? Francos Spanien insgesamt war und bleibt rätselhaft – es passt nicht so richtig in die Typologie politischer Systeme. Aber vielleicht ist es ein Typus für sich selbst: eine Diktatur, die entstand, als der Zeitgeist Diktaturen zu begünstigen schien; eine Diktatur, die weiterlebte, als sich ein neuer Zeitgeist entwickelte – und Diktaturen à la Franco hoffnungslos gestrig erscheinen mussten, von der Geschichte überholt. Andere Diktaturen dieser Art waren 1945 untergegangen, zumeist im Terror von Kriegen, die sie selbst verursacht hatten. Aber eine bestand weiter, um wie viele später kampflos unterzugehen. Nur ein Merkmal dieser Diktatur ist unbestritten ist: Franco selbst.

Spanien war – neben der Schweiz und Schweden (freilich auch: Liechtenstein, Andorra, San Marino, Monaco, der Vatikanstaat) – das einzige Land in Europa, das weder am Ersten noch am Zeiten Weltkrieg teilgenommen oder direkt von den beiden Kriegen betroffen war. Während Italien und Japan die – imaginierte – Enttäuschung zu verarbeiten hatten, dass sie für ihre Siegerrolle im Ersten Weltkrieg bei den Pariser Friedensverträgen nicht ausreichend honoriert worden wären; während Deutschland (ähnlich auch Ungarn) den Vertrag von St. Germain (beziehungsweise den von Trianon) wie eine nicht heilende ewige Wunde vor sich hertrug; während Österreich nach 1918 unter dem kriegsbedingten Zerfall des Kaiserreiches mental zu leiden hatte und nach 1945 nicht so recht wusste, wie seine Rolle in den Jahren zwischen 1938 und 1945 zugeordnet werden sollte, war Spanien vom Ersten Weltkrieg überhaupt nicht betroffen. Und das sollte auch für den Zweiten so bleiben. Spaniens Traumata waren andere.

Spanien hatte etwas Besonderes zu verarbeiten – den Abstieg von den Höhen einer Supermacht. Um 1500 konnte sich das Land als die europäische Macht Nummer eins sehen, als das Land, das die Tore zur „Neuen Welt“ weit aufgestoßen und daraus massiv Nutzen zu ziehen verstanden hatte. Aber um 1900 war Spanien – neben Portugal – zum Nachzügler der Modernisierung in Westeuropa geworden, ein Land, das die letzten Spuren seiner Weltmachtrolle im Spanisch-Amerikanischen Krieg von 1898 verloren hatte. Und 1945 war Spanien der isolierte, ja verachtete Restbestand des untergegangenen Faschismus, ein Land, das erst allmählich wieder – insbesondere durch den Transformations- und Demokratisierungsprozess, der die Tore zu NATO und EU weit aufstieß – breite internationale Akzeptanz und Anerkennung zu gewinnen vermochte. Aber ein Kriegstrauma war nicht verflogen. Die Gespenster der Vergangenheit, die nach Francos Wunsch möglichst verdrängt werden sollten, kehrten wieder: die Gespenster des Bürgerkriegs. Als nach langer und hitziger Debatte 2019 der Leichnam Francos aus der von ihm selbst geplanten monumentalen Grabstätte in ein Familiengrab verlegt wurde, schien die Zeit reif, sich dem Bürgerkrieg und dessen Folgen zu stellen – ohne die nach Francos Tod eingeleitete Demokratisierung zu gefährden.

In Deutschland wird „Vergangenheitsbewältigung" mit der Bewusstmachung von Auschwitz identifiziert. In Japan ist es die historische Verantwortung Japans für den Angriffskrieg gegen China und speziell für Massaker wie das von Nanking. Italien hatte (hat?) Probleme, sich mit der Leichtfertigkeit auseinanderzusetzen, mit der das Land vom Faschismus in die Katastrophe geführt wurde. Österreich muss sich damit befassen, wer denn 1938 Opfer und wer Täter war. In allen diesen Fällen kreisen die nationalen Traumata um Krieg und um die mit dem Krieg verbundenen Gräueltaten.

Spanien hat an einem ganz anderen, spezifischen, aber auch mit einem Krieg verbundenen Trauma zu leiden – an den bewussten oder unterbewussten Erinnerungen an einen Krieg, der für die Etablierung des Franco-Regimes entscheidend war; an den noch immer allgegenwärtigen Bürgerkrieg – und an die gesellschaftlichen und politischen Brüche, die zum Bürgerkrieg geführt hatten. Diese Brüche waren nach dem Kriegsende nicht verschwunden, sie waren durch den Krieg nur noch vertieft worden. In diesem spezifisch spanischen Trauma konnte nicht anderen Mächten eine zentrale Sündenbockrolle zugeschrieben werden – oder über eine „Wiedergutmachung" gegenüber anderen nachgedacht werden. Das Böse war für die eine Seite Spaniens die jeweils andere Seite. Das spanische Trauma zwang dazu, den Blick nach innen zu richten – und nicht nach außen.

Spanien war im 20. Jahrhundert eine von mehreren explosiven Bruchlinien durchzogene Gesellschaft. Diese Bruchlinien bestanden in Gegensätzen, die einen nationalen Konsens massiv erschwerten. Ein Blick auf zwei dieser Gegensätze hilft, die politische Instabilität vor dem Bürgerkrieg, den Bürgerkrieg selbst und auch die Jahrzehnte der Franco-Diktatur zu verstehen: Franco hatte diese Brüche vertieft, nachdem er fast zufällig an die Spitze einer Militärjunta gelangt war und den Krieg gewonnen hatte. Er versuchte die Kriegswunden nicht zu heilen, und er blieb bis zu seinem Tod der parteiische Vertreter der einen Seite, der offenbar keinen Wert auf eine Aussöhnung mit der anderen Seite legte. Die Brüche, die Franco vertiefte, statt sie zu überbrücken, waren vor allem zwei: der Bruch zwischen dem säkularen, der Aufklärung verpflichteten Spanien – und dem sich von Aufklärung und Laizismus bedroht fühlenden, auf seinen historischen Vorrechten beharrenden Katholizismus; und, zweitens, der Bruch zwischen der Vorstellung von Spanien als eines zentralistischen Einheitsstaats, der ethnisch-sprachliche Differenzen nur als Existenzgefährdung wahrzunehmen vermag, und einem Spanien, das sich der Realität seiner Vielfalt stellt und diese auch als Chance akzeptiert. Der Versuch, per Diktat einen Einheitsstaat zu verordnen – und die historischen Privilegien der Kirche zu sichern, diese langfristige Agenda bestimmte die Regierungszeit Francos. Dieser Versuch war am Ende seiner Herrschaft gescheitert.

Der offizielle Titel, unter dem die Einheitspartei Falange im Franco-Regime auftrat, war *Falange Espanola Tradicionalista.* Der letzte Teil dieser Bezeichnung entsprach der Wirklichkeit. In Francos Regime waren traditionalistische, reaktionäre, vor allem ultra-konservativ katholische Elemente viel stärker vertreten als in Mussolinis Italien – und das Traditionalistische und Reaktionäre in Hitlers Deutschland hatte überhaupt keine katholische Note. (Ferguson 2007, 232) Francos Spanien war anders – und das war auch die Folge der Vorgeschichte. Freilich: So ganz anders war das reaktionäre Spanien auch wieder nicht.

Macht aus den Gewehren

Während in Italien und in Deutschland Faschismus und Nationalsozialismus durch ein Arrangement revolutionär auftretender faschistischer Parteien mit traditionellen Eliten an die Macht kamen und in Österreich diese Eliten selbst – unter Verletzung der Verfassung – die von ihnen ja schon besetzte Regierungsmacht autoritär ausgestalteten, konnte in Spanien ein autoritäres (faschistisches?) Regime nach einer nur teilweise geglückten Militärrevolte und nach einem fast dreijährigen Bürgerkrieg die Regierungsgewalt über ganz Spanien sichern. Der spanische Faschismus (wenn es einer war) kam direkt aus den Gewehren.

In Österreich half im Februar 1934 das noch auf die Republik vereidigte Heer, den Befehlen der – offiziell noch – republikanischen Regierung gehorchend, die Voraussetzungen für die Ausrufung der Diktatur durch eben diese Regierung zu schaffen. Das Militär selbst war, anders als in Spanien mehr als zwei Jahre später, kein eigenständiger Akteur. In Japan hatte das Militär in den 1930er Jahren schleichend die faktische Regierungsmacht übernommen, innerhalb des Rituals des Kaisertums und einer zur Fassade verkommenen parlamentarischen Struktur. Das faschistische Muster der Machtübernahme – eine gewaltbereite, revolutionär auftretende, offen antidemokratische Massenbewegung, an deren Spitze ein „Führer“ steht, dem charismatische Wirkung zugeschrieben wird: Dieses Muster galt für Spanien ebenso wenig wie für Japan – und auch nicht für Österreich. Und auch nicht für Kroatien: Ante Pavelic wurde „Poglavnik“ als ein von außen, von Italien und Deutschland eingesetzter Führer einer nationalistischen, antijugoslawischen, antiserbischen, separatistischen Bewegung. Ebenso wenig galt dieses Muster für Tiso: Das slowakische faschistische Regime war das Produkt massiver Einmischungen von außen, vor allem von deutscher Seite, sowie des Ressentiments einer katholischen Reaktion, die gegen die tschechische Hegemonie in einer der Aufklärung verpflichteten, säkularen Tschechoslowakei revoltierte.

Das italienische und das deutsche Modell der Machtergreifung spielten auch in Ungarn keine Rolle. Legitimiert vom „Reichsverweser“ Miklos Horthy regierten bis 1944 verschiedene Koalitionen, im Rahmen einer weiterhin aufrechten parlamentarischen Struktur. Diese kaum demokratisch, aber auch nicht faschistisch zu nennenden Regierungen entschieden über eine die jüdische Bevölkerung diskriminierende Gesetzgebung, nahmen von Hitlers und Mussolinis Gnaden territoriale Geschenke auf Kosten der Slowakei und Rumäniens entgegen, stellten die Weichen für die Beteiligung Ungarns – des Königreiches ohne König – an den Angriffskriegen gegen Jugoslawien und die UdSSR und ermöglichten, dass 1944 die ungarische Gendarmerie in Kollaboration mit der deutschen SS Juden zum Abtransport nach Auschwitz zusammentrieb. Erst als Horthy angesichts der nahenden Roten Armee seine Allianz mit den Achsenmächten beenden wollte, wurde im Herbst 1944 die Regierung der offen faschistischen „Pfeilkreuzler“ etabliert – von den faktischen Machthabern, der Deutschen Wehrmacht und der SS, die schon im März des Jahres mit Duldung Horthys das Land besetzt hatten. (Cornelius 2011, 277–383)

Faschismus à la Mussolini und Faschismus à la Hitler begannen im Rahmen einer bestehenden demokratischen Ordnung, als ein Bündnis der Kräfte von gestern mit einer Massenbewegung, die auf begrenzte Zeit von der Reaktion in den Dienst genommen werden sollte. Dass sich diese Nutzbarkeit der faschistischen Bewegungen umkehren würde, dass Mussolini und Hitler sich die traditionellen Eliten gefügig machen konnten, das war die Blaupause faschistischen Machterwerbs. Dieses von Mussolini vor- und von Hitler nachgemachte Grundmuster hatte aber keine Prägekraft über den italienischen und deutschen Fall hinaus.

Der italienische und der deutsche Faschismus errichteten Satellitenregime, wie in der Slowakei oder in Kroatien. Mussolini und Hitler sicherten sich die Kooperation Rumäniens und Bulgariens, Mussolini und Hitler hatten die putschenden Generäle in Spanien militärisch unterstützt. Aber Franco war kein Tiso und kein Pavelic, die vollständig von der Gnade des italienischen Duce und des deutschen Führers abhingen. Franco nutzte die Hilfe Mussolinis und Hitlers, um sein eigenes Herrschaftssystem zu errichten, das er bewusst so unabhängig wie nur möglich von seinen beiden Paten halten wollte – was ihm ja auch gelang.

Die Franco-Diktatur ist nur eines von vielen Beispielen dafür, dass ein genereller Faschismusbegriff wenig Aussagekraft hat – wenn man nicht alle Regierungsformen und Regierungen in einen solchen Begriff einbezieht, die sich in irgendeiner Weise im Zweiten Weltkrieg auf die Seite der Achsenmächte stellten. Aber auch ein solcher maximaler Faschismusbegriff umfasst nicht Franco-Spanien – ebenso wenig wie das autoritäre Salazar-Regime im benachbarten Portugal.

Mussolini und Hitler hatten sich mit der Kirche arrangiert, aber sie waren ganz gewiss nicht Geschöpfe des politischen Katholizismus – eine Abgrenzung, die sicherlich nicht für Dollfuß und erst recht nicht für Tiso gemacht werden kann. Und die spanischen Generäle? Marionetten des Vatikans und der Bischöfe waren sie nicht – aber sie konnten sich von Anfang an auf die uneingeschränkte Unterstützung der Kirche verlassen. Um diese mussten sie nicht erst werben. Spanien war in vielem ganz anders.

Aber gerade deshalb ist die Beschäftigung mit Spanien wichtig – mit der Zeit zwischen 1936, dem Jahr des Militärputsches und dem Beginn des Bürgerkriegs, und 1975: Spaniens Beispiel zeigt auf, dass zahlreiche Analogien zum italienischen und auch österreichischen (Halb-) Faschismus vorhanden waren – etwa die Privilegierung der Katholischen Kirche; Analogien auch zum deutschen Nationalsozialismus (insbesondere ein militanter Antikommunismus – manifestiert in der spanischen „Blauen Division", die Franco Hitler zur Verfügung stellte, zum Krieg gegen die UdSSR). Doch all diese Ähnlichkeiten verstellen nicht die Besonderheit der spanischen Spielart des Faschismus. Diese Besonderheit war Francos Überlebens- und Wandlungsfähigkeit.

Spanien unter Franco war eine Diktatur; eine brutale, eine rachsüchtige Diktatur. Aber diese Diktatur war anpassungsfähig. Franco war nicht von Wahnvorstellungen geleitet – von einer Paranoia, die dem deutschen Faschismus ein Alleinstellungsmerkmal verschaffte; auch war Spanien nicht, wie das faschistische Italien, vom persönlichen Narzissmus einer Person bestimmt. Spanien wurde in diesen Jahrzehnten von einem kühl kalkulierenden Tyrannen regiert. Das, was ihn mit seinen Paten Mussolini und Hitler verband, war die Unterdrückung der Demokratie und deren essenziellen Grundwerten, der politischen Freiheit und der sozialen Gerechtigkeit. Das, was ihn von den beiden trennte, war seine Fähigkeit, die eigenen Grenzen zu erkennen.

Der Bürgerkrieg

Wenn in Europa – beginnend mit 1936 und in den folgenden Jahrzehnten – das Wort „Bürgerkrieg" fiel, dann war damit zumeist der spanische Bürgerkrieg gemeint. Der Krieg, der als Putschversuch eines Teiles der spanischen Streitkräfte gegen die legal an die Macht gekommene demokratische Regierung der Republik begann, teilte das Land fast drei Jahre in zwei annähernd gleich große Teile. Weltweit wurde der Krieg mit großer Emotionalität und Parteilichkeit verfolgt. Jeder der beiden

Seiten wurde Terror vorgeworfen – die einen sprachen vom „roten", die anderen vom „weißen" Terror. (Beevor 2006, 90–105)

Der spanische Bürgerkrieg wurde weltweit als Stellvertreterkrieg eingestuft. Die Aufständischen erhielten die Unterstützung Italiens und Deutschlands. Mussolini und Hitler schickten Waffen und angeblich „freiwillige" Kämpfer. Mit den Truppen der Republik kämpften ebenso angebliche „Freiwillige" aus der UdSSR. Die Beteiligung der italienischen und deutschen wie auch der sowjetischen Kämpfer bestimmte die internationale Wahrnehmung. Die öffentliche Meinung in den westlichen Demokratien stand mehrheitlich auf republikanischer Seite, weil die andere Seite von Hitler und Mussolini unterstützt wurde. Die Regierungen Frankreichs, des Vereinigten Königreiches und der USA griffen aber militärisch nicht ein. Sie versuchten durch internationale Vereinbarungen eine Nicht-Intervention abzusichern – durch Absprachen, mit denen sich alle Mächte verpflichteten, sich nicht militärisch in den Bürgerkrieg einzumischen. Diese Vereinbarungen wurden von Mussolini und Hitler wie auch von Stalin von Anfang an unterlaufen.

Der spanische Bürgerkrieg war auch eine kulturelle Herausforderung. Pablo Picassos Gemälde „Guernica" erzählte von den mörderischen Schrecknissen eines Angriffs einer Luftflotte (konkret der deutschen „Legion Condor" im Jahr 1937) auf eine Zivilbevölkerung – auf die baskische Stadt Guernica, in dem von den Republikanern kontrollierten Teil des Baskenlandes. Und die Ermordung des Dichters Garcia Lorca durch Einheiten der nationalistischen Miliz, unmittelbar nach Kriegsbeginn 1936, blieb über Jahrzehnte ein Symbol für die Kulturzerstörung einer außer Kontrolle geratenen Militärmacht.

Eine Gut-Böse-Wahrnehmung bestimmte die Sicht auf den Bürgerkrieg. Doch es waren literarische Stimmen, die von Anfang an für differenzierende Zwischentöne sorgten. Zu denen, die in den Truppen Francos nicht einfach nur die Kämpfer für die Freiheit des Christentums sehen konnten, zählte Georges Bernanos. Aus konservativ katholischem Milieu kommend, beobachtete der Franzose, wie sehr die von Francos Armee verursachten Gräuel der propagandistischen Selbstdarstellung der Kämpfer gegen den antichristlichen Bolschewismus widersprachen. In „Les Grands Cimetières sous la Lune" beschrieb Bernanos das Wüten der Franco-Milizionäre auf der Insel Mallorca.

Ähnlich differenziert war Bruce Marshall in „The Fair Bride". In diesem Roman verarbeitete der schottische Katholik auch persönliche Erfahrungen. Die Zerstörung von Klöstern, der Mord an Priestern und Nonnen machte in Marshalls 1953 erschienen Buch den tief sitzenden Hass auf Kirche und Klerus in weiten Teilen der spanischen Gesellschaft deutlich – und die damit verbundenen Gewalttaten gegen die Kirche und deren Vertreterinnen und Vertreter. Aber ebenso berichtete Marshall vom Versagen der Kirche: Eine Kirche, deren Interesse vor allem darauf gerichtet schien, Besucherinnen von Kirchen und Kathedralen „unschickliche" Bekleidung zu verbieten; eine Kirche, die gegenüber dem explosiven Gegensatz zwischen Arm und Reich blind zu sein schien; eine Kirche, die den Sieg über die Republik damit feierte, indem sie die alten Schilder des Verbots von „Unschicklichkeit“ wieder vor den Toren der Kirchen aufstellte – eine solche Kirche machte auch den militanten Antiklerikalismus der spanischen Linken verständlich.

Komplex ist Georg Orwells „Homage to Catalonia“, das 1938 erschien – nachdem Orwell sich als Freiwilliger in Spanien auf der Seite der Republik engagiert hatte. In Barcelona erlebte er 1937, wie spanische Kommunisten – unterstützt, ja angetrieben von sowjetischen Beratern – ihre Energien vor allem gegen die des „Trotzkismus“ verdächtigen Aktivisten des „POUM.“ richteten, einer kleinen kommunistischen Partei, deren Mitglieder von der Moskau-hörigen KP verstoßen worden waren. Mitten im Krieg gegen die Franco-Putschisten verfolgten Kommunisten andere Kommunisten und warfen sie in Kerker, aus denen viele nicht mehr zurückkamen. Mitten im Bürgerkrieg, einem Krieg zwischen rechts und links, fand ein Krieg zwischen Linken und Linken statt. Für Orwell wurden, auf Grund seiner spanischen (katalanischen) Erfahrungen, die Stalinisten zu Gegnern derselben Negativqualität wie die Faschisten und Falangisten.

Gemessen an der Komplexität der literarischen Verarbeitung des Bürgerkrieges bei Bernanos, Marshall und Orwell war Ernest Hemingways 1940 publizierter Roman „Whom the Bell Tolls“ von geradezu kindlicher politischer Naivität: Hemingways Spanien-Erfahrung war die des heroischen Kampfes aufrechter Antifaschisten, die der Sache willen auch bereit sind, in den Tod zu gehen. Brechts „Die Gewehre der Frau Carrar“, publiziert 1937, war als Drama von ähnlich propagandistischem Pathos geprägt: Für Brecht stand fest, wer die Heldinnen und Helden waren; und auf welcher Seite die „Bösen“ standen.

Bereit, für ihre gerechte Sache in den Tod zu gehen waren Freiwillige – und damit waren nicht die „Freiwilligen“ gemeint, die den Befehlen Mussolinis, Hitlers oder auch Stalins gehorchten. Die Internationalen Brigaden versammelten eine globalisierte Linke, die in Spanien nicht nur Franco bekämpften, sondern auch den Faschismus generell. (Beevor 2006, 176–185) Die Internationalen Brigaden waren tatsächlich so etwas wie die „Volksfront“ – das Bündnis von Sozialdemokraten, Kommunisten, Anarchisten und parteiunabhängigen Linken; ein Bündnis, das immer wieder beschworen wurde – auch von Seiten der UdSSR, in der Periode zwischen der Denunzierung der Sozialdemokratie als „Sozialfaschismus“ und dem Abschluss des Paktes zwischen Stalin und Hitler. Eine Volksfront regierte die Spanische Republik, und auch in der (Dritten) Französischen Republik gab es eine Phase, in der eine sozialdemokratisch-liberale Regierung von der Kommunistischen Partei toleriert und so indirekt mit einer parlamentarischen Mehrheit ausgestattet wurde. Aber es war gerade die Erfahrung in Spanien, zwischen 1936 und 1939, die den Graben zwischen der demokratischen Linken und den Kommunisten tiefer machte – oder, besser, sichtbarer machte, wie tief der Graben war und dies auch nicht durch antifaschistische Rhetorik überbrückt werden konnte. Es war die Erfahrung, die Linke wie Orwell und Koestler in Spanien gemacht hatten.

Freiwillige unterstützten auch – in geringerer Zahl und international auch weniger beachtet – die Seite der putschenden Generäle. Darunter waren überzeugte Faschisten und kämpferische Antikommunisten, vor allem aber Katholiken, die in der spanischen Republik Vorboten eines militanten Atheismus sahen, wie die irische Brigade des General Eoin O'Duffy. (Othen 2013, 119–138) Dem Internationalismus der Internationalen Brigaden stand eine andere Art von Internationalismus gegenüber – auch ein Hauch von international verflochtenem, mehr oder weniger faschistisch motiviertem Nationalismus.

Ein Beispiel für die ambivalente Prägekraft des Bürgerkriegs war das Damaskus-Erlebnis Artur Koestlers. Koestler, der zunächst Anhänger des radikal nationalistischen Zionismus von Lev Jabotinski war, dann ein Moskau-treuer Kommunist, reiste unter falschem Namen mitten im Bürgerkrieg im Auftrag der Komintern über das Franco-freundliche Portugal in den von den Nationalisten besetzten Teil Spaniens. Nachdem seine Tarnung aufgeflogen und er als kommunistischer Agent entlarvt war, verbrachte er 1937 mehrere Monate in Einzelhaft – zuerst in Malaga, dann in Sevilla. Er musste in diesen Monaten immer mit der Möglichkeit rechnen, in jeder der Nächte im Gefängnis erschossen zu werden – ein Schicksal, das viele von Koestlers Mitgefangenen ereilte. Nach einer britischen Intervention wurde er ausgetauscht – gegen eine Franco-Anhängerin, die in die Hände der Republikaner geraten war. Es war dieser Abschnitt seines Lebens, in der er permanent mit dem Tod rechnen musste, in der Koestler vom Kommunisten zum Anti-Kommunisten wurde – besser, zum Gegner jedes Totalitarismus.

Koestlers nüchterne Schilderung seiner Haftzeit zeigte auch, dass er nicht glaubte, in der Haft des Franco-Regimes würde mit ihm und anderen Gefangenen schlimmer, grausamer, brutaler umgegangen werden als mit Gegnern der Republik in deren Gefängnissen. In der Wahrnehmung des noch kommunistischen Aktivisten, der wegen des Privilegs der britischen Staatsangehörigkeit der Hinrichtung entkam – während spanische Kommunisten, Anarchisten, Sozialisten erschossen wurden, waren die Haftbedingungen in Francos Gefängnissen so, wie Koestler sie auch auf der anderen Seite der Front des Bürgerkriegs vermutete. (Koestler 2005, 421–442)

Seine Erfahrung in den Gefängnissen der Putschisten war offenbar von erheblichem Einfluss auf den von ihm schon 1938 begonnenen Roman „Darkness at Noon" und für seinen Bruch mit der Kommunistischen Partei. Die vielen Monate, die er in einer Einzelzelle verbrachte, hatten ihn für individuelle Grenzerfahrungen sensibel gemacht. Die Berichte über die gleichzeitig stattfindenden Schauprozesse gegen engste Mitstreiter Lenins in Moskau machten ihn – wieder in Freiheit – misstrauisch gegenüber offiziell verkündeten „Wahrheiten" jedweder Art, jedes politischen Regimes. Wie im Fall George Orwells waren Erlebnisse im spanischen Bürgerkrieg auch bei Koestler ein entscheidendes Motiv – nicht für einen politischen Ruck nach „rechts“, sondern für eine entschiedene Distanzierung von allen politischen Heilslehren, von jeder Form politischer Religion. Koestler und Orwell – für beide waren die persönlichen Erfahrungen im spanischen Bürgerkrieg ein Weckruf. Sie erweiterten ihren Antifaschismus zu einem Anti-Totalitarismus.

Der Caudillo, der kein Duce und kein Führer war

Das faschistische Italien wurde von einem sich ständig selbst überschätzenden, launenhaften Clown regiert. Ein im Zivilleben erfolgloser Bohemien mit irrationalen Wahnvorstellungen regierte das nationalsozialistische Deutschland. Ein katholisches Traditionsmilieu bestimmte zwischen 1933 und 1938 über Österreich. Eine elitäre Kaste, eine in sich geschlossene Offizierselite führte Japan in den Zweiten Weltkrieg – ein Kollektiv, das sich hinter der Mystik des Tenno versteckte. Aber wer regierte das falangistische (faschistische) Spanien?

Mussolini war von einer die Massen unterhaltenden, die Welt immer wieder in Spannung versetzenden Buntheit. Gemessen an den vielen Rollen, die der Duce beherrschte und dabei immer für Überraschung, ja für Unterhaltung sorgte, musste Franco ganz einfach extrem farblos wirken. Hitler machte aus seiner Un-Person eine zunächst sein „Volk“ auch im Positiven, schließlich nur noch im Negativen faszinierende „Persönlichkeit“ – vom „größten Feldherren aller Zeiten“ zur Negativfigur des Jahrhunderts, ja des Jahrtausends. Aber Franco – was hatte er aus sich gemacht, worin bestand sein ganz persönlicher Fußabdruck in der Geschichte – über das allgemein Bekannte hinaus, über den Diktator, dessen böse Brutalität so durchschnittlich ist wie die Brutalität Hitlers jede Durchschnittlichkeit übersteigt? Franco – der farblose Bösewicht?

Vor dem Ende des Bürgerkrieges war klar, dass im postrepublikanischen Spanien Francisco Franco im Zentrum der Macht stehen würde. Das war aber 1936 noch nicht erkennbar gewesen. Franco war einer von mehreren putschenden Offizieren, die der republikanischen Regierung den Gehorsam verweigert und den Krieg erklärt hatten. Innerhalb weniger Jahre hatte aber Franco die anderen Generäle, die mit ihm an der Spitze der Putschisten gestanden waren, zur Seite geschoben – wie Gonzalo Queipo de Llano und Emilio Mola Vidal. Franco war keineswegs von Anfang an der unbestrittene Führer der Putschisten. Aber schon in einer frühen Phase des Bürgerkrieges wurde er zur Nummer eins der Nationalisten und nach deren Sieg über die Republik zum Diktator. Anders als in Japan hatte die Militärherrschaft in Spanien ein Gesicht, und nur eines.

In seinem Auftreten erinnerte er in keiner Weise an Mussolini oder an Hitler. Er war eher klein gewachsen und neigte zur Körperfülle. Seine Sprache wurde oft mit einem orientalischen Sing-Sang verglichen. Er ließ sich zwar bald „Caudillo“ nennen, aber für die Mobilisierung der Massen fehlte ihm jede Voraussetzung.

Franco war offensichtlich ein begnadeter „Infighter" (vielleicht besser: Intrigant) – aber er war alles andere als ein Tribun.

Francos politische Fähigkeiten überraschten Adolf Hitler bei dessen Zusammentreffen mit Franco, das am 23. Oktober 1940 in Hendaye an der französisch-spanischen Grenze stattfand. In Franco hatte Hitler seinen Meister gefunden. Der Spanier verhielt sich wie ein Torero, der einen Stier immer wieder ins Leere laufen lässt. Hitler, der Franco mit großen Versprechungen für eine Allianz gegen das Vereinigte Königreich gewinnen wollte und Spanien – freilich unverbindlich und unpräzise – Gebietszuwächse in Nordafrika auf Kosten Frankreichs versprach, vor allem aber das britische Gibraltar als Beute zusagte – erhielt von Franco kein klares Ja und kein klares Nein. Nach Stunden des Gespräches, das ohne konkrete Ergebnisse endete, erklärte der entnervte Hitler im inneren Kreis: „Mit diesem Kerl ist nichts zu machen." Und wenige Tage später bezeichnete Hitler Mussolini gegenüber Franco als ein „jesuitisches Schwein". Franco, der Torero, hatte Hitler durch eine Erschöpfungstaktik erledigt. (Kershaw 2000, 330)

Der „Führer" eines anderen autoritären Systems konnte Hitlers Versuchung nicht widerstehen, so wie das Franco geschafft hatte. Miklos Horthy, der „Reichsverweser" des Königreiches Ungarn, das zwar keinen König mehr hatte, aber unter akutem Phantomschmerz litt – der in Ungarn mit dem Wort „Trianon" jederzeit abgerufen werden konnte (und kann) –, bereicherte sich an Territorien der Slowakei und Rumäniens. Hitler und Mussolini spielten 1938 und 1940 die Rolle der Oberherren über Mitteleuropa und diktierten ihren zum Befehlsempfang befohlenen Satelliten neue Grenzen. Das Ungarn Horthys profitierte – auf Kosten der (halb)faschistischen Slowakei und Rumäniens, in dem eine (faschistische?) Militärdiktatur unter Marschall Ion Antonescu den militanten Konkurrenz-Faschismus der „Eisernen Garde" und auch die „Königsdiktatur" Carol II gewaltsam ausgeschaltet hatte. Aber Franco war nicht Horthy. Franco ließ sich seine Politik nicht vorschreiben. Er war auch nicht durch Köder zu manipulieren, die ihm Hitler vorhielt. Franco bestimmte selbst seine Agenda. Nur: Worin bestand diese?

Ungarns Horthy hatte sich in die Arme des nationalsozialistischen Deutschlands geworfen, weil er sich von Hitler die Wiederkehr alter Größe erwartete. Horthy wurde dafür belohnt, durch die seinen Nachbarn abgepressten Gebietserweiterungen. Im Gegenzug beteiligte sich Ungarn 1941 am Angriffskrieg zunächst gegen Jugoslawien, dann gegen die UdSSR und erklärte auch den Westalliierten den Krieg. Im März 1944 wurde Horthy die Rechnung präsentiert – in einem der letzten offensiven Aggressionsakte Hitler-Deutschlands: Er musste die Besetzung Ungarns durch die deutsche Wehrmacht akzeptieren und so den Preis für seine Gebietsgewinne in Mitteleuropa zahlen. Den letzten, den eigentlichen, den großen Preis für das mörderische Intrigenspiel von Faschismus und Halbfaschismus hatten Hunderttausende Jüdinnen und Juden zu zahlen, die in Ungarn bis März 1944 zwar diskriminiert, nicht aber total entrechtet leben konnten. Sie wurden von der SS –

unter aktiver Mithilfe der ungarischen Gendarmerie – innerhalb weniger Monate nach Auschwitz transportiert, nur um dort ermordet zu werden. Ungarn verlor im Friedensvertrag von 1947 alle Gebiete, die es von Hitlers Gnaden 1938 und 1940 gewonnen hatte und wurde ein Satellit der Sowjetunion. Aber noch im 21. Jahrhundert löst das Wort „Trianon" in Ungarn Emotionen aus, die in Deutschland das Wort „Versailles" nicht mehr provozieren kann.

Verglichen mit dem Schicksal Ungarns und vor allem des ungarischen Judentums hatte das Spanien des General Franco ein eindeutig besseres Los gezogen. Der Opportunismus des spanischen Generals war weitblickender, war klüger als der kurzfristig orientierte Opportunismus des k.u.k. Admirals. Aber belegt der Vergleich zwischen der Persönlichkeit Francos und der Horthys irgendeine Gemeinsamkeit zwischen dem Regime, das 1940 in Spanien herrschte, mit Ungarn, dem Königreich ohne König, das unter der Autorität eines früheren Admirals der Kriegsmarine Österreich-Ungarns in die Katastrophe schlitterte? Gemeinsamkeiten, die über die Beschwörung christlich-abendländischer Rhetorik und das übliche Mindestmaß an antikommunistischen Bekenntnissen hinausgegangen wären?

Spanien freilich hatte 1940 die Katastrophe schon hinter sich, die Ungarn erst bevorstand. Als der in Hitlers Wahrnehmung „jesuitische" Franco den deutschen Kriegsherren ins Leere laufen ließ, sicherte er sich und Spanien eine relativ lange Überlebensperspektive. Die Katastrophe des Bürgerkriegs – war sie ein Äquivalent zu den Katastrophen, die mit dem Ersten Weltkrieg und dessen Folgen verbunden waren; Katastrophen, deren Folgen den italienischen und den deutschen Faschismus und – in anderer Form – auch den Halbfaschismus des Engelbert Dollfuß erklären können?

Von Franco kam keine grandiose Vision – wie etwa die „Großasiatische Wohlfahrtssphäre", die Japans Diktatoren ihren asiatischen Satelliten vormalten; kein Abendland, das von einer „arischen" Elite geführt in eine mystische Zukunft wies; kein „Imperium Romanum", dessen Grenzen irgendwo östlich des Suezkanals und an den Quellen des Nils sein sollten. Franco war zu vorsichtig – oder auch zu phantasielos, um sich auf solche Gedankenspiele einzulassen. Vor allem war er mehr als Mussolini und viel, viel mehr als Hitler an die Katholische Kirche gebunden, die eine entscheidende Definitionsmacht beanspruchen konnte – und die, weil in ihrer Struktur transnational, auch das politische Gewicht der Katholiken in den USA und in Brasilien und im spanischsprechenden Mexiko in Rechnung zu stellen hatte.

Die Perspektive eines betont katholischen Spanien, das sich deutlich von den Ideen der Aufklärung abgrenzte, das war von der Allianz mit der Kirche zu erwarten – und darauf konnte sich Franco auch einlassen. Das war ein „Vorwärts, zurück in die Vergangenheit". Das schmeckte nach Dollfuß und Schuschnigg, das war aber viel weniger mobilisierend als Nürnberger Reichsparteitage oder Eroberungskriege in Ostafrika. Aber es war auch weniger bedrohlich – für Europa, für die Welt.

Franco-Spanien hatte eigentlich nichts zu bieten als die aufgewärmten Ideen der Heiligen Allianz von 1815. Aber gerade dieser Verzicht auf den großen, weltpolitisch formulierten, ideologisch überhöhten Gestus sollte das Überleben des Franco-Regimes ermöglichen.

Franco sorgte für Stabilität – mit den repressiven Instrumenten einer Diktatur. Damit bedrohte er alle, die in Spanien für die Demokratie und die Republik zu kämpfen bereit waren; er bedrohte in seinem Land gerade auch die, die immer noch die Sonne im Osten aufgehen sahen, die Kommunisten, die von den rubinroten Sternen des Kremls geleitet waren. Aber Franco bedrohte niemanden jenseits der spanischen Grenzen: Die Französische Republik, die sich 1945 wieder etabliert hatte, war von Franco-Spanien ebenso wenig gefährdet wie Westeuropa insgesamt und die bald nach 1945 mit der „Montan-Union" beginnende Integration Europas. Und die sowjetische Kontrolle über Osteuropa, die konnte von den USA und der NATO gefährdet werden, aber doch nicht von der defensiven Diktatur in Spanien, die keine bewegende Idee ausstrahlte, die auch von keinem damit verbundenen expansiven Interesse geleitet war.

Vielleicht hätte „Opus Dei" für eine solche Ausstrahlung sorgen können – ein katholischer Orden neuen Typs, der systematisch versuchte, Nicht-Priester (also „Laien") in seinen Reihen in gesellschaftlich elitäre Positionen zu hieven: eine im Auftreten moderne, auch akademische und wirtschaftliche Eliten ansprechende Variante des Katholizismus, die in Francos Spanien – in den letzten Jahrzehnten, in denen Franco noch regierte – einiges an Bedeutung erlangt hatte. Das war ein Katholizismus, der sich freizuspielen versuchte von der Erinnerung an Inquisition und Hexenverbrennungen, an die Zeiten der mörderischen Verfolgung und Vertreibung Andersdenkender – von einer Erinnerung, die in keinem anderen Land noch so nachwirkte wie im postrepublikanischen, reaktionären, falangistischen Spanien.

Franco ließ „Opus Dei" zu, förderte es, stützte sich auf führende Vertreter dieses katholischen (Laien-) Ordens – aber letztlich blieb „Opus Dei" der Versuch, alte Inhalte zeitgeistig zu verpacken. (Crozier 1967, 427 f.) Wer sollte Franco wegen dieses von ihm geförderten Neo-Katholizismus fürchten – jenseits der Landesgrenzen? Wegen eines Neo-Katholizismus, der trotz eines modischen Anstrichs auch innerhalb der Kirche im Rahmen des Anti-Modernismus verblieb, einer Position, die mit dem Zweiten Vatikanischen Konzil innerkirchlich in den Rückzug getrieben wurde?

Aber „Opus Dei" repräsentierte auch ein Mindestmaß an innerem politischem Pluralismus. Aus den Reihen dieses Ordens kam Adolfo Suarez, der als Regierungschef – in einem nicht immer spannungsfreien Zusammenspiel mit Juan Carlos – den Übergang von der Diktatur in die Demokratie vorantreiben sollte. Der von Franco zugelassene (betriebene?) Machtzuwachs von „Opus Dei" schwächte – in der Person Suarez – nach Francos Tod die Positionen der an Reformen nicht interessierten, von Reformen bedrohten „Hardliner“ des Faschismus à la Franco.

Eine Militärdiktatur – aber was sonst?

Im Sommer 1936 hatten die putschenden Generäle eine provisorische Regierung in Burgos etabliert, die zunächst unter der Führung von General Miguel Cabanellas stand. In dem von dieser Junta beherrschten Teil Spaniens – vor allem im Süden und Westen – glichen die rasch errichteten politischen Strukturen einem traditionellen autoritären Regime: Parteien und Gewerkschaften wurden verboten, Opposition mit oft blutigen Mitteln unterdrückt. Dass sich diese Junta in den Kreis faschistischer Mächte einordnen könnte, wurde auch deutlich, als Portugal, Deutschland und Italien die Regierung von Burgos anerkannten.

Bald schon schob sich Franco in den Vordergrund dieser Regierung, die den Putsch gegen die Republik und deren Institutionen als „nationale Erhebung“ heroisiert hatte. Schon im Oktober 1936 war Franco „Generalissimus“ aller Streitkräfte, auch „Caudillo“ einer nicht klar definierten nationalen Bewegung und Staatschef eines Spaniens, das über weite Teile, aber nicht über ganz Spanien herrschte. Die urbanen Zentren Madrid, Barcelona und Valencia blieben bis 1939 in republikanischer Hand. Aber innerhalb der antirepublikanischen Führung hatte sich Franco durchgesetzt, rivalisierende Generäle wurden an den Rand gedrängt.

Kaum Schwierigkeiten hatte Franco, ältere antirepublikanische, antidemokratische Bewegungen zu domestizieren. Zu diesen zählte die offen faschistische Falange, deren Führer General José Antonio Primo de Rivera, ein Bewunderer Mussolinis, nach 1920 einige Jahre Spanien diktatorisch regiert hatte (Mann 2004, 303–306) und nach Beginn des Bürgerkrieges von den Republikanern erschossen worden war. Franco übernahm die Partei des toten de Rivera und vereinigte sie im April 1937 mit den traditionalistischen Karlisten (einer monarchistischen Splittergruppe) zu einer „neuen“ Falange. Franco hatte sich so eine Partei konstruiert, die nicht das Regime gemacht hatte, sondern von diesem gemacht worden war. (Bernecker 1984, 49–51)

Franco nützte die Falange, um eine politische Organisation zur Verfügung zu haben, die ihm einen zusätzlichen politischen Spielraum auch außerhalb der Armee ermöglichte – und nicht, weil er begeisterter Falangist gewesen wäre. Die Falange diente zur Organisation der lokalen Verwaltung und zur Erfassung bestimmter Segmente der Gesellschaft – wie der Frauen, wie der Jugend. Franco war – in allen Fragen der „Ideologie“ – ein Opportunist. Auch Francos Katholizismus war für ihn erst wichtig geworden, als er die Bedeutung der Kirche als wichtigsten Bündnispartner gegen die Republik erkannt hatte. Der Syndikalismus, den Franco zu vertreten vorgab – nachdem er seine Führungsrolle innerhalb der Generäle gesichert hatte und er sich auf seine neue Funktion als Staats- und Regierungschef konzentrieren konnte, blieb eine Worthülse, dem Korporatismus des faschistischen Italien ähnlich. Francos unternehmerfreundliche Politik war nicht das Resultat irgendeiner pro-kapitalistischen Philosophie oder eines marktwirtschaftlichen Konzepts – Franco brauchte die finanzielle Unterstützung der Oberschicht und der oberen Mittelschicht, und deshalb folgte er einer Politik der Begünstigung des Kapitals. Francos „Neues Spanien", das Resultat des Bürgerkrieges, war inhaltlich leer – jenseits der Unterdrückung von Demokratie und Grundrechten, von Sozialismus und Marxismus; ein Nicht-Programm, das sich aus der Logik des Bürgerkrieges und der Interessen der Kirche ableiten ließ.

Es war ein Spanien, das den „Idealismus" eines Rassenkampfes à la NSDAP nicht kannte. Mit Idealismus brauchte man Franco nicht zu kommen, außer man konnte ihn überzeugen, dass ein bestimmter Idealismus in einem konkreten Fall von Nutzen sein konnte. Das traf vor allem auf den restaurativen Katholizismus zu, den Franco perfekt zu instrumentalisieren verstand, wie auch der Vatikan und die Bischöfe Franco gegen Modernismus und Laizismus einzusetzen verstanden. Das „Neue Spanien" war Francos Spanien. (Payne 1961, 239–268) Wenn das Faschismus war, dann war es Faschismus ohne den Unterhaltungswert – anders als der Faschismus des sich selbst darstellenden Mussolini; dann war es ein Faschismus ohne die Paranoia Hitlers. Es war ein Faschismus, in dessen Zentrum ein Diktator stand, der einer grauen Maus glich und gewiss nicht den Diktatoren, die Charly Chaplin in „The Great Dictator" ein wenig, aber nur ein wenig überzeichnet hatte.

Franco war zwar einem theatralischen Persönlichkeitskult eher abgeneigt, aber das bedeutete nicht, dass er gegenüber den Versuchungen eines eitlen Triumphalismus immun gewesen wäre. 58 Kilometer nordwestlich von Madrid ließ der Caudillo eine gewaltige Gedenkstätte errichten („Valle des los Caidos", das Tal der Gefallenen), die von Anfang an nicht nur als Begräbnisstätte für die auf seiner Seite im Bürgerkrieg Gefallenen errichtet wurde, sondern auch als Stätte für seine eigene Beerdigung. 1975 wurde er dort auch bestattet, wie ein Pharao, wie Lenin – nur hatte Franco, anders als Lenin, seine Quasi-Pyramide selbst geplant. 2019 wurde – im Gefolge der öffentlichen Debatte über den Umgang mit den Verbrechen der Franco-Diktatur – Francos Leichnam in ein Familiengrab überführt.

Paul Preston verwendet zur Kennzeichnung der Gewalt im Spanien des 20. Jahrhunderts den Begriff „Holocaust". Preston konzentriert sich dabei auf die Jahre des Bürgerkriegs und beschreibt den Terror auf beiden Seiten. Für die Kriegsverbrechen auf beiden Seiten ist der Begriff „Holocaust" a priori unpassend. Zu einer anderen Einstufung könnte aber die Beschreibung und Analyse der Gewalt kommen, die Francos Spanien nach dem Ende des Bürgerkrieges systematisch einsetzte, um tatsächliche oder vermeintliche Gegner des Regimes zu unterdrücken. Der Terror, für den Franco stand, war ein Terror, motiviert von Rache. (Preston 2012, 471–518)

Franco war die treibende Kraft, die gegenüber den Verlierern des Bürgerkrieges vor allem von einem Motiv bestimmt wurde: Vergeltung. In Gerichtsverfahren wurden Todesurteile gefällt und auch vollstreckt. Summarische Hinrichtungen und jahrelange Gefängnisaufenthalte zeigten, dass Franco nicht an Versöhnung dachte, sondern an Rache für Vergangenes und generelle Abschreckung für die Zukunft. Franco, im Vollgefühl seines Sieges und im (noch) vorhandenen Vertrauen in die Stärke des nationalsozialistischen Deutschlands, erklärte in einer Botschaft zum Jahresende 1939, die deutschen antijüdischen Gesetze des NS-Staates müssten in der Tradition der Vertreibung der Juden aus Spanien im späten 15. Jahrhundert gesehen werden. Allerdings: Anders als in Deutschland folgten solchen Äußerungen keine systematischen Maßnahmen zur Aussonderung, Entrechtung und Verfolgung von Jüdinnen und Juden. Franco begründete auch seine antijüdischen Ausfälle mit der für den christlich-europäischen Antisemitismus des 20. Jahrhunderts üblichen „Theorie" von einer jüdisch-bolschewistischen Verschwörung, in der er auch noch die Freimaurer als Dritte im Bunde der Übeltäter mischte. (Preston, 2012, 471 f.)

Francos Spanien schloss nach der Niederlage Frankreichs, der Besetzung eines Großteils des französischen Territoriums und der sich abzeichnenden Bereitschaft von Vichy-Frankreich, mit dem deutschen Polizei- und Sicherheitsapparat zu kooperieren, seine Grenzen nicht grundsätzlich und auch nicht konsequent für jüdische Flüchtlinge, die über Spanien nach Portugal und von dort nach Amerika gelangen wollten. Der österreichische Schriftsteller Franz Werfel, als Jude an seinem Leben bedroht, konnte mit seiner Frau Alma Mahler Werfel über spanisches Territorium das rettende Portugal erreichen. (Jungk 2006, 280–282) Die spanische Polizei war in diesen und vielen anderen Fällen zwar nicht gerade hilfreich, sie tolerierte aber die Flucht und war nicht einfach der Büttel der Gestapo. Auch Heinrich Mann und andere Hitler-Gegner retteten sich über den Fluchtweg, den Franco zuließ.

Insgesamt ist der Begriff „Holocaust" wohl nicht aufrechtzuhalten, wenn man ihn so versteht, wie er zur Kennzeichnung der Politik des NS-Staates gegenüber Juden und „Zigeunern" angewendet wird. Der Terror, gerade in den Jahren zwischen dem Ende des Bürgerkrieges und dem Ende des Zweiten Weltkriegs, weist eher eine andere Analogie auf – in die Richtung der deutschen Besatzungspolitik in Osteuropa, auf die systematische Ermordung potentiell gefährlicher politischer Eliten, um jede Möglichkeit eines Widerstandes zu ersticken; freilich auch auf die aus den spezifisch spanischen Verhältnissen kommenden Gefühle von Rache und Vergeltung.

Hendaye und die Anfänge der Westorientierung: der lernfähige Faschismus

Dass Franco seinen Sieg im Bürgerkrieg der Unterstützung Hitlers und Mussolinis verdankte, war ihm klar – und das war auch Hitler klar. Deswegen glaubte der deutsche Diktator, in dem im September 1939 begonnenen Krieg auf Francos Unterstützung zählen zu können: Sie hatten gemeinsame Feinde – die „dekadente" Demokratie und den „Bolschewismus". Den Krieg gegen Moskau hatte Hitler auf die Warteliste gesetzt, obwohl schon nach dem Sieg über Frankreich und der sich abzeichnenden anhaltenden Widerständigkeit des Vereinigten Königreiches Hitler den Angriff auf die Sowjetunion vorzubereiten begann.

Hitler wäre die aktive Unterstützung Spaniens hoch willkommen gewesen – vor allem wegen Gibraltar, das – im britischen Besitz – den westlichen Zugang zum Mittelmeer kontrollierte. Der britische Stützpunkt auf der Südspitze der iberischen Halbinsel war Spanien schon immer ein Dorn im Auge gewesen. Was also, so Hitlers Überlegung, wäre logischer, wenn Spanien mit Unterstützung deutscher Spezialtruppen und der neuesten deutschen Militärtechnologie Gibraltar einfach in Besitz nimmt? Und was könnte dagegen sprechen, wenn sich bei dieser Gelegenheit Spanien auch gleich dem Dreimächtebündnis anschließt, der „Achse"?

Als Hitler im Oktober 1940 mit Franco an der spanisch-französischen Grenze am Bahnhof von Hendaye zusammentraf, hatte der Führer noch einige andere Lockangebote für den Caudillo im Gepäck: Hätte Spanien nicht Lust auf französische Territorien in Nordafrika? Frankreich war ja besiegt und könnte kaum verhindern, wenn Deutschland als Brautgabe für das neue deutsch-spanische Bündnis auch Geschenke aus dem Besitz Frankreichs in die neue Verbindung einbrächte.

Franco wusste freilich, dass auf französische Besitzungen (vor allem auf Tunis) auch Mussolini hoffte; und dass Hitler zögern könnte, die Hoffnung auf eine aktive Kooperation mit Vichy-Frankreich so ohne weiteres einer Kooperation mit Spanien zu opfern. Alle diese Lockangebote waren in Francos Augen heiße Luft – mit Ausnahme Gibraltars. Ein Angriff auf die britische Festung wäre militärisch wohl machbar und hätte keinen von Hitlers Bündnispartnern verärgern können. Aber das hätte bedeutet, dass Spanien in einen Krieg hineingezogen würde, der nur in Hitlers Wortschwall schon entschieden war. Einen Krieg von nicht absehbarer Dauer, der auch Verwicklungen mit dem indirekt bereits hinter Churchill stehenden Amerika des Franklin D. Roosevelt bedeuten würde – auf ein solches Risiko wollte sich Franco nicht einlassen. Seine Priorität war die Absicherung seines Sieges im Bürgerkrieg: durch die Ausschaltung vorhandener Widerstandszellen im Inneren und den wirtschaftlichen Aufbau seines von drei Jahren Krieg verwüsteten Landes.

Am 8. Dezember ließ Franco Hitler mitteilen, Spanien könne nicht zu dem von den Deutschen gewünschten Termin in den Krieg eintreten. (Ullrich 2018, 158 f., 170) Hitler war als Diplomat gescheitert, Franco hatte auf dieser Ebene gesiegt. Spanien blieb auf sich konzentriert, Franco konnte die Repressionspolitik im Inneren ungestört von internationalen Herausforderungen fortführen.

Francos Entscheidung, sich nicht auf die deutschen Pläne einer militärischen Besetzung Gibraltars einzulassen und damit so kurz nach dem Ende des Bürgerkrieges in einen neuen, ganz anderen Krieg einzutreten, war einer der beiden (vermutlich der beiden einzigen) positiven Aspekte seiner Karriere als Caudillo: Das Mittelmeer blieb unter der Hegemonie der britischen Seestreitkräfte, der Nachschub der Achsenmächte auf den nordafrikanischen Kriegsschauplatz blieb eine der Schwachstellen der deutsch-italienischen Kriegsführung, und die Landung der Alliierten in Nordafrika, im November 1942, wurde so wesentlich erleichtert. Franco hatte so einen nicht unerheblichen Beitrag zum Sieg der Alliierten geleistet – natürlich nicht aus Sympathie für deren Kriegsziele, sondern aus Eigeninteresse.

Dass dieser Beitrag keinesfalls Francos Intention entsprach und auch nicht verschiedene gerade auch militärische Sympathiebeweise für das nationalsozialistische Deutschland und das faschistische Italien verhinderte, zeigte sich in den kommenden Jahren: Eine spanische Freiwilligen-Division (die „blaue Division") beteiligte sich am Angriff auf die Sowjetunion. Franco unterstrich damit, dass Spanien zwar im Krieg der Achsenmächte gegen die Westalliierten, nicht aber im Krieg gegen die UdSSR neutral bleiben wollte. Aber auch Spaniens Neutralität im Krieg im Westen war eine halbherzige: Spanische Häfen waren Anlaufstellen für deutsche und italienische Kriegsschiffe, vor allem für U-Boote, die in Spanien betankt und verproviantiert wurden – was dem Neutralitätsstatus Spaniens widersprach.

1940 trat Samuel Hoare sein Amt als Gesandter des Vereinigten Königreiches in Madrid an. Hoare war in den Jahren davor Außen- und auch Verteidigungsminister gewesen. Seine Unterstützung der Beschwichtigungspolitik Chamberlains und Halifax' hatte ihn nach dem Regierungsantritt Churchills politisch an den Rand gedrängt. Er gehörte nicht mehr dem engeren Kreis der Führung seiner Partei (der Konservativen) und seines Landes an. Doch Churchill hatte für Hoare eine besondere Verwendung: Als ein prominenter Vertreter der früheren Politik der Nachgiebigkeit gegenüber Hitler und Mussolini konnte Hoare in Madrid auf ein freundliches Entgegenkommen hoffen – und seine Prominenz unterstrich, dass die Regierung Churchill den Beziehungen zu Spanien große Bedeutung gab.

Hoare war kein Freund der Politik Churchills einer unbedingten Härte gegenüber Hitler und Mussolini. Aber er war als Botschafter seiner Regierung gegenüber selbstverständlich loyal – wie Halifax, der als „Arch Appeaser" von Churchill als Botschafter nach Washington geschickt (abgeschoben?) wurde. Hoare veröffentliche nach seinem Rückzug aus der Politik umfangreiche Erinnerungen über die vier Jahre, die er als britischer Vertreter in Madrid verbracht hatte – Erinnerungen, die Auskunft über Francos Schaukelpolitik geben. (Hoare 1946)

Hoare erinnerte in seinen Memoiren an die vielen Auseinandersetzungen, die er mit spanischen Behörden zu führen hatte – etwa im Zusammenhang mit alliierten

Soldaten, die aus deutscher Kriegsgefangenschaft aus Frankreich nach Spanien entkommen waren und deren Freilassung aus spanischer Haft die britische Vertretung immer wieder mühsam durchsetzen musste, mit Berufung auf das Völkerrecht. Hoare hatte jeden Grund, in diesen und anderen Fällen hinter jeder Geste spanischer Unfreundlichkeit einen direkten deutschen Einfluss zu vermuten. Er war auch mit der deutschen Abwehr konfrontiert, deren Spionagetätigkeit auf spanischem Boden offenbar von der spanischen Regierung wohlwollend geduldet wurde. Hoare kümmerte sich auch um die Zustände im Lager Miranda del Ebro, in dem die spanische Polizei Flüchtlinge unterbrachte, die über die Pyrenäen-Grenze dem deutschen Zugriff im besetzten Frankreich entkommen waren. Der britische Gesandte nahm für sich in Anspruch, in vielen Fällen verhindert zu haben, dass politische Flüchtlinge von der spanischen Polizei zurück über die Grenze und damit in die Hände der Gestapo geschickt wurden. (Hoare 1946, 380–399)

Francos Schaukelpolitik machte sich bezahlt: Trotz der „Blauen Division", die an der Seite der deutschen Armeen an der Ostfront kämpfte, gelang es Franco, gegenüber dem Vereinigten Königreich und den USA die diplomatischen Verbindungen aufrechtzuhalten. Das sollte 1945 eine wesentliche Voraussetzung für das Überleben des Regimes sein: Spanien konnte so mit einiger (wenn auch eingeschränkter) Glaubwürdigkeit den Status der Neutralität beanspruchen – wie das mit freilich größerer Berechtigung auch auf die Schweiz, Schweden, Irland und Portugal zutraf. So war es Franco erlaubt, politisch zu überleben. Spaniens Verhältnis zu den westlichen Demokratien war zerrüttet, aber es war nicht vollkommen zerstört. Und das konnte Franco nun nutzen – zum Aufbau einer allmählich wachsenden Gemeinsamkeit im Schatten des Kalten Krieges.

1945: Der opportunistische Faschismus

1945 war Franco-Spanien der Paria der westlichen Welt, und für die UdSSR blieb Franco bis zuletzt eine Unperson. Portugal, das zur Zeit des Bürgerkrieges Franco zumindest indirekt unterstützt hatte – die portugiesisch-spanische Grenze war lange Zeit hindurch die einzige spanische Landgrenze, die Francos Truppen kontrollierten –, war 1945 weniger isoliert als Spanien, obwohl Salazars „Estado Novo" mit ähnlicher Begründung faschistisch genannt werden konnte wie Spaniens Syndikalismus. Aber Portugal hatte keinen Bürgerkrieg mit den damit verbundenen Schrecknissen hinter sich, und vor allem war Portugal schon zu einer Zeit den westlichen Alliierten nützlich gewesen – etwa durch die Überlassung der Azoren für den transatlantischen Flugverkehr, als in spanischen Häfen noch deutsche U-Boote gewartet wurden.

Franco reagierte ab 1945 mit vorsichtiger Elastizität auf die Isolierung seines Landes. Er änderte nichts am diktatorischen Charakter des Regierungssystems, aber der repressive Terror des Polizeistaates ließ allmählich nach. Stanley Payne sieht den Hauptgrund dafür bei der Opposition: Als 1945 klar war, dass die westlichen Alliierten ihren militärischen Sieg nicht dazu nutzen würden, Francos Regime mit militärischer Macht von außen zu stürzen, verlor sich die Hoffnung auf einen raschen politischen Wandel in Spanien. Die politische Mitte – vor allem Liberale – die bis 1939 an der Republik festgehalten und die brutale Unterdrückung der Jahre unmittelbar nach Francos Sieg überlebt hatte, begann sich zu adaptieren. Und Franco versuchte auch, sich ein neues Erscheinungsbild zu geben: Im Juli 1945 verkündete Franco ein Gesetz über die Grundrechte, die den Bürgerinnen und Bürgern Schutz vor polizeilicher Willkür versprachen. Auch wenn diese und andere Reformen wenig unmittelbare Wirkung zeigten – Franco wollte ja seinem Regime ein neues Kleid geben, aber es nicht substanziell ändern –, wurde deutlich, dass die spanische Diktatur bereit war, sich an ein Minimum westlicher Standards anzupassen. (Payne 1961, 239–267)

Die Rolle der Falange wurde so definiert, dass sie nicht mehr auf den ersten Blick an die Faschistische Partei Italiens oder an die NSDAP erinnern würde. Die Falange sei, so Franco, keine staatliche Einheitspartei, sondern ein „Instrument der nationalen Einigung". (Payne 1961, 240) Das politische Gewicht der Falange wurde erkennbar geringer – es war klar, dass die Nützlichkeit der Partei Primo de Riveras im Abnehmen war.

Franco hatte nun anderes zu tun, um sein System am Leben zu erhalten. Die große Chance bot ihm der Kalte Krieg. Die USA, das Vereinigte Königreich und Frankreich neigten bald nach 1945 dazu, den Kampf gegen Nationalsozialismus, Faschismus und japanischen Militarismus als „gewonnen" abzuhaken. In den Mittelpunkt rückte der Konflikt mit der UdSSR. Die schon bald erkennbare Unmöglichkeit, sich mit der Sowjetunion über die Neuordnung Europas zu verständigen, und der Korea-Krieg hatten die weltpolitischen Perspektiven verschoben. Spaniens geographischer Lage kam eine entscheidende Bedeutung zu – anders als die Staaten Mittel-Osteuropas war das Land nicht Teil des geopolitischen Raumes, den die UdSSR als ihren Einflussbereich beanspruchte und dies auch mit militärischen Mitteln durchzusetzen vermochte. Spanien grenzte an Frankreich, einen der Gründungsstaaten der NATO, und an Portugal, dass trotz seines nicht-demokratischen (faschistischen?) Herrschaftssystems bald in der NATO willkommen war.

Willkommen in den sich verfestigenden multinationalen Netzwerken des Westens war Franco-Spanien nicht – nicht in der NATO, und erst recht nicht im europäischen Integrationsprozess. Dazu war die Erinnerung an die Schrecknisse des Bürgerkrieges und die Brutalitäten von Francos Militär und Polizei noch viel zu frisch. Aber Franco konnte sich nützlich machen – vor allem gegenüber den USA, in den Jahren der Präsidentschaft Dwight D. Eisenhowers. Die republikanische Administration, die nach zwei Jahrzehnten demokratischer Hegemonie an die Regierung gekommen war, stand ja nicht in der Tradition antifaschistischer Rhetorik, die Roosevelt und auch noch Truman mitgetragen hatten. Zwar hatte die Truman-Präsidentschaft erheblichen Anteil an der antikommunistischen Ausrichtung der USA, die in Washington tonangebend geworden war – aber die Republikaner konnten die neue Rhetorik, die an die Stelle der antifaschistischen getreten war und die auch einer strategischen Neuorientierung entsprach, voll ausspielen: die Rhetorik des Antikommunismus. Wenn es aber auf die Gegnerschaft zum Kommunismus ankam, konnte Franco von niemandem übertroffen werden.

Die 1951 begonnenen Verhandlungen zwischen den USA und Spanien mündeten 1953 in ein bilaterales Abkommen über militärische Stützpunkte, deren Verwendung Spanien den USA zusagte. Es handelte sich vor allem um Marinestützpunkte, aber auch Nutzungsrechte für die U.S. Air Force sowie Radarstationen und Nachschubdepots. Franco war damit ein wichtiger Schritt geglückt: heraus aus seiner weltpolitischen Isolierung, weg von seinem Paria-Status. Es war ihm gelungen, Spanien – wieder – nützlich zu machen. Das Stützpunkteabkommen war zwar nicht gleichbedeutend mit einem NATO-Beitritt. Einem solchen hätten viele europäische Partner des Nordatlantikpaktes nicht zugestimmt – Francos antirepublikanischer Terror und die punktuelle Kooperation mit Hitler und Mussolini waren noch nicht lange genug Geschichte. Spanien war aus westlicher Sicht ein zwar nicht voll respektiertes, aber eben doch wertvolles Glied in der Abwehrkette gegen eine denkmögliche Expansion des Sowjetkommunismus. (Bernecker 1984, 100–104) Ein Beitritt zur NATO sollte freilich erst nach dem Übergang zur Demokratie möglich werden, nach Francos Tod; ebenso die Mitgliedschaft in der Europäischen Gemeinschaft.

1953 schloss Franco einen weiteren internationalen Vertrag, der freilich nicht eine mühsam erreichte Neupositionierung signalisierte, sondern nur formal bestätigte, was schon der Realität entsprach: Ein Konkordat mit dem Heiligen Stuhl, mit dem Vatikan. Darin wurden die von Franco in „Wiedergutmachung" der antikirchlichen Maßnahmen der Republik bereits gewährten Privilegien der Kirche bestätigt, der Katholizismus erhielt den Status einer Staatsreligion. Andere Religionsgemeinschaften sollten toleriert werden, ohne gleichberechtigt zu sein. Der Kirche wurde sogar ein Einspruchsrecht gegen alle Publikationen zugestanden, die der kirchlichen Lehre widersprachen. (Bernecker 1984, 104–108) Einzelne Bestimmungen dieses Konkordats wurden nach dem Beginn der Demokratisierung Spaniens durch Zusatzvereinbarungen abgeschwächt oder aufgehoben.

Das Konkordat zeigte, dass Francos Spanien der noch unter dem Einfluss Pius XII stehenden Kirche sich als Instrument zur Bekämpfung einer säkularen Zeitgeistigkeit zur Verfügung stellte – als Bollwerk gegen die abnehmende Bedeutung von Religion im privaten und damit auch im gesellschaftlichen Leben. Gegen die Privatisierung von Religion führte das spanische Staatskirchentum allerdings einen Kampf, der nicht mehr zu gewinnen war.

Diese Aussichtslosigkeit wurde auch durch eine vor allem ökonomisch motivierte Liberalisierung unterstrichen: Der Tourismus war in den letzten zwei Jahrzehnten der Franco noch verbleibenden Zeit zu einer unverzichtbaren Einnahmenquelle Spaniens geworden. Die spanische Gesellschaft wurde daher immer vertrauter mit dem Lebensstil, aber auch mit den politischen Denkweisen, die in den Demokratien Westeuropas, aber auch Nordamerikas dominierten. Spanische Universitäten wurden immer mehr von der im Westen vorherrschenden Intellektualität beeinflusst. Einem autoritären System, das sich einer Kirchlichkeit von vorgestern verschrieben hatte, kam so allmählich die gesellschaftliche Glaubwürdigkeit abhanden.

In seiner Schlussphase schien das System Franco nur noch dahinzudämmern, im Warten auf den Moment, der kommen musste: auf den Tod des Diktators. Gewalt gegen das System gab es – aber es war vor allem eine Gewalt, die aus dem Gegensatz zwischen Francos Zentralismus und den in der Republik mit hoher Autonomie ausgestatteten Regionen Kataloniens und vor allem des Baskenlandes kam. Es war der baskische Separatismus, der sich immer wieder mit tödlichen Anschlägen zu Wort meldete. Ein besonders spektakuläres Attentat glückte der ETA, der baskischen Terrororganisation, als sie im Dezember 1973 Admiral Carrero Blanco, der als Ministerpräsident de facto viele Aufgaben des greisen Franco übernommen hatte, mit einem Bombenanschlag tötete. Die Politik Francos, die darauf gerichtet war, Ansprüche der nicht spanischen Regionen mit Gewalt oder Anpassungsdruck zu ersticken, war offenkundig nicht aufgegangen.

Opposition gegen Franco gab es – aber es war weniger die republikanische und linke Opposition aus der Zeit des Bürgerkrieges, die Bedeutung hatte. Ein Teil der Führung der spanischen KP überwinterte im Moskauer Exil – wie Dolores Ibárruri und Santiago Carrillo, die in der nach 1975 wieder (oder neu) entstehenden spanischen Demokratie ihrer Partei nochmals eine nicht unbedeutende Rolle geben sollten.

Im westeuropäischen Exil war die Stimme des spanischen Liberalismus – Salvador de Madariaga; ebenso auch Repräsentanten der spanischen Sozialdemokratie. Der demokratische Sozialismus bereitete sich, unterstützt von den Parteien der demokratischen Linken Europas, auf das vor, was kommen musste – das Ende der auf die Person Francos zugeschnittenen Herrschaft. Die offenen Fragen betrafen Zeitpunkt und die Form des Überganges – und die Richtung, in die es gehen sollte. Doch diese wollte Franco noch selbst bestimmen.

Die Helden des Rückzugs

Francos Spanien war mit keiner Reservemacht konfrontiert. In Spanien gab es keinen Kaiser, der in letzter Minute den Prozess der totalen Zerstörung Japans zu stoppen vermochte. Aber Franco schuf sich einen König, nach seinem eigenen

Gutdünken und seinen eigenen Bedürfnissen. Ob diese konstruierte Reservemacht nach Francos Tod so handelte, wie es dem Willen des Caudillos entsprochen hätte, muss wohl verneint werden. Aber die vom Diktator kreierte Reservemacht erwies sich als handlungsfähig.

Spanien war Franco und Franco war Spanien. Da das Regime – wie alle faschistischen, halbfaschistischen, ja wie alle nicht demokratischen Systeme – keinen in sich schlüssigen Umgang mit der Rotation der Macht an der Spitze des Systems kannte, musste für den Tod Francos vorgesorgt werden, sollte der Übergang nicht in Ratlosigkeit und Chaos versinken.

Franco regelte seine personelle Nachfolge selbst. Was für ein Unterschied zu Mussolini und zu Hitler – die hatten nicht nur ihr Land und sich selbst in den Untergang geführt. Sie hatten auch keinen ernstzunehmenden Versuch unternommen, Einfluss auf die Zeit nach ihrem Tod zu nehmen – sieht man von Hitlers bedeutungsloser Geste ab, durch die Bestellung einer Nachfolgeregierung die Verantwortung für die unvermeidlich gewordene bedingungslose Kapitulation von sich zu schieben.

Franco entschied sich für die Wiedereinführung der Monarchie. Die Rückkehr zur Bourbonen-Monarchie sollte offenkundig das autoritäre Herrschaftssystem Francos, diesen Rest-Faschismus mit seinem christlich-abendländischen, unverbindlichen Wortgeklingel für die Zukunft festschreiben. Man kann mit Sicherheit davon ausgehen, dass Franco den Übergang zur liberalen Demokratie nicht gewollt hat. Aber was wollte er? Doch Francos Intention war bald unwichtig geworden. Sein Nachfolger, König Juan Carlos, schien zu wissen, was er wollte – und, vielleicht besser, was er für unvermeidlich hielt.

Spanien war formell seit 1947 wieder ein Königreich, aber ohne König – wie Ungarn, bis 1945. Franco wollte mit dieser Etikettierung eine begriffliche Distanz zu Hitler-Deutschland und zu Mussolinis Republik von Saló schaffen. Damit war auch ausgedrückt, dass die Kontinuität nicht von der ab 1945 unter Bedeutungsverlust leidenden Falange gesichert werden sollte. Aber Franco ließ sich Zeit, um klarzumachen, was genau mit dem Begriff Königreich gemeint sein könnte. Das Haus Bourbon, das etwa eineinhalb Jahrhunderte in Spanien regiert hatte, war vor dem Bürgerkrieg nicht in der Lage, die wachsende Instabilität spanischer Politik zu verhindern und war von der politischen Bühne abgetreten.

Im Bürgerkrieg hatte der im Exil lebende Juan de Borbón (der Sohn des letzten Königs) es vermieden, Partei zu ergreifen. Nach 1945 nahm er jedoch immer wieder Stellung, und zwar eine, die Franco nicht gefallen konnte: Juan de Borbón – der wegen seiner eher liberalen Orientierung auch in seiner Familie nicht unumstritten war – hatte Franco sogar zum Rücktritt aufgefordert. Doch 1968 verdichteten sich die Anzeichen, dass der Sohn Juan de Borbóns – der 1938 in Rom geborene Juan Carlos – von Franco als Nachfolger ausgewählt worden war. 1969 verkündete Franco vor den Cortes, dem spanischen Parlament, das unter Franco nur als Scheinparlament zu bezeichnen war, dass er Juan Carlos zu seinem Nachfolger ernennen wolle. Franco ließ den Cortes darüber abstimmen, und in einer sonst unüblichen freien Abstimmung stimmten die durchwegs Franco verpflichteten Mitglieder der Cortes für Juan Carlos als Nachfolger und zukünftigen König. (Bernecker 1984, 183–187)

Juan Carlos wurde am 22. November 1975 – zwei Tage nach Francos Tod – als König von Spanien angelobt. Der König startete sofort ein Programm der Reform von oben, dessen zentraler Inhalt die Demokratisierung des gesamten politischen Systems war. Die erste vom König bestellte Regierung unter Carlos Arias Navarro kündigte ein Referendum und freie Wahlen an. Adolfo Suárez, Minister im Kabinett Navarros, bezeichnete dieses liberale Reformprogramm als Vollendung des Werkes Francos. (Coverdale 1979, 41) Ob dies nur ein politischer Verkaufstrick war, um die Mehrheit des Scheinparlaments – in dem ja nach wie vor nur Gefolgsleute Francos saßen – zur Zustimmung zu bringen, oder ob Suárez tatsächlich glaubte, den Intentionen des toten Caudillo zu folgen, muss offenbleiben. 1976 bestellte der König Suárez als Nachfolger Navarros zum Ministerpräsidenten.

Damit war ein Team aufgestellt – der König und der Regierungschef –, das zwar nicht immer perfekt harmonierte, das aber konsequent ein Programm der Demokratisierung umsetzte. 1977 wurde ein Parlament gewählt, unter Beteiligung von Sozialisten und Kommunisten. Die Armeeführung hatte sich lange gegen die Zulassung der Kommunistischen Partei gewehrt, dann aber – wohl dem Druck des Königs und der Regierung folgend – den Widerstand aufgegeben. Im Parlament saßen Kommunisten – darunter die aus dem sowjetischen Exil zurückgekehrte Dolores Ibárruri, die als „La Pasionaria“ als mobilisierende Rednerin auf republikanischer Seite im Bürgerkrieg globale Prominenz erreicht hatte, und Santiago Carrillo, der zu einer der Speerspitzen des Eurokommunismus werden sollte. Auf der Linken saßen auch die Abgeordneten der sich neu formierenden Sozialistischen Partei – wie Felipe Gonzáles, der spätere Ministerpräsident. Auf der Rechten waren die „Volksallianz“ Fraga Iribarnes vertreten, die eine Verschmelzung von Elementen des Franquismus (der vagen Prinzipien der Franco-Herrschaft) mit der liberalen Demokratie versuchten. Aber der große Sieger war die politische Mitte – die „Union des demokratischen Zentrums“ (UCD) des Ministerpräsidenten. Suárez konnte sich bestätigt fühlen – und mit ihm Juan Carlos.

Die nächsten Schritte waren vorgezeichnet: die Ausarbeitung einer Verfassung, die den Grundsätzen einer parlamentarischen liberalen Demokratie entsprach und die Monarchie beibehielt. Diese Verfassung wurde bei einer Volksabstimmung mit einer Mehrheit von 87,8 Prozent gebilligt. Bei der darauffolgenden Parlamentswahl wurde die UCD abermals die stärkste Partei, gefolgt von den Sozialisten. (Bernecker 1984, 225) Es setzte eine demokratische Routine ein – es gab Arbeitskonflikte, die durch eine konzertierte Aktion in das System integriert werden sollten, durch eine Übereinkunft der Sozialpartner; es gab den Widerstand sezessionistischer

Kräfte, insbesondere im Baskenland. Eine weitgehende regionale Autonomie, die vor allem Katalonien und das Baskenland betraf, sollte die sezessionistischen Kräfte einbinden. Die spanische Demokratie funktionierte – oft mühsam und langsam, wie das eben ein Merkmal demokratischer Prozesse ist.

Doch die Demokratie hatte eine entscheidende Bewährungsprobe zu bestehen – den Putschversuch vom 23. Februar 1981. Mitten in eine Parlamentssitzung, vor laufenden Fernsehkameras, drang eine uniformierte und bewaffnete Gruppe der Guardia Civil ein, der kasernierten Gendarmerie. Schüsse wurden an die Decke des Sitzungssaales gefeuert, und der Anführer der etwa 200 Mann starken Eindringlinge, Oberstleutnant Antonio Tejero, erklärte alle Anwesenden zu Geiseln. Einige Kommandostellen der Armee nahmen dieses Ereignis – das live im TV zu verfolgen war – zum Anlass, den Ausnahmezustand auszurufen. Doch der Versuch, die Franco-Diktatur aus der Vergangenheit wieder zurück in die Gegenwart zu holen, wurde von Francos Nachfolger unterbunden: Juan Carlos erklärte im Fernsehen, der Vereinigte Generalstab halte alles unter Kontrolle – und die Krone könnte keinesfalls Aktionen dulden, deren Ziel es war, den der Verfassung entsprechenden Demokratisierungsprozess aufzuhalten. Der Putsch brach zusammen, die Putschisten ließen sich festnehmen, und die als Geiseln festgehaltenen Parlamentarier waren frei. (Bernecker 1984, 254)

Oberflächlich betrachtet, handelte es sich um einen Operettenputsch. Aber dahinter stand mehr: Die Putschisten, deren Dilettantismus so weit ging, dass sie keine Pläne für ein systematisches Vorgehen nach der Geiselnahme hatten, artikulierten das Unbehagen einer gesellschaftlichen Minderheit – der Verlierer der Transformation. Zu diesen zählten Ultrakonservative, die sich von der pluralistischen Lebendigkeit und dem nun offen artikulierten Regionalismus bedroht sahen; Falangisten, die sich nicht damit abfinden konnten, dass Kommunisten und Sozialisten nun über das Schicksal Spaniens mitbestimmen konnten; Spanierinnen und Spanier, die noch nicht begriffen hatten, dass der König eben nicht einfach nur der Vollstrecker von Francos Politik der Vergangenheit war.

Javier Cercas widmete diesem augenscheinlich lächerlichen, aber in Wahrheit gefährlichen Putschversuch eine spannende Analyse, in der sich die genaue Beschreibung der Abläufe mit historisch-psychologischen Erklärungen verbindet. Als die Putschisten in den Sitzungssaal des Parlaments eindrangen, verbargen sich die meisten Abgeordneten unter ihren Pulten – in dem verständlichen Versuch, vor einer unberechenbaren Soldateska geschützt zu sein. Nicht so Adolfo Suárez – der blieb aufrecht auf der Bank des Regierungschefs sitzen; nicht so General Manuel Gutiérrez Mellado, der einzige Militär in der Regierung Suárez, der als loyaler Anhänger der Reformen des Königs unter den anderen Generälen politisch isoliert war; und nicht so Santiago Carrillo, der Generalsekretär der Kommunistischen Partei. (Cercas 2009)

Mellado und Carrillo – beide weit über 60 Jahre alt – waren durch eine gemeinsame Vergangenheit verbunden, die freilich gegensätzlicher nicht hätte sein können: Mellado hatte sich als junger Offizier 1936 dem Putsch gegen die Republik angeschlossen. Er hatte mit den Einheiten der Putschisten versucht, Madrid den Republikanern zu entreißen. Zu diesen aber zählte der junge Carrillo, der an der Organisation der Verteidigung beteiligt war. Der Versuch, Madrid einzunehmen, scheiterte. Für einige Zeit stand Carrillo auf der Seite der Sieger, Mellado auf der Seite der Verlierer. 1939 hatten sich die Rollen gedreht – Carrillo ging als Verlierer ins Exil, Mellado setzte seine erfolgreiche Karriere in Francos Armee fort. 1981 standen sie auf derselben Seite – für die Demokratie, gegen Putschisten, die sich auf das Erbe Francos beriefen. Diese Gemeinsamkeit des Kommunisten und des Putschisten-Offiziers der Vergangenheit war ein Ausdruck für den Erfolg der Transformation, die nicht nur eine Überwindung von Francos Halb-Faschismus war, sondern auch die Überwindung von Carrillos vergangener Vorstellung von einer am Marxismus-Leninismus orientierten Einparteiendiktatur – und von Mellados vergangenen antidemokratischen Ressentiments.

Cercas streicht aber besonders die Rolle von Suárez heraus. Er reiht ihn in die Gruppe der „Helden des Rückzugs" ein: Suárez, der zu jung war, um im Bürgerkrieg irgendeine erkennbare Rolle zu spielen, war als Angehöriger des Opus Dei und protegiert vom innersten Kreis um Franco einer, der sich durch die demokratische Transformation hätte bedroht fühlen können – nicht an seinem Leben, um das musste er erst am 23. Februar 1981 fürchten, als unverbesserliche Fanatiker des alten Regimes ihn als Geisel nahmen. Aber die Überleitung von der Franco-Diktatur in eine liberale, pluralistische, „westliche" Demokratie musste seine politische (und wohl auch gesellschaftlich-privilegierte) Position gefährden, die er ja Franco zu verdanken hatte. Und Suárez' politische Karriere endete auch – 1981. Er war kein politisches Opfer der Transformation, er war überhaupt kein Opfer, sondern sein Rückzug war Ausdruck der selbstverständlichen Routine einer Demokratie. Er trat politisch immer mehr in den Hintergrund.

Dies musste Suárez von Anfang an klar gewesen sein. Er war die Brücke zwischen der Diktatur von gestern und der Demokratie von morgen. Und als am 23. Februar der letzte Versuch scheiterte, diese Brücke zu zerstören, war seine historische Aufgabe erfüllt. Er hatte als Vertreter des Alten mitgeholfen, dieses durch das Neue zu ersetzen. Nachdem dies erreicht war, hatte er sich selbst – politisch – überflüssig gemacht. Aus diesem Grund scheint er bei Cercas in der (von Hans Magnus Enzensberger übernommenen) „Ehrentafel" der Helden auf, die nicht durch einen Sieg, sondern durch einen Rückzug Geschichte gemacht hatten – neben Michael Gorbatschow und Wojciech Jaruzelski. (Cercas 2009, 22)

Suárez und Juan Carlos waren beide – politisch – Geschöpfe Francos. Dass sie gemeinsam mit Geschick und Können den Übergang von der spanischen Diktatur in die Demokratie managten, war sicherlich nicht die Absicht des verstorbenen

Diktators. Das ändert aber nichts daran, dass Franco dieses Resultat möglich gemacht hat – er stellte die richtigen Personen auf die richtigen politischen Schienen. Damit wurde das gewaltfreie Ende des zählebigen Systems Franco möglich. Und das war Francos zweites großes und bleibendes Verdienst – nach seinem ersten, nach Hendaye, als er Hitlers Kriegs- und Zerstörungspläne empfindlich gestört, damit aber sich und seine eigene Herrschaft gerettet hatte.

Merkmale des (eines) realen Faschismus

> Fascists believed in an almost mystical union of the leader and his people – a union based on feeling or even 'spirituality'. … Fascism, unlike traditional conservatism, conceived itself as a mass-based form of politics.
> (Müller 2011, 101)

Der historische Faschismus beanspruchte, im Namen des Volkes zu agieren. Entgegen diesem Anspruch wurde aber dem Volk – verstanden nicht als völkische Mystik, sondern als die Menschen, als Individuen in der Gemeinschaft – kein Instrument zugebilligt, den faschistischen Führern in irgendeiner Form Aufträge zu erteilen; die Umsetzung der Politik zu kontrollieren; und schon gar nicht im Rahmen eines verregelten Prozesses personelle Veränderungen innerhalb der Führung zu erzwingen. Der Faschismus nahm ein fingiertes Volk für sich in Anspruch. Aber dem Volk war nichts anderes erlaubt, als seinen Führern zuzujubeln.

Der faschistische Staat, von Mussolini mit der Qualität „total" ausgestattet, war – vor allem als NS-Staat – total, weil er vollkommen willkürlich operierte, befreit von den Begrenzungen einer Verfassungs- und Rechtsordnung. Als Unterdrückungsapparat war der totale Staat des Faschismus auch real. Aber in allen seinen anderen Aufgaben versagte er kläglich – insbesondere darin, seinen Bürgerinnen und Bürgern Sicherheit zu garantieren. Die Herren über Italien und Japan und Deutschland führten ihre Nationen in Kriege, die in allen diesen Fällen in nationalen Katastrophen endeten. Die Völker, in deren Namen Mussolini, Hitler und die japanischen Militärdiktatoren agierten, wurden ins Verderben geführt. Am Ende standen Ruinen – in Dresden und Berlin, in Tokio und Hiroshima. Die Diktatoren hatten ihre Länder zerstört – buchstäblich, aber auch in der politischen Wahrnehmung aller, die sich in Italien nach 1922, in Deutschland nach 1933 und in Japan ab 1932 Illusionen hingegeben hatten, die Diktatur würde ihnen auch persönlich Höhenflüge erlauben: den Aufstieg zum Herrenmenschentum.

Vor der totalen Zerstörung von Volk und Vaterland bewahrten die Menschen der faschistisch regierten Staaten letztlich die Sieger über den Faschismus: Sie waren es, die Voraussetzungen für das beste Italien, das beste Deutschland, das beste Österreich und das beste Japan schufen, das es je gegeben hatte – gemessen an Lebensdauer und Lebensqualität, an Sicherheit und Freiheit. Diejenigen, die in Italien und Deutschland, in Österreich und Japan die Diktatur überlebt hatten, waren nicht nur durch ihr Überleben privilegiert. Sie kamen nach 1945 auch in den Genuss einer Ordnung, die – anders etwa als der von Hitler für den Osten Europas und von Japan für Ost- und Südostasien geplanten und praktizierten Versklavung – das Leben auch der Italiener und Deutschen, der Japanerinnen und Österreicherinnen besser und immer besser werden ließ. Und erst die allmähliche Öffnung des überlebenden spanischen Halbfaschismus ermöglichte das beste Spanien, das die spanische Geschichte je gesehen hatte – das beste für die Menschen in Spanien. Allen diesen Nationen und Völkern war immer am besten gedient, wenn der sie regierende Faschismus von der Bühne abzutreten hatte.

Nicht Mussolini und Hitler und auch nicht die Generäle und Admiräle Japans brachten „ihren" Völkern ein bis dahin nicht erfahrenes Maximum an Freiheit und Wohlstand. Es waren die Alliierten. Nutznießer deren Sieges waren die Völker der Verlierer. Der totale Staat, der in den 1930er und frühen 1940er Jahren in Italien, Deutschland und Japan herrschte, war der Versager des Jahrhunderts, ja des Jahrtausends.

Jan-Werner Müller sieht in dem von faschistischen Systemen beschworenen „totalen Staat" einen Mythos, dem keine Wirklichkeit entsprach. Die oft gewaltsam ausgetragenen Differenzen innerhalb der faschistischen, halbfaschistischen, autoritären Systeme sind dafür ein Beleg: etwa die Unterdrückung der offen faschistischen rumänischen „Eisernen Garde" durch König Carol II, der sich selbst zum Führer der „Front der Nationalen Wiedergeburt" ausrief und deren Merkmal der faschistische Gruß war. Dollfuß, der Führer des unfertigen Austrofaschismus, wurde von der SS ermordet – der elitären Garde des Nationalsozialismus. Kurz davor hatte Hitler die Führung der SA gewaltsam ausgeschaltet, Ernst Röhm und viele andere ermorden lassen. Mussolini ließ die „Verräter" hinrichten, die im Juli 1943 im „Großen Faschistischen Rat" gegen ihn gestimmt hatten – unter diesen war Gaetano Ciano, einer der Prominentesten in der faschistischen Führungsriege. Faschismus bekämpfte Faschismus, Faschisten mordeten Faschisten.

Aber das zentrale Argument zur Entlarvung des Mythos vom totalen Staat waren die Widersprüchlichkeit und inhaltliche Beliebigkeit des Faschismus an der Macht. Der italienische, der portugiesische, der österreichische Korporatismus? Der spanische Syndikalismus? Das alles war nichts als hohle Phrase, mit Bezügen zur Semantik der Katholischen Soziallehre. Der „Sozialismus" der NSDAP? Eine Worthülse, hinter der sich die Militarisierung der Arbeitswelt verbarg – und bald die mörderische Ausbeutung der nicht-deutschen Arbeiter. (Müller 2011, 105–108)

Albert Speer versuchte, in seiner Neigung zur öffentlich dargestellten Reue, den totalen Staat à la Hitler als das Heraufdämmern der Technokratie darzustellen: Effizienz um der Effizienz willen, Politik als bloße Machttechnik, der alle Mittel recht sind. (Speer 1981, 122–133) Diese Deutung hat ein Argument für sich: Denn Speer zeigte auf, woran es dem Nationalsozialismus und dem Faschismus mangelte – an einer schlüssigen Klärung der Legitimation von Macht. Aber abgesehen von Speers offenkundiger Absicht, mit seiner Technokratie-These das grundsätzlich Verbrecherische des Systems, dem er diente, in den Hintergrund zu schieben: Der totale Staat à la Mussolini und der totale Staat à la Hitler hatten sich gerade mit Bezug auf ihre Effizienz als unterlegen gezeigt. 1944 standen US-amerikanische Truppen in Rom, 1945 sowjetische Truppen in Berlin. Die deutschen Armeen aber hatten Moskau nicht erreicht, und die von Speers Technokraten entwickelten Raketen hatten London nicht zerstört.

Was bleibt bei der Suche nach dem Wesenskern des Faschismus? Die nackte Gewalt und deren Vergottung – jedenfalls bei Mussolini, bei Hitler. Zur Zeit des Aufstiegs faschistischer Systeme in den 1920er, 1930er Jahren versuchten auch akademisch etablierte „Theoretiker" dieser Gewaltanbetung einen Sinn zu geben – etwa Giovanni Gentile in Italien oder Carl Schmitt in Deutschland. (Müller 2011, 118 f.) Aber neben einer Kritik am Ungenügen des auf freien Wahlen beruhenden Parlamentarismus blieb nichts – auch bei denen, die beanspruchten, den Faschismus zu „verstehen". Es blieb bei nebulosen Formulierungen über die Einheit von Führer und Volk.

Faschismus ist Diktatur

Auf der Suche nach einer politischen Substanz, die hinter der Realität der faschistischen Diktaturen sich verbergen mag, stößt man auf den Begriff Korporatismus. Korporatismus in Italien erwies sich bei jedem Versuch, korporative Strukturen und Funktionen auszumachen, als ein „Labyrinth", als eine sich ständig verändernde Verflechtung von staatlichen Agenturen mit wirtschaftlichen Interessenverbänden. Dass in jeder „Korporation" Arbeitgeber und Arbeitnehmer verbunden sein sollten, war die Antithese zum Klassenkampf, entsprechend dem berufsständischen Prinzip der päpstlichen Enzyklika „Quadragesimo Anno". In der faschistischen Wirklichkeit führte das aber bloß zur Herausbildung einer Oligarchie, in der eine kleine Zahl von Unternehmern und faschistischen Politikern ohne öffentlichen Diskurs Entscheidungen trafen. Das Resultat war eine besondere Spielart des Kapitalismus – ein „faschistischer Kapitalismus", definiert durch ein Amalgam von Staat und Partei auf der einen, kapitalistischem Unternehmertum auf der anderen Seite. (Ascoli, Feiler 1938, 90–97) War Faschismus mehr als Kapitalismus, gebrochen durch bürokratische Interventionen, orientiert am Vorrang militärischer Rüstung?

Sucht man weiter, entdeckt man vor allem Techniken – Techniken der Darstellung von Macht und der Gefühlsvermittlung, die eine Zustimmung der Beherrschten zur Herrschaft sichern sollten. Faschismus zeigte sich als quasi-religiöse Inszenierung. Max Ascoli und Arthur Feiler beschrieben 1938 dieses zentrale Element – mit Bezug auf den NS-Staat: „National Socialism conquered Germany by the legal lawlessness of its revolution. But it proclaimed a greater ambition to conquer the German people by the doctrine of its fanatic creed. It preaches a new Trinity, the trinity of people, race and nation. And from that all its other triangles are deduced: the trinity of people, state and party, of state, party and leader; of collectivism, socialism and nationalism. As Hermann Heller pertinently said: 'Nazism is Catholicism without Christianity'". (Ascoli, Feiler 1938, 281)

Was aber war die Substanz dieses so des Christentums beraubten, in diesem Sinn säkularen, sich aber einer quasi-religiösen Liturgie bedienenden „Katholizismus"? Was war der inhaltliche Kern des faschistischen oder auch nationalsozialistischen Regierens? Am einfachsten war es, festzustellen, was faschistisches Regieren nicht bedeutete: „Tolerance, humanity, freedom, individual rights – these are foreign words in Hitler's Church." (Ascoli, Feiler 1938, 283) Das galt für Faschismus generell, speziell für den Faschismus à la Hitler.

Faschismus generell ist die Zentralisierung und Bündelung der Herrschaft in den Händen einer mit Monopolcharakter ausgestatteten Partei. Ein Einparteiensystem bedeutet die Übernahme der in der Demokratie auf mehrere Parteien aufgeteilten Rekrutierungsfunktionen durch eine einzige Partei. Staatliche Positionen werden durch Eintritt in die und Aufstieg in der Partei erworben. Soziale Sicherheit ist von der Parteimitgliedschaft abhängig, und Karrieren in allen gesellschaftlichen Bereichen werden auf diese Weise im Interesse der Aufrechterhaltung der Hegemonie der Einheitspartei politisch kontrolliert – von der Wirtschaft und dem Kulturleben bis zur wissenschaftlichen Forschung und Lehre.

Aber ist das ein Alleinstellungsmerkmal des Faschismus an der Macht? Ist das nicht vielmehr ein Kennzeichen aller Einparteiensysteme? Die Baath-Partei Syriens und des Irak regieren (oder regierten) als Einheitsparteien. War Irak bis 2003, ist Syrien deshalb faschistisch? Und: In der Volksrepublik China und in Nordkorea, in Kuba und in Vietnam sind die Herrschaftsstrukturen nach dem Vorbild der UdSSR und der Doktrin des Marxismus-Leninismus gestaltet. Demnach hat nur die regierende Einheitspartei Existenzberechtigung. Wie weit muss der Begriff Faschismus gedehnt werden, wenn ein Einparteiensystem als zentrales Qualitätsmerkmal faschistischer Systeme gilt?

Spielte die unter Dollfuß als Einheitspartei konstruierte Vaterländische Front dieselbe Rolle wie die Faschistische Partei Italiens oder die NSDAP? Die Falange, die von Franco nicht gegründet, sondern in seinem Interesse wiederbelebt wurde, war nach 1945 von ständig abnehmender Bedeutung. Und die von Konoe geführte Bewegung zur Unterstützung der Herrschaft des Kaisers – gegründet Jahre nachdem Japans Politik schon voll unter Kontrolle der Militärs war – war sie überhaupt von irgendeinem erkennbaren politischen Einfluss? Faschismus ist nicht gleich Faschismus, und Merkmale des Faschismus lassen sich auch bei deklariert nicht faschistischen Systemen beobachten.

Italien war, von 1922 bis 1943, die Diktatur nicht nur einer einzigen Partei, sondern auch einer einzigen Person, die sich einer Partei bediente. Die Faschistische Partei war zentral, sie war unverzichtbar für die Rekrutierung der funktionalen Eliten des Staates und der Wirtschaft. Das gilt auch für Deutschland – die NSDAP und der totale Staat waren eins. Aber in beiden Systemen war das Machtzentrum in den Händen einer einzigen Person: Faschismus war ohne Mussolini ebenso wenig vorstellbar wie Nationalsozialismus ohne Hitler. Aber Franco? Hätte nicht ein anderer der Generäle, die 1936 gegen die Republik putschten, am Ende des Bürgerkrieges dieselbe Position wie Franco einnehmen und mehr oder weniger dieselbe Politik verfolgen können? Oder hätte nicht die spanische Diktatur auch von einem Kollektiv der Generäle geführt werden können – wie Japan, vor und während des Zweiten Weltkrieges? Und Dollfuß – bestimmte er die Abfolge der Ereignisse, oder wurde er nicht von diesen getrieben, von Mussolini und den Heimwehren, eingeklemmt in einer von ihm selbst gewollten Doppelstrategie, gerichtet gegen österreichische Nazis (und damit gegen Hitler) und gegen die Sozialdemokratie (und damit gegen die Republik)?

Selbstverständlich war Franco nicht einfach austauschbar. Das Geschick, mit der er seinen Sieg im Bürgerkrieg über den Untergang derer hinwegrettete, die ihm den Sieg ermöglicht hatten – Mussolini und Hitler, das war von besonderer Qualität. Dieser Teil der spanischen Geschichte wurde von Franco persönlich geschrieben. Und die Überlebensfähigkeit Francos – des Diktators und dessen System – das war doch von einer ganz anderen Qualität als die Selbstvernichtung, die als Konsequenz in Mussolinis persönlichem Geltungsdrang und in Hitlers persönlichem Wahn schon angelegt und eigentlich auch schon erkennbar war. Dollfuß – er war ersetzbar, von Kurt Schuschnigg. Mussolini und Hitler waren in den von ihnen geschaffenen Systemen nicht zu ersetzen.

Mussolinis und Hitlers Unverzichtbarkeit begleiteten Italien und Deutschland in die Katastrophe; auch, weil Mussolini und mehr noch Hitler (der darauf geachtet hatte, in Deutschland keine Reservemacht bestehen zu lassen) keine Machtrotation zuließen. Das freilich galt auch für Franco: Franco musste sterben, bevor der von ihm noch selbst geplante Mechanismus der Transformation in Bewegung gesetzt werden konnte. Aber die Admiräle und Generäle, die Japan regierten, waren innerhalb der Clique der militärischen Führung austauschbar. Unter dem Deckmantel einer religiös begründeten symbolischen Herrschaft des Kaisers war Japan die Diktatur eines Militärkartells, innerhalb dessen Rotation möglich war.

Was bedeutet es, wenn der chinesische Staatspräsident Xi Jingping, wenn der russische Staatspräsident Wladimir Putin die Spielregeln der Verfassungen ihrer Staaten so verändern, damit ihnen persönlich die Möglichkeit einer lebenslangen Herrschaft eröffnet wird? Die Volksrepublik China hatte nach dem Tod Maos ein System einer kollektiven Führung der obersten Parteikader etabliert – ähnlich wie in der UdSSR nach dem Tod Stalins. Die nach 2000 einsetzende konsequente Personalisierung der Macht im postmaoistischen China und im postsowjetischen Russland ist als eine mögliche Wende zu einem Faschismus neuen Typs zu sehen. Britische Premierminister, französische Präsidenten, deutsche Bundeskanzler, US-amerikanische Präsidenten haben eine mit Ablaufdatum versehene Macht –

entweder festgeschrieben in der Verfassung, wie in den USA, oder aber garantiert durch die immer vorhandene Möglichkeit, nach dem Verlust der Parlamentsmehrheit aus dem Amt scheiden zu müssen. Die Voraussetzung dafür sind freie und faire Wahlen. Solche aber gibt es weder in Xis China noch in Putins Russland.

Der Rückbau dieser der Demokratie immanenten Rotation ist immer ein Schritt in Richtung Diktatur. China und Russland haben Weichen in Richtung einer personalisierten Diktatur gestellt. Aber ist dies auch ein Schritt in Richtung Faschismus?

Faschismus ist Zerstörung

Mussolini wollte Krieg, Hitler wollte Krieg. Mussolinis Zögern 1939 und Hitlers Worte von 1941 – über die Tür, die er mit dem Einfall in die Sowjetunion aufstoßen würde, ohne zu wissen, was dahinter war –, widersprechen dem nicht. Denn Mussolini entschied sich 1940 für den Krieg, den er 1939 noch zu vermeiden versucht hatte. Und Hitler stieß im Juni 1941 die Tür in das Unbekannte auf. Ähnlich verhielt es sich mit Japans selbst erzeugtem „Sachzwang", der zum Weltkrieg führte – ein Krieg, von dem Japans Herrscher wussten, dass er wahrscheinlich nicht zu gewinnen war: Alles das zeigt, dass Zerstörung und auch Selbstzerstörung schon von Anfang an der Herrschaft Mussolinis, Hitlers, und der Militärdiktatur Japans immanent waren.

Aber Spanien? Und Österreich? Dass diese beiden, faschistische Züge tragenden Systeme – die Systeme, errichtet von Dollfuß und Franco – sich nicht selbst zerstörten, sondern von außen zerstört (Österreich) oder evolutionär transformiert wurden (Spanien), verweist auf wesentliche Unterschiede innerhalb dessen, was als Faschismus gilt. Das eindeutig nicht faschistische Japan war hingegen von einer fanatischen Zerstörungs- und Selbstzerstörungswut bestimmt – auf dieser Ebene Hitler-Deutschland mehr als nur ähnlich. Ist das nicht ein weiteres Argument gegen den Versuch, einen umfassenden Faschismus-Begriff zu rechtfertigen?

Die aggressive Expansionsenergie Japans, die am Ende des 19. Jahrhunderts begann, kann nicht dem Faschismus zugeschrieben werden, weil Japan nach allen Kriterien akzeptierter Faschismus-Theorien nicht faschistisch organisiert, nicht faschistisch regiert wurde. Die schrecklichen Verwüstungen, für die das japanische Militär vor allem in China und auch in anderen Teilen Asiens verantwortlich war, stehen – mit Ausnahme des Holocaust – den massenmörderischen Verwüstungen in nichts nach, die im Namen Deutschlands in Ost- und Südosteuropa angerichtet wurden.

Aggressive und expansive Zerstörung bestimmte die Weltgeschichte über die Jahrtausende; Erfahrungen mit expansiver und systemimmanenter, Menschenmassen vernichtender Gewalt. Darauf musste die Menschheit nicht warten, bis mit dem Marsch auf Rom eine sich faschistisch nennende Partei die Regierungsgewalt in einem Staat ergreifen konnte. Imperien der Vergangenheit – das Reich Alexander des Großen und das Römische Reich, das der Karolinger und das von Mekka ausgehende Arabische Reich, das Osmanische Reich und das zaristische Russland – sie alle waren auf Gewalt gebaut. Rom zerstörte Karthago in einer Orgie von Gewalt, und ebenso verfuhren Jahrhunderte später die Mongolen mit Bagdad. Die Geschichte des europäischen Kolonialismus – beginnend mit der Expansion Spaniens und Portugals – ist eine Geschichte der Zerstörung von Zivilisationen, des massenhaften Mordes und der Vertreibung indigener Völker. Wenn ein nicht kontrollierbarer Drang zur Zerstörung spezifisch faschistisch ist, dann war die Menschheit nie frei von Faschismus, ja, sie war wesentlich von Faschismus bestimmt.

Die Beispiele für systematisch vorangetriebene, politisch gewünschte Zerstörung – für Verbrechen gegen die Menschheit wie etwa Völkermord – finden sich nicht nur auf dem Schuldkonto Europas. 1994 kam es in Ruanda und zwischen 1975 und 1979 in Kambodscha zu Genoziden, Verbrechen, die dem Holocaust nahekamen. Menschen wurden deshalb getötet – in erschreckend großer Zahl – weil sie einer bestimmten Volksgruppe oder einer bestimmten Klasse zugerechnet wurden. Im einen Fall forderte ein Rassenwahn, im anderen ein (quasi-marxistischer) Klassenwahn hunderttausende Tote. Menschen wurden von Machthabern offiziell als Mordopfer freigegeben, denen nichts anderes vorgeworfen wurde, als dass sie geboren waren – als Angehörige einer nicht lebenswerten Volksgruppe oder einer zum Untergang bestimmten Klasse. (Ferguson 2007, 622–625, 631 f.) Die Verantwortlichen waren Angehörige von Völkern in Afrika und in Südostasien. Extremer, massenmörderischer Zerstörungswahn ist kein Monopol des Faschismus und auch nicht Europas.

Die Faschismen des 20. Jahrhunderts waren gekennzeichnet von einem Zerstörungsdrang – gerichtet gegen real oder vermeintlich „Andere", eine Zerstörungswut, die sich mit letzter Konsequenz gegen die „Eigenen" richtete – gegen das eigene Volk. Am Schluss stand die Selbstzerstörung des Faschismus in Italien und in Deutschland – und die Selbstzerstörung des in seiner Zerstörungsenergie quasi-faschistischen Japans. Das kann so vom Faschismus à la Österreich und vom Faschismus à la Spanien nicht gesagt werden. Eine ähnlich extreme Zerstörungswut wie die, die Italiens Abessinien-Krieg und den deutschen Krieg in Südost- und Osteuropa begleitete, kennzeichnete aber auch andere Herrschaftssysteme, deren Charakter nicht dem Faschismus zugeschrieben wird – will man Faschismus nicht zu einem letztlich unbrauchbaren, weil jede Differenzierungsfähigkeit einbüßenden Begriff verwässern, unter den alle Schrecknisse der Weltgeschichte subsumiert werden.

Es gibt ein Zerstörungs-Gen des Faschismus – aber auf dieses hat der Faschismus keinen Monopolanspruch. Dieses Zerstörungs-Gen lässt sich bei allen Bewegungen feststellen und ist allen Herrschaftssystemen immanent, die das vermeintlich Eigene gegen das vermeintlich Fremde mobilisieren. (Hobsbawm 1996, 130–135)

Faschismus ist Populismus

Anders als die vormodernen Systeme, deren primäre Merkmale Repression und Zerstörung waren, berief sich jeder Faschismus auf das Volk. Damit erhob er einen demokratischen Anspruch. Und die Rhetorik Mussolinis und Hitlers – aber auch der Militärdiktatoren im nicht-faschistischen Japan – kreiste immer um das Volk, um die Nation. Es ist die Rhetorik des Populismus, die den Faschismus des 20. Jahrhunderts charakterisierte. Und dieselbe Rhetorik ist in den faschistischen Strömungen des 21. Jahrhunderts zu finden.

Faschismen des 20. und des 21. Jahrhunderts unterscheiden sich von dem repressiven System einer weiter zurückliegenden Vergangenheit durch diesen Anspruch, im Namen des Volkes zu agieren. Es geht – angeblich – um die Interessen „des Volkes", wenn Volksfeinde im Inneren unterdrückt werden und gegen die Feinde jenseits der Grenzen Krieg geführt wird. Faschismus und Populismus überlappen einander. Der Populismus ist eine Technik pseudodemokratischer Legitimierung von Herrschaft – und diese Herrschaft kann auch die Züge des Faschismus tragen.

Populismus ist Simplifizierung: Was „das Volk" ist, wird als selbstverständliche, quasi natürliche Gegebenheit vorausgesetzt. Für die Diktatoren Japans war klar: Das japanische Volk ist eine göttlich vorgegebene Gemeinschaft, in die man hineingeboren wird, in die man nicht eintreten, aus der man aber auch nicht austreten kann. Das war angesichts der historischen und geografischen Rahmenbedingungen Japans relativ einfach argumentierbar: Die japanischen Inseln waren über Jahrhunderte vom Rest der Welt isoliert gewesen. Das war im Fall des nationalsozialistischen Deutschland viel weniger einfach zu argumentieren: Wieso war der SS-Offizier Odilo Globocnik, der „Befreier Mussolinis", dem die von Goebbels gesteuerten SS-Medien kurze Zeit zur Prominenz verhalfen, ein Deutscher – trotz seines eindeutig slawischen Namens, der auf einen nicht so eindeutig deutschen Familienhintergrund schließen ließ? Und Artur Seyß-Inquart? In Europa und speziell in der Mitte des Kontinents musste „völkische Reinheit" konstruiert werden, weil es eine solche nicht gab. Denn die Kelten waren aus Mitteleuropa nicht einfach verschwunden, die Reitervölker der Hunnen und Awaren hatten ihren biologischen Fußabdruck hinterlassen, und die polnischen Namen im Ruhrgebiet zeugen bis heute vom „Melting Pot"-Charakter des alten Preußen, das polnischsprechende Preußen im 19. Jahrhundert in die dynamisch aufblühende Industrielandschaft im Westen des Reichs brachte. Österreichische Staatsbürger tschechischer Muttersprache hatten um 1900 Wien zur zweitgrößten tschechischen Stadt Europas gemacht, italienische Wanderarbeiter trugen zum industriellen Wachstum in Belgien bei, und Sarajewo war schon vor 1914 ein Zentrum multikultureller und multireligiöser Vielfalt.

Das alles war und ist freilich nur von Bedeutung, wenn „Volk" als biologische Konstante aufgefasst wird – und nicht als eine Gemeinschaft, der sich Menschen höchst unterschiedlicher Herkunft zuordnen können. Und trotz der rassistischen Töne und des Geschwätzes von Blut und Boden mussten die Diktaturen Mussolinis und Hitlers akzeptieren, dass das Volk, als dessen Repräsentanten sie sich sahen, ein Völkergemisch war – durchaus ähnlich dem deshalb von Faschisten und Nationalsozialisten missachteten und unterschätzten Volk der Vereinigten Staaten von Amerika.

Der Populismus neigt dazu, das „Volk" als eine objektive, eine „natürliche" Gegebenheit zu sehen. Dieses Verständnis wird oft biologistisch interpretiert – mit Analogien zur Welt der Tiere. Ein solcher Populismus ist durch einen fließenden Übergang zum Rassismus gekennzeichnet. Konrad Lorenz, der nationalsozialistische Forscher und Lehrer an der Universität Königsberg, machte nach 1945 mit seinem Brückenschlag zwischen Zoologie und Anthropologie Karriere bei der (österreichischen) Umweltbewegung. Er hatte – zeitgeistig – den völkischen Rassismus ökologisch neu etikettiert und wurde dafür sogar mit dem Nobelpreis belohnt. Er hatte trotz seiner Dienstbarkeit gegenüber dem NS-System nach 1945 eine Weltkarriere gemacht. Er glaubte, belegen zu können, dass „Volk" ein Natur- und kein Kulturphänomen ist – entgegen allen sozialhistorischen und sozialwissenschaftlichen Erkenntnissen. Ein scheinbar wissenschaftlich gestützter Populismus wurde indirekt zur Rechtfertigung der Rassenlehre genützt. (Taschwer, Föger 2003)

Das Volk, das von Hitler und Mussolini ständig beschworen wurde, musste erst konstruiert werden, weil es nicht eindeutig war: nicht als sozialer oder politischer Begriff, und schon gar nicht in einem biologischen Sinn. Dem Volk musste eine fiktive Homogenität zugeschrieben werden – unter Vernachlässigung der Unterschiede zwischen Menschen aus Kalabrien und der Lombardei, zwischen Frauen und Männern, zwischen Arm und Reich, zwischen Alt und Jung, zwischen religiös Gebundenen und Ungebundenen. Die Konstruktion derer, die in das Volk eingeschlossen waren, bedingte aber auch die Konstruktion derer, die von ihm ausgeschlossen wurden. Der Extremfall dieses in der Logik des Populismus angelegten Ausschlusses traf „die Juden": Frauen und Männer, die an der Universität Leipzig ein Studium abgeschlossen hatten, deren Großeltern bereits deutsche Staatsbürgerinnen und Staatsbürger waren, und die vielleicht kaum noch daran dachten, dass sie für andere Deutsche „Juden" und nicht einfach nur andere Deutsche waren. Die Logik des Populismus führt – zunächst – zur Konstruktion von Anderssein, und in einem nächsten Schritt zu einer feindseligen Ausgrenzung der konstruiert Anderen.

Solche Konstruktionen waren weder vom Faschismus des 20. Jahrhunderts erfunden worden, noch hatten sie im 21. Jahrhundert zu bestehen aufgehört. Sie hatten eine Vorgeschichte – die Geschichte der Fremdenfeindlichkeit. Die Fremden, die „Anderen" waren die Andersgläubigen des Mittelalters oder die plötzlich Gleichberechtigung einfordernden früheren Sklaven. Fremd waren die chinesischen Zuwanderer, die im 19. Jahrhundert in die USA kamen, und fremd waren die christlichen Missionare, die im frühen 20. Jahrhundert den „Boxer-Aufstand“ in China provozierten. Wer als „fremd“, als „anders“ punziert war, zog Feindseligkeit und Hass auf sich. Die Konstruktion des Fremden und der Fremden drückte einen Bedarf aus – das Bedürfnis derer, die sich im Besitz einer „Wir“-Identität sahen. Diese waren immer auf der Suche nach dem „Fremden“, weil dessen Existenz „uns“ und die „Wir-Identität“ und unsere kollektive Identität überhaupt erst möglich machte und dann auch noch stärkte. (Makari 2021, 3–16) Diese Tendenz zur Abgrenzung gegenüber vermeintlich Fremden führte vor und nach der Jahrtausendwende in Europa zu einer Entstehung einer neuen Parteienfamilie, der sich (rechts-) populistische Parteien zurechneten. (Mudde 2000, 2–24; Wodak, KhosraviNik, Mral 2013)

Dieser Betonung des Andersseins erklärt auch den Nationalismus, den der Populismus des 21. Jahrhunderts artikuliert: Trumps „America First“ ist populistischer Nationalismus, und die klare Ablehnung eines transnationalen Europa in Form der Europäischen Union verbindet die populistischen Parteien innerhalb der EU. Nation und Volk und deren uneingeschränkte Souveränität sind zentrale Qualitätsmerkmale des Populismus.

Populistische Parteien des 21. Jahrhunderts lehnen es zumeist entschieden ab, „Faschisten“ zu sein. In Italien mögen sie im Faschismus des Benito Mussolinis den einen oder anderen positiven Aspekt erkennen, aber sie sehen sich als legitimen Teil der Demokratie. Populisten in Spanien erklären, die Regeln der parlamentarischen Demokratie zu respektieren, aber neben den auch von ihnen zugestandenen Fehlern Francisco Francos entdecken sie auch Gutes an dessen Regime – aber an die Rückkehr zum Franquismus, zur Diktatur der Jahre vor 1975, denken sie nicht. Der Faschismus von gestern bediente sich des Populismus – und der Populismus von heute lässt Grauzonen gegenüber der faschistischen Vergangenheit offen. Aber der Populismus des 21. Jahrhunderts ist nicht, will nicht, kann nicht die Wiederkehr eines untoten Faschismus sein.

Faschistische Elemente sind im Populismus des 21. Jahrhunderts allerdings vorhanden. Dazu zählen das Erzeugen und das Hochspielen von Furcht vor „Fremden“ – etwa vor Flüchtlingen. (Wodak 2015) Und dazu gehört die Neigung, Demokratie als bloße Mehrheitsherrschaft zu simplifizieren – und die Legitimität von politischem Diskurs, von Opposition, von jeder Art von Vielfalt ebenso zu missachten wie Grundrechte von Minderheiten und Individuen. Eine Regierung, die sich auf eine Mehrheit beruft und daraus (und nur daraus) die Legitimität ihrer Macht ableitet – und nicht aus einem Gefüge von Grundnormen, die auch die Rechte politischer, ethnischer, religiöser Minderheiten berücksichtigt: eine solche Regierung überschreitet die Grenze zum Faschismus.

Der Faschismus war immer von einer auffallenden inhaltlichen Beliebigkeit. Er konnte sich sozialistisch geben (wie Hitler, der den 1. Mai, den „Tag der Arbeit“, zum Staatsfeiertag machte). Der Faschismus konnte der Kirche wesentliche Vorrechte einräumen – wie Mussolini, durch die Lateranverträge. Der Faschismus konnte sich als Vertreter der „jungen" Völker aufspielen, indem er die Privilegien der „alten" Völker in Frage stellte, nur um dann „junge" Völker (etwa in Afrika) mit dem Einsatz von Panzern, Flugzeugen und Giftgas zu unterwerfen. Der Faschismus konnte Kriegen eine Absage erteilen – wie NS-Deutschland in Form der Nichtangriffspakte mit Polen und der UdSSR –, diese Verträge aber dann ohne irgendwelche ethische Bedenken brechen. Der Faschismus konnte der Gleichheit und Solidarität innerhalb des Volkes verpflichtet sein, aber gleichzeitig in extremer Form dagegen verstoßen, durch den willkürlichen Ausschluss von Minderheiten aus der Volksgemeinschaft. Der Faschismus konnte „das Volk" als Gemeinschaft beschwören, und gleichzeitig das Prinzip rechtlicher Gleichheit im Volk durch die Vertiefung der Ungleichheit zwischen Frauen und Männern verletzen.

Bei allen diesen einander – scheinbar – widersprechenden Positionen beriefen sich der Faschismus und der „Faschismus plus" immer auf „das Volk"; und in bestimmten Phasen zu Recht, wenn „Volk" als Mehrheit der Bürgerinnen und Bürger verstanden wird: Mussolini war 1930 sehr populär, und dem siegreich aus dem Blitzkrieg in Westeuropa nach Berlin zurückkehrenden Hitler jubelte im Sommer 1940 eine gigantische Menge zu.

Der populistische Slogan „Wir sind das Volk" hat eine potentiell aufmüpfige Seite – gerichtet gegen „die da oben", etwa in Leipzig 1989, bei den Demonstrationen gegen das DDR-Regime. Aber „Wir sind das Volk" kann auch bedeuten, dass die „anderen", die Fremden, ausgeschlossen bleiben sollen. Die aufmüpfige Seite des Populismus war im historischen Faschismus nicht erkennbar – jedenfalls nicht nach der Machtergreifung der von einer populistischen Welle hoch geschwemmten Diktatoren. Populismus ist nicht gleich Faschismus. Aber Populismus ist potentiell Faschismus.

Das revisionistische Ressentiment des Faschismus

Der italienische Faschismus, der deutsche Nationalsozialismus und die japanische Militärdiktatur – sie waren alle getrieben von einem nicht nur von der Staatsführung artikulierten, sondern in der Gesellschaft tief verankerten Gefühl der Benachteiligung, des „Zu kurz gekommen Seins". Das galt auch für das Ungarn des Miklos Horthy, und in einem freilich ganz anderen Sinn auch für das Österreich des Engelbert Dollfuß. Alle diese Staaten, die mehr oder weniger (oder auch gar nicht – Japan) faschistisch geprägt waren, sahen ihre Aufgabe darin, die Ordnung von Versailles, St. Germain und Trianon von Grund auf zu verändern.

Das musste zu Konflikten mit denen führen, die als primäre Nutznießer dieser Ordnung galten – die britische, die französische und die US-amerikanische Demokratie. Doch auffallend war, dass die ersten internationalen Konflikte, die von den revisionistischen Mächten begonnen wurden, sich vor allem gegen die Staaten richteten, die auch als Verlierer der 1918 und danach entworfenen internationalen Ordnung galten: Japan begann einen Krieg mit China, das noch viel mehr Grund als Japan hatte, sich 1919 in Paris gedemütigt zu sehen: Hatte doch China, das Teil der Allianz der Siegermächte war, nicht einmal die deutsche Enklave in China gewinnen können, sondern musste diese an Japan abtreten. Japan bedrohte auch, noch vor dem Angriff auf die USA und das Vereinigte Königreich, die UdSSR – einen Staat, der von dem Siegermächten 1919 einfach ignoriert worden war. Die Kämpfe zwischen japanischen und sowjetischen Panzertruppen im Sommer 1939 waren gerade aus der Sicht des Revisionismus Auseinandersetzungen zwischen Mächten, die sich von den privilegierten Mächten ausgeschlossen fühlten.

Italien hatte territoriale Konflikte mit Jugoslawien, dem Nachfolgestaat Serbiens. Jugoslawien war bei der Verteilung der Adriaküste – die bis 1918 Teil Österreich-Ungarns war – in Paris bevorzugt behandelt worden, so die italienische Perspektive. Doch Italien richtete dann seine imperialistische Energie auf das Kaiserreich Abessinien, das an der in Paris 1919 vorgenommenen Verteilung der Beute überhaupt nicht beteiligt war. Deutschland hatte zwar, nach Hitlers Regierungsantritt, einige der in Versailles auferlegten Beschränkungen einfach ignoriert – durch die Aufrüstung der Reichswehr, die Einstellung der Reparationszahlungen und die Besetzung des Rheinlandes. Aber der erste Expansionsschritt richtete sich gegen Österreich – einen anderen Verlierer der diktierten Friedensordnung. Erst mit der Zerschlagung der Tschechoslowakei durch die Besetzung zunächst des Sudetenlandes, dann Böhmens und Mährens hatte der deutsche Revisionismus tatsächlich die Grenzen des Reiches auf Kosten eines Staates erweitert, der als Nutznießer der Pariser Friedensverträge gelten konnte.

Besonders deutlich war Revisionismus das treibende Motiv hinter Ungarns Außenpolitik. Ungarns Halbfaschismus hatte sich im Windschatten der offensiven Politik Deutschlands und Italiens 1938 auf Kosten der Slowakei und 1940 auf Kosten Rumäniens Territorien gesichert, die bis 1918 Teil des Königreiches Ungarn waren. Dieser – zunächst erfolgreiche – Revisionismus führte zu einer Abhängigkeit von Deutschland und Italien. Ungarn beteiligte sich auf der Seite des Faschismus an den Angriffskriegen gegen Jugoslawien und die Sowjetunion. Doch 1945 musste Ungarn – als Verliererstaat – alle 1938 und 1940 gewonnenen Gebiete wieder aufgeben.

Das Revisionismus-Motiv bestimmte die Außenpolitik der Achsenmächte, trieb diese in Angriffskriege – und brachte diesen Mächten 1945 nur noch (weitere) territoriale Verluste: Italien verlor alle seine afrikanischen Besitzungen und die mediterrane Inselgruppe des Dodekanes, Deutschland büßte weite Teile Preußens, Pommerns und Schlesiens ein, und Japan verlor alles, was das Kaiserreich sich in Asien durch kriegerische Abenteuer – beginnend schon vor 1900 – einverleibt hatte.

Doch Spanien? Da spielte der Revisionismus – im Sinne der Verschiebung von Grenzen – überhaupt keine Rolle. 1940 hatte Hitler getestet, ob sich bei Franco so etwas wie ein revisionistisches Ressentiment nutzen ließe – vor allem mit Bezug auf Gibraltar. Spanien aber war anders – und auch deshalb hatte das Franco-Regime mehr Zukunft als alle (anderen) Faschismen. Denn der Revisionismus erwies sich für diejenigen, deren Außenpolitik von revisionistischen Zielen geleitet wurde, als kontraproduktiv: Der Revisionismus Bulgariens, gerichtet auf die Dobrudscha, stand einer Vertiefung der Beziehungen zu Rumänien entgegen und behinderte somit die Effizienz der Achse, der sich sowohl Bulgarien wie auch Rumänien angeschlossen hatten. Ein vorhandenes revisionistisches Ressentiment Litauens – bezogen auf Vilnius, gerichtet gegen Polen – konnte Deutschland nicht nützen, weil es in Moskau ganz Litauen schon der UdSSR versprochen hatte. Und die Ukraine, der Ende 1917 in Brest-Litowsk eine eigene Staatlichkeit versprochen worden war, konnte sich diese nicht sichern, weil es die Verlierer des Krieges waren, die ihr 1917 in Brest-Litowsk die Selbständigkeit in Aussicht gestellt hatten; und weil die deutsche Kriegsführung 1941 – verblendet von Rassenwahn – das vorhandene revisionistische Ressentiment der Ukraine nicht gegen die UdSSR zu nützen verstand.

Es war verhältnismäßig leicht, die Ordnung zu zerstören, die in Versailles und St. Germain und Trianon begründet worden war. Es war aber offenkundig nicht möglich, diese Ordnung ohne Krieg und Gewalt durch eine andere zu ersetzen. Der um 1940 zunächst erfolgreiche Revisionismus ersetzte die instabile Ordnung der Pariser Friedensverträge durch eine mörderische Unordnung, vor allem im östlichen Mitteleuropa. In dieser von Timothy Snyder „Bloodlands" genannten Region kämpften viele Jahre hindurch – ausgelöst und zusätzlich motiviert von Hitlers Überfall auf die Sowjetunion – polnische und ukrainische und weißrussische und jüdische und litauische Partisanen gegeneinander, in oft wechselseitigen Koalitionen; oder miteinander, gegen die deutschen Besatzer, und oft auch – von diesen immer wieder benutzt – gegen die Rote Armee. (Snyder 2010) An die Stelle der fehlerhaften Friedensordnung der Pariser Verträge traten Krieg, Chaos, Völkermord und ethnische Vertreibung. Der Revisionismus, ein den Aufstieg des Faschismus erklärendes Ressentiment, hatte mehr zerstört als er zu stabilisieren vermochte – und letztlich wurde auch der Faschismus Opfer des von ihm instrumentierten Revisionismus.

Das, was als Antwort auf die Defizite der Friedensordnung von 1919 erklärbar war, hatte – weil diese Antwort vor allem von den extrem aggressiven Mächten Deutschland, Italien und Japan vorgetragen wurde – nicht nur seine Ziele nicht erreicht. Dieser Revisionismus war nach 1945 tot, geradezu geächtet. Deutschland akzeptierte – nach einigem Zögern – alle Gebietsverluste, die insgesamt den deutschen Staat noch viel mehr Territorien gekostet hatten als der Vertrag von Versailles. Niemand in Italien konnte ernsthaft daran denken, Jugoslawien die östliche Adriaküste streitig zu machen, und der Verlust des Dodekanes, Libyens, Eritreas und Somalias wurden vom demokratischen Italien akzeptiert. In Japan gab es keine politisch relevanten Überlegungen, Taiwan oder Korea „wieder zu gewinnen". Der Revisionismus, der den Faschismus und die Politik in der ersten Hälfte des 20. Jahrhunderts so sehr bestimmt hatte, war überwunden.

Freilich: Um 2000 begann sich ein neuer Revisionismus zu regen. Und der betraf nicht die Grenzen, wie sie nach dem Ersten oder nach dem Zweiten Weltkrieg gezogen worden waren. Der neue Revisionismus richtete sich gegen Grenzen, wie sie nach dem Ende des Kalten Krieges bestanden und auch international anerkannt waren. In der Russischen Föderation, die sich aus – teilweise – nachvollziehbaren Gründen als Erbin der UdSSR sieht, entwickelte sich ein Phantomschmerz. Viele Kräfte in Russland sahen ihr Land als Verlierer des Kalten Krieges, und dieses Verlustgefühl überlagerte die Einsicht, dass das Ende der Sowjetunion die Wiederherstellung eines souveränen russischen Staates ermöglicht hatte und auch dessen demokratische Entwicklung.

Kann dieser russische Neo-Revisionismus auch Auslöser eines russischen Faschismus, der Entstehung eines faschistischen russischen Staates werden? Die Okkupation und Annexion der ukrainischen Krim im Jahre 2014, der Angriffskrieg gegen die Ukraine 2022 und die parallel dazu wachsende Repression im inneren Russlands lassen es nicht zu, diese Frage einfach mit „Nein" zu beantworten – auch, weil die öffentlich bekannten Aussagen Wladimir Putins von einem Geschichts- und Politikverständnis zeugen, das auf eine Abkehr von einem rationalen, der Aufklärung verpflichteten Zugang zu gesellschaftlichen Konflikten weist – in Verbindung mit einem traditionalistisch anmutenden großrussischen Nationalismus. (Stent 2019)

Vorwärts, zurück in die Vergangenheit

Alles, was die Faschismen verbindet – den „echten" Faschismus Mussolinis, den „Faschismus plus" Hitlers, und alle die Halbfaschismen, von Dollfuß bis Franco, Salazar bis Tiso – das ist die prinzipielle Ablehnung der Grundwerte von Aufklärung und universellen Menschenrechten. In diesem Sinn war auch Japan bis 1945 faschistisch: Die tiefe Aversion gegen die Norm menschlicher Gleichheit und unveräußerlicher Grundrechte für alle Frauen und Männer ist ein faschistisches Merkmal, einschließlich des japanischen Nicht-Faschismus.

Das unterscheidet den Faschismus vom Marxismus-Leninismus – bezogen auf dessen theoretische Ansprüche: Marx und Lenin widersprachen dem Ziel universeller Gleichheit nicht – sie sahen die Vorstellung als Illusion, dieser Gleichheit könnte im Rahmen von Kapitalismus und „bürgerlicher" Demokratie nähergekommen werden. Zuerst müsse der Kapitalismus beseitigt und die „bürgerliche" Demokratie zu einer „proletarischen“ werden, dann erst könnten entscheidende Schritte in Richtung universeller Grundrechte gesetzt werden. Dass die Herrschaftspraxis der UdSSR in vielem der Herrschaftspraxis des Faschismus viel näher kam als dies von der Herrschaftspraxis „bürgerlicher“ Demokratie gesagt werden kann, das ist die andere Seite des marxistisch-leninistischen Universalismus.

Alle Faschismen waren von einer propagandistisch glorifizierten Vergangenheit fasziniert. Dazu zählt die romantisierende Sicht katholischer Hegemonie im Mittelalter und die Stilisierung etwa des Austrofaschismus und des Pavelic-Regimes als Bollwerke des christlichen, des katholischen Abendlandes; Francos Rechtfertigung der Vertreibung von Muslimen und Juden aus Spanien im späten 15. Jahrhundert; die Stilisierung des faschistischen Italien als „Imperium Romanum Secundum“; der vom NS-Staat (weniger von Hitler persönlich) immer wieder praktizierte Germanenkult, der das Deutschland des 20. Jahrhunderts in direkte Kontinuität zu den vorchristlichen Germanenvölkern stellte: Alles das belegte einen antimodernistischen Affekt des Faschismus.

Die Abwehr einer Moderne, die mit Dekadenz und Verweichlichung gleichgestellt wurde, manifestierte sich auch in den Kampagnen gegen „entartete“ Kunst. „Natur“ wurde gegen „Zivilisation“ ausgespielt, und Faschismen aller Art beschworen den drohenden „Untergang des Abendlandes“, um ihre Herrschaft als letzten Wall gegen diese Katastrophe zu rechtfertigen.

Oswald Spenglers während des Ersten Weltkrieges verfasstes zweibändiges Werk „Der Untergang des Abendlandes“ war schon in den 1920er Jahren eine modische Pflichtlektüre antidemokratischer Kreise, nicht nur in Deutschland. (Spengler 1920) Die Stereotypien, die Spengler verwendete – und die als Mobilisierungsversuch zu sehen sind, das Abendland mit welchen Mitteln und vor welchen Feinden auch immer zu retten, spielen mit emotionalen Versatzstücken nationaler Philosophie – etwa das Konzept einer „faustischen Naturerkenntnis“, eines „faustischen Weltverstandes“. (Spengler 1920, Band 1, 525–615) Damit wurden spezifisch (deutsch-)nationale Selbstwertgefühle angesprochen, um ein Weltuntergangsszenario zu entwerfen, Richards Wagners „Götterdämmerung“ ähnlich.

Ein anderes Buch, das zeitgeistig den Faschismus des frühen 20. Jahrhunderts kennzeichnete, war Otto Weiningers „Geschlecht und Charakter“. (Weininger 1916) Weiningers Schrift diente als Rechtfertigung der entschiedenen Abwehr gegenüber jeder Gleichheitsvorstellung von Frauen und Männern. Es war eine sich wissenschaftlich tarnende Kampfschrift gegen Emanzipation und Feminismus. Dass Weininger als „Jude“ 1903 – im Jahr des Erscheinens der Erstausgabe des Buches – Selbstmord begangen hatte, wurde von antimodernistischen Milieus als Bestätigung empfunden: Weininger hätte nicht nur die Emanzipation der Frauen, sondern auch die der Juden als eine die Kultur zerstörende Entwicklung gegeißelt. Weininger galt so als ein Jude, der die notwendige Konsequenz aus seiner kulturpessimistischen (und antisemitischen) Weltsicht gezogen hatte. (Weininger 1903; Le Rider 1985, 220–243)

In der Garnisonkirche von Potsdam zelebrierte Adolf Hitler, nach seiner Ernennung zum Reichskanzler und der Reichstagswahl, 1933 seine Aufnahme in das Pantheon des Preußentums – und ließ sich von einem preußischen Feldmarschall, Hindenburg, als Hüter des Erbes Friedrich des Großen legitimieren. Dollfuß demonstrierte im September 1933 bei seiner Rede anlässlich der Erinnerung an den Sieg der christlichen Heere gegen die Wien belagernden Türken seinen Anspruch, in die Reihe der Retter des christlichen Abendlandes aufgenommen zu werden. Mussolini schaffte es, nach dem Abschluss der Lateranverträge, sich sowohl als Inkarnation römischer Cäsaren als auch als Hüter der Privilegien der Katholischen Kirche zu inszenieren – ein inhaltlicher Widerspruch, der aber deshalb keine Rolle spielte, weil es allen diesen Veranstaltungen um Inszenierung um der Inszenierung willen ging.

Mussolini, der als antiklerikaler Sozialist begonnen hatte, fand das beste Einvernehmen mit der – auch aristokratischen – Oberschicht seines Landes. Er intervenierte erfolgreich bei Vittorio Emanuele III, damit sein Schwiegersohn in den Adelsstand erhoben wurde und sich Conte Ciano nennen durfte. Franco freilich hatte einige Mühe, die zerstrittene spanische Aristokratie hinter sich zu vereinen – die Angehörigen der bourbonischen Nebenlinie, die „Carlisten", waren nicht leicht mit der bourbonischen Hauptlinie zu versöhnen, aus der Franco seinen Nachfolger auswählte. In Österreich spielte Starhemberg immer wieder seine Zugehörigkeit zu einer der alten Familien des Feudaladels aus. Hitler freilich hatte gewisse Probleme mit dem letzten deutschen Kaiser. Dem wurde – im Exil – nach der Besetzung der Niederlande eine Ehrenwache der Wehrmacht zur Seite gestellt, aber Wilhelm II wurde nicht zurückgerufen, wie das viele der konservativen Steigbügelhalter Hitlers gewünscht hätten.

Die japanische Kwantung-Armee setzte mit der Zustimmung der Regierung in Tokio den letzten Kaiser Chinas als Kaiser des japanischen Satellitenstaates Mandschukuo ein – ein Versuch, durch diese scheinbar respektvolle Geste gegenüber Chinas feudaler Tradition Legitimität für die faktische Fremdherrschaft über die Mandschurei zu gewinnen. Faschistische Eliten praktizierten einen feudalen Lebensstil, der an die Aristokratie anschloss. Herman Göring ließ sich nördlich von Berlin ein schlossähnliches Anwesen („Karinhall") errichten, Ribbentrop – der eifersüchtig auf das „von" in seinem Namen beharrte – hatte ein Schloss im österreichischen Salzkammergut übernommen, Franco errichtete im Stil der Pharaonen eine gigantische Begräbnisstätte für sich selbst, und Horthy ließ auf einem Berg am Rande von Budapest ein alles überragendes Mahnmal zur Erinnerung an seinen im Krieg gegen die UdSSR gefallenen Sohn bauen – ein von überall sichtbares, riesiges Denkmal, mit dessen Sinngebung die kommunistischen und postkommunistischen

Regierungen Ungarns einige Probleme hatten. Der Faschismus an der Herrschaft war immer auch ein Sekundärfeudalismus.

Hitler umwarb den Herzog von Windsor, den früheren König Edward VIII, der 1936 wegen seiner Eheschließung von der parlamentarischen Regierung des Königreiches zur Abdankung gezwungen worden war. Hitler ließ sich dabei wohl in erster Linie davon leiten, im Fall der Besetzung der britischen Inseln durch deutsche Truppen eine Ersatzlösung für den britischen Thron zu haben. Hitler zeigte sich auch gerne – etwa bei den Festspielen in Bayreuth – mit der aristokratischen und großbürgerlichen Oberschicht. Und die katholischen Bischöfe, die Dollfuß, Franco, Salazar, Pavelic, Tiso um sich zu versammeln verstanden, unterstrichen eines: Der (Halb-) Faschismus an der Macht versuchte eine Kontinuität mit einer Zeit zu demonstrieren, in der die subversive Gedankenwelt der (bürgerlichen) Revolutionen sich noch nicht durchgesetzt hatte.

Japans Militärdiktatoren förderten die Erinnerung an die feudale Samurai-Tradition, die sich auch zur Unterwerfung der eroberten und besetzten Gebiete in Asien nützen ließ. Japanische Besatzungsoffiziere spielten mit größter Selbstverständlichkeit Herren über Leben und Tod ihrer Untertanen – so, als wären im 20. Jahrhundert Ost- und Südostasien im japanischen Mittelalter angekommen. Und die faschistischen oder quasi-faschistischen Satrapen Mussolinis und Hitlers beschworen die Reiche der Vergangenheit – das ungarische und das kroatische und das bulgarische –, um ihre sekundärfaschistische Herrschaft mit dem Anschein von Legitimität zu versehen.

Faschismus? Das war auch eine mit der Technik des Industriezeitalters ausgestattete Sehnsucht nach einer imaginierten Welt von gestern.

Ersatzreligion und Liturgie

Die Reduktion politischer Komplexität auf den Kampf zwischen Licht und Finsternis war keine Erfindung des Faschismus. Die Flucht aus gesellschaftlichen Widersprüchen war immer ein Merkmal von Religion(en): Die Hoffnung auf ein Jenseits und das Bild einer paradiesischen Endgesellschaft spendeten Trost in bedrohlichen Zeiten, in denen das Individuum weder einen politischen Durchblick hatte noch politische Gestaltungsmöglichkeiten besaß. Trostspendung war immer eine zentrale Aufgabe von Religion(en). Der Faschismus – alle Faschismen – war, waren „politische Religionen“ im Sinne von Erich Voegelin. (Voegelin 1939)

Die quasi-religiöse Natur des Faschismus zwang aber auch dazu, dem ersehnten Guten das gefürchtete Böse entgegenzustellen. Dieses konnte in real bestehende Bedrohungen projiziert werden – in feindlich agierende Nationen, in zerstörungswütige Ideologien, in diabolische Einzelpersonen. Das Teuflische musste benannt werden – und nötigenfalls wurde es erfunden. Jean Paul Sartre hatte in seinem

Essay den Antisemitismus als Versuch diagnostiziert, „den Juden“ als Feind zu erfinden, um Erklärungen für das nicht Erklärbare zu haben. (Sartre 1960) Der Holocaust war die letzte und schrecklichste Konsequenz eines Bedürfnisses, das Böse zu konstruieren und an Menschen festzumachen.

Das real existierende und das erfundene Böse wurden und werden in eine politische Liturgie eingebaut. Politik impliziert Macht, die sich in einer Herrschaftsordnung manifestiert. Und diese Manifestation braucht Inszenierung. Alle Formen von Herrschaft inszenieren sich. Politik ist immer auch theatralisch. Theatralisch waren die Paraden am Tag der Oktoberrevolution vor dem Mausoleum Lenins. Und theatralisch ist der nicht im engeren, sehr wohl aber im weiteren Sinn politische Segen „Urbi et Orbi“, den der Papst am Ostersonntag auf dem Petersplatz erteilt, seit Mitte des 20. Jahrhunderts weltweit im Fernsehen live übertragen. Das Theatralische gilt auch für die Demokratie: Die Angelobung des US-Präsidenten ist ebenso großes Theater wie die Parade auf den Champs-Élysées am 14. Juli. Inszenierungen erfüllen eine Funktion – sie demonstrieren Macht, Selbstgewissheit, Kontrolle; und sie produzieren Loyalität. Diese Funktion ist nicht spezifisch faschistisch, aber der Faschismus – allen Faschismen voran der Nationalsozialismus – hat diese Funktion maximal genützt.

Die Parteitage von Nürnberg von 1933 bis 1938 waren eine liturgische Großveranstaltung; eine massentheatralische Inszenierung, in deren Mittelpunkt der Hohepriester stand, der gottähnliche Verehrung genoss. In Rom konnte im Abstand von etwas mehr als einem Jahr das Hintereinander zweier konkurrierender, aber auch einander ergänzender religiöser oder quasireligiöser Massenveranstaltungen beobachtet werden – in Form des organisierten Jubels Zehntausender, die einer einzigen Person galt: Am 2. März 1939 hatte sich eine riesige Menge vor dem Petersdom versammelt, um dem neu gewählten Papst Pius XII zuzujubeln. Ein ähnlich frenetischer Massenjubel galt am 10. Juni 1940 Benito Mussolini, der vom Palazzo Venezia aus einer versammelten Menge die Kriegserklärung Italiens an die Französische Republik und an das Vereinigte Königreich verkündete. Beide Massenansammlungen in Rom, 1939 und 1940, hatten liturgischen Charakter: Sie waren Bekundungen eines Glaubens. Da gab es keinen Platz für abweichende Meinungen, für Diskurs oder Zweifel. Da waren die in riesiger Zahl Versammelten in ihrem Glauben einig – als gläubige Katholiken oder als gläubige Faschisten.

Politische Massenkundgebungen sind für sich allein nicht faschistisch – außer, man nennt die Menge faschistisch, die über ein halbes Jahrhundert hindurch über den Roten Platz zog, um die „Oktoberrevolution“ von 1917 zu feiern. Aber quasireligiös waren die Massenkundgebungen der KPdSU – wie auch die Nürnberger Parteitage. Und das Religiöse des Moskauer KP-Zeremoniells wurde auch dadurch unterstrichen, dass die Massen am Mausoleum vorbeizogen, in dem der einbalsamierte Leichnam des Quasi-Erlösers lag: Lenin, der – nur zu oft überlebensgroß

Abb. 11 Liturgie in Rom: Eugenio Pacelli, nach seiner Wahl zeigt sich Papst Pius XII am 2. März 1939 auf dem Petersplatz einer jubelnden Menge. © MARKA/Alamy Stock Photo

– von allen Plätzen in den Städten der UdSSR mit erhobenem Arm in irgendeine letztlich im Nebel verschwindende Zukunft wies oder noch immer weist.

Der Nähe zwischen religiös-kirchlicher und politisch-faschistischer Liturgie entspricht die Nähe faschistischer und kommunistischer Ästhetik. (Tabor 1994) Auf der Pariser Weltausstellung 1939 konkurrierten – einander gegenüberstehend – der sowjetische Pavillon und der deutsche Pavillon, beide geprägt von einem in die Gigantomanie flüchtenden Neoklassizismus. In Fragen der Kunst war sich die Sowjetunion, nach der Unterdrückung der künstlerischen Aufbruchsstimmung der 1920er Jahre, mit dem von oben diktierten Kunstverständnis des Nationalsozialismus weitgehend einig. Freilich: Dies galt nur in Grenzen auch für den italienischen Faschismus. Der vom faschistischen Italien tolerierte, ja geförderte Futurismus in der Kunst (Beispiel: Giorgio De Chirico) wäre weder in der Kunstdiktatur Hitlers noch in der Stalins erlaubt gewesen. Gibt es eine spezifisch faschistische Ästhetik, eine spezifisch faschistische Kunst? Ja, aber.

Die Ablehnung von Rationalismus und Aufklärung erklärt die quasi-religiösen Elemente, die sich quer durch alle Faschismen ziehen; erklärt die enge Verbindung, die der Herrschaftsfaschismus in katholisch geprägten Ländern mit der Kirche (und diese mit ihm) eingegangen war. Die quasi-religiösen Elemente erklären auch den Antimodernismus, den insbesondere das Kunstverständnis des Nationalsozialismus bestimmte. Und das ist auch in Verbindung mit der Neigung zum Mystizismus und

Abb. 12 Liturgie in Rom: Benito Mussolini verkündet am 10. Juni 1940 vom Palazzo Venezia aus einer ebenfalls jubelnden Menge den Kriegseintritt seines Landes.
© ullstein bild/Ullstein Bild/picturedesk.com

zum Okkultismus zu sehen. Diese vor allem im Nationalsozialismus erkennbare Tendenz wurde nicht von der NSDAP erfunden, sondern vorgefunden. (Mosse 2021, 95–109) Mystizismus und Okkultismus waren Überbauphänomene, die eine Flucht vor der Komplexität der Moderne begleiteten. Die von der Moderne ausgelöste Zerstörung von Gewissheiten verlangte nach Antworten, die Gewissheiten wieder herstellten. Und solche Antworten liefern Religionen und Quasi-Religionen jeder Art – und eben auch der Faschismus.

Weltpolitik als Roulettespiel

1938 versuchten Ascoli und Feiler zu ergründen, ob es so etwas wie eine faschistische Internationale gibt – vor dem Ausbruch des Zweiten Weltkrieges, am Höhepunkt des Einflusses Mussolinis und Hitlers in Europa und auf Europa: als die westlichen Demokratien sich ängstlich bemühten, die Diktatoren durch Nachgiebigkeit zu besänftigen; als die spanische Republik kapitulieren musste. (Ascoli, Feiler 1838: 13–26) In dieser Phase musste konzediert werden, dass – wenn es einen „internationalen Faschismus" gäbe – dieser erfolgreich war, während die internationale Demokratie eine Niederlage nach der anderen erlitten hatte. Aber es waren Erfolge, die immer mit hohem Risiko verbunden waren. Und dieses hochriskante Politikspiel machte offenbar süchtig.

Was 1938 nicht vorhersehbar war, das ist die Unfähigkeit dieses „internationalen Faschismus", seinen Erfolgskurs fortzusetzen. Auf München 1938 folgte Prag 1939 und die britischen und französischen Garantien für Polen – das Ende der Beschwichtigungspolitik; auf den Einmarsch in Polen folgen die britische und die französische Kriegserklärung; und 1941 besiegelte dieser fiktive „internationale Faschismus" seinen Untergang – mit den Kriegserklärungen im Juni und im Dezember. Hitler und Mussolini und Japans Überfall auf Pearl Harbor: Die Akteure in Berlin und Rom und Tokio konnten nicht mehr vom Spieltisch aufstehen. Sie steigerten ihren Einsatz, bis sie alles verloren. Diese Politik der „Brinkmanship", einer Politik, die immer knapp an den Abgrund führt, musste einfach in der Katastrophe enden.

Mussolini hatte es vorgemacht: Als Italien 1935 Abessinien mit Krieg überzog, war hinter der Aggression keine durchdachte geopolitische Strategie erkennbar. Der Angriffskrieg entsprach zwar dem Temperament des Duce. Der Krieg war aber nicht Teil eines umfassenden Planes, wie ihn zunächst noch Japan verfolgte – gegenüber China, und dann (nachdem die Option einer Expansion gegen den Norden, gegen die UdSSR, nicht wahrgenommen wurde) gegen die USA, gegen das britische und das niederländische Kolonialreich in Süd- und Südostasien. Hinter der japanischen Aggression von 1941 stand ein Kalkül, stand das Abwägen von Kosten und Nutzen. Das rohstoffarme Japan wollte sich die Kontrolle über den Ölreichtum vor allem Niederländisch Indiens sichern.

Japan ging jedoch mit dem Krieg ein hohes Risiko ein. Aber es war ein kalkuliertes Risiko. Dass Japan den Krieg verlieren könnte, war von der japanischen Führung erkannt worden. Japan spielte va banque – mit extrem hohem, aber kalkuliertem Einsatz. Die japanische Führung glaubte, das Risiko des Krieges eingehen zu müssen, um die ökonomischen Grundlagen ihres Reiches zu sichern. Aber auch die rational rechnende Casino-Politik Japans scheiterte.

Mussolini startete 1935 einen Krieg, dem kein rationales Kalkül zugrunde lag. Italien sollte – endlich – seinen in der Logik des italienischen Nationalismus legitimen Platz neben den anderen Mächten einnehmen. Die Eroberung Abessiniens konnte aber die wirtschaftliche Kraft Italiens nicht stärken. Mussolini hatte Weltmacht gespielt, wie ein pubertierender Halbwüchsiger. Und er hatte auch geglaubt, nach dem Einmarsch der siegreichen italienischen Streitkräfte in Addis Abeba sein Ziel erreicht zu haben: Italien war, gemessen an dem nun von ihm beherrschten Territorium, nun wirklich „groß" geworden. Dass aber für diesen Erfolg, der noch dazu Abessinien nur für etwas mehr als vier Jahre unter italienische Kontrolle brachte, ein hoher Preis zu zahlen war – die Isolierung von den Westmächten und, damit ursächlich verbunden, die Abhängigkeit von Deutschland – spielte offenbar in Mussolinis Überlegungen keine erkennbare Rolle. Es zählten Siegesparaden, und es zählte, dass der italienische König sich nun auch abessinischer Kaiser nennen durfte.

Als Italien 1940 Griechenland überfiel, war das Pubertäre der Außenpolitik des italienischen Faschismus noch deutlicher. Mussolini war in seiner Eitelkeit gekränkt, dass die deutschen Erfolge in West- und Nordeuropa die Erfolge Italiens überstrahlten. Deshalb begann er den Krieg gegen Griechenland – ohne Abstimmung mit Deutschland: soweit zur Legende einer gemeinsamen Strategie der im Stahlpakt seit 1939 verbundenen Staaten. Der Nutzen für den italienischen Faschismus? Das nationalsozialistische Deutschland musste eingreifen, um eine militärische Blamage Mussolinis zu verhindern. (Woller 2016, 121–148)

Das faschistische Italien hatte die internationale Politik mit einem Casino verwechselt, ohne auch nur zu versuchen, die Chancen am Roulettetisch zu kalkulieren. Das totalitäre, militaristische, nicht aber faschistische Japan setzte mit hohem Risiko alles auf eine Karte – im Wissen, wie schlecht die Chancen auf einen Gewinn waren. Italien und Japan – beide spielten va banque. Japans Risiko war ein kalkuliertes – Italiens Risiko war unkalkuliert. Aber beide wurden für ihren Entschluss, ein extrem hohes Risiko einzugehen, bestraft. Ist das ein Merkmal des Faschismus – internationale Politik als kindisches Räuber- und Gendarm-Spiel? Wenn, dann ist damit belegt, dass Franco-Spanien nicht faschistisch war. Denn Franco kalkulierte nüchtern, wie die Kosten-Nutzen-Relation bei außenpolitischen Weichenstellungen aussah. Eben deshalb ließ er sich auf Hitlers Einladung zu einer Politik des nicht kalkulierbaren Abenteuers nicht ein.

Hitlers Außenpolitik war dem Casino-Charakter von Mussolinis Außenpolitik ebenbürtig. In den frühen Morgenstunden des 22. Juni 1941 erklärte er, Russland würde innerhalb von drei Monaten zusammenbrechen. Aber fast im selben Moment bemerkte er auch, er würde – durch den Angriff auf die UdSSR – eine Tür zu einem finsteren Raum aufstoßen, ohne zu wissen, was eigentlich hinter dieser Tür sei. (Ferguson 2007, 439 f.) Er wusste nicht, worauf er sich einließ – aber gleichzeitig gab er sich sicher, dass sein massenmörderisches Spiel rasch und siegreich beendet würde. Er wusste nichts – aber er setzte alles, worüber er verfügte, auf eine einzige Karte.

Demokratien neigen aus einem Grund nicht zu einer Casino-Außenpolitik: Zu viele Interessen artikulieren sich im Vorfeld wichtiger Entscheidungen. In Demokratien hängen zentrale politische Entscheidungen nicht vom Willen einer einzigen Person ab – wie im Fall Mussolini; und auch nicht – wie im Fall Japan – vom Kartell einer von der Gesellschaft abgeschotteten Militärkaste. Die Vielfalt der oft gegenläufigen Interessen macht den Entscheidungsprozess in einer Demokratie schwerfällig – gerade in Fragen der internationalen Politik. Das war der Hintergrund der Beschwichtigungspolitik, die von Paris und London 1938 verfolgt wurde und Hitlers Erfolge in München 1938 möglich gemacht hatte. Aber diese so leicht errungenen Erfolge verführten Hitler, seinen Einsatz bei steigendem Risiko immer weiter zu erhöhen – weil er nicht begreifen konnte, dass demokratische Entscheidungsprozesse schwerfällig sind, aber einmal getroffene Entscheidungen auf einer soliden Faktengrundlage und einem breiten politischen Konsens beruhen.

Deshalb wurde Hitler mehrfach überrascht – von den Entscheidungen in London und Paris am 3. September 1939, trotz des deutsch-sowjetischen Paktes auf den deutschen Angriff auf Polen mit Kriegserklärungen zu antworten; von der trotzigen Weigerung Churchills, auch nach der Kapitulation Frankreichs sich auf Hitlers Verhandlungs- und Kompromissangebote einzulassen; von der Bereitschaft und Fähigkeit der USA, die – entgegen der bis 1941 dominanten isolationistischen Tendenzen – auf den Angriff Japans und die deutsche Kriegserklärung mit einer Macht antwortete, die alles in den Schatten stellte, was die Achsenmächte zu mobilisieren in der Lage waren. Mussolini, Hitler, die japanischen Militärdiktatoren verstanden nicht, was die Stärke von Demokratien ist: die Herstellung eines nationalen Schulterschlusses, der nicht von oben angeordnet werden muss, sondern von unten heranwächst.

Das Gegenbeispiel zu dieser Stärke der Demokratie ist aber nicht (nur) der Faschismus, sondern die Diktatur schlechthin. Saddam Hussein startete 1980 einen Angriffskrieg gegen den Iran in der Annahme, das neue, revolutionäre Regime in Teheran wäre eine leichte Beute. Hussein agierte auf der Ebene internationaler Politik, als fände diese an einem Spieltisch statt, auf dem Glücksritter einander auszutricksen versuchten – und Hussein verlor. 1990 wiederholte der irakische Diktator dieses Spiel: Er besetzte Kuwait, ohne in Rechnung zu stellen, dass die USA willens und in der Lage wären, an der Spitze eines ad hoc gebildeten Militärbündnisses und mit Zustimmung des Sicherheitsrates der Vereinten Nationen die irakischen Truppen aus Kuwait zu vertreiben.

Ob das Regime Saddam Husseins faschistisch war, darüber kann gestritten werden – es war jedenfalls keine Demokratie. Die Langsamkeit und die Schwerfälligkeit der Demokratie mögen oft als Ausdruck von Dekadenz und eines Mangels an Überlebensfähigkeit missverstanden werden. Aber gerade in der Internationalen Politik hat sich die Demokratie als überlegen erwiesen – durch eine immanent vorhandene Neigung zur möglichst genauen Abschätzung aller Risiken; zu einer Politik, die politische Entscheidungen nicht leichtfertig trifft wie an einem Spieltisch. Und es war auf der Ebene der Internationalen Politik, auf der faschistische Systeme sich selbst zerstörten.

Aber nicht nur Diktaturen des 20. Jahrhunderts neigten zu einer Casino-Außenpolitik. Auch Regime einer weiter zurückliegenden Vergangenheit tappten in die Falle einer nicht wirklich kalkulierten Kriegspolitik: Napoleon begann 1812 einen Angriffskrieg gegen Russland, der ihn nach Moskau führte – und über Moskau hinaus ins Verderben. Was immer das Französische Kaiserreich war – es war trotz seines Bonapartismus nicht faschistisch, freilich auch nicht demokratisch. Napoleon III. stürzte 1862 sein Reich in ein mexikanisches Abenteuer – er entsandte eine Interventionsarmee, installierte einen Habsburger als Kaiser von Mexiko und wurde schließlich von der Armee der mexikanischen Republik gedemütigt.

Franz Josef, Kaiser von Österreich und König von Ungarn, stellte im Sommer 1914 dem Königreich Serbien ein Ultimatum – eine Forderung, von der von Anfang an klar war, dass sie nicht zur Gänze erfüllt werden konnte. Und dann erklärte Franz Josef Serbien den Krieg – gedrängt von einer Militärkamarilla und einer Regierung, die sich zuvor der Unterstützung durch das Deutsche Reich versichert hatte. Dem Kaiser war klar, dass Serbien von Russland und dieses von Frankreich unterstützt wird. Am Ende war das Reich der Habsburger zerstört. Wie immer das politische System Österreichs und das Ungarns 1914 zu beurteilen war – es handelte sich um zwei konstitutionelle Monarchien mit einem nicht voll entwickelten Parlamentarismus. Aber faschistisch war Österreich-Ungarn nicht.

Ein Beispiel für eine politisch nicht zu Ende gedachte Aggressionspolitik in einer Demokratie war die Invasion des Irak, 2003. Eine von den USA geführte Militärkoalition griff den Irak an – mit der Begründung, der irakische Diktator Saddam Hussein hätte in seinen Arsenalen Massenvernichtungswaffen verborgen; Waffen, die nach dem Zusammenbruch der irakischen Armeen aber nicht gefunden wurden, weil sie offenkundig nicht existierten. US-Präsident George W. Bush, der diesen Angriffskrieg in einen indirekten Zusammenhang mit den Attacken auf die USA vom 11. September 2001 gebracht hatte, musste sich im US-Senat um eine Mehrheit bemühen, damit sein Vorgehen Legitimität bekommt. Eine Minderheit im Senat stimmte gegen die Eröffnung der Feindseligkeiten – darunter der Junior-Senator aus Illinois, Barack Obama. 2008 wurde Obama zum Präsidenten gewählt. Er hatte den Krieg im Senat nicht verhindern können. Aber seine öffentliche Kritik an der Politik George W. Bushs verhinderte nicht Obamas Wahlsieg 2008.

Demokratien führen Kriege, auch Angriffskriege. Aber in Demokratien findet ein Diskurs statt – über das Pro und das Contra. Das Fehlen eines solchen Diskurses kennzeichnet eine Diktatur – eine faschistische oder auch eine andere. Der Beschluss des nationalsozialistischen Deutschland, am 1. September 1939 Polen mit Krieg zu überziehen, wurde von einer Person gefasst, die sich keiner öffentlichen Debatte zu stellen hatte. Aber auch der Einmarsch sowjetischer Truppen in Afghanistan, Ende Dezember 1979, war die Entscheidung eines kleinen Führungskaders einer Einparteiendiktatur, die sich nicht im eigenen Land einem offenen Diskurs zu stellen hatte. Im Februar 2022 marschierten Truppen der Russischen Föderation in der Ukraine ein – davor hatte es in Russland keine Debatte über Krieg und Frieden gegeben, und der Krieg durfte nicht Krieg genannt werden: Putin spielte „1984" – Krieg ist nicht Krieg. Ist Putins Russland zu einem Faschismus neuer Art geworden?

Eine leichtfertige, aggressive Außenpolitik ist kein Kennzeichen des Faschismus. Aber faschistische Regierungen waren (und sind) offenbar eher versucht, mangels immanenter Kontrollinstanzen extrem hohe Risken einzugehen. Allerdings: Nicht alle Faschismen betrieben Außenpolitik als Roulette. Der Faschismus à la Dollfuß betrieb Außenpolitik als Abfolge defensiver Rettungsversuche. Und der Faschismus à la Franco weigerte sich konsequent, seine im Bürgerkrieg erzielten Erfolge durch die Beteiligung an Hitlers Casino-Politik zu gefährden. Franco folgte – anders als Mussolini 1940 – nicht der Einladung Hitlers zu einem gemeinsamen Weg in die Selbstvernichtung. Dürfen Dollfuß und Franco deshalb überhaupt Faschisten genannt werden?

Faschismen im Vergleich

„Den“ Faschismus hat es nicht gegeben, und gibt es nicht. Es gibt Erfahrungen mit verschiedenen politischen Systemen, die mit mehr oder weniger Berechtigung als faschistisch gelten können. Deshalb geht es nicht um „Faschismus ja“ oder „Faschismus nein“. Es braucht eine differenzierende Sicht. Die verschiedenen Spielarten von Faschismus müssen miteinander verglichen werden. Der italienische Faschismus, der deutsche „Faschismus plus“, der österreichische „Faschismus minus“, Japans Militärdiktatur und Francos Spanien können mit Bezug auf zentrale Kriterien einander gegenübergestellt werden:

Kriterium 1: Totaler Staat, totale Herrschaft

Deutschland und Japan sind in dieser Kategorie eindeutig an die Spitze zu stellen – die Kontrolle des gesamten öffentlichen Lebens, der Kommunikation zwischen Staat und Gesellschaft und innerhalb der Gesellschaft war durch ein System der Indoktrinierung und der polizeilichen Überwachung perfektioniert. Etwas anders Italien: Obwohl Mussolinis Staat sich „total“ nannte, sorgte die Existenz der Reservemächte (des Königshauses, der Kirche) für gesellschaftliche Nischen, die nicht direkt vom Einparteienstaat kontrolliert werden konnten. In Spanien ging das Ausmaß an totaler Kontrolle im Zusammenhang mit der Öffnung des Landes zum Westen – ab den 1950er Jahren – immer mehr zurück. Und Österreich? Hier sorgte allein die Existenz einer von einem totalitären Staat von außen gelenkten Oppositionsbewegung – die österreichische NSDAP – für erhebliche Lücken in der politischen Kontrollkapazität der Dollfuß-Schuschnigg-Diktatur.

Kriterium 2: Personalisierung einer autoritären Herrschaftsstruktur

Der NS-Staat muss hier an die erste Stelle gesetzt werden, gefolgt vom faschistischen Italien und dem falangistischen Spanien. Die persönliche Herrschaft Mussolinis wurde durch das Vorhandensein einer Reservemacht relativiert, die Herrschaft Francos durch das – vergleichsweise – Zurücktreten des „Caudillo“, dem nie eine so dominante charismatische Rolle wie dem „Führer“ und dem „Duce“ zukam. Dollfuß musste seine Macht von Anfang an teilen – mit den Führern der Heimwehr, wie das bis 1936 auch Schuschnigg zu machen hatte. Und Japan? Die Admiräle und Generäle, die Japans Politik in den 1930er und 1940er Jahren bestimmten, blieben ein Kollektiv, aus dem keine Persönlichkeit eine erkennbare und nachhaltige Führungsrolle übernehmen konnte. Diese geringe Einstufung Japans gilt freilich nur unter der Voraussetzung der Vernachlässigung der Rolle des Tenno, die bis zum August 1945 auch tatsächlich übersehen werden konnte.

Kriterium 3: Eine Massenbewegung, die sich als Anti-Systempartei an die Spitze des Systems setzt

Hier war das faschistische Italien der Modellfall, gefolgt vom nationalsozialistischen Deutschland. Die Vaterländische Front war eine umgewandelte österreichische Traditionspartei, und die spanische Falange eine schon fast vergessene Partei, bevor sie von Franco wieder ins politische Leben zurückgeholt wurde – ohne aber viel mehr als Fassade für die Herrschaft des Caudillo zu dienen. Und Japans 1940 gegründete und von Konoe geleitete Bewegung zur Unterstützung der kaiserlichen Herrschaft war eine substanziell bedeutungslose Pflichtübung einer nicht-faschistischen Militärdiktatur, die sich einen faschistischen Anstrich zu geben versuchte.

Kriterium 4: Militarisierung der Gesellschaft

In keiner der fünf Diktaturen war die gesellschaftliche Militarisierung so perfektioniert wie in Japan. Das Phänomen der Kamikaze-Piloten, die sich freiwillig in Wahrnehmung einer militärischen Pflicht in den Tod stürzten, findet nicht in Italien und auch nicht in Deutschland eine Entsprechung. Francos Spanien war zwar eine Militärdiktatur, aber die Durchdringung der Gesellschaft mit militärischem Denken und militärischen Strukturen ging rasch zurück, als Spanien sich aus dem Weltkrieg herauszuhalten vermochte und schon bald nach 1945 sicher war, dass der Faschismus à la Franco im Windschatten des Kalten Krieges überleben kann. Und Österreich? Schuschniggs Bundesheer war von illegalen Nationalsozialisten bereits so unterwandert, dass er im März 1938 – auch aus diesem Grund – an einen militärischen Widerstand nicht denken konnte.

Kriterium 5: Repression nach innen

Die Repressionsintensität war in Deutschland in den Jahren der nationalsozialistischen Herrschaft extrem, weil schon beginnend mit 1933 Deutsche aus der Gemeinschaft der Deutschen ausgesondert, diskriminiert, vertrieben und ermordet wurden. Diese Intensität war von einer einmaligen negativen Qualität und geht über die Verfolgung und Unterdrückung der politischen Opposition weit hinaus. Nach Deutschland wird Spanien den zweiten Platz einnehmen müssen – bezogen auf die ersten Jahre nach dem Ende der Republik, als innenpolitische Gegner des Franco-Regimes mit besonderer Gnadenlosigkeit verfolgt wurden. Japan und Italien müssten sich den dritten Platz teilen – und das Dollfuß-Regime wäre in dieser Repressionsskala auf dem letzten Platz.

Kriterium 6: Repression nach außen

Deutschland ist hier abermals – wegen des „Weltanschauungskrieges" in Osteuropa, vor allem aber auch wegen des in den besetzten Gebieten umgesetzten Holocaust – an die oberste Stelle zu setzen; gefolgt von Japan, dessen Politik der Ausbeutung in China und in Südostasien und mit Bezug auf die Behandlung von Kriegsgefangenen die gleiche negative Qualität wie die von den Vertretern des NS-Systems zu verantwortende Repression aufweist. Allerdings fehlt bei Japans Besatzungspolitik das Phänomen Holocaust. Italien wäre – knapp dahinter – an dritter Stelle, während Spanien Verantwortung für die Kolonialpolitik in Spanisch-Marokko trägt, aber darüber hinaus keine Repressionen außerhalb Spaniens zu verantworten hat. Österreich als Staat hat – mangels Expansion – überhaupt keine derartige Verantwortung. Die individuelle Verantwortung von Österreichern in den Uniformen des NS-Staates ist aber unbedingt zu vermerken.

Kriterium 7: Ausmaß und Wirkung eines aggressiven, rassistische Züge aufweisenden Nationalismus

Deutschland und Japan könnten hier im „Ranking" gemeinsam Platz eins besetzen, Deutschland hat aber – abermals wegen des Holocaust – das „Privileg" des Vorranges. Italien käme wohl auf Platz drei. Der spanische Nationalismus war grundsätzlich nicht offensiv, sondern defensiv-aggressiv. Allerdings muss die gewaltsame Unterdrückung der Autonomiebewegungen im Baskenland und Katalonien als aggressiver Binnennationalismus gewertet werden. Der Nationalismus in Österreich richtete sich (als Deutschnationalismus) gegen die staatliche Selbständigkeit Österreichs – ein österreichisches Alleinstellungsmerkmal.

Kriterium 8: Genozid, ethnische Vertreibungen, Völkermord

Deutschland hat, wegen der Verantwortung des NS-Staates für den Holocaust, den Platz eins im faschistischen Ranking, gefolgt vom nicht-faschistischen Japan und dem faschistischen Italien. Japans Besatzungspolitik (vor allem in China) und Italiens Kriegspolitik in Abessinien lassen kaum Abstufungen zwischen diesen beiden Diktaturen zu. Francos Spanien betrieb ebenso wenig wie Dollfuß' Österreich eine Politik ethnischer Vertreibungen und ethnischer Diskriminierung.

Was war allen diesen Systemen gemeinsam, allen Unterschieden zum Trotz? Die Diktatur! Aber rechtfertigt diese Gemeinsamkeit die Aufrechterhaltung eines umfassenden Faschismus-Begriffes? Lenin und Stalin, Mao und Xi, Nasser und Ibn Saud und Pinochet und, und, und – waren sie alle Faschisten?

Hat der Faschismus eine „Epoche" bestimmt, wie das Ernst Nolte zumindest indirekt ausgedrückt hat? (Nolte 1963) Faschismen stehen für die mörderischsten Systeme der ersten Hälfte des 20. Jahrhunderts. Der Nationalsozialismus steht für das mörderischste überhaupt. Aber diese negative Bilanz des Faschismus erfährt Konkurrenz in Form einer ähnlichen Bilanz des japanischen Reiches bis 1945 – und der Sowjetunion, von Lenin über Stalin und, abgeschwächt, über Stalin hinaus. In der zweiten Hälfte des Jahrhunderts entwickelte sich zwar Europa – nach Hitlers Tod im Bunker der Reichskanzlei und Stalins Tod in seiner Datscha am Rande Moskaus – zum friedlichsten Europa, das es je gab. Aber unter dem Titel „Kulturrevolution" hatte ein sich auf Marx und Lenin berufendes kommunistisches System in China ein totalitäres Regime in Form einer personalisierten Schreckensherrschaft errichtet, die dem in nichts nachstand, was unter dem japanischen Sonnenbanner in Ost- und Südostasien geschah. Was unterscheidet alle diese Systeme? Ist Faschismus ein Begriff, der geeignet ist, Differenzierungen des Schreckens vorzunehmen – oder vernebelt die Faschismus-Terminologie nicht die notwendigen Differenzierungen?

„Der" Faschismus – falls man diesen Sammelbegriff überhaupt weiter verwenden will – weist eine schreckliche Bilanz auf. Dieses Urteil gilt für alle Systeme, die sich am Modell des italienischen Faschismus mehr oder weniger orientiert haben. Aber die Schreckensbilanz dieser Systeme ist nicht dieselbe. Und der Faschismus hat keinen Monopolanspruch auf systematischen Terror.

Die Faschismus-Frage und/oder die Nazi-Frage

Dass Pierre Aycoberry sein Buch nicht der Faschismus-, sondern der Nazi-Frage widmet, hat sehr gute Gründe: Was Faschismus ist, hat wenig Spezielles aufzuweisen: jenseits des Terrors und der Zerstörungen, für die Faschismen aller Art verantwortlich waren, auf die aber der Faschismus keinen Alleinvertretungsanspruch hat; jenseits des üblen Geruchs, den schon das Wort und erst die Erinnerung an die Realität von Faschismus verbreiten: Angriffskriege und Kriegsverbrechen haben die Menschheitsgeschichte immer begleitet – sie sind keine „Errungenschaft" des Faschismus. Der Einsatz von politischer Gewalt, in direktem oder indirektem Auftrag herrschender gesellschaftlicher (etwa ökonomischer) Interessen, wurde zwar von Mussolini praktiziert, aber nicht erfunden. Politische Morde gab es lange, lange vor dem Matteotti-Mord in Italien und vor dem 30. Juni 1934 in Deutschland – und zwar auch unter der Verantwortung deklarierter Antifaschisten. Die Aufzählung alles dessen, was Faschismus real bedeutet, kann leicht zur Litanei alles dessen werden, was in Geschichte und Gegenwart von allgemein erkennbarem Übel ist.

Mit dem Nationalsozialismus verhält es sich anders. Der Faschismus à la Hitler ist ein „Faschismus plus". Was dieses Plus ausmacht, ist bekannt – es ist der Holocaust. Und dieses „Plus" ist spezifisch. Aber wie ist dieses Plus zu erklären, zu verstehen?

Es ist unbestritten, dass der Holocaust ohne den Nationalsozialismus nicht möglich gewesen wäre. Ebenso ist unbestritten, dass zwar die Führung des „Dritten Reiches“ den Holocaust gewollt, geplant und umgesetzt hat. Aber diese Umsetzung war keine rein deutsche Angelegenheit. Unbestritten ist, dass ohne die nicht erzwungene Kooperation (Kollaboration) nicht deutscher Regierungsstellen oder Teile von nicht deutschen Zivilgesellschaften der Holocaust nie die Dimension erreicht hätte, die erstmals – annähernd – in Nürnberg 1945 und 1946 dokumentiert wurde.

Es ist aber nicht der Massenmord an den Jüdinnen und Juden Europas allein, die den Kern der „Nazi-Frage“ beinhaltet: Massenmorde hat es gegeben, in Kriegen, aber auch unabhängig von diesen. Der Genozid an den Armeniern im Osmanischen Reich war ein Massenmord, wie auch die Genozid-ähnliche Vertreibung indigener Völker in der westlichen Hemisphäre. Der Holocaust war durch ein zusätzliches Merkmal gekennzeichnet: Es war die von ökonomischen oder militärischen Bedürfnissen der Täter losgelöste technische Perfektion, es war der Massenmord als Selbst- und Endzweck – jenseits von einer Massenhysterie wie bei den Hexenverbrennungen oder einem Landraubmotiv wie in Amerika. Es ist das nicht materielle, das idealistische Motiv, das den Holocaust so ganz besonders macht.

Der Holocaust war nicht nur ein deutsches Verbrechen. In Ungarn gab es schon Jahre vor der Besetzung des Landes durch deutsche Truppen 1944 eine rechtliche Diskriminierung der Juden, etwa durch benachteiligende Quotenregelungen. Im März 1944 begannen „die Deutschen“ – Spezialeinheiten der SS, gesichert von der Wehrmacht – einen im Detail vorbereiteten Plan umzusetzen. Geplant war, alle Jüdinnen und Juden Ungarns mit maximaler Effizienz (und das hieß angesichts der Kriegslage vor allem mit maximaler Geschwindigkeit) nach Auschwitz-Birkenau zu bringen, wo die meisten von ihnen unmittelbar nach der Ankunft ermordet wurden. Aber für das Zusammentreiben der Juden, auch für die Organisation der Transporte an die verschiedenen Sammelpunkte benötigte die SS die Kooperation der ungarischen Gendarmerie. Und diese wurde durch die Kollaborationsbereitschaft des Reichsverwesers Horthy und der ungarischen Regierung gesichert. (Braham 2000, 99–226)

In Rumänien, wie Ungarn ein Verbündeter Deutschlands und Italiens im Krieg gegen die UdSSR, hatte die „Eiserne Garde“ den auch in Rumänien traditionellen Antisemitismus politisch genutzt. Die „Eiserne Garde“ – ursprünglich „Legion des Erzengels Michael“ – entstand 1927 als die militanteste Gruppierung neben anderen, offen antisemitischen Bewegungen. Schon vor dem Ersten Weltkrieg waren in Rumänien antijüdische Gesetze beschlossen und umgesetzt worden – Diskriminierungen beim Erwerb der Staatsbürgerschaft, beim Zugang an Schulen und Universitäten und zu bestimmten Berufen. Bei den letzten freien Wahlen vor dem Zweiten Weltkrieg, 1937, erhielt die „Eiserne Garde“ fast 16 Prozent der Stimmen. 1938 wurde – in einer an die internen Machtkämpfe zur Zeit des

Stalinismus erinnernden Form – die „Eiserne Garde" verboten und deren Führer „Capitan" Corneliu Zelea-Codreanu ermordet. (Mann 2004, 261–297; Schmitt 2016, 253–278)

Unabhängig davon wurden 1938 die antijüdischen Gesetze verschärft. Im Sommer 1940 wurde Rumänien gezwungen, zunächst Bessarabien an die UdSSR, dann das nördliche Transsylvanien an Ungarn und einen Teil der Dobrudscha an Bulgarien abzutreten. Unter der diktatorischen Führung Marschall Ion Antonescus, der davor König Carol II gestürzt hatte – dieser wiederum hatte die politische Hauptverantwortung für die Ermordung Codreanus –, begann Rumänien im Juni 1941 an der Seite Deutschlands den Angriffskrieg gegen die Sowjetunion. Rumänische Truppen beteiligten sich aktiv am Holocaust – in Bessarabien, in der Bukowina und in den von rumänischen Truppen besetzten Teilen der Ukraine (Transnistria). In diesen Regionen wurde die große Mehrheit der dort lebenden jüdischen Bevölkerung ermordet. Im rumänischen „Kernland" begann – ab November 1942 – die Regierung mit der Vertreibung der Juden. Deren Verschickung in Todeslager verzögerte sich aber. Etwa 300.000 rumänische Jüdinnen und Juden überlebten – nicht so die 150.000 Jüdinnen und Juden des an Ungarn abgetretenen Teils von Transsylvanien. Von diesen wurden fast alle ermordet. Nach der Etablierung des kommunistischen Einparteiensystems wurden Antisemitismus und Holocaust dem Überbegriff Faschismus untergeordnet – in Rumänien und in allen kommunistischen Diktaturen. (Ioanid 1996, 228–238)

In Frankreich arbeitete die französische Exekutive – auch die, die unter der Verantwortung der Regierung Philippe Petains stand – den deutschen Judenmördern zu. Die Deportation von Juden aus Frankreich in die Todeslager begann im Frühjahr 1942 – zunächst von nicht-französischen, bald aber auch von französischen Jüdinnen und Juden: mit Billigung der Regierung Petains und mit Unterstützung der französischen Polizei.

Die französischen Regierungen nach 1944 zeigten nur geringes Interesse, die Mitschuld von Französinnen und Franzosen am Holocaust zu thematisieren. Das geringe Ausmaß einer solchen Thematisierung war auch von innenpolitischen Interessen beeinflusst – die französische Rechte wollte am Antikommunismus als Thema Nummer eins festhalten. Dieses sollte nicht von der Erinnerung an den Holocaust zurückgedrängt werden. Und „... the extreme Left argued that racism and anti-Semitism could only be understood in the context of the class struggle." (Weinberg 1996, 25)

Ein Beispiel für den Unwillen Frankreichs, sich der Mitwirkung von französischen Behörden am Holocaust zu stellen, lieferte der Fall Paul Touvier: Der frühere Polizeichef von Lyon und Chef der regionalen Miliz, die besonders in die Organisation der Transporte in die Todeslager involviert war, war in Abwesenheit 1946 und ein zweites Mal 1947 zum Tode verurteilt worden. 1971 begnadigte Präsident Georges Pompidou den nach wie vor Flüchtigen. Jahre später wurde Touvier wegen eines „Verbrechens gegen die Menschlichkeit“ angeklagt, wofür die Begnadigung nun nicht mehr galt. 1989 wurde er in einem südfranzösischen Kloster gefasst, wegen seines Gesundheitszustandes wurde der Prozess gegen ihn aber ausgesetzt. Das französische Gericht argumentierte auch, das Regime des Marschalls Pétain hätte – anders als das nationalsozialistische Deutschland – keine systematische Politik der Judenvernichtung verfolgt. Das führte zu einem öffentlichen Aufschrei, der Oberste Gerichtshof sistierte das Urteil der unteren Instanz, und 1994 wurde Touvier wegen Verbrechen gegen die Menschheit verurteilt. (Weinberg 1996, 37 f.)

Ein besonderes Beispiel für die mangelnde Bereitschaft, den Holocaust nicht nur als ein Verbrechen der „Deutschen“ zu werten, lieferte Polen – das kommunistische wie auch das postkommunistische Polen. Die aktive, freiwillige Beteiligung von Polinnen und Polen an der Ermordung von Jüdinnen und Juden wurde am Beispiel der Kleinstadt Jedwabne deutlich gemacht, wo im Sommer 1941 unter der Aufmunterung der eben in die Stadt eingedrungenen deutschen Wehrmacht die jüdische Bevölkerung der Stadt in aller Öffentlichkeit von den nicht-jüdischen Bewohnern der Stadt erschlagen wurde. (Bikont 2016) Das Weiterleben eines mörderischen Antisemitismus auch nach Auschwitz bewiesen die Ereignisse in Kielce, als 1946 unter dem Vorwand, einen erfundenen Ritualmord zu rächen, jüdische Holocaust-Überlebende von einem Teil der polnischen Zivilgesellschaft ermordet wurden. (Gross 2006)

Eine besonders komplexe Region für die Beteiligung Nicht-Deutscher am Holocaust liefert der Balkan. Im Südosten Europas existierten in den Jahren 1941 bis 1945 Staaten, die Juniorpartner der Achse waren; und Regionen, die vom faschistischen Italien oder vom nationalsozialistischen Deutschland militärisch erobert und besetzt waren. Auf dem Balkan gab es zur selben Zeit Kollaboration von Regierungen mit dem den Holocaust vorantreibenden Deutschland, es gab auch von Deutschland unabhängig betriebenen, regierungsoffiziellen Massenmord an Jüdinnen und Juden. Aber ebenso gab es Widerstand gegen die Besatzung, vor allem in Form der Partisanen.

Rumänien und Bulgarien waren mit den Achsenmächten verbündet, und die Regierungen beider Staaten kooperierten partiell und in unterschiedlicher Form mit dem von deutscher Seite organisierten Holocaust. Bulgarien lieferte „seine“ Jüdinnen und Juden aus dem bulgarischen Kernland – das Bulgarien in den Grenzen bis 1941 – nicht an die deutsche Vernichtungsmaschinerie aus. Aber in den von Bulgarien 1941 besetzten Gebieten (Mazedonien) wurden die Juden, auch unter Mithilfe bulgarischer Behörden, der deutsch gelenkten Mordmaschinerie übergeben. Im deutsch besetzten Griechenland, im deutsch besetzten Serbien wurden Jüdinnen und Juden – die Überlebenden der ersten Massenmorde durch deutsche Erschießungskommandos – in die Vernichtungslager transportiert, darunter auch die größte jüdische Gemeinde des östlichen Mittelmeerraumes, die von Saloniki. In den von Italien besetzten Teilen des Balkans – Montenegro, Albanien, Nordwest-

Griechenland – wurde der Holocaust, trotz deutschen Drängens, nicht umgesetzt, bis im Sommer 1943 deutsche Truppen die italienischen ablösten. Dann setzte auch in den ursprünglich italienisch kontrollierten Balkangebieten der systematische Judenmord ein.

Einen Sonderfall bildete Kroatien, das weite Teile des durch den deutsch-italienischen Angriffskrieg zerstörten Jugoslawiens umfasste. Der kroatische Staat – eine nach dem Muster des italienischen Faschismus und des deutschen Nationalsozialismus errichtete Einparteiendiktatur (der Ustascha-Bewegung) unter dem „Poglavnik" (Führer) Ante Pavelic – kooperierte nicht nur mit den deutschen Planern und Exekutoren des Holocaust, wie das von slowakischer oder ungarischer oder französischer Seite geschah. Das faschistische Kroatien plante und organisierte den Holocaust selbst, auf eigenem Boden. Im Lager Jasenovac wurden politische Gegner zur Arbeit gezwungen, Angehörige der serbischen, christlich-orthodoxen Minderheit vor die Wahl zwischen Konversion zum Katholizismus und Tod gestellt, und Jüdinnen und Juden wie auch die Angehörigen der Roma-Volksgruppe (der „Zigeuner") wurden massenhaft ermordet. Jasenovac hatte – fast – den Charakter von Auschwitz-Birkenau, und war um vieles brutaler als Dachau. (Glenny 2000, 495–501)

Eine spezifische Neigung, die nationalsozialistischen Verbrechen „den Deutschen" und nur diesen zuzurechnen, lieferte die Tschechoslowakei. Die partielle Kollaboration der tschechischen Polizei in den Jahren 1939 bis 1945 wurde möglichst vergessen, und die Schuldzuweisung an „die Deutschen" diente der Rechtfertigung der Vertreibung aller, die – obwohl Bürgerinnen und Bürger der Tschechoslowakei vor 1939 – als „Deutsche" galten; darunter auch deutsche Jüdinnen und Juden, die das KZ Terezin überlebt hatten. (Heimann 2011, 323) Die Opferrolle, die von der tschechoslowakischen Regierung 1945 in Anspruch genommen wurde, durfte nicht durch zu genaues Nachfragen differenziert werden.

Die Letzt- und Gesamtverantwortung am Menschheitsverbrechen Holocaust liegt beim Nationalsozialismus, dem – deutschen – „Faschismus plus". Aber die Schuld am Holocaust kann nicht auf Deutschland und „die Deutschen" reduziert werden.

Antifaschismus: Die Banalität des Guten

> … to a Communist, ‚Fascist' was the most versatile of insults. Rather than reserve the epithet for the real thing, Soviets used the F-word to discredit capitalists, nationalists, democrats, the religious, and any faction – whether Trotskyite, Socialist or liberal – that did battle with the USSR for the hearts and minds of the left.
> (Albright 2018, 79)

Ein Antifaschismus, der dem Falschen, Bösen und Schrecklichen des Faschismus das Wahre, Gute und Schöne entgegenstellt, bleibt im Banalen stecken. Denn die eigentlichen Fragen sind: Was war das Falsche am Faschismus? Was unterscheidet die Fehlkalkulation Mussolinis, 1940 Griechenland anzugreifen, von der Entscheidung George W. Bushs, 2003 den Krieg gegen den Irak zu beginnen – oder von dem Krieg, den Stalin Ende 1939 gegen Finnland führte? Was war das Böse am System der Konzentrationslager im NS-Staat – im Vergleich zum Gulag-System in der UdSSR? Und was sagt das unsagbar Schreckliche der Bilder der Toten von Dresden und Hiroshima – im Vergleich mit den Toten von Bergen-Belsen und den Fotos der Frauen und Kinder, die sich vor den Gaskammern in Auschwitz-Birkenau anstellen mussten?

Faschismen jeder Art haben Schreckliches zu verantworten. Aber hat nicht auch der transatlantische Sklavenhandel Schreckliches zu verantworten, und auch dessen Folgen, die – in Form des Alltagsrassismus – tief hinein ins 21. Jahrhundert reichen? Warum ist Himmlers Phantasie von einem von Deutschen beherrschten und besiedelten Osteuropa anders – warum soll es anders sein als die Realität der Besiedlung Amerikas, das mit der Unterdrückung und Vertreibung indigener Völker verbunden war?

Solchen Fragen muss sich der Antifaschismus stellen, will er nicht auf banale Bekenntnisse reduziert werden. Deswegen muss Antifaschismus als Auftrag zu komplexen Vergleichen verstanden werden: etwa zwischen der ökonomischen Rationalität des Sklavenhandels – und der weltanschaulichen Rationalität des Holocaust; etwa zwischen dem Bombardement von Warschau und Rotterdam als Teil eines Angriffskrieges – und dem Bombardement von Dresden und Hiroshima als Teil eines Verteidigungskrieges. Ein nicht banaler Antifaschismus ist nicht nur einer der Gefühle, er ist vor allem ein Antifaschismus des Verstandes.

Im Laufe des 20. Jahrhunderts war Faschismus zu einem generell negativ besetzten Begriff geworden, und jemanden eine Faschistin oder Faschist zu nennen wurde zu einer Beschimpfung. Was zunächst eine generell anti-sozialistische und anti-demokratische (zumindest demokratieskeptische) Position ausdrückte, wurde bald zum Unwort. Kaum jemand akzeptierte, Faschist(in) zu sein, fast alle übertrafen sich in Bekenntnissen zum Antifaschismus. In letzter Konsequenz verliert der Antifaschismus so jede Trennschärfe und damit jeden intellektuellen Wert. Er wird zur Banalität.

Ein nicht banaler Antifaschismus muss verletzen, muss Schmerz bereiten: durch seine Hinweise auf die Traditionen, die den Faschismus möglich gemacht haben – etwa auf das Christliche im jahrtausendealten Antisemitismus; etwa auch die Zerstörung der Oberflächlichkeit, mit der Sekundärwerte zu Primärwerten gemacht wurden und werden: „Unsere Ehre heißt Treue" – und „Arbeit macht frei". Diese Slogans des SS-Staates machen es notwendig, sich der Funktionalität von Werten und den mit diesen verbundenen Begriffen auseinanderzusetzen, wie „Treue" und „Arbeit". Dass Himmler im Oktober 1943 den Begriff „anständig" in Bezug auf die Massenmorde und Massenmörder gebracht hat, sollte eigentlich „Anstand" und „anständig" aus dem Vokabular der Alltagssprache entfernen.

Der anständige Massenmörder

Dass Menschen des 21. Jahrhunderts Schrecken und Abscheu empfinden, wenn sie mit den Ergebnissen faschistischer und speziell nationalsozialistischer Herrschaft konfrontiert werden, ist eine Selbstverständlichkeit. Selbstverständlich war es, dass im Jahrhundert davor der Prozess gegen die Hauptkriegsverbrecher in Nürnberg, dass der Eichmann-Prozess in Jerusalem und der Auschwitz-Prozess in Frankfurt ein Entsetzen über den nun nicht mehr verdrängbaren Holocaust hervorrief. Selbstverständlich, dass seither das „Nie wieder" zu einem kulturellen Allgemeingut wurde.

Nicht selbstverständlich – wenn auch nicht überraschend – war die Reaktion auf Hannah Arendts Porträt des Angeklagten von Jerusalem. Da saß kein grausam sadistischer Mörder vor seinem Richter, kein Unmensch, der es genossen hätte, jüdische Kinder zu erschlagen und deren Mütter in die Gaskammern zu schicken. Da saß ein Mann von geradezu provokanter Durchschnittlichkeit. (Arendt 1986) Eichmann, der in Jerusalem großen Wert darauf legte, nie persönlich gemordet zu haben; ein Mann, der seine zentrale Rolle in der Vernichtungsmaschinerie als „Pflichterfüllung" sah: Ein solcher Mann hätte seine „Pflicht" auch in einem deutschen Postamt oder am Schalter eines österreichischen Bahnhofes versehen können.

Arendts Darstellung provozierte – und löste zunächst auch einen Sturm der Empörung aus, gerichtet gegen Arendt, die durch den Nachweis der Austauschbarkeit eines Massenmörders dessen Taten zu relativieren schien. Aber Arendts empirisch bestens belegter und begründeter Zugang, Eichmann als „banalen" Menschen zu zeichnen, zwang zu Nachdenklichkeit. Diese Deutung Eichmanns als eines banalen Menschen zeigte etwas Erschreckendes, weil es zwang, den „Eichmann in uns" zu konfrontieren.

Nach Eichmanns Flucht nach Argentinien, in einem Milieu geflohener, in nationalsozialistische Verbrechen verstrickter Deutscher und NS-Kollaborateure, zeigte Eichmann so etwas wie Stolz auf seine „Leistung", auf das Ausmaß an Pflichterfüllung. Aber auch diese Identifikation mit dem Holocaust hatte etwas schrecklich Banales: Es war wie der Stolz eines Verkäufers von Versicherungspolicen oder des Leiters einer Kaufhausfiliale über eine kaufmännische Erfolgsbilanz. (Stagneth 2011) In keinen seiner Äußerungen zeigte Eichmann – im freien Gespräch mit politischen Freunden, in der Sicherheit des Exils – so etwas wie Reue, oder auch nur nachdenkliche Reflexion. Aber seinen Ausführungen war auch kein besonderer Hass auf seine Opfer, und schon gar nicht sadistische Befriedigung zu entnehmen. Eichmann zeigte sich als einer, der das geblieben war, was Himmler in seiner Rede in Posen von seinen Gefolgsleuten gefordert hatte: Er war „anständig" geblieben.

Am 4. Oktober 1943 hielt Heinrich Himmler, der Reichsführer der SS, in Posen eine mehrstündige Rede vor den Gruppenführern des SS und anderen Spitzenfunktionären von Partei und Staat. Diese Rede, deren Inhalt zur Gänze dokumentiert ist, hilft die Gedankenwelt, die „Ideologie" zu verstehen, die aus dem in Europa über die Jahrhunderte tradierten, auch in Deutschland vor 1933 so alltäglichen Antisemitismus zum millionenfachen Massenmord weiterführte. Himmler verlangte in seiner Rede von den Mördern, „anständig" zu bleiben:

„Ich will hier vor Ihnen in aller Offenheit auch ein ganz schweres Kapitel erwähnen. Unter uns soll es einmal ganz offen ausgesprochen sein, und trotzdem werden wir in der Öffentlichkeit nie darüber reden. Ich meine jetzt die Judenevakuierung, die Ausrottung des jüdischen Volkes. Von Euch werden die meisten wissen, was es heißt, wenn 100 Leichen beisammen liegen, wenn 500 daliegen oder wenn 1000 daliegen. Dies durchgehalten zu haben und dabei – abgesehen von Ausnahmen menschlicher Schwäche – anständig geblieben zu sein, das hat uns hart gemacht." (Longerich 2008, 709)

„Anständig", das bedeutete, keine Gefühle des Entsetzens zu empfinden, wenn die willkürlich ausgewählten Opfer vor den von ihnen selbst bereits ausgehobenen Gräbern standen oder zu den Gaskammern getrieben wurden. „Anständig" war, Haltung zu zeigen, Fassung zu bewahren. „Anständig" war die Pflichterfüllung – und die erforderte keinen konkreten Hass auf die Opfer. Die Pflicht war zu erfüllen – frei von Emotionen.

Eichmann war von Himmler und Heydrich nicht als Organisator des Holocaust ausgewählt worden, weil er sich im Hass gegen die Juden besonders hervorgetan, weil er etwa außerordentliche Vorleistungen im Geschäft des Judenmordes aufzuweisen hätte. Eichmann stand in Jerusalem vor Gericht, weil er „verlässlich" war. Und das wies auf das Potential eines „Eichmann in uns": Ohne die gesellschaftlichen

Rahmenbedingungen, die der junge Eichmann in einer von Judenhass geschwängerten Atmosphäre in Deutschland und in Österreich vorgefunden hatte; voll von einem Judenhass, der auch schon vor Hitlers „Machtergreifung" und nicht nur bei Nationalsozialisten beobachtbar war; ein Judenhass, der gesellschaftlich akzeptabel war – in Kirchengemeinden, an Universitäten, in Zeitungsredaktionen, am Arbeitsplatz; ein Hass gegen eine aus nicht nachvollziehbaren Gründen als „Rasse" ausgewählte Gruppe, die mit Ungeziefer gleichgesetzt wurde: In einer Atmosphäre, in der ganz selbstverständlich katholische Priester und protestantische Pastoren „die Juden" als „Gottesmörder" brandmarkten; in der „Juden" von Politikern wie Karl Lueger zu den Verursachern von allem und jedem gemacht wurden – für das vom Kapitalismus geschaffene Elend und für den diabolischen Marxismus; in der auch die Sprache und Propaganda der antikapitalistischen Linken immer wieder auf das Klischee vom typisch jüdischen Ausbeuter zurückgriff: in einer solchen gesellschaftlichen Atmosphäre war Eichmann alles andere als auffällig, schon gar nicht als ein potentieller Massenmörder. Er war Durchschnitt, einer „von uns"; handlungsbereit und handlungsfähig.

Die Durchschnittlichkeit der Eichmanns machte es nach 1945 so schwer, über das persönliche Entsetzen hinaus nach den Ursachen zu fragen. Das hätte erfordert, den zwei Jahrtausende alten christlichen Antisemitismus zu thematisieren; sich mit der Neigung der Menschen (aller?) zu beschäftigen, für alles erfahrene Unheil (von der Pest des Spätmittelalters und der frühen Neuzeit bis zur Wirtschaftskrise und der folgenden Massenarbeitslosigkeit um 1930) eine persönlich haftbare Gruppe von Mitmenschen zu benennen. Für lange Zeit waren es Hexen und Zauberer, die man finden musste, um sich durch deren Verbrennen ein Ventil zu verschaffen. Aber schon immer waren es „die Juden" – jedenfalls im christlich geprägten Abendland.

Die Einsicht in diese Zusammenhänge muss von einem banalen Antifaschismus zu weiteren Konsequenzen führen: zur Konfrontation mit nationalen Erzähltraditionen, die immer von einem scheinbar klar zu definierenden „Wir" ausgehen; zur Konfrontation mit Traditionen einer Kirche, die – nach langen Debatten im Zweiten Vaticanum – sich endlich dazu durchringen konnte, die verbalen Beschimpfungen der Juden als „perfid" aus der katholischen Liturgie zu entfernen und die diese Geste schon für einen ausreichenden Schritt hält; zur Konfrontation mit den Gralshütern des Marxismus-Leninismus, die das Foltern und die Ermordung von Menschen unter dem Vorwurf des „Zionismus" akzeptierten; zur Konfrontation mit Parteien, die im Wettbewerb um die Maximierung von Stimmen immer wieder Konzessionen an antijüdische Vorurteile machen und auch offene Antisemiten in politische Ämter hieven.

In diesem Sinn bleibt Bert Brechts Auseinandersetzung mit dem Antisemitismus banal. Wie in „Der aufhaltsame Aufstieg des Arturo Ui" versteht er in seinem schon 1934 fertiggestellten Stück „Die Rundköpfe und die Spitzköpfe" nicht, dass der Antisemitismus für den Nationalsozialismus nicht ein Mittel zum Zweck, sondern

Selbstzweck war. Bei Brecht wird der Judenhass als Instrument von den Herren des Kapitals eingesetzt – um die Opfer des Kapitalismus von den eigentlich am Elend Schuldigen abzulenken. Für Brecht ist der Antisemitismus ein zynisch eingesetztes Instrument. Das spricht gegen Brechts Scharfsinn, aber nicht gegen sein Ethos: Es war für um rationale Erklärungen bemühte Menschen eben unvorstellbar, was sich im nationalsozialistischen Deutschland schon früh abgezeichnet hatte und in Auschwitz seinen logischen Endpunkt fand. Der auf die Ausmordung aller Jüdinnen und Juden abzielende Antisemitismus war nicht zynisch, er war idealistisch.

Eichmann war angesichts der Leichenberge „anständig" geblieben. Der Antifaschismus verlangt nicht, im Sinne Himmlers „anständig" zu sein. Gefordert ist Entsetzen. Aber das bloße Entsetzen allein reicht nicht aus, denn es erlaubt Relativierungen: Leichenberge wurden auch in Hiroshima und Nagasaki gefilmt, und davor schon in Dresden. Und das bloße Entsetzen über diese Leichenberge dienen – bestenfalls – einem undifferenzierten Pazifismus, wie ihn auch die sowjetische Propaganda nach 1945 genützt hat, etwa mit der Popularisierung von Pablo Picassos Friedenstaube. Wenn Antifaschismus bei der Verbreitung der Opferbilder stecken bleibt, kann er auch zur relativierenden Entschuldung führen: Auch „die Amerikaner", „die Briten", „die Russen", die waren ja auch nicht „besser". Und das kann sogar – in Form einer antizionistischen Wendung – zu einer antijüdischen Konnotation führen, wenn etwa die Bilder von Opfern eines israelischen Raketenangriffs auf Gaza verbreitet werden: „Die Juden" haben auch ihr Auschwitz, und zwar nicht als Opfer, sondern als Täter; und das relativiert sogar das Auschwitz, das sowjetische Soldaten im Januar 1945 befreiten.

Ein Antifaschismus, der die Gefühlsebene von Abscheu und Entsetzen nicht verlässt, bleibt banal – weil er selbstverständlich, weil letztlich nichtssagend ist. Antifaschist ist man zunächst aus einem Gefühl eines Anstandes heraus, der das Gegenteil des von Himmler in Posen geforderten Anstandes ist: Wenn die Verteilung von Opfer- und Täterrollen eindeutig ist, dann ist es eine kulturelle, eine zivilisatorische Pflicht, emotional die Partei der Opfer zu ergreifen – auch wenn aus dieser Parteinahme nicht unbedingt weitere Konsequenzen abzuleiten sind. Ein Antifaschismus, der nicht analysiert, sondern zu einer bekenntnishaft erstarrten Geste wird, ist banal – auch, weil er manipulierbar ist: etwa durch die Gleichsetzung der israelischen Besatzungspolitik mit Auschwitz oder der US-Vietnam-Politik mit dem Nationalsozialismus.

Ein Antifaschismus kann, wird, muss auf Gegenargumente stoßen, wenn der Giftgaseinsatz der italienischen Streitkräfte in Abessinien, wenn die von japanischer Seite demonstrierte Zerstörungs- und Vernichtungswut in Nanking, wenn das von der deutschen Luftwaffe zu verantwortende Flächenbombardement von Warschau, Rotterdam, Coventry und London in einen Bezug zu Hamburg und Dresden, zu Hiroshima und Nagasaki gestellt werden. Die Kriegsverbrechen der Achsenmächte waren in Qualität und Quantität weder erst- noch waren sie einmalig, und sie waren auch nicht einmalig im Zweiten Weltkrieg. Reduziert sich der Antifaschismus auf die Empörung über Kriegsverbrechen, dann muss er zu einem generellen Pazifismus werden – und das heißt, dann bleibt er banal.

Das gilt auch, wenn Antifaschismus primär als Erinnerung an oder Protest gegen die Unterdrückung politischer Freiheiten verstanden wird. Die Verfolgung politischer Opposition war in der UdSSR – und nicht nur in der Zeit des Stalinismus – intensiver als in der Dollfuß- und Schuschnigg-Diktatur, und zur Zeit des Stalinismus deutlich repressiver als zur Zeit des italienischen Faschismus. Die Zahl der Inhaftierten in den Gulags der UdSSR war jedenfalls viel größer als die Zahl politischer Häftlinge während der Herrschaft des italienischen Faschismus. Wenn die Ablehnung politischer Verfolgung aller Art schon als Antifaschismus qualifiziert, verliert dieser Begriff seinen Sinn. Dann kann er mit der Ablehnung alles Bösen gleichgesetzt werden.

Der Ausbruch aus der Banalität gelingt, wenn nicht die in Nürnberg verhandelten Kriegsverbrechen, auch nicht die Vorbereitung eines Angriffskrieges, sondern die ebenfalls in Nürnberg verhandelten Verbrechen gegen die Menschlichkeit in den Mittelpunkt gerückt werden – und wenn der Fokus sich auf den Holocaust konzentriert: Die geplante und weitgehend umgesetzte „Ausrottung" der jüdischen „Rasse", die Ausmordung von Menschen, denen nichts anderes vorzuwerfen war als die Zufälligkeit ihrer Geburt. Dieses Merkmal des Faschismus war erstmalig und – bisher – einmalig. Die Fokussierung auf dieses Merkmal nimmt dem Antifaschismus jede Banalität.

Ob das Bombardement Rotterdams auf einen Kommunikationsfehler innerhalb der deutschen Luftwaffe zurückzuführen ist oder nicht, ob die von Deutschland, Italien und dem kroatischen Ustascha-Regime zu verantwortenden Kriegsverbrechen am Balkan eine Entsprechung in den Kriegsverbrechen der Partisanen finden, kann nüchtern diskutiert werden. Da sind Aufrechnungen möglich – mit der gegen die deutsche (und nicht nur deutsche) Zivilbevölkerung gerichteten Brutalität der Roten Armee und mit der Erschießung zur Kapitulation bereiter deutscher Truppen, ein Kriegsverbrechen unter der Verantwortung der Alliierten, Teil der Kriegsrealität an der Westfront wie auch an der Ostfront.

Faschistische Herrschaft war immer mit Repression verbunden – freilich mit Repression oft höchst unterschiedlicher Quantität: In Francos Spanien ließ die Intensität der Terrorherrschaft, die nach dem Ende des Bürgerkrieges noch extrem war, allmählich nach. Und die Repression, die vom nationalsozialistischen Deutschland ausging, war nach innen hin verhältnismäßig gering – mit Ausnahme der Gewalt gegen deutsche Jüdinnen und Juden, gegen deutsche Roma und Sinti, gegen deutsche Menschen mit Behinderung. Der Terror aber, den Deutschland in den von der Wehrmacht eroberten und besetzten Gebieten zu verantworten hat – vor allem im Osten und Südosten Europas –, der war von einer besonders erschreckenden Dimension – auch unter Vernachlässigung des Völkermordes an den Jüdinnen und Juden. Und auch die Repressionsintensität, die von Japan, dem nicht faschistischen Bündnispartner, in den japanisch besetzten Gebieten ausging, stand im internationalen Vergleich dem deutschen Terror nicht nach – aber wieder nur, wenn man den Holocaust zunächst ausklammert.

Faschistische Herrschaft war und ist repressiv. Aber der Faschismus hat keinen Monopolanspruch auf brutale Repression. Die europäische Herrschaft und speziell die europäischer Siedler – in den Burenrepubliken in Südafrika oder in der Siedlerrepublik namens USA – war extrem repressiv: gegenüber der indigenen Bevölkerung; gegenüber den Sklaven, die, ihrer Menschenwürde beraubt, zur Arbeit gezwungen wurden, im Interesse ihrer „weißen" Herren.

Der Nationalsozialismus war aber mehr als eine kolonialistische Siedlerherrschaft – eine solche hätte die NS-Planung für den deutschen „Lebensraum" im Osten Europas vorgesehen. Der Nationalsozialismus war besonders, auch im Vergleich mit der japanischen Besatzungspolitik in China oder der von Rachsucht getriebenen Mordpolitik der Regierung Franco, gerichtet gegen die Bürgerkriegsgegner. Der Nationalsozialismus war mehr als Faschismus, mehr als Kolonialismus, mehr als ethnische Vertreibung, mehr als Sklavenwirtschaft – und das Unterscheidungsmerkmal war der Holocaust, die Shoah. Ohne diese Besonderheit herauszustellen, bleibt ein genereller Antifaschismus banal; und auch manipulierbar – durch Hinweise auf die Brutalität der belgischen Kolonialherrschaft im Kongo oder auf die Schreckensherrschaft am Höhepunkt der Französischen Revolution.

Erst die Unterscheidung zwischen dem „gewöhnlichen" Faschismus und dem Nationalsozialismus befreit den Antifaschismus aus der Enge der Banalität des Guten. Erst dann bekommt der Antifaschismus eine Qualität, die sich nicht durch den Verweis auf die Brutalitäten von Kriegen heute und morgen, auf die politische Repression in alten und neuen Diktaturen relativieren lässt.

Die Beliebigkeit des Antifaschismus

Am 6. Januar 2021 stürmten in Washington D.C. Demonstranten das Kapitol. Das Ziel: Die Verhinderung der Ratifizierung der Wahl des Präsidenten. Es ging um den Bestand der Demokratie, deren Voraussetzung der Respekt vor Regeln ist: die Demokratie als ein Prozess der friedlichen Rotation von Macht nach freien und fairen Wahlen.

In den Diskurs nach dem Sturm auf das Capitol wurde der Begriff Faschismus vielfach verwendet: Die Anhänger Donald Trumps nannten die „Antifa" als Verantwortliche, offenkundig um die reale Verantwortung zu verwischen. Die „Antifa", die antifaschistische (erfundene) Geheimorganisation, hatte schon vor dem 6. Januar eine öffentliche Bedeutung erlangt – rund um die Demonstrationen der „Black Lifes Matter"-Bewegung, die den in den USA vorhandenen Rassismus zum Thema machte. Der Faschismus wurde aber auch von der Gegenseite bemüht: Die für alle erkennbare Intention, die demokratische Machtübergabe zu verhindern, wurde als Signal eines wachsenden Faschismus gedeutet – mit Hinweisen auf den Untergang der Demokratie in Europa in der ersten Hälfte des 20. Jahrhunderts: Regierungen unterdrückten die Opposition, den demokratischen Pluralismus und damit die Chance auf einen friedlichen Machtwechsel.

Wollten die Anhänger Donald Trumps, die mit Gewalt die Ratifizierung des Wahlergebnisses vom November 2020 zu unterbinden versuchten, ein faschistisches System erzwingen? Waren die Demonstranten „Faschisten"? Darüber zu diskutieren scheint zunächst wenig sinnvoll, weil das erkennbare Ziel der gewaltsamen Demonstration nicht das Ende der Demokratie war, sondern die Verhinderung eines erfundenen, aber medial hochgespielten Wahlbetrugs. Wäre dieses taktische Ziel erreicht worden und hätte der US-Kongress am 6. Januar 2021 nicht die Wahl Joseph Bidens bestätigt, wäre dies allerdings zu einer existenziellen Gefährdung der Demokratie geworden. Die Demokratie – das war jedenfalls am 6. Januar 2021 erkennbar – ist immer gefährdet. Es gibt immer Grund, sich ihrer Widerstandsfähigkeit, ihrer Wehrhaftigkeit zu versichern. Aber ist alles, was die Demokratie gefährdet, unter den Sammelbegriff „Faschismus" einzuordnen?

Hinter den Emotionen, die den Sturm auf das Capitol auslösten, stand die Angst von Angehörigen vieler „Weißer", durch demographische Entwicklungen ihren Status als Mehrheit zu verlieren – deshalb war Zuwanderung ein zentrales Thema der Trump-Kampagne. Teil der Emotionen war auch ein gegen die Modernisierung gerichteter Affekt – gegen die Wissenschaft, die vor allem religiös übermittelte Weltbilder aufzulösen droht. Erkennbar war auch die Sehnsucht nach einfachen Erklärungen – und die lieferten diverse Verschwörungstheorien. Gewünscht war Sicherheit, und die sollte ein scheinbar starker „weißer" Mann bieten.

Aber war die Summe dieser Emotionen faschistisch? Die Antwort ist davon abhängig, wie weit oder eng man den Faschismus-Begriff fasst. Die Antwort ist auch abhängig von dem „conviction bias", von der Voreingenommenheit derer, die eine Antwort versuchen. Aber eine Feststellung kann nicht bestritten werden: Am 6. Januar 2021 versuchten Tausende hoch emotionalisierte und gewalttätige US-Bürgerinnen und Bürger den Ablauf eines demokratischen Prozesses zu stoppen und damit die an der US-Verfassung verankerte Demokratie zu stören, ja potentiell zu zerstören.

Unter denen, die das Capitol stürmten, mag auch eine vermutlich kleine Minderheit offener Faschisten gewesen sein, auch Bewunderer Hitlers. Aber sie alle waren – bewusst oder unbewusst – Gegner der Demokratie. Sie hatten sich zwar Freiheit, „Freedom", als Kampfparole gewählt. Dass aber auch die Flagge der Konföderierten Staaten von Demonstranten in das Capitol mitgetragen wurde, die Fahne der Staaten, die im Bürgerkrieg die Sklaverei verteidigten, zeigt die Widersprüchlichkeit des verwendeten Freiheitsbegriffes. Es war der Freiheitsbegriff eines extremen Individualismus, eines Anarchismus – und der kam, 2021, von „rechts“. Freiheit war für die Demonstranten die eigene Freiheit – nicht die der anderen; nicht die der Minderheiten, die in Summe 2021 wohl schon die Mehrheit waren. Die versuchte, teilweise gelungene Erstürmung des Capitols war vermutlich Teil einer umfassenden Strategie – aber einer anderen als die, die hinter der Bildung der von Hitler geführten Koalitionsregierung am 30. Januar 1933 stand. Die Verhinderung der Ratifizierung des Wahlergebnisses wäre auf ein politisches Chaos hinausgelaufen, das – fast ein Jahrhundert davor – die „Machtübernahme“ diverser Faschismen ermöglicht hatte.

Unter denen, die das Capitol stürmten, waren auch sehr viele, die von Abstiegsängsten motiviert waren; davon, dass sich ihr Amerika nicht mehr als „weiß“ begreifen lässt, sondern von einer Vielfalt bestimmt war, die in den Regenbogenfahnen ihren Ausdruck finden. Das Ressentiment, das viele der Demonstranten antrieb, war in deren Bewusstsein kaum ein „faschistisches“. Es war eines, das ihr „wahres“ Amerika bedroht sah; und das sie – im Sinne der Parole der Trump-Kampagne „Make America Great Again“ – verteidigen wollten. Das allein lässt eine generelle Kategorisierung dieser Demonstrantinnen und Demonstranten als „faschistisch“ nicht zu – sehr wohl aber als potentiell faschistisch. Freilich: „potentiell faschistisch“ ist mit „antidemokratisch“ gleichzusetzen.

Wenn alle, die sich gegen die Demokratie wenden, Faschisten sind – sind dann alle, die sich als Antifaschisten verstehen, Demokraten? Eine solche Gleichsetzung bedeutet, dass die antifaschistische Tradition des Marxismus-Leninismus demokratisch etikettiert werden müsste. Aber ebenso verwandelt sich eine marxistisch-leninistische Position, weil sie das Demokratieverständnis des liberalen Pluralismus nicht teilt, begrifflich in Faschismus.

Dieses semantische Chaos ist die Folge davon, dass Lenin und dessen loyale Gefolgschaft nie den Demokratiebegriff akzeptiert haben, wie er aus den („bürgerlichen“) Revolutionen des 19. Jahrhunderts entwickelt wurde und sich im nachfaschistischen Europa durchgesetzt hat – zunächst im westlichen Teil des Kontinents, dann – mit Einschränkungen – auch im östlichen. Um zu verhindern, dass „Antifaschismus“ ein völlig aussageleerer Slogan wird, braucht es eine Begriffsbestimmung von Demokratie und Faschismus.

Faschismus als Neigung und Versuchung

Faschismus ist Diktatur. Aber bevor Faschismus zur Diktatur werden kann, gibt es Faschistinnen und Faschisten; gibt es Menschen, die faschistische Neigungen zeigen. Deren Bewusstsein, deren Bedürfnisse formieren sich zu einer Bewegung. Ohne faschistisches oder ein dem Faschismus zuneigendes Bewusstsein – kein Faschismus.

Ein solches Bewusstsein muss nicht „faschistisch" etikettiert sein, auch nicht im Selbstverständnis der von diesem Bewusstsein geprägten Person. Erst recht nach 1945, als „Faschismus" zu einem Unwort wurde, hätten Personen, deren Bewusstsein faschistische Elemente aufweist, zumeist empört zurückgewiesen, dass ihr Bewusstsein faschistisch wäre. Der Faschismus ist ins Unterbewusstsein abgetaucht.

In der Mitte des 20. Jahrhunderts war in den USA ein Team von Soziologinnen und Soziologen der „autoritären Persönlichkeit" auf der Spur – in der plausiblen Annahme, dass autoritäre Persönlichkeitsmerkmale etwas über die Neigung zu einer faschistischen Denk- und Verhaltensweise aussagen. Die zentrale Hypothese der Forschungen war, dass die politischen, wirtschaftlichen und sozialen Überzeugungen einer Person sich zu einem zusammenhängenden Muster verfestigen, das etwas über die Anfälligkeit für antidemokratische Propaganda und, mehr noch, für potentiell faschistisches Denken und Verhalten aussagt.

Faschismus wurde in dieser umfassenden Studie als Anfälligkeit („susceptibility") für bestimmte autoritäre Einstellungen, als latent autoritäre Meinungen verstanden. Erhoben wurden Einstellungen mittels Fragebögen, und die Ergebnisse wurden nach bestimmten sozialen Kategorien zugeordnet. Die Kategorisierung umfasste Differenzierungen wie Frauen – Männer, Studierende, „Working Class" – „Middle Class", Mitglieder von „Service Clubs" (Kiwanis, Lions, Rotary), Patienten einer psychiatrischen Klinik, Insassen eines Gefängnisses.

1950 wurden die Forschungsergebnisse veröffentlicht. (Adorno, Frenkel-Brunswik, Levinson, Sanford 1982) Auf der Grundlage der Ergebnisse wurden drei Skalen aufgestellt: die „A-S Scale" – A-S für Antisemitismus; die „E Scale" – E für Ethnozentrismus; und die „F Scale" – F für Faschismus. Als Indikatoren für eine Anfälligkeit für Faschismus galten folgende Einstellungen:

- Akzeptanz von Astrologie
- Skepsis gegenüber der Modernisierung der Kirche(n)
- Bewertung von Homosexualität als kriminell
- „the true American way of life" in Gefahr
- Akzeptanz von Lynchjustiz („the wide-awake citizen should take the law into his own hands")
- Strikte Erziehungsnormen – Betonung von Gehorsam und Autorität
- Neigung zu Verschwörungstheorien („plots hatched in secret by politicians")

Zusammengefasst wurde die Anfälligkeit in folgende Kategorien:

- Conventionalism („rigid adherence to conventional middle-class values")
- Autoritäre Unterwerfungsneigung
- Autoritäre Aggressivität
- Ablehnung von „Intraception" (eines selbstkritisch nach innen gerichteten Blicks)

- Aberglaube und Stereotypie
- Positive Grundeinstellung gegenüber Macht und „toughness", also „Härte"
- Destruktivität und Zynismus
- „Projectivity" – die Neigung zu Zivilisationspessimismus
- Übersteigerte Wahrnehmung von Sexualität als gesellschaftliche Bedrohung

Der individuell von Adorno verfasste Abschnitt über den „funktionalen" Charakter des Antisemitismus zeigt eine grundsätzliche Übereinstimmung mit Jean-Paul Sartres Ansatz: Der Antisemit braucht den Juden, und nötigenfalls erfindet er ihn. (Adorno, Frenkel-Brunswik, Levinson, Sanford 1950, 301–304) In einem Resümée wurde der kausale Zusammenhang zwischen einer Faschismus-Neigung und (Mangel an) Bildung festgestellt – und ein (vom Standpunkt der Demokratie) vorsichtig optimistischer Ausblick formuliert: Furcht und Destruktivität wären die entscheidenden emotionalen Ursachen von Faschismus, „eros" (Liebe im weitesten Sinn) hingegen gehöre der Demokratie.

Individuelle Furcht, gebündelt in einer Bewegung, geformt zu einer Partei; Furcht, im Zusammenhang von Verlust- und Zukunftsängsten; Furcht vor allem und jedem, was als „fremd" und daher als bedrohlich empfunden wird; Furcht vor Krieg und feindlicher Gewalt: Diese Furcht, begründet oder unbegründet, real oder imaginiert, fördert eine faschistische Gesinnung.

Das Freisein von Furcht immunisiert gegen den Faschismus. Und dies entspricht der von Franklin D. Roosevelt am 6. Januar 1941 verkündeten Deklaration über die vier essenziellen menschlichen Freiheiten. Die erste ist die Freiheit der Rede und der Meinung, die zweite die Freiheit der Religion, die dritte die Freiheit von materieller Not, und die vierte die Freiheit von Furcht. (Kaiser 156 f.) Es sind diese vier Freiheiten, die zur Grundlage der amerikanischen Politik am Vorabend des Zweiten Weltkriegs und während der US-Beteiligung am Zweiten Weltkrieg wurden – und damit die Grundlage für den Kampf gegen den Faschismus.

Es ist Furcht, die im englischen Bürgerkrieg des 17. Jahrhunderts Thomas Hobbes als Ursache hinter dem Aufstieg des „Leviathan" ausgemacht hat. Die Furcht, im Chaos ungeregelter Gewalt unterzugehen, lässt Menschen ihre Hoffnung auf ein Ungetüm setzen, das nur eines verspricht – Sicherheit. Und deshalb wird über den erkennbar mörderischen Charakter des „Leviathan" hinweggesehen. Es ist Furcht, die verführbar macht, Zuflucht zu suchen – in den Sicherheit versprechenden, revolutionär auftretenden Bewegungen. Dieses aus Furcht entstehende Sicherheitsbedürfnis führte freilich in die Katastrophen von 1945.

Ein Antifaschismus, der sich nicht auf Gefühle und Bekenntnisse beschränkt, der nicht banal ist, muss sich mit den gesellschaftlichen Ursachen des Faschismus und dessen Variationen befassen: Was sind die Ursachen von Angst? Was treibt Menschen in eine Emotionalität, die sich zu einem Verhalten verhärtet, zum Wunsch nach „mehr Autorität", nach dem „starken Mann"?

Jeder Mensch ist anfällig für die Versuchung, sich aus der Komplexität der Gesellschaft in eine einfache Lösungen versprechende Gemeinschaft zu flüchten. Aber nicht alle Menschen sind dies im gleichen Maße. Die Fähigkeit, durch ein Mehr an Wissen die Oberflächlichkeit der Angebote einfacher Lösungen zu durchschauen – und Rahmenbedingungen, die von Furcht freimachen: Beides zu fördern, das ist die Aufgabe eines nicht banalen Antifaschismus.

Jenseits des banalen Antifaschismus: Zerstörung von Scheinwissen

Eine Regierung, die den von den eigenen Milizen verübten Mord an Matteotti deckt; ein Diktator, der einen unprovozierten Angriffskrieg gegen das souveräne Kaiserreich Abessinien beginnt und dabei Giftgas einsetzt: Das im Rückblick zu verurteilen, das ist eine Selbstverständlichkeit. Die Ausschaltung des Parlamentarismus in Deutschland als Verstoß gegen Grundrechte zu kritisieren und über den Holocaust entsetzt zu sein: Das ist im 21. Jahrhundert gesellschaftliche Pflicht. Die von der japanischen Führung nicht nur geduldeten, sondern bewusst als Terror eingesetzten Verbrechen in China, insbesondere 1937 in Nanking, das als Beispiel für an einen Genozid grenzende Verletzung aller Standards von Menschlichkeit anzuführen, das ist Teil der Lehrpläne politischer Bildung.

Offen bleibt immer die Frage nach dem Warum. Und jede Antwort, die unter die Oberfläche der heute allgemein üblichen Verurteilung des Faschismus geht, muss differenzieren. Es geht darum, die Floskeln ethnischer Erklärungen (wie „Nationalcharakter“) oder auch vulgärmarxistischer Deutungen („ökonomische Interessen“) zu dekonstruieren.

Der Aufstieg und Fall des Faschismus in Italien muss die Fragmentierung einer weitgehend noch vormodernen Gesellschaft in Rechnung stellen – den Bruch zwischen dem industrialisierten Norden und dem agrarischen Süden – und den Gegensatz zwischen Klerikalismus und Antiklerikalismus. Es geht auch um die Dekonstruktion des spezifisch italienischen Opfernarratives, das der Vernachlässigung spezieller italienischer Bereicherungswünsche in Paris 1919 eine Art Mitschuld am Faschismus gibt. Und es ist der Selbst-Infantilisierung entgegenzutreten, dem Narrativ von der relativen Unschuld des vergleichsweise harmlosen Faschismus à la Mussolini, der vom Nationalsozialismus in die Katastrophe gerissen wurde. Auch die dem italienischen Selbstwertgefühl dienende Über-Heroisierung des Partisanenkrieges zwischen 1943 und 1945 ist mit einer klaren Aussage zu beantworten: Der Faschismus wurde durch die Alliierten und deren Festhalten an der bedingungslosen Kapitulation der Achsenmächte besiegt. Es waren die militärischen Erfolge der Alliierten, die den Großen Faschistischen Rat und Vittorio Emanuele III zum Handeln zwangen; und es waren die Alliierten, die – mit Unterstützung der Partisanen – in Mittel- und Norditalien die deutsche Wehrmacht besiegten.

Der deutsche Diskurs hat in Rechnung zu stellen, dass die NSDAP weder eine bürgerliche, noch eine kleinbürgerliche Partei war, auch nicht eine Partei des „Lumpenproletariats". Die NSDAP war eine Volkspartei, in der Prinzen des Hauses Hohenzollern ebenso vertreten waren wie katholische Bauern aus dem Bayrischen Wald, Hafenarbeiter aus Hamburg und Gewerbetreibende aus Breslau. Die NSDAP war in ihrer sozialen Komposition mehr ein Spiegelbild der deutschen Gesellschaft als es SPD oder KPD oder die Zentrumspartei gewesen waren. Diese empirisch überprüfbare Sicht auf die Partei Hitlers muss auch zu einer – partiellen – Akzeptanz von Daniel Goldhagens These von der Mitverantwortung der deutschen Gesellschaft führen, freilich ohne in die Falle der Debatte über eine deutsche Kollektivschuld zu gehen. (Goldhagen 1996) Vor allem aber ist der Weinerlichkeit des bezogen auf Versailles „Im Felde unbesiegt"-Narratives entgegenzutreten und die damit tendenziell entschuldigende Erklärung des Phänomens Nationalsozialismus. Auch der Fokus auf einen „deutschen Sonderweg" nach 1945 muss relativiert werden – und die Legende von der durch den Widerstand mutiger Ostdeutscher erreichten „Wiedervereinigung": Die Vereinigung der beiden deutschen Staaten war das Resultat des Zusammenbruchs der UdSSR – und nicht eines besonderen Heldenmutes der Deutschen; und der Fall der Berliner Mauer war ein Glied in einer Kette von Ereignissen, die mit den polnischen Parlamentswahlen im Sommer 1989 begannen.

Ein österreichischer Diskurs muss zunächst das sich im 20. Jahrhundert ständig verschiebende Österreichbild in Rechnung stellen – das Bewusstsein darüber, was Österreich ist und sein soll: das multinationale, teilweise demokratisierte Reich der Habsburger; oder die sich als „deutsch" verstehende, 1919 ausgerufene demokratische Republik; oder die Dollfuß-Diktatur, die den Zugriff Hitlers entgehen wollte, indem sie Österreich als ein „besseres" Deutschland interpretierte; oder die Österreicherinnen und Österreicher, die Hitler zujubelten, obwohl (weil?) Österreich buchstäblich von der Landkarte getilgt worden war; oder das Österreich, das 1945 wieder entstand – in Form der Republik von 1918 und 1920, aber ohne „deutsches" Selbstverständnis. Der tiefe Fall der Ersten Republik ist auch als Unvermögen Österreichs zu deuten, in diesem Gestrüpp von angebotenen Identitäten seinen Platz zu finden. Vor diesem Hintergrund kann auch eine nüchterne Debatte über die 1938 eindeutig gegebene Opferrolle Österreichs als Staat wie auch über die nach 1945 opportunistisch angemaßte generelle österreichische Opferrolle geführt werden.

Japans Auseinandersetzung mit der Zeit der Militärdiktatur wird unvermeidlich überschattet durch Hiroshima. Dass zwei japanische Städte die ersten und bisher einzigen Opfer des Einsatzes einer Massenvernichtungswaffe von bis dahin unvorstellbarer Zerstörungsgewalt wurden, darf aber nicht die eindeutige Kriegsschuld Japans zudecken; und ebenso wenig die Ambivalenz des japanischen Antirassismus – ausgedrückt im Anspruch, Vorreiter der Befreiung Asiens von der Hegemonie der europäischen Kolonialmächte zu sein, und der Realität eines arroganten japanischen Rassismus, dem primär asiatische Völker zum Opfer fielen. Zur Debatte steht auch der ethnisch-rassische Nationalismus Japans, und die damit verbundene irrationale Konzeption einer japanischen Rasse; auch die mit diesem Mythos verbundene Sonderrolle des Kaisers – und dem auffallenden Widerspruch zwischen der Selbstverständlichkeit, mit der sich der Kaiser nach 1945 jeder politischen Einflussnahme enthält; und dies auch vor 1945 getan hatte, mit Ausnahme eines entscheidenden Moments im August dieses Jahres: der Kaiser als mystifizierter Nicht-Akteur.

Und Spanien? Die Jahrzehnte, die seit dem Tod des Diktators vergangen sind, haben allmählich einen spanischen Diskurs über den Bürgerkrieg, über dessen Opfer und der dafür Verantwortlichen möglich gemacht. Möglich wird, dass nun die unabhängig voneinander entwickelten parteilichen Narrativen zu einem integrierten nationalen Narrativ werden. Zu einem solchen nationalen Narrativ muss die Einsicht zählen, dass es unverzeihliche Gräueltaten auf beiden Seiten des Bürgerkriegs gegeben hat; dass die Jagd auf und Ermordung von Kommunisten, Sozialisten und anderen Republikanern zwar nicht aufgerechnet werden darf, aber ergänzt werden muss mit den Ausschreitungen republikanischer Kräfte gegen Kirchen und Klöster. Zu einem integrierten nationalen Narrativ zählt auch, dass in einer Phase des Bürgerkrieges ein Krieg im Krieg stattfand – in Katalonien, als sowjetorientierte Kommunisten des „Trotzkismus“ verdächtige Republikaner verfolgten und mordeten; und zu einem solchen Narrativ zählt auch die Ambivalenz von Francos Politik gegenüber Hitler-Deutschland: auf der einen Seite militärische Hilfe für die deutsche Kriegsmarine in spanischen Häfen und die „blaue Division“ an der Ostfront, ergänzt durch die Erinnerung an Francos rhetorische Brückenschläge in Form des Hinweises auf die spätmittelalterliche Vertreibung der Juden aus Spanien, womit Franco Verständnis für die Vertreibung der Juden aus Deutschland signalisierte; auf der anderen Seite Francos im Rückblick klügste Entscheidung, nicht nach dem ihm von Hitler angebotenen Gibraltar zu greifen – und den Fluchtweg von Frankreich in das lebensrettende Portugal grundsätzlich offenzulassen.

Ein intellektuell verantwortlicher Antifaschismus bietet nicht einfache Antworten – als Antithesen zu den grobschlächtigen Vereinfachungen faschistischer Sichtweisen. Es kann auch nicht um einen Schlusspunkt gehen: Die Faschismusdebatte, oder Pierre Aycoberrys „Nazi-Frage“ wird nie zu Ende gehen, nie endgültig beantwortet sein – allein schon deshalb nicht, weil es immer wieder neue Unrechtssysteme gibt, die faschistische Züge aufweisen: am deutlichsten das postsowjetische Russland, das großrussische nationalistische Züge angenommen hat, immer stärker bürgerliche Freiheiten unterdrückt, die Erforschung der Verbrechen Lenins und Stalins unmöglich macht und Eroberungskriege startet – wie 2022 gegen die Ukraine.

Der Zerstörung von Scheinwissen werden immer wieder Hindernisse in den Weg gelegt. Eben deshalb ist die Aufgabe des Antifaschismus nicht erschöpft, über die

Banalität von Bekenntnissen und Empörungen zu einem intellektuellen Verstehen vorzustoßen. Ein banaler Antifaschismus verkündet „Nie wieder". Ein Antifaschismus, der darüber hinausgeht, will die Vergangenheit verstehen lernen: das verstehen, was „nie wieder" kommen soll.

Was tun?

Every Age has its own Fascism.
(Primo Levi, in Albright 2018)

Madeleine Albright veröffentlichte diese Aussage Primo Levis am Beginn ihres Buches, das 2018 erschien und den Titel trägt: „Fascism. A Warning". (Albright 2018) Die ehemalige Außenministerin der USA hatte ihr Buch historisch angelegt, um zu erklären, wie aus falschen Weichenstellungen am Ende des Ersten Weltkriegs die Faschismen Europas sich entwickeln konnten. Aber der Untertitel des Buches – „Eine Warnung" – signalisierte eine Aktualität, die Albright in Verbindung mit der Wahl Donald Trumps zum Präsidenten brachte. Albrights Kritik an Trump setzte bei dessen dunkler Sicht des eigenen Landes ein – fast alles in den USA sei korrupt, die Globalisierung – vorangetrieben von einer „arroganten Elite" – hätte die meisten Amerikaner(innen) zu Verlierern gemacht. (Albright 2018, 207–239)

Albright rief in Erinnerung, dass Trumps Slogan „Putting America First" direkt aus dem Vokabular der Bewegung entnommen war, die 1940 den Wahlsieg Franklin D. Roosevelts zu verhindern trachtete, weil dieser entschlossen war, das Vereinigte Königreich in seinem einsamen Widerstand gegen Hitler-Deutschland zumindest wirtschaftlich zu unterstützen. Die Anti-Roosevelt-Allianz der „American Firsters" setzte sich aus Pazifisten und traditionellen Isolationisten, aber auch aus offenen Sympathisanten des Faschismus und des Nationalsozialismus zusammen. Die „American Firsters" hatten – auch – eine faschistische Agenda.

Albright erinnerte an diese Tradition, die Trump aufgegriffen hatte – und an die Tradition, gegen die sich Trump stellte: Abraham Lincoln, aber auch Nelson Mandela, die – mit einer demokratisch legitimierten Machtfülle ausgestattet – mit dieser höchst sorgfältig umzugehen verstanden. Und weil Trump sich durch seine Rhetorik, sein Verhalten, seine Politik so grundlegend von Lincoln, Mandela und Roosevelt unterschied, zeigte er die Wiederholbarkeit dessen auf, was „nie wieder" kommen soll. Die Ereignisse des 6. Januar 2021 zeigten, dass ein potentieller Faschismus in den USA zur Macht griff, aber scheiterte. Und der Realismus der Madeleine Albright macht klar, dass die Gefahr nicht auf Dauer gebannt ist.

Albrights Warnung unterstreicht auch, dass kein Land vor Tyrannei und Diktatur und speziell vor Faschismus sicher sein kann. Solche Warnungen hat es auch im 20. Jahrhundert gegeben – bezogen auf die USA: Sinclair Lewis diskutierte 1935 in einem Roman („It Can't Happen Here") die Möglichkeit, dass vorhandene antidemokratische, faschistische Bewegungen zu Bürgerkrieg und Zerfall der USA führen könnten. In ihrem 1985 erschienenen Buch „The Handmaid's Tale" führte

Margaret Atwood die vorhandenen christlich-fundamentalistischen, rassistischen und extrem frauenfeindlichen Tendenzen an einen logischen Endpunkt – eine totalitäre Diktatur, die ihre Legitimation aus biblischen Texten ableitet. Und Philip Roth schilderte 2004 in seinem konterfaktischen historischen Roman „The Plot Against America" die Machtübernahme der isolationistischen, zumindest tendenziell faschistischen Bewegung „America First", die am Beginn der 1940er Jahre die USA an die Seite Hitler-Deutschlands zu führen versucht.

Das Versagen der Kontrollinstanzen, der „Checks and Balances" (wie Roth es mit Bezug auf 1940 beschreibt); die Dominanz einer religiös unterfütterten Erzählung wie die vom „weißen" und „christlichen" und immer von Männern beherrschten Amerika (Atwood); oder auch das Zerbrechen der United States in eben nicht mehr Vereinigte Staaten – eine Art Wiederholung der Situation von 1861 (Lewis) – alles das waren (oder sind) Gefahren, die immer wieder aktuell werden können; in den USA, in jeder Demokratie.

Es gibt den „ewigen Faschismus" – nicht als ein dauerhaftes System. Zu Nachhaltigkeit ist der Faschismus nicht fähig. Aber es gibt eine dauerhafte Bedrohung durch den Faschismus und seine Gewaltbereitschaft, seine Destruktivität. Umberto Eco versteht den Faschismus nicht als Herrschaftssystem, sondern als die anthropologische Konstante von Versuchung und Verführung. Ecos eigene Entwicklung von einem begeisterten Jungfaschisten zu einem noch immer sehr jungen Mann, der im April 1945 den Einzug der siegreichen Partisanen in seine Heimatstadt als Freudentag erlebte, ist ein Beispiel für den Wandel von einem verführten Jugendlichen zu einem durch Erfahrung gereiften Mann. (Eco 2020, 15) Aber Versuchung und mögliche Verführung sind nie vorbei.

War der Jungfaschist Umberto Eco nur Faschist, weil er jung und daher besonders beeinflussbar war? Und wäre der Sympathisant der antifaschistischen Partisanen auch ein solcher geworden, hätte sich das Schicksal des italienischen Faschismus nicht zum Schlechteren gewendet? Wäre der Faschismus nicht als Herrschaftssystem gescheitert, hätte er dann weiterhin Begeisterung und Loyalität von Massen geweckt? Was wäre gewesen, hätten die Alliierten nicht den Krieg gewonnen?

Der ewige Faschismus lebt von seinen Versprechungen, deren Mangel an Realitätsgehalt erst durch Katastrophen erkannt wird. Aber braucht es immer eine Katastrophe, wie die des Jahres 1945, um den Faschismus zu entlarven, zu entschärfen? Eco entwickelte später Methoden, die Menschen zwar nicht gegen den Faschismus immunisieren können – einen absoluten Schutz gibt es nicht; aber Ecos Projekt „Transcultura" zeigt, dass einer latent faschistischen Versuchung erfolgreich entgegengetreten werden kann; dass Vereinfachungen und Klischees und das sich als Wissen ausgebende Scheinwissen (oft auch „Ideologie" genannt) durch ein auf Erfahrung gestütztes Lernen zerstört werden können.

Eco hatte sein Projekt als ein Netzwerk ethnologischer Forschung verstanden. Es ging – beginnend 1988 – um das Erfahren und dann, in Folge, auch das Akzeptieren von Vielfalt. Ecos Projekt konzentrierte sich auf die Vielfalt von Kulturen – auch und gerade der nicht in Europa verwurzelten. (Eco 2020, 67–75) Damit kann der Versuchung des Nationalismus und erst recht des Rassismus entgegengearbeitet werden; und auch der Versuchung, die „Lösung" komplexer Widersprüchlichkeiten an einen „starken Mann" delegieren zu wollen.

Den Faschismus als Theorie begreifen zu wollen, führt ins Nichts. Die Suche nach einer Theorie des Faschismus ist ein vielleicht ehrenwertes, aber aussichtsloses Bemühen. Die Abwesenheit einer schlüssigen Theorie ist ja ein Wesensmerkmal des Faschismus. Den Faschismus zu begreifen, setzt voraus, sich mit der Wirklichkeit des Faschismus – besser, sich mit der Wirklichkeit der Faschismen – oder, noch besser, sich mit der Wirklichkeit aller als faschistisch etikettierten Herrschaftsformen auseinanderzusetzen.

Die Dekonstruktion von „Volk" und „Nation"

Jeder Faschismus ist nationalistisch, aber nicht jeder Nationalismus ist faschistisch. Um Faschismus zu verstehen, braucht es eine Analyse des Konzeptes von Volk und Nation.

Benedict Anderson sieht eine Nation, ein Volk als Produkt von Wahrnehmungen. Eine Gemeinschaft ist eine Nation, wenn sie sich selbst als Nation sieht. Eine Nation ist primär das Resultat einer subjektiven Sicht. (Anderson 2006) Damit verbunden ist die objektive Seite der Nation – die gesellschaftlichen Gegebenheiten, auf denen die Wahrnehmung nationaler Identität aufbaut. Nationalbewusstsein ist die Wahrnehmung gesellschaftlicher Realität. Die subjektive Seite einer Nation kann die Folge sprachlicher oder religiöser Gemeinsamkeit, geographischer Gegebenheiten oder historischer Erfahrungen sein.

Mit einem solchen, empirisch abgesicherten Verständnis von Volk und Nation kann der Mythos nationaler Gewissheit und Unveränderbarkeit entzaubert werden – und damit auch der Faschismus, der immer auch Nationalismus ist. Eine engagierte, betont rationale Antwort auf die Irrationalität des Faschismus ist die Antithese zu einer Politik der Gefühle. Teil der rationalen Antwort kann und soll sein, den Kernbegriff zu de-konstruieren, der im Zentrum des Faschismus und aller seiner Spielarten steht – den Begriff „Volk". Volk ist nicht Volk: Am Vorabend der bürgerlichen Revolutionen in Europa war Volk die Antithese zu Krone und Feudalaristokratie, war Volk der Aufstand von unten gegen oben. Im 20. Jahrhundert, auch und gerade im Zusammenhang mit dem Aufstieg des Faschismus, wurde eine weitere Dimension des Volkes, des „Völkischen" deutlich: die Ausschlusswirkung. Herrschte 1789 in Frankreich und 1848 fast überall in Europa die Einschlussfunktion von Volk vor – „wir", geschlossen gegen „die da oben", wurde im 20. Jahrhundert immer mehr das Nationale zum Nationalismus – die Einschlussfunktion wurde von der Ausschlussfunktion überschattet. Volk, das stand nicht mehr für den Widerstand gegen Herrscher, sondern immer mehr für den Gegensatz zu anderen Völkern.

Dazu zählte auch die Neigung, Gemeinschaften als „fremd" aus dem Volk auszuschließen. Diese Ausschlussneigung traf im 20. Jahrhundert vor allem Jüdinnen und Juden. Jan Grabowski beschreibt die lebensbedrohende doppelte Ausschlusswirkung für Menschen wie ihn, die in Polen lebten, als das Land unter die Herrschaft des nationalsozialistischen Deutschland fiel: Die deutsche Besatzung hatte den Auftrag, Menschen wie ihn zu ermorden. Was war aber mit dem polnischen Volk, dem er angehörte – als Staatsbürger; dessen Sprache er als seine Muttersprache verwendete. Grabowski konnte nicht sicher sein, ob die nicht-jüdische polnische Umgebung ihn als einen der ihren akzeptieren und ihm helfen würde, sich vor der deutschen Besatzung zu verbergen; oder ob – geprägt von Jahrhunderten des christlichen Antisemitismus – Polen ihn an Deutsche verraten würden.

„My survival was dependent upon the absence of hostile behaviour of Poles who hated Jews. Poland is my motherland: Polish is my native language. Poles helped me to survive the Holocaust. I remember gratefully the few who were my protectors. I resent the many that harmed countless Jews, and the millions who were eager to do so. The trouble was not the lack of friends, but the multitude of enemies. The denunciation of the Jews who were hiding or were on false papers were not a sporadic activity, but an endemic problem. Virtually all Poles resisted, passively or actively, the German occupation. However, the majority of the Polish population assisted the Germans in their efforts to annihilate the Jews." (Grabowski 2013, 4)

War Grabowski Teil irgendeines Volkes? Es war jedenfalls eine tödliche Bedrohung, im besetzten Polen als Jude aufgegriffen zu werden – er war nicht Deutscher, und er war in „völkischer" Sicht auch nicht Pole. Eine solche Ausgeschlossenheit aus dem Volk, aus den Völkern war tödlich – zur Zeit der Herrschaft des „Faschismus plus".

Die Parole vom „Selbstbestimmungsrecht der Völker", die Woodrow Wilson 1919 nach Paris mitgenommen hatte, galt nicht für das „Volk" von Indien, nicht für das in Nigeria. Wilson, geprägt vom Rassismus der US-Südstaaten, dachte gar nicht daran, den „Schwarzen" aus Alabama oder Louisiana in den Streitkräften der USA als gleichberechtigt zu behandeln. Die Formel von der Selbstbestimmung schien aber bestens geeignet, um multinationale Reiche wie das Osmanische Reich oder das der Habsburger zu zerreißen. Aber welchem „Volk" sollte Lemberg (Lwow, Lviv) gehören – oder Rijeka/Fiume? Der Streit über Rijeka/Fiume führte zu einem Konflikt, ja fast zu einem Krieg zwischen den beiden Siegermächten Italien und Jugoslawien. Und Lemberg, in dem deutsch und polnisch und ukrainisch und jiddisch gesprochen wurde, das bis 1918 österreichisch war, wurde polnisch, bevor es sowjetisch/ukrainisch, dann deutsch besetzt und dann wieder ukrainisch wurde – immer zum Schaden der Nationalitäten, die nicht gerade im völkisch-nationalen Sinn an der

Macht waren. Und Vilnius/Wilna? Und das ungarisch-jüdisch-rumänisch-deutsche Temesvar/Timisoara?

Das Volk musste im 20. Jahrhundert immer bemüht werden – nur wer war das Volk? Die „Volksdemokratien“, die nach 1945 im östlichen Mitteleuropa errichtet wurden, waren mit militärischer Macht durchgesetzte Formen der Herrschaft – gegen den erkennbaren Willen der Mehrheit des realen Volkes. Und als in Leipzig, 1989, bei Demonstrationen als zentrale Botschaft der Ruf „Wir sind das Volk“ erklang, war dieser Ruf zunächst die Parole der vom Einparteiensystem der DDR Unterdrückten. Als dieser Ruf sich im Herbst änderte – zu „Wir sind ein Volk“, bekam „Volk“ wieder eine andere Konnotation: Es wurde der Ruf nach der Vereinigung der beiden deutschen Staaten.

Volk ist nicht Volk, Nation ist nicht Nation. Und Kultur ist nicht Kultur: Jede und jeder trägt in sich mehrere Schichten verschiedener Kulturen und der diesen entsprechenden Identitäten. Niemand ist nur Niederländer oder Ukrainerin – sondern auch alt oder jung, religiös oder nicht, mit oder ohne höheren Bildungsabschluss, eher wohlhabend oder eher arm, weiblich oder männlich oder weder noch. Jedes dieser Merkmale schafft kulturelles Bewusstsein, und diese Merkmale vermengen sich zu einer Multikulturalität.

Die globale Vielfalt, die über die Jahrhunderte immer deutlicher, im gesellschaftlichen Alltag immer klarer erkennbar wurde – im Zusammenhang mit Eroberung und Kolonisierung, aber auch mit einem an Bedeutung ständig wachsenden Warenaustausch – hat ambivalente Konsequenzen: Menschen beginnen die Selbstverständlichkeit zu hinterfragen, was denn „uns“, was das „Wir“, was „Volk“ ausmacht; und Menschen reagieren auf solche Fragestellungen oft mit Verunsicherung und Aggressivität – gerichtet gegen die „Anderen“, aber auch gegen diejenigen in den eigenen Reihen, denen Schuld zugeschrieben wird, an den zersetzenden Fragen, die Gewissheiten aufzulösen drohen; an der „Umvolkung“ – daran, dass die tradierten Startvorteile verloren gehen könnten, die „echten“ Französinnen oder „wahren“ Amerikanern zustehen. Der Verlust an klarer Unterscheidbarkeit zwischen „uns“ und den „Anderen“, zwischen „Us“ und „Them“, zwischen dem wahren Volk und allen denen, die quasi kraft Natur nicht zu „uns“ gehören – das ist für viele eine Bedrohung, die Furcht und Aggressivität auslöst.

Solche Abwehrhaltungen sind erklärbar. Multikulturalismus ist zunächst für viele bedrohlich. Aber multikulturelle Vielfalt ist eine Realität. Und als solche kann sie auch vermittelt werden. Die von Globalisierung und Multikulturalismus ausgelösten Ängste können auch aufgelöst werden: etwa durch die Einsicht in die Gemeinsamkeit von Frauen unterschiedlicher Hautfarbe, in die Gemeinsamkeit der um ihre intellektuelle Freiheit besorgten Forscherinnen und Forscher in aller Welt, in die Gemeinsamkeit derer, die in Textilfabriken in Bangladesch und in der Dominikanischen Republik arbeiten. Die Angst, die der Multikulturalismus auslöst – indem er das (vermeintlich) Fremde nahebringt, führt zur faschistischen Versuchung. Aber diese kann auch in eine Chance verwandelt werden: wenn „Fremdes" erklärt wird, Fremde verstanden, Gemeinsamkeiten entdeckt werden. (Kymlicka 2009, 247–294)

Die Notwendigkeit, zu differenzieren

Ein rationaler Zugang zur Gesellschaft muss Unterschiede wahrnehmen, die nicht einfach bipolar sind, sondern einander überkreuzen; muss erkennen, dass die Welt sich einem simplen Schwarz-Weiß-Denken entzieht; dass es Grautöne gibt, die nicht einfach weggewünscht werden können. Es ist notwendig, zu unterscheiden – auch zwischen Faschismus und Faschismus.

Die Gleichsetzung von Hitler und Dollfuß oder die Subsumierung der japanischen Demokratie unter den Überbegriff „Faschismus" sind nicht nachvollziehbar. Solche Vereinfachungen erschweren das Verständnis von dem, was Faschismus genannt wurde und wird. Die Reduktion des Umganges mit dem Faschismus auf eine moralische Aburteilung vernebelt einen klaren Blick auf das, was war; und damit auf das, was wieder werden kann. Das Studium politischer Wirklichkeit kann nicht „wertfrei" sein, weil das Motiv, das eine solche Analyse antreibt, immer auch von ethischen Vorstellungen bestimmt wird. Aber die Analyse selbst muss sich von einem „conviction bias" freihalten. Die eigene ethische Überzeugung, die eigene moralische Wertung darf nicht den Blick auf das verzerren, was ist. Deshalb ist bei einer Bewertung der Qualität politischer Herrschaft immer eine vergleichende Dimension zu berücksichtigen.

Der Holocaust als in seiner negativen Qualität erst- und bisher einmaliges Verbrechen gegen die Menschheit war kein Merkmal des Faschismus schlechthin, sondern des Nationalsozialismus. Dieser wies auch Züge auf, die auch der italienische Faschismus und andere Faschismen zeigten. Und am Holocaust waren – aktiv und schuldhaft – nicht nur Deutsche beteiligt. Aber die Planung und das gesamte Design dieses Verbrechens gegen die Menschheit war ein Produkt des deutschen Faschismus, des Nationalsozialismus.

Der Holocaust – weil erst-, aber nicht einmalig – kann sich wiederholen. In Kambodscha, in den 1970er Jahren unter dem Regime der Khmer Rouge, und in Ruanda, 1994, kam ein von einer politischen Herrschaft gewünschter und kontrollierter Massenmord der Qualität des Holocaust sehr nahe. In beiden Fällen war es militärisches Eingreifen, das den Genozid stoppte: Das massenmörderische kommunistische Regime Kambodschas wurde durch die militärische Intervention des kommunistischen Vietnams an der Vollendung des unter dem Zeichen eines Klassenkampfes stehenden Massenmordes gehindert. Der Ethnozid in Ruanda wurde durch den von Nachbarstaaten unterstützten Sieg einer Bürgerkriegsarmee gestoppt. Die systematischen, politisch gelenkten Massenmorde in Kambodscha und in Ruanda weisen eine deutliche Analogie zum Holocaust auf: Nicht ein gewaltloser Widerstand war erforderlich, das Morden zu stoppen, sondern militärisches Eingreifen – wie im Fall des Holocaust das der Alliierten. Es war die Rote Armee, von der die letzten Überlebenden in Auschwitz gerettet wurden.

Der Holocaust war kein Alleinstellungsmerkmal des Faschismus – und auch nicht eines bestimmten Volkes. Er war das Alleinstellungsmerkmal der in Deutschland herrschenden Diktatur. Die am Beispiel Adolf Eichmanns von Hannah Arendt analysierte „Banalität des Bösen" ist nicht auf Deutsche, auf Deutschland, auf einen bestimmten Aspekt der deutschen Tradition und Kultur beschränkt. In Jasenovac wurde der Judenmord mit einer an die Vernichtungslager im besetzten Polen erinnernden Konsequenz betrieben, ermöglicht durch den Überfall Deutschlands auf Jugoslawien und die durch deutsche (und italienische) Unterstützung ermöglichte Errichtung des kroatischen Ustascha-Regimes. Aber das Lager Jasenovac unterstand nicht der SS – es war kontrolliert von der kroatischen Regierung des Ante Pavelic. Der kroatische Faschismus beteiligte sich – anders als der italienische – aktiv und in Eigenverantwortung am Holocaust.

In Eigenverantwortung kollaborierte der französische Staat des Philippe Petain wie auch die vom „Reichsverweser" Miklos Horthy kontrollierte ungarische Regierung an der vom nationalsozialistischen Deutschland organisierten und angeordneten Ausmordung des europäischen Judentums. Das Design für den Transport von Jüdinnen und Juden aus Frankreich und Ungarn war deutsch. Die konkrete Umsetzung wäre aber in Frankreich ab 1943 und in Ungarn ab 1944 ohne die aktive Hilfe französischer und ungarischer Polizei und Gendarmerie nicht möglich gewesen – und diese unterstanden den Regierungen in Vichy und in Budapest.

Die UdSSR stellte sich dem Problem der Kollaboration. Im Dezember 1943 fand in Charkow ein öffentlicher Kriegsverbrecherprozess statt, der auch im Zusammenhang mit den auf alliierter Seite bereits einsetzenden Vorbereitungen des Prozesses gegen die „Hauptkriegsverbrecher" stand und 1945 und 1946 in Nürnberg die zentrale Abrechnung mit den Verbrechen nicht des Faschismus, sondern des Nationalsozialismus werden sollte.

Die Angeklagten in Charkow waren drei Deutsche – aus SS, Wehrmacht und Hilfspolizei. Der vierte war ein sowjetischer Bürger, ein Fahrer beim Sicherheitsdienst der SS, der an Massentötungen aktiv teilgenommen hatte. Alle vier wurden zum Tode verurteilt und hingerichtet. Damit hatte die sowjetische Justiz einen Beitrag zur Ent-Ethnisierung der Verbrechen des NS-Regimes geleistet – unter den Massenmördern wurden auch sowjetische Kollaborateure benannt. So wurde deutlich, dass es nicht „die Deutschen" waren, die ein Monopol auf die Rolle der Täter hatten. (Kochavi 1998)

Eine Vereinfachung war es aber, den „Faschismus" zum kollektiven Feindbild zu machen, verantwortlich für die Mordtaten der in Charkow angeklagten Deutschen und sowjetischer Kollaborateure. Teil dieser vereinfachenden Generalisierung war auch, die spezifische Opferrolle der Jüdinnen und Juden zu negieren. Jüdische Opfer waren sowjetische Bürgerinnen und Bürger. Dass diese wegen ihrer jüdischen und nicht wegen ihrer sowjetischen Identität ermordet wurden, war im Prozessverlauf kein Thema – auch nicht, dass Jüdinnen und Juden die Mehrzahl der über 30.000 Mordopfer stellten, deren Tod in Charkow Gegenstand der Anklage war. Das Feindbild Faschismus überdeckte das Spezifische des Holocaust. (Dawson 2012)

Die Form des Faschismus, wie er in Deutschland 1933 an die Macht kam, war kein gewöhnlicher Faschismus – es war ein am italienischen Modell ausgerichteter Faschismus, ergänzt durch den Faktor X, der eine neue Qualitätsstufe des Verbrechens bedeutete. Der Holocaust war faschistisch, aber er war das Produkt eines besonderen Faschismus – und nicht des Faschismus generell. Der Holocaust war deutsch, aber er war nicht spezifisch deutsch – wie die nicht erzwungene staatliche Kollaboration in Frankreich, in Ungarn und Kroatien und die gesellschaftliche Kollaboration in Polen, im Baltikum und in anderen Teilen der Sowjetunion deutlich macht.

Das ist das Erschreckende an dieser Extremform des Faschismus: Der Holocaust kann nicht eingegrenzt und kann daher auch nicht für historisch erledigt erklärt werden.

Die Stärke der Demokratie ist die Schwäche des Faschismus

Der Aufstieg des Faschismus in der doch kurzen Zeit zwischen den beiden Weltkriegen muss auch als Ausdruck der Schwäche, ja des Versagens der Demokratie gesehen werden. Die Geschichte dieser beiden Jahrzehnte liest sich wie eine Abfolge des Zusammenbruches der Demokratie in Europa; freilich nicht im Westen und Nordwesten des Kontinents. (Ferguson 2007, 227–234).

Am Ende des Ersten Weltkriegs hatten nahezu alle europäischen Staaten ein repräsentatives Regierungssystem, also eine unvollendete Demokratie. 1925 gab es in Europa aber bereits acht Diktaturen, 1933 schon 13. Auch der nicht klare Zusammenhang zwischen Monarchie und Faschismus ist aufschlussreich – gerade angesichts des Beispiels, das Vittorio Emanuele III 1922 gegeben hatte: 1928 erklärte sich der Präsident Albaniens, Ahmed Ben Zogu, zum König (Zog I). 1929 wurde Jugoslawien nach der Ausschaltung des Parlaments eine Königsdiktatur (König Alexander I, danach Prinzregent Paul). 1934 folgte Bulgariens König Boris III diesem Muster – Bulgarien wurde eine Königsdiktatur. 1936 ernannte der griechische König General Ioannis Metaxas zum Diktator. 1938 wurde Rumänien unter König Carol II Königsdiktatur.

Doch der Trend weg von der Demokratie zeigte sich unabhängig von der Frage der Staatsform, von Republik oder Monarchie: 1926 bis 1935 war General Jósef Pilsudski, danach General Edward Smigly-Rydz de facto Diktator Polens. In Ungarn regierte nach dem Ende der Rätediktatur, 1920, Admiral Mikols Horthy als „Reichsverweser" – mit einem Parlament, das ohne reale Macht war. In den baltischen Republiken machten demokratische Systeme Diktaturen Platz: Litauen 1926, Estland 1934, Lettland 1935. Spanien war eine konstitutionelle Monarchie bis 1923, dann eine Militärdiktatur unter Primo de Rivera bis 1930, dann Republik bis 1939. Ähnlich auch die Entwicklung Portugals: Bis 1926 regierte eine Militärdiktatur, an deren Stelle trat das autoritäre System António de Oliveira Salazars.

Eine Suche nach einem eindeutigen und klaren Verständnis von Faschismus führt entweder zu einer engen, aber klar abgrenzbaren Faschismusdefinition: zum Faschismus des Benito Mussolini; oder aber, durch Einbeziehung des „Plus", für das der Nationalsozialismus steht, zur „Nazi-Frage" (Aycoberry 1981). Jede noch weiterführende Ausweiterung des Faschismusbegriffes führt in ein kaum durchschaubares Dickicht politischer Polemik und semantischer Willkür. Aber es gibt einen Ausweg aus dieser Beliebigkeit: Man erklärt Faschismus aus seinem Gegenteil; aus dem, was alle einte – Mussolini und Hitler, Dollfuß und die japanischen Militärdiktatoren, Franco und Salazar, Horthy und Antonescu, Pavelic und Peron, den populistischen Militärdiktator Argentiniens. Deren aller Gemeinsamkeit ist die Ablehnung der Demokratie. Alle faschistischen oder halbfaschistischen Herrschaftsformen des 20. Jahrhunderts haben sich als Alternative zur Demokratie verstanden. Sie alle waren möglich, weil die Demokratie sich nicht zu verteidigen verstand.

Demokratie ist Nicht-Faschismus: Demokratie, verstanden als Mehrheitsherrschaft plus Garantien für unveräußerliche Grundrechte, die Minderheiten und Individuen zustehen; Demokratie, die das Recht der Mehrheit, zu regieren, mit der Begrenzung dieses Rechts verbindet. Eben deshalb ist der berechtigte Hinweis, dass Mussolinis Regierung zwischen 1926 und 1938 und die Hitlers zwischen 1934 und 1940 mit einer breiten Zustimmung „des Volkes" regierten, nicht ausreichend, um Italien 1926 und Deutschland 1934 als Demokratie zu bezeichnen.

Ein entscheidendes Qualitätsmerkmal von Demokratie ist die Selbstverständlichkeit, mit der Wahlergebnisse hingenommen werden – auch von denen, die deshalb ihre Macht verlieren. Churchill verlor 1945 die Parlamentswahl, im Jahr seines größten weltpolitischen Triumphes – und übergab das Amt des Premierministers an Clement Attlee. Dieser wiederum verlor die Mehrheit im Unterhaus 1951 – und Churchill zog wieder in Downing Street 10 ein. Jimmy Carter verlor die Wahl 1980 nach nur einer Amtszeit – und hieß Ronald Reagan im Weißen Haus willkommen; eine Gewohnheitsregel, an die sich Carters Vorgänger Gerald Ford gehalten hatte, an die sich Donald Trump 2020 aber nicht hielt. Valéry Giscard d'Estaing verlor 1981 gegen François Mitterrand – die Routine friedlicher, selbstverständlicher Übergabe der Regierungsgeschäfte im Élysée-Palast stand außer Zweifel. Josef Klaus gratulierte in Österreich nach seiner Wahlniederlage Bruno Kreisky 1970 zum Wahlsieg, und Angela Merkel übergab 2021 in Konsequenz des Wahlergebnisses die Amtsgeschäfte des deutschen Kanzleramtes an Olaf Scholz.

John McCain telefonierte noch in der Wahlnacht des November 2008, als die Niederlage des republikanischen Präsidentschaftskandidaten klar geworden war, mit dem siegreichen Barack Obama, um ihm zu gratulieren – und als einige der um ihn gescharten Aktivisten zu pfeifen begannen, forderte McCain sie auf, ruhig zu sein: Obama liebe sein Land ebenso wie er, McCain. Solche Szenen wären in Rom und Berlin, in Wien und Tokio und Spanien zur Zeit der diktatorischen Herrschaft natürlich unvorstellbar gewesen – weil es keine Wahlen gab. Aber es muss sehr zu denken geben, dass solche Szenen im 21. Jahrhundert weder in Peking noch in Moskau vorstellbar sind. Demokratie äußert sich darin, dass Regierende Wahlen verlieren können – und dass sie das auch akzeptieren.

Die Kapitulation der Verfassungsorgane im konstitutionellen, parlamentarischen Königreich Italien vor den als „Marsch auf Rom" hochgespielten Drohgebärden der offen antidemokratischen Faschistischen Partei zeigte die mangelnde Bereitschaft des Königs und des Parlaments, die vorhandene antifaschistische Mehrheit gegen eine zum Putsch bereite Minderheit einzusetzen. Dafür waren ökonomische (Klassen-) Interessen verantwortlich: Diesen schien der Bolschewismus die größte Gefahr, der gegenüber der Faschismus das kleinere Übel war. Die italienische Demokratie kapitulierte kampflos.

Die Kapitulation der Verfassungsorgane der Weimarer Republik – allen voran die von einem Mangel an Demokratiebewusstsein zeugende Würdelosigkeit des direkt demokratisch gewählten Reichspräsidenten, aber auch demokratischer Parteien wie der katholischen Zentrumspartei – erfolgte ebenfalls kampflos. Niemand hatte Hindenburg gezwungen, Hitler zum Reichskanzler zu ernennen. Niemand hatte die Zentrumspartei gezwungen, dem Ermächtigungsgesetz zuzustimmen, das der deutschen Demokratie ein Ende setzte. Auch in Deutschland gab es spezielle Interessen, die diese Kapitulation der Republik möglich gemacht hatten: Wirtschaftskreise, die Hitler als Instrument gegen den Marxismus einsetzen wollten; der Vatikan, der die Zentrumspartei unter Druck setzte, weil Hitler ein Konkordat in Aussicht gestellt hatte.

Ähnlich auch in Österreich, 1933 und 1934: Die in einigen Schritten erfolgte Ausschaltung der Demokratie war nicht zwingend. Eine Koalition der Parteien, die 1918 die Republik ausgerufen und dieser 1920 eine demokratische Verfassung gegeben hatte, wäre auch 1933 noch möglich gewesen. Aber da war die wachsende Abhängigkeit Dollfuß' von Mussolini, und da war die Demokratieskepsis, ja Demokratiefeindlichkeit der katholischen Kirche. Und so kapitulierte die österreichische Demokratie – freilich nicht kampflos, wie der Bürgerkrieg des Februar 1934 zeigte.

Japan war in den 1920er Jahren, nach der Ausweitung des Wahlrechts, auf dem Weg in die Demokratie. Die spanische Republik zeigte 1936 eine Demokratie, der ein breites gemeinsames Grundverständnis abging – ein demokratischer Grundkonsens. Was immer Faschismus ist – in seiner klerikal geprägten oder in seiner säkularen Form, als bonapartistische Militärdiktatur oder als ultranationalistische

Wahnvorstellung – oder, zumeist, als Mischung all dieser Elemente: Faschismus war die Negation von Demokratie; und Faschismus war das Ergebnis der mangelnden Wehrfähigkeit der Demokratie.

Das Jahr 1945 zeigte, dass die so deutlichen Schwächen der Demokratie von den Schwächen des Faschismus in den Schatten gestellt wurden. Mussolini und Hitler – und davor schon Schuschnigg – hatten das von ihnen geschaffene System nicht am Leben erhalten können. Das Versagen der Faschismen führte, darüber hinaus, zu erst- und einmaligen Katastrophen für die Völker, auf die sich die Faschismen berufen hatten. Der Faschismus war und ist völlig ungeeignet, eine von Widersprüchen und Gegensätzen gekennzeichnete Gesellschaft in einer stabilen Balance zu halten. Das faschistische Generalrezept – die Fiktion von nationaler Einheit und Unterdrückung aller, die sich dieser Fiktion widersetzen – scheiterte, musste scheitern.

Der Faschismus in allen seinen Spielarten war durch seine Lernunfähigkeit gekennzeichnet. Deutlicher Ausdruck dieses Systemdefizits des Faschismus war die Unmöglichkeit, eine friedliche Rotation der politischen Führung zu etablieren. Rotation gab es in der japanischen Militärdiktatur: Die einander ständig im Wege stehenden Ambitionen des Heeres und der Marine, der Kwantung-Armee auf dem asiatischen Festland und anderer Quasi-Fraktionen innerhalb der Militärhierarchie begleiteten einen häufigen Wechsel an den Spitzen der kollektiven Entscheidungsgremien. Aber das japanische Regierungssystem vor und während des Krieges war eben auch aus diesem Grund nicht faschistisch.

Franco durfte nicht gehen, konnte nicht abtreten – weil das halbfaschistische, das falangistische System durch das Ende der Herrschaft des Caudillo existentiell gefährdet gewesen wäre. Und das war es ja auch: Francos Tod war das Ende der spanischen Spielart des Faschismus. Franco hatte das Land in kluger Berechnung aus dem Weltkrieg heraushalten und dadurch auch nach dem Ende Mussolinis und Hitlers den Faschismus à la Spanien am Leben erhalten können. Aber die Existenz seines Systems war an die Existenz seiner Person gebunden.

Ganz anders die demokratischen Gegenspieler des Faschismus. Mussolini und Hitler verachteten die Demokratien, sie sahen sie als dekadent und hoffnungslos überholt an, grundsätzlich unterlegen dem von starken Personen geführten Faschismus. Aber gerade weil Franklin D. Roosevelt lavieren musste, um das, was er für unausweichlich erkannt hatte – den Kriegseintritt der USA auf der Seite des Vereinigten Königreiches –, musste er mühsame Überzeugungsarbeit leisten: gegenüber der amerikanischen Öffentlichkeit, gegenüber dem Kongress. Das war in den Augen der faschistischen Führer ein Schwächezeichen. Aber letztendlich stellte es sich als Stärke heraus, dass die USA nicht von einem Diktator regiert wurden, sondern dass ein demokratisch gewählter Präsident die Mehrheit der US-Gesellschaft zu überzeugen hatte. Erst als diese von der Notwendigkeit der

Kriegsanstrengungen überzeugt war, konnte das kriegsentscheidende Potential der größten Wirtschaftsmacht der Welt zur Geltung kommen.

Hitler sah Roosevelts Tod als eine letzte Chance, der Katastrophe zu entgehen. Goebbels Parole „die Kaiserin ist tot" – die Vorstellung also, dass wie im 18. Jahrhundert der Tod einer einzigen Person den Lauf der Geschichte radikal verändern würde, zeigte das ganze Nicht-Verstehen auf, das Nationalsozialisten und Faschisten von der Demokratie hatten. Harry S. Truman trat als Vizepräsident an die Spitze der USA, wie es die Verfassung vorgesehen hatte, und setzte das um, was Roosevelts geopolitischer Strategie entsprach. Und Clement Attlee ersetzte Winston Churchill in Potsdam, weil die britischen Wählerinnen und Wähler sich gegen die Konservative Partei und damit gegen Churchill entschieden hatten – ohne dass es dadurch zu einer signifikanten Verschiebung der geopolitischen Positionen des Vereinigten Königreiches gekommen wäre.

Die US-Demokratie lebte ohne Franklin D. Roosevelt weiter. Truman agierte in Potsdam als Repräsentant einer Demokratie, deren Handlungsfähigkeit nicht vom Leben und Überleben einer Person abhing. Es war ein Zeichen der Stärke der Demokratie, dass 1940 im britischen Unterhaus konservative Abgeordnete ihr Missfallen an der zögerlichen Kriegspolitik Neville Chamberlains ausdrückten, den Premier zum Rücktritt veranlassten und damit Winston Churchill an die Spitze der Regierung brachten. Und es war ein Zeichen der Stärke, dass in den ersten Tagen der Konferenz von Potsdam, im Sommer 1945, Churchill neben Truman und Stalin saß – und Churchill in der Schlussphase der Konferenz Clement Attlee Platz gemacht hatte. Die Demokratie überlebte Mussolini und Hitler – anders als das faschistische Regierungssystem Italiens und das nationalsozialistische Deutschlands. Die gingen mit Mussolini und Hitler unter. Und letztlich überlebte die Demokratie nicht nur Stalin, sondern auch die Diktatur, die sich auf Marx berief und von Lenin installiert worden war.

Der Nationalsozialismus – als System, nicht als irrlichternde und bedrohliche Gedankenwelt – war an eine Person gebunden. Der italienische Faschismus konnte zwischen 1943 und 1945 noch eineinhalb Jahre weiterleben – als politisch irrelevanter Appendix deutscher Invasoren. Ein Nationalsozialismus ohne Hitler? Ein Faschismus ohne Mussolini? Das war nicht möglich. Und der Halbfaschismus Francos konnte zwar die Kapitulation der Achsenmächte überstehen – eben weil sich Spanien nicht dieser Allianz angeschlossen hatte. Aber der Tod Francos war das Ende der von ihm repräsentierten Diktatur. Das autoritäre (faschistische?) portugiesische Regierungssystem, der „Estado Novo", konnte einige Jahre den gesundheitsbedingten Rücktritt des seit 1932 regierenden Ministerpräsidenten und faktischen Diktators António de Olivera Salazar überdauern. 1974 beendete die „Nelkenrevolution" die Diktatur. An deren Stelle trat eine pluralistische, liberale, „westliche" Demokratie. Das System Dollfuß musste dem System Hitler Platz machen – aber als dieses unterging, wurde Österreich zu einer demokratischen

Republik. Und Japan? Die von den USA diktierte Demokratie erwies sich als ungleich stabiler als alle anderen Regierungsformen, die nach der Meiji-Restauration in Japan praktiziert worden waren.

Warum also sollte der Demokratie grundsätzlich Schwäche nachgesagt werden? Sie war die große, die eindeutige Siegerin in den zentralen Auseinandersetzungen zwischen den politischen Systemen des 20. Jahrhunderts. Zu den Stärken der Demokratie zählt, dass sie nicht vorgibt, perfekt zu sein. Zu den Schwächen der Faschismen und aller nicht demokratischen Systeme zählt der Perfektionsanspruch. Mussolini erklärte den faschistischen zum totalen und „ethischen" Staat. Total – damit war auch der Anspruch verbunden, ein Stadium der Vollkommenheit erreicht zu haben oder auf einem eindeutig erkennbaren Weg dorthin zu sein. Opposition gegen solche Perfektionsphantasien war daher nicht Ausdruck abweichender Meinungen und Interessen. Opposition war der kriminelle Versuch, einen Zustand der Wahrheit und Schönheit zu zerstören und damit die Interessen des gesamten Volkes zu verraten.

Aber die Begründung für die Kriminalisierung von Opposition war im Marxismus-Leninismus so anders nicht. Die Opfer der Schauprozesse in den 1930er Jahren in Moskau und in den sowjetischen Satellitenstaaten in den 1940er und 1950er Jahren waren angeblich oder tatsächlich vom Weg abgewichen, der von der Parteiführung – also von Stalin – vorgegeben war: Abweichungen vom Sozialismus, der in die als perfekt fingierte klassenlose Gesellschaft des Kommunismus übergehen würde. Abweichung, Dissens, Kritik waren Verrat – Verrat am Volk, Verrat an der Klasse, Verrat an der kanonisierten Lehre Lenins. Und ein solcher Verrat war kriminell, war zu bestrafen – in vielen Fällen auch mit dem Tode.

Die entschiedenen Gegner der Demokratie des 20. Jahrhunderts hatten sich zwar gegeneinander profiliert. Die einen waren Antikommunisten, die sich in ihrer Gegnerschaft zu Marxismus und „Bolschewismus" von niemandem übertreffen lassen wollten. Die anderen waren Antifaschisten und Befürworter einer Einheitsfront gegen den Faschismus – mit Ausnahme der Phase zwischen August 1939 und Juni 1941. Aber die vermeintlich „weltanschaulich" so verschiedenen Feinde waren nicht nur durch die taktische Kooperation zwischen Hitler und Stalin 1939 bis 1941 verbunden, sie waren auch eins in der Missachtung der demokratischen Grundrechte, eins in einem Anspruch auf Perfektion. Den einzig wahren Weg zu verlassen, das war kriminell, das rechtfertigte die Einweisung in Konzentrations- und Straflager, Hinrichtungen nach Urteilen eines „Volksgerichtes" oder nach einem stalinistischen Schauprozess.

Die Ergebnisse einer systematischen Auseinandersetzung mit Faschismus und Faschismen hat eine Konsequenz: Die zentralen politischen Kategorien des 20. und des 21. Jahrhunderts sind nicht „Faschismus" und „Sozialismus", auch nicht „links" oder „rechts", sondern Demokratie und Diktatur. Eine nach traditioneller

Wahrnehmung „rechte" politische Partei, die eine Niederlage in einer freien und fairen Wahl akzeptiert, gehört in dieselbe Kategorie – eben in die der Demokratie – wie eine ebenso die demokratischen Spielregeln respektierende „linke" Partei. Es sind die Bewegungen und Parteien, die diese Normen nicht akzeptieren, die auf der anderen Seite stehen – gleichgültig, ob sie nach traditionellem Verständnis „rechts" (wie der Faschismus in allen seinen Spielarten) oder „links" sind (wie der Marxismus-Leninismus).

Die Demokratie ist nie garantiert – und ein Faschismus kann immer drohen

Madeleine Albright warnt, mit Berufung auf historische Erfahrungen, von der möglichen Wiederkehr des eben nicht endgültig Überwundenen: Es kann wiederkommen, was einmal schon überwunden schien. Umberto Eco warnt vor der jeder Gesellschaft innewohnenden Tendenz zum Faschismus im weitesten Sinn. Der Faschismus mag ein von der Geschichte deklassiertes System sein – aber es gibt so etwas wie einen Faschismus in uns.

Die Antwort auf diese Bedrohungen ist eine wehrhafte – und eine selbstbewusste Demokratie. Demokratie, verstanden als politischer Pluralismus, wie dieser von Joseph Schumpeter (Schumpeter 1972), Anthony Downs (Downs 1957) und Ernst Fraenkel (Fraenkel 2015) in das Zentrum eines realistischen Verständnisses von Demokratie gerückt worden ist; Demokratie, die eine maximale Inklusion aller von politischen Entscheidungen Betroffener garantiert, wie es Robert Dahls normativer Demokratietheorie entspricht (Dahl 1989): Diese Demokratie beweist ihre Stärke auch dadurch, dass sie sich eingesteht, nicht perfekt zu sein; dass sie sich nicht als Utopie versteht. Demokratie, die – im Sinne Winston Churchills – voller Fehler ist, diese Defizite aber gerade wegen ihrer eingestandenen Unvollkommenheit auch verringern kann: Diese Demokratie hat sich im Laufe der Geschichte des 20. Jahrhunderts allen real vorhandenen Alternativen als überlegen erwiesen. Warum sollte das im 21. Jahrhundert anders sein?

Ein Faschismus kann immer zur realen Bedrohung werden. Er muss sich nicht faschistisch nennen, er kann auch das Banner des Antifaschismus vor sich her tragen – etwa im Namen eines nationalen Sozialismus, der die Freiheit vom Postkolonialismus verspricht; oder die Befreiung vom Diktat weltumspannender Konzerne. Ein Faschismus der Zukunft wird kaum von den Rutenbündel der Römischen Republik gekennzeichnet sein, die Mussolini als Symbole seiner Macht okkupiert hatte; oder vom Hakenkreuz des mystischen Germanentums Adolf Hitlers. Ein Faschismus kann in den verschiedensten Formen auftreten und sich auf die widersprüchlichsten Ideologien berufen. Aber er ist an einem Merkmal erkennbar: Er wendet sich gegen die Demokratie und die mit dieser verbundenen Universalität der Menschenrechte.

Literatur

Adorno, Frenkel-Brunswik, Levinson, Sanford 1982: T. W. Adorno, Else Frenkel-Brunswik, Daniel J. Levinson, R. Nevitt Sanford, *The Authoritarian Personality.* New York (W. W. Norton)

Albright 2018: Madeleine Albright, *Fascism. A Warning.* New York (Harper Collins)

Aly 1998: Götz Aly, *„Endlösung". Völkerverschiebung und der Mord an den europäischen Juden.* Frankfurt am Main (S. Fischer)

Aly 2006: Götz Aly, *Raub, Rassenkrieg und nationaler Sozialismus.* Frankfurt am Main (S. Fischer)

Aly 2013: Götz Aly, *Die Belasteten. „Euthanasie" 1939–1945. Eine Gesellschaftsgeschichte.* Frankfurt am Main (S. Fischer)

Anderson 2006: Benedict Anderson, *Imagined Communities. Reflections on the Origins and Spread of Nationalism.* London (Verso)

Arendt 1986: Hannah Arendt, *Eichmann in Jerusalem. Ein Bericht von der Banalität des Bösen.* München (Piper)

Arendt 1995: Hannah Arendt, *Elemente und Ursprünge totaler Herrschaft.* München (Piper)

Ascoli, Feiler 1938: Max Ascoli, Arthur Feiler, *Fascism for Whom?* New York (W. W. Norton)

Aycoberry 1981: Pierre Aycoberry, *The Nazi Question. An Essay on The Interpretation of National Socialism (1922–1975).* New York (Pantheon Books)

Beevor 2006: Antony Beevor, *The Battle for Spain. The Spanish Civil War 1936–1939.* London (Weidenfeld & Nicolson)

Beikircher 2003: Haymo Beikircher, *Faschismus 2000. Gründe für eine Regierungsbeteiligung einer „postfaschistischen" Partei im Italien der Wende. Wien (Braumüller)*

Berchtold, 1967: *Österreichische Parteiprogramme 1868–1966.* Eingeleitet und herausgegeben von Klaus Berchtold. Wien (Verlag für Geschichte und Politik)

Bernecker 1984: Walther L. Bernecker, *Spaniens Geschichte seit dem Bürgerkrieg.* München (C. H. Beck)

Bikont 2016: Anna Bikont, *The Crime and the Silence. A Quest for the Truth of a Wartime Massacre.* London (Windmill Books)

Bloch 1994: Michael Bloch, *Ribbentrop.* London (Bantam Press)

Bosworth 2002: R. J. B. Bosworth, *Mussolini.* London (Arnold)

Botz 1976: Gerhard Botz, *Die Eingliederung Österreichs in das Deutsche Reich. Planung und Verwirklichung des politisch-administrativen Anschlusses (1938–1940).* Wien (Europaverlag)

Botz 1983: Gerhard Botz 1983, *Gewalt in der Politik. Attentate, Zusammenstöße, Putschversuche, Unruhen in Österreich 1918–1938.* 2. Auflage, München (Wilhelm Fink)

Braham 2000: Randolph L. Braham, *The Politics of Genocide. The Holocaust in Hungary.* Detroit (Wayne State University)

Browning 2004: Christopher R. Browning, with contributions by Jürgen Matthäus, *The Origins of the Final Solution. The Evolution of the Nazi Jewish Policy, September 1939–March 1942.* Lincoln (University of Nebraska Press) und Jerusalem (Yad Vashem)

Bußhoff 1968: Heinrich Bußhoff, *Das Dollfuß-Regime in Österreich; in geistesgeschichtlicher Perspektive unter besonderer Berücksichtigung der „Schöneren Zukunft" und „Reichspost".* Berlin (Duncker & Humblot)

Carsten 1977: F. L. Carsten, *Faschismus in Österreich. Von Schönerer zu Hitler.* München (Wilhelm Fink)

Cercas 2009: Javier Cercas, *The Anatomy of a Moment. Thirty-Five Minutes in History and Imagination.* New York (Bloomsbury)

Child 2006: Richard Washburn Child, *Foreword.* In: Mussolini (2006), VVII–XIV

Ciano 1945: *The Ciano Diaries 1939–1943. The Complete, Unabridged Diaries of Count Galeazzo Ciano, Italian Minister for Foreign Affairs, 1936–1943.* Edited by Hugh Gibson. Introduction by Sumner Welles. Garden City, NY (Garden City Publishing)

Cornelius 2011: Deborah S. Cornelius, *Hungary in World War II. Caught in the Cauldron.* New York (Fordham University Press)

Cornwell 1999: John Cornwell, *Hitler's Pope. The Secret History of Pius XII.* London (Viking)

Coverdale 1979: John F. Coverdale, *The Political Transformation of Spain after Franco.* New York (Praeger)

Crozier 1967: Brian Crozier, *Franco. Eine Biographie.* München (Bechtle)

Dahl 1989: Robert A. Dahl, *Democracy and Its Critics.* New Haven (Yale University Press)

Daim 1958: Wilfried Daim, *Der Mann, der Hitler die Ideen gab. Von den religiösen Verirrungen eines Sektierers zum Rassenwahn des Diktators.* München (Isar)

Dawson 2012: Greg Dawson, *Judgement before Nuremberg. The Holocaust in the Ukraine and the First Nazi War Crimes Trial.* New York (Pegasus Books)

Dokumentationsarchiv 1988: Dokumentationsarchiv des österreichischen Widerstandes (Hg.), *„Anschluss" 1938.* Wien (Österreichischer Bundesverlag)

Douschan 2011: Liselotte Douschan, *Anton Benya. Österreichischer Gewerkschafts- und Nationalratspräsident.* Wien (Böhlau)

Dower 1986: John Dower, *War Without Mercy. Race and Power in the Pacific War.* London (Faber and Faber)

Downs 1957: Anthony Downs, *An Economic Theory of Democracy.* New York (Harper & Row)

Eco 2020: Umberto Eco, *Der ewige Faschismus.* München (Carl Hanser)

Evans 2005: Richard J. Evans, *The Third Reich in Power.* New York (Penguin Books)

Farneti 1978: Paolo Farneti, Social Conflict, Parliamentary Fragmentation, Institutional Shift, and the Rise of Fasism: Italy. In: Juan Linz, Alfred Stepan (eds.), The Breakdown of Democratic Regimes. Europe. Baltimore (Johns Hopkins University)

Ferguson 2007: Niall Ferguson, *The War of the World. History's Age of Hatred.* London (Penguin Books)

Fraenkel 2015: Ernste Fraenkel, *Deutschland und die westlichen Demokratien.* Frankfurt am Main (Suhrkamp)

Fukai, Fukui 2019: Shigeko Fukai, Haruhiro Fukui, *Japan.* In: Mark Kesselman, Joel Krieger, William A. Joseph (eds.), *Introduction to Comparative Politics,* Boston (Cengage)

Gallicchio 2020: Marc Gallicchio, *Unconditional. The Japanese Surrender in World War II.* New York (Oxford University Press)

Gellner 1983: Ernest Gellner, *Nation and Nationalism.* Ithaca (Cornell University Press)

Ginsborg 1980: Paul Ginsborg, *A History of Contemporary Italy. Society and Politics 1943–1980.* London (Penguin)

Glenny 2000: Misha Glenny, *The Balkans 1804–1999. Nationalism, War and the Great Powers.* London (Granta)

Goldhagen 1996: Daniel Jonah Goldhagen, *Hitler's Willing Executioners.* New York (Alfred A. Knopf)

Grabowski 2013: Jan Grabowski, *The Hunt for the Jews. Betrayal and Murder in German-Occupied Poland.* Bloomington (Indiana University)

Gregor 1979: A. James Gregor, *Italian Fascism and Developmental Dictatorship.* Princeton (Princeton University)

Griffin 2018: Roger Griffin, Fascism. An Introduction to Comparative Fascist Studies. Cambridge, UK (Polity)

Gross 2006: Jan T. Gross, *Fear. Anti-Semitism in Poland after Auschwitz. An Essay in Historical Interpretations.* New York (Random House)

Hamann 1996: Brigitte Hamann, *Hitlers Wien. Lehrjahre eines Diktators.* München (Piper)

Hannak 1965: Jacques Hannak, *Karl Renner und seine Zeit.* Wien (Europaverlag)

Hastings 2009: Max Hastings, *Retribution. The Battle for Japan, 1944–45.* New York (Vintage Books)

Hedinger 2021: Daniel Hedinger, *Die Achse. Berlin – Rom – Tokio 1918–1946.* München (C. H. Beck)

Heer 1968: Friedrich Heer, *Der Glaube des Adolf Hitler. Anatomie einer politischen Religiosität.* München (Bechtle)

Heimann 2011: Mary Heimann, *Czechoslovakia. The State That Failed.* New Haven (Yale University Press)

Hitler 2016: Adolf Hitler, *Mein Kampf. Eine kritische Edition.* München (Institut für Zeitgeschichte)

Hoare 1946: Samuel Hoare, *Gesandter in besonderer Mission.* Hamburg (J. P. Toth)

Hobsbawm 1996: Eric Hobsbawm, *The Age of Extremes. A History of the World, 1914–1991.* New York (Vintage Books)

Hotta 2013: Eri Hotta, *Japan 1941.* New York (Alfred A. Knopf)

Ioanid 1996: Radu Ioanid, *Romania.* In: *The World Reacts to the Holocaust.* Editor: David S. Wyman, Project Director: Charles H. Rosenzweig. Baltimore (The Johns Hopkins University Press), 225–255

Judt 2012: Tony Judt, *Thinking the Twentieth Century. With Timothy Snyder.* New York (The Penguin Press)

Jungk 2006: Peter Stephan Jungk, *Franz Werfel. Eine Lebensgeschichte.* Frankfurt am Main (S. Fischer)

Kaiser 2014: David Kaiser, *No End Save Victory. How FDR Led the Nation into War.* New York (Basic Books)

Kershaw 1999: Ian Kershaw, *Hitler. 1889–1936. Hubris.* New York (W. W. Norton)

Kershaw 2000: Ian Kershaw, *Hitler. 1936–1945. Nemesis.* New York (W. W. Norton)

Kershaw 2008: Ian Kershaw, *Fateful Choices. Ten Decisions that Changed the World 1940–1941.* London (Penguin Books)

Kertzer 2014: David I. Kertzer, The Pope and Mussolini. The Secret History of Pius XI and the Rise of Fascism in Europe. New York (Random House)

Kochavi 1998: Arieh J. Kochavi, *Prelude to Nuremberg.* Chapel Hill, NC (University of North Carolina Press)

Koestler 2005: Arthur Koestler, *The Invisible Writing. The Second Volume of an Autobiography: 1932–1940.* London (Vintage), 421–442

Kogan 1968: N. Kogan, *Fascism as a political system.* In: S. J. Woolf (ed.), *The Nature of Fascism.* New York (Random House)

Kohno 1996: Tetsu Kohno, *Japan after the Holocaust.* In: *The World Reacts to the Holocaust.* Editor: David S. Wyman, Project Director: Charles H. Rosenzweig. Baltimore (The Johns Hopkins University Press), 573–598

Kolakowski 1978: Leszek Kolakowski, Die Hauptströmungen des Marxismus: Entstehung, Entwicklung, Zerfall. Band 3. München (Piper)

Kranzler 1996: David Kranzler, *Japan before and during the Holocaust.* In: *The World Reacts to the Holocaust.* Editor: David S. Wyman, Project Director: Charles H. Rosenzweig. Baltimore (The Johns Hopkins University Press)

Kreisky 1986: Bruno Kreisky, *Zwischen den Zeiten. Erinnerungen aus fünf Jahrzehnten.* Berlin (Siedler Verlag) und Wien (Kremayr & Scheriau)

Krumeich 2018: Gerd Krumeich, *Die unbewältigte Niederlage. Das Trauma des Ersten Weltkrieges und die Weimarer Republik.* Freiburg i. Br. (Herder)

Kymlicka 2009: Will Kymlicka, *Multicultural Odysseys. Navigating the New International Politics of Diversity.* Oxford (Oxford University Press)

Le Rider 1985: Jacques Le Rider, *Der Fall Otto Weininger. Wurzeln des Antifeminismus und Antisemitismus.* Wien (Löcker)

Longerich 2008: Peter Longerich, *Heinrich Himmler. Biographie.* München (Siedler)

Malaparte 2005: Curzio Malaparte, *Kaputt. Roman.* Wien (Zsolnay)

Mann 2004: Michael Mann, *Fascists.* New York (Cambridge University Press)

Menzel Meskill 2012: Johanna Menzel Meskill, *Nazi Germany and Imperial Japan. The Hollow Diplomatic Alliance.* New Brunswick, NJ (Aldine Transaction)

Moorhouse 2014: Roger Moorhouse, *The Devil's Alliance. Hitler's Pact with Stalin, 1939–1941.* London (The Bodley Head)

Mosse 2021: George L. Mosse, *The Fascist Revolution. Toward a General Theory of Fascism. With a Critical Introduction by Roger Griffin.* Madison (The University of Wisconsin Press)

Mudde 2000: Cas Mudde, *The Ideology of the Extreme Right.* Manchester (Manchester University Press)

Müller 2011: Jan-Werner Müller, *Contesting Democracy. Political Ideas in Twentieth-Century Europe.* New Haven (Yale University Press)

Mussolini 2006: Benito Mussolini, *My Autobiography with „The Political and Social Doctrine if Fascism".* Garden City, NY (Dover Publications)

Nolte 1963: Ernst Nolte, *Der Faschismus in seiner Epoche. Action française, Italienischer Faschismus, Nationalsozialismus.* München (Piper)

Nolte 1966: Ernst Nolte, *Die faschistischen Bewegungen. Die Krise der liberalen Systeme und die Entwicklung der Faschismen.* München (dtv)

Othen 2013: Christopher Othen, *Franco's International Brigades. Adventurers, Fascists, and Christian Crusaders in the Spanish Civil War.* London (Hurst & Company)

Payne 1961: Stanley G. Payne, *Falange. A History of Spanish Fascism.* Stanford (Stanford University Press)

Pelinka 2018; Anton Pelinka, *Die gescheiterte Republik. Kultur und Politik in Österreich, 1918–1938.* Wien (Böhlau)

Poulantzas 1974: Nico Poulantzas, *Fascism and Dictatorship. The Third International and the Problem of Fascism.* London (Verso)

Preston 2012: Paul Preston, *The Spanish Holocaust. Inquisition and Extermination in Twentieth-Century Spain.* New York (W. W. Nortin & Company)

Pulzer 1988: Peter Pulzer, *The Rise of Political Antisemitism in Germany & Austria.*

Reuth 1999: Ralf Georg Reuth (Hg.), *Joseph Goebbels. Tagebücher.* 5 Bände. München (Piper)

Saage 2016: Richard Saage, *Der erste Präsident. Karl Renner – eine politische Biografie.* Wien (Paul Zsolnay)

Sartre 1960: Jean Paul Sartre, *Betrachtungen zur Judenfrage.* In: Sartre, *Drei Essays.* Berlin (Ullstein)

Schmitt 2016: Oliver Jens Schmitt, *Capitan Codreanu. Aufstieg und Fall des rumänischen Faschistenführers.* Wien (Zsolnay)

Schumpeter 1972: Joseph A. Schumpeter, *Kapitalismus, Sozialismus und Demokratie.* München (A. Francke)

Schuschnigg 1937: Kurt Schuschnigg, *Dreimal Österreich.* Wien (Thomas-Verlag Jakob Hegner)

Schuschnigg 1945: Kurt von Schuschnigg, *Ein Requiem in Rot-Weiss-Rot. „Aufzeichnungen des Häftlings Dr. Auster".* Zürich (Amstutz, Herdeg & Co.)

Schuschnigg 1969: Kurt Schuschnigg, *Im Kampf gegen Hitler. Die Überwindung der Anschlußidee.* Wien (Molden)

Sereny 1995: Gitta Sereny, *Albert Speer: His Battle with Truth.* London (Macmillan)

Smith 1983: Denis Mack Smith, *Mussolini.* London (Granada)

Snyder 2010: Timothy Snyder, *Bloodlands. Europe between Hitler and Stalin.* New York (Basic Books)

Spann 2013: Othmar Spann, *Der wahre Staat. Vorlesungen über Abbruch und Neubau der Gesellschaft.* Unveränderter Neudruck der Erstausgabe 1921. EHV History (Bremen)

Speer 1981: Albert Speer, *Der Sklavenstaat. Meine Auseinandersetzungen mit der SS.* Frankfurt am Main (Ullstein)

Spengler 1920: Oswald Spengler, *Der Untergang des Abendlandes.* 2 Bände. München (C. H. Beck)

Stagneth 2011: Bettina Stagneth, *Eichmann vor Jerusalem. Das unbehelligte Leben eines Massenmörders.* Zürich (Arche)

Steinberg 1990: Jonathan Steinberg, *All or Nothing. The Axis and the Holocaust, 1941–1943. London (Routledge)*

Stent 2019: Angela Stent, *Putins World: Russia Against the West and with the Rest.* New York (Hachette Book)

Tabor 1994: Jan Tabor (Hg.), *Kunst und Diktatur. Architektur, Bildhauerei und Malerei in Österreich, Deutschland, Italien und der Sowjetunion 1922–1956.* 2 Bände. Baden (Grasl)

Tálos 2013: Emmerich Tálos, *Das austrofaschistische Herrschaftssystem. Österreich 1933–1938.* Wien (LIT Verlag)

Taschwer, Föger 2003: Klaus Taschwer, Benedikt Föger, *Konrad Lorenz. Biographie.* Wien (Paul Zsolnay)

Tobias 1962: Fritz Tobias, *Der Reichstagsbrand. Legende und Wirklichkeit.* Rastatt (Grote)

Ullrich 2018: Volker Ullrich, *Adolf Hitler. Biographie. Die Jahre des Untergangs.* Frankfurt am Main (S. Fischer)

Voegelin 1939: Erich Voegelin, *Die politischen Religionen.* Stockholm (Bermann Fischer)

Weinberg 1996: David Weinberg, *France.* In: *The World Reacts to the Holocaust.* Editor: David S. Wyman, Project Director: Charles H. Rosenzweig. Baltimore (The Johns Hopkins University Press), 3–44

Weininger 1903: Otto Weininger, *Geschlecht und Charakter. Eine prinzipielle Untersuchung.* Wien (Braumüller)

Welan, Wiltsche 2020: Manfried Welan, Peter Wiltsche, *Hans Karl Zeßner-Spitzenberg. Eine Biographie.* Perchtoldsdorf (Johannes Martinek)

Winkler 2019: Heinrich August Winkler, *Werte und Mächte. Eine Geschichte der westlichen Welt.* München (C. H. Beck)

Wodak, KohosraviNik, Mral 2013: Ruth Wodak, Majid KhosraviNik, Brigitte Mral (eds.), *Right-Wing Politics in Europe: Politics and Discourse.* New York (Bloomsbury)

Wodak 2015: Ruth Wodak, *Fear. What Right-Wing Populist Discourses Mean.* Los Angeles (Sage)

Woller 2016: Hans Woller, *Mussolini. Der erste Faschist. Eine Biografie.* München (C. H. Beck)
Wyschinski 1951: A. J. Wyschinski, *Gerichtsreden.* Berlin Ost (Dietz Verlag)
Zahn 1965: Gordon C. Zahn, *Die deutschen Katholiken und Hitlers Kriege.* Graz (Styria)

Personenregister

Im Register wurde auf die Aufnahme von Francisco Franco, Engelbert Dollfuß, Adolf Hitler, Benito Mussolini und Kurt Schuschnigg bewusst verzichtet, weil diese Namen im Text allzu häufig in höchst unterschiedlichen Zusammenhängen erwähnt werden.

A

Adenauer, Konrad 20
Adler, Friedrich 122
Adorno, T. W. 242
Albright, Madeleine 247, 260
Alexander I, König von Jugoslawien 254
Aly, Götz 98
Anderson, Benedict 249
Antonescu, Ion 183, 229, 255
Arendt, Hannah 51, 63, 90–92, 233, 253
Arias Navarro, Carlos 196
Ascoli, Max 46, 202, 219
Attlee, Clement 255, 258
Atwood, Margaret 248
Aung San 159
Aycoberry, Pierre 227, 245

B

Ba Maw 159
Badeni, Kasimir Felix 76
Badoglio, Pietro 69, 73, 163
Bauer, Otto 126, 135
Baum, Lyman Frank 42
Beck, Ludwig 87
Beevor, Antony 179, 180
Beikircher, Haymo 21
Benya, Anton 118–120
Berchtold, Klaus 108
Berija, Lawrenti 71
Bernanos, Georges 179, 180
Bernecker, Walther L. 186, 193, 196, 197
Biden, Joseph 239
Bikont, Anna 230
Blanco, Carrero 194
Bloch, Michael 35
Blomberg, Werner von 87
Boris III, König von Bulgarien 254
Bose, Subhas Chandra 36, 159
Bosworth, A. J. P. 28, 42, 49, 57, 58, 60, 65, 72
Bottai, Giuseppe 68
Botz, Gerhard 115, 123, 124
Boulle, Pierre 157
Braham, Randolph L. 228
Brandt, Willy 20
Brecht, Bertold 82, 88, 100, 180, 235, 236
Browning, Christopher R. 98, 99
Brüning, Heinrich 85
Bucharin, Nikolaj 70
Bush, George W. 223, 232

C

Cabanellas, Miguel 186
Callaghan, James 75
Carol II, König von Rumänien 183, 201, 229, 254
Carrillo, Santiago 194, 196–198
Carsten, F. L. 117
Castro, Fidel 23
Cavour, Camillo 34
Cercas, Javier 197, 198
Chamberlain, Houston Stewart 44
Chamberlain, Neville 93, 190, 258
Chaplin, Charlie 165

Chiang Kai-shek 151, 162
Child, Richard Washborn 42, 44
Churchill, Winston 16, 18, 25, 36, 43, 75, 94, 189, 190, 222, 255, 258, 260
Ciano, Galeazzo 40, 61–64, 67–69, 154, 201, 215
Codreanu, Corneliu 66
Cornelius, Deborah S. 177
Cornwell, John 85
Coverdale, John F. 196
Crozier, Brian 185

D
Dahl, Robert A. 260
Daim, Wilfried 76
Darwin, Charles 89, 90
Dawson, Greg 254
De Chirico, Giorgio 218
De Felice, Renzo 21
De Gasperi, Alcide 76
De Gaulle, Charles 75
De Madariaga, Salvador 194
Douschan, Liselotte 119
Dower, John 25
Downs, Anthony 260

E
Eco, Umberto 248, 260
Eichmann, Adolf 92, 99, 233–236, 253
Enzensberger, Hans Magnus 198
Evans, Richard 87, 90

F
Farneti, Paolo 47, 48
Feiler, Arthur 46, 202, 219
Ferguson, Niall 30, 158–160, 176, 206, 221, 254
Figl, Leopold 131
Föger, Benedikt 208
Fraenkel, Ernst 260
Frank, Hans 63, 64
Frenkel-Brunswik, Else 241, 242
Fritsch, Werner von 87
Fukai, Shigeko 143
Fukui, Haruhiro 143

G
Gallicchio, Marc 170
Gandhi, Indira 36
Gandhi, Mohandas 36
Garibaldi, Guiseppe 33, 52, 57
Gellner, Ernest 33
Gentile, Giovanni 44, 202
Gerl, Josef 115
Ginsborg, Jan 69
Giolitti, Giovanni 47
Giscard d'Estaing, Valéry 255
Glenny, Misha 231
Globke, Hans 20
Globocnik, Odilo 207
Gobineau, Arthur 44
Goebbels, Joseph 37, 62, 86, 90, 102, 207, 258
Goldhagen, Daniel Jonah 244
Gonzáles, Felipe 196
Gorbatschow, Michael 198
Göring, Hermann 62, 86, 99, 136, 215
Grabowski, Jan 250
Grandi, Dino 68
Gregor, A. James 41
Grew, Joseph C. 152
Griffin, Roger 26, 31, 145
Grillparzer, Franz 133
Gross, Jan T. 230

H
Habsburg, Otto 134
Halifax, Edward Wood, Earl of 190
Hamann, Brigitte 76
Hannak, Jacques 122
Harris, Kamala 36
Hastings, Max 156–158, 170
Hedinger, Daniel 23, 147

Heer, Friedrich 78
Heimann, Mary 231
Heller, Hermann 203
Hemingway, Ernest 180
Heydrich, Reinhard 99, 100, 234
Himmler, Heinrich 37, 56, 86, 89, 99, 100, 103, 232–234, 236
Hindenburg, Paul von 80, 82, 85, 87, 88, 106, 168, 215, 256
Hirohito, Kaiser von Japan 140, 168–173
Hoare, Samuel 190, 191
Hobbes, Thomas 89, 242
Hobsbawm, Eric 9, 91, 206
Horthy, Miklos 18, 28, 105, 177, 183, 184, 210, 215, 228, 253, 255
Hotta, Eri 142, 144, 150, 155, 163, 164, 168, 169
Hugenberg, Alfred 81, 84, 87
Hull, Cordell 152

I

Ibárruri, Dolores 194, 196
Ibn Saud, Abd al-Aziz 226
Inukao, Tsuyoshi 164
Ioanid, Radu 229
Iribarne, Fraga 196

J

Jabotinski, Lev 181
Jaruzelski, Wojciech 198
Juan Carlos 172, 173, 185, 195–198
Juan de Borbón 195
Judt, Tony 137, 138
Jungk, Peter Stephan 188

K

Kaiser, David 242
Kershaw, Ian 76, 80, 81, 84, 87, 94, 100, 140, 141, 151, 153, 183
Kertzer, David I. 54
Keynes, John Maynard 83
Kinmochi, Saionji 144
Kochavi, Arieh 253
Koestler, Arthur 145, 181, 182
Kohno, Tetsu 162
Kolakowski, Leszek 19
Konoe, Fumimaro 139–141, 144, 153–156, 203, 225
Kranzler, David 161
Kreisky, Bruno 75, 120, 127, 255
Krumeich, Gerd 27
Kymlicka, Will 252

L

Le Rider, Jacques 215
Lenin, Wladimir Ulyanov 19, 95, 125, 181, 187, 213, 217, 226, 227, 240, 245, 258, 259
Leo XIII 55, 112
Levi, Primo 247
Levinson, Daniel J. 241, 242
Lewis, Sinclair 247
Lincoln, Abraham 25, 247
Longerich, Peter 234
Lorca, Federico Garcia 179
Lorenz, Konrad 208
Ludendorff, Erich von 80
Lueger, Karl 235
Luther, Martin 83

M

Mac Arthur, Douglas 169–171, 173
Mahler Werfel, Anna 188
Malaparte, Curzio 63, 64
Mandela, Nelson 247
Mann, Michael 14, 29
Mao Zedong 204, 226
Marshall, Bruce 179, 180
Masaryk, Tomas G. 76
Matsuoka, Yosuke 37, 141, 151, 154, 155
Matteotti, Giacomo 43, 44, 46, 50, 119, 227, 243
McCain, John 256
Mellado, Manuel Gutiérrez 197, 198

Menzel Meskill, Johanna 147, 148
Merkel, Angela 255
Metaxas, Ioannis 129, 254
Michels, Roberto 41
Miklas, Wilhelm 113, 116
Mitterrand, François 255
Mola Vidal, Emilio 182
Molotow, Wjatscheslaw 19
Mosse, George L. 219
Mral, Brigitte 209
Mudde, Cas 209
Müller, Jan-Werner 21, 41, 44, 201, 202
Mussolini, Rachele 54

N

Nagano, Osami 168
Nagy, Imre 72
Nasser, Gamal Abdel 226
Nehru, Jawaharlal 36
Nolte, Ernst 19, 227
Nomura, Kichisaburo 152, 163

O

Obama, Barack 36, 223, 256
Oikawa, Koshiro 155
Orwell, George 180–182
Othen, Christopher 181
O'Duffy, Eoin 181

P

Pacelli, Eugenio 84, 218
Papen, Franz von 56, 81, 82, 86, 87, 90, 115, 123, 133
Pareto, Vilfredo 44
Paul Karadordevic, Prinzregent von Jugoslawien 254
Pavelic, Ante 18, 177, 216, 231, 253, 255
Payne, Stanley G. 187, 192
Pelinka, Anton 127
Peron, Juan 255
Perry, Matthew 142, 158
Petain, Philippe 15, 229, 253
Picasso, Pablo 179, 236
Pilsudski, Józef 129, 254
Pinochet, Augusto 226
Pius XI 54, 55, 112, 128
Pius XII 193, 217, 218
Poulantzas, Nico 30
Preston, Paul 187, 188
Primo de Rivera, José Antonio 186, 192, 255
Puccini, Giacomo 144
Pulzer, Peter 77
Putin, Wladimir 204, 205, 213, 223

Q

Queipo de Llano, Gonzalo 182

R

Raab, Julius 120, 131
Renner, Karl 115, 118–122, 135
Reuth, Ralf Georg 102
Ribbentrop, Joachim von 19, 26, 35, 37, 62, 96, 148, 154, 215
Röhm, Ernst 65, 85, 86, 90, 116, 201
Roosevelt, Franklin D. 15, 16, 18, 25, 28, 35, 36, 75, 83, 95, 97, 153, 161, 189, 242, 247, 257, 258
Roosevelt, Theodore 42, 146
Roth, Philip 248

S

Saage, Richard 118, 127
Salazar, Antonio de Olivera 90, 178, 191, 213, 216, 255, 258
Sanford, R. Nevitt 241, 242
Sarfatti, Margherita 58
Sartre, Jean Paul 216, 242
Schirach, Baldur von 37
Schleicher, Kurt von 86, 87
Schmidt, Helmut 75
Schmitt, Carl 202
Schmitt, Oliver Jens 229
Scholz, Olaf 255

Schumpeter, Joseph A. 260
Seipel, Ignaz 126, 131
Sereny, Gitta 103
Seyß-Inquart, Arthur 116, 124, 207
Slansky, Rudolf 71
Smigly-Rydz, Edward 254
Smith, Denis Mack 68, 69
Snyder, Timothy 212
Sorel, George 41
Spann, Othmar 112
Speer, Albert 102, 103, 201, 202
Spengler, Oswald 214
Stagneth, Bettina 234
Starhemberg, Ernst Rüdiger 105, 106, 110, 114–117, 123, 124, 127, 128, 133, 215
Steinberg, Jonathan 62
Stent, Angela 213
Strasser, Gregor 81, 86
Strasser, Otto 81
Sturzo, Luigi 47
Suárez, Adolfo 131, 196–198

T
Tabor, Jan 218
Takamatsu, Nobuhito 169
Tálos, Emmerich 115–117, 130
Taschwer, Klaus 208
Tejero, Antonio 197
Tobias, Fritz 52
Tojo, Hideki 153, 169
Truman, Harry S. 193, 258
Trump, Donald 209, 238–240, 247, 255
Turati, Augusto 47

U
Ulbricht, Walter 23
Ullrich, Volker 189

V
Vittorio Emanuele III, König von Italien 16, 38, 48, 59, 68, 73, 106, 168, 215, 243, 254
Voegelin, Erich 216

W
Waldheim, Kurt 135
Wallisch, Koloman 115, 118
Wang, Jingwei 162
Weinberg, David 229, 230
Weininger, Otto 214
Welan, Manfried 111
Werfel, Franz 188
Wilson, Woodrow 95, 132, 250
Wiltsche, Peter 111
Winkler, Heinrich August 50, 51
Wodak, Ruth 209
Woller, Hans 44, 49, 50, 57, 58, 60, 68, 221
Wyschinski, A. J. 19

X
Xi Jingping 204, 205, 226

Z
Zahn, Gordon C. 85
Zeßner-Spitzenberg, Hans Karl 111
Zogu, Ahmed Ben 254